高等学校经管类系列教材

人力资源管理

主　编　李　群　杨　岚　顾春柳
参　编　张　利　杨斯然　陈小伟
袁坤瑞　张　楠　杨春梅

西安电子科技大学出版社

内 容 简 介

本书以人力资源管理的核心职能为线索，系统地介绍了人力资源管理理论与实务，尤其是最近出现的新观念、新理论、新方法。全书共分为十一章，第一章为人力资源管理概论，主要介绍人力资源管理的基本概念、特征和发展趋势等内容；第二章为人力资源战略与规划，介绍人力资源战略的类型、人力资源规划的流程和人力资源供需预测技术；第三章为工作分析，全面系统地介绍人力资源管理的基础核心工作——工作分析的程序和常用方法；第四章为员工招聘与甄选，主要介绍员工招聘的渠道、甄选方法和员工录用中的相关决策；第五章为培训与开发，主要介绍企业员工培训与开发的方法以及过程管理；第六章为职业生涯管理，主要介绍企业职业生涯的规划、通道管理和过程管理；第七章为绩效管理，主要介绍绩效管理的流程和绩效考核的方法；第八章为薪酬管理，主要介绍薪酬制度设计的程序以及薪酬管理的发展趋势；第九章为员工关系管理，主要介绍员工的劳动关系管理、离职管理和人际沟通管理；第十章为人力资源外包，主要介绍人力资源外包的模式、流程以及风险控制；第十一章为国际人力资源管理，主要介绍了美国、德国和日本的人力资源管理模式。

本书适合于高等院校管理类专业人力资源管理课程教学，也适合从事人力资源管理实践、企业管理工作的相关人员学习，亦可作为实际管理工作的操作手册。

图书在版编目(CIP)数据

人力资源管理 / 李群，杨岚，顾春柳主编. —西安：西安电子科技大学出版社，2021.7
(2023.8 重印)
ISBN 978-7-5606-6046-2

Ⅰ. ①人…　Ⅱ. ①李…　②杨…　③顾…　Ⅲ. ①人力资源管理　Ⅳ. ①F243

中国版本图书馆 CIP 数据核字(2021)第 070078 号

策　　划　刘玉芳
责任编辑　刘玉芳
出版发行　西安电子科技大学出版社(西安市太白南路 2 号)
电　　话　(029)88202421　88201467　　邮　　编　710071
网　　址　www.xduph.com　　电子邮箱　xdupfxb001@163.com
经　　销　新华书店
印刷单位　咸阳华盛印务有限责任公司
版　　次　2021 年 7 月第 1 版　2023 年 8 月第 2 次印刷
开　　本　787 毫米×1092 毫米　1/16　印 张　22.5
字　　数　535 千字
印　　数　2001～4000 册
定　　价　53.00 元
ISBN 978 - 7 - 5606 - 6046 - 2 / F
XDUP 6348001-2

前　言

人力资源是企业的核心资源，是企业获得核心能力的关键和保障。在当今时代，人力资源管理已成为国家或企业获取竞争优势的主要途径或手段，人力资源管理课程也成为世界各国高等院校工商企业管理相关专业的专业核心课程之一。

随着时代的发展和科学技术的不断进步，现代企业人力资源管理已经与十几年前甚至几年前有了明显的差别。人力资源管理教材也应随着社会实践的发展而更新，才能适应时代的发展，将最需要的知识传递给工商管理类专业的学生，完善他们的知识体系，提高他们的实践能力。本书采用以读者为主体的学习模式来安排内容，充分调动读者的学习积极性，着重培养读者分析问题和解决问题的能力，整个教材体系的设计充分体现了读者的主体地位。在内容上，本书突出体现了以下三个方面的特点：

一是理论内容系统完整。本书从人力资源管理的学科特点和基本要求出发，涵盖本学科的基本概念、理论和技术，着重突出人力资源管理的工作方法、操作流程和实际应用，并对其进行了详细的阐述，逻辑清晰，内容完整。

二是理论与实践相结合，注重应用能力的培养。人力资源管理是一门理论和实践紧密结合的课程，学习这门课程，不仅要求学生具备人力资源管理的知识，更要求学生切实掌握人力资源管理的相关技能，在实践中善于操作和运用。本书坚持以实践应用为主线，以能力为本位，着重讲解应用型人才所需要的关键知识和内容，注重学生的应用能力的培养。

三是体例新颖。本书在编写体例上有所突破，每章开篇均设有学习目标、关键词，让读者了解这一章的重点；然后以导入案例为切入点，开始阐述本章的内容，并在内容中穿插企业案例、管理故事、知识拓展等，引发读者的阅读和学习兴趣；在每章结束时给出了与本章实践教学相关的“技能训练”部分，提出这一章的实践训练要求和成果测定方法，帮助使用本书的教师安排课程实践教学环节；之后给出了与本章内容相关的“案例分析”，让读者尝试利用本章所学知识对案例进行分析，学以致用；最后是本章小结、复习与思考，帮助读者汇总、巩固这一章所学的知识。

本书共分为十一章，各章内容及编者如下(以章为序，括号内为该章编者)：第一章，人力资源管理概论(李群)；第二章，人力资源战略与规划(李群)；第三章，工作分析(杨岚)；第四章，员工招聘与甄选(杨岚)；第五章，培训与开发(张利)；第六章，职业生涯管理(李群)；第七章，绩效管理(杨岚)；第八章，薪酬管理(李群)；第九章，员工关系管理(顾春柳)；第十章，人力资源外包(顾春柳)；第十一章，国际人力资源管理(顾春柳)。李群负责全书的统稿工作。另外，杨斯然和张楠负责本书第一章至第六章的案例编选、校对工作；陈小伟和杨春梅负责本书第七章至第十一章的案例编选、校对工作；袁坤瑞负责本书中计算内容的核算和图表的编排工作。在此，对所有支持编写、出版本书的人员的辛勤工作表示衷心的感谢！

在本书的编写过程中，我们参阅和引用了国内外学者的有关著作和论述，并从中受到了极大的启迪，特此向他们表示真诚的谢意！

由于编写比较仓促，编者学识有限，书中不完善之处恐难避免，恳请各位同仁和读者不吝指正，以使本书渐臻完善。

编　者

2021 年 3 月

目　　录

第一章

人力资源管理概论

学习目标

(1) 掌握人力资源的概念、构成和特征。
(2) 掌握人力资源管理的概念和基本功能。
(3) 了解人力资源管理的职责分工。
(4) 了解人力资源管理的历史演进历程。
(5) 了解人力资源管理发展的新趋势。

关键词

人力资源(Human Resource)
人力资源管理(Human Resource Management)
人事管理(Personnel Management)
人力资源管理者(Human Resource Manager)

导入案例

唐太宗李世民的用人之道

唐太宗登基后，因开国不久，整个朝廷的结构都在建设与调整之中，那么，把手下的有才之人分别放在什么位置上，才能够成为一个最合理、最有效的组织结构呢?

房玄龄处理国事总是孜孜不倦，知道了就没有不办的，于是唐太宗任用房玄龄为中书令。中书令的职责是：掌管国家的军令、政令，阐明帝事，调和天人，入宫禀告皇帝，出宫侍奉皇帝，管理万邦，处理百事，辅佐天子而执大政。这正适合房玄龄“孜孜不倦”的特性。

魏征常把谏诤之事放在心中，耻于国君赶不上尧舜，于是唐太宗任用魏征为谏议大夫。谏议大夫的职责是：专门向皇帝提意见。这是个很奇特的官职，其看似无足轻重，但实则重要无比，看似无尺寸之柄，实则权力很大，而这一切都取决于对于谏议大夫的意见皇帝是听还是不听，像魏征这样敢于直谏的人再合适不过了。

李靖文才武略兼备，出去能带兵，入朝能为相，唐太宗就任用李靖为刑部尚书兼检校中书令。刑部尚书的职责是：掌管全国刑法和徒隶、勾覆、关禁的政令。这些职责恰好能发挥李靖的才能。

房玄龄、魏征、李靖共同主持朝政，取长补短，发挥了各自的优势，共同构建起大唐的上层组织。

除此之外，唐太宗还把房玄龄和杜如晦合理地搭配起来。因为李世民发现治国安邦方面，房玄龄能提出许多精辟的见解和具体的办法，但是他不善于整理自己的想法和建议，而杜如晦虽不善于提出见解，却善于对别人提出的意见做周密的分析，精于决断，什么事经他一一审视，很快就能变成一项项决策、律令呈到唐太宗面前。于是，唐太宗把他俩搭配起来，使其合力辅佐自己，从而形成了历史上著名的“房(玄龄)谋杜(如晦)断”的人才结构。

唐太宗的“房谋杜断”用人搭配体系是非常高明的。用人不仅表现在人才量的多少上，还在于人才的合理搭配，人才群体既取决于数量规模，又取决于其结构合理，并且后者的重要性高于前者。在一个人才众多的群体中，不仅要有个体的优势，更需要有最佳的群体结构。“全才”是极少有的，“偏才”才是绝大多数，但“偏才”组合得好，就可以构成更大的“全才”。优秀的管理者不苛求全才，他们尽力去做的是将一个有效的人才群体，通过合理的搭配组合，扬长避短，让他们迸发出巨大的集体力量。

第一节 人力资源概述

一、人力资源的含义

资源指有价值的、可用的东西或原始的物资。“可用”的物资若想“用好”，就需要对物资进行开发。“原始的”表明需要对物资进行开发，开发是进一步用好的前提。显然，资源的原初含义要求对其进行“管理”和“开发”。

有关研究资料表明，人力资源(Human Resource)这一概念曾于1919年和1921年由约翰·科蒙斯(John R.Commons)在其两本著作《产业信誉》和《产业政府》中最早使用过，但与现在我们所理解的人力资源在含义上相差甚远。

现代“人力资源”这一概念是由管理大师彼得·德鲁克(Peter F. Drucker)在其1954年出版的《管理者的实践》中首次正式提出并加以明确界定的。彼得·德鲁克认为，人力自然拥有其他资源所没有的素质，即协作能力、融合能力、判断力和想象力，它是一种特殊的资源，必须通过有效的激励机制才能开发利用，并给企业带来可见的经济价值。

1965年，雷蒙德·迈勒斯(Raymand E. Miles)在《哈佛商业评论》上发表了一篇论文。在论文中他建议管理中用“人力资源”代替“员工”的概念，由此使得“人力资源”的概念引起了资深学者和管理人员的注意。

近几十年来，对于人力资源定义的认识和概括，国内外诸多学者从不同的角度给出了多种不同的界定，并无一致的看法。本书主要从宏观、微观两个层面界定人力资源。

(一) 人力资源的宏观含义

从宏观层面来看，人力资源是指能够推动特定社会系统发展进步并达成其目标的系统中人们能力的总和。

这一定义从社会系统的角度讨论人力资源，同时突出了人力资源的归属性、功用性及能力的包容性。其具体内容包括：

(1) 任何资源均有属性，人力资源也不例外。

(2) 人力资源必须有功用，这符合资源“可用性”的特征，即人力资源应对其归属的社会系统的发展和目标实现有用。

(3) 定义中的能力是一种泛指，包含智力、体力等各种能力。

人力资源的宏观含义主要用于人口学、社会学和经济学。

(二) 人力资源的微观含义

从微观层面来看，人力资源是指特定社会组织所拥有的能推动其持续发展、达成其组织目标的成员能力的总和。

这一定义局限于在社会组织层面讨论人力资源，故为微观含义。本书主要从微观层面上使用人力资源这一含义。

知识拓展

人口资源、人才资源与人力资源

人口资源、人才资源都是人力资源的相关概念。

人口资源是指一定范围内的人口总体。含义中的一定范围即指一个国家或地区。人口资源主要体现为数量上的界定，是其他与人有关的资源的基础。人才资源是指一个国家或地区中具有较强专业技术能力、创造能力、管理能力、研究能力的人的总称，突出体现为劳动力资源中比较优秀的那一部分人。从人力资源的广义含义来看，它超出了劳动力资源的范围，涵盖了全部人口资源中具有劳动能力的人。

人口资源侧重定义人的数量，人才资源强调人的质量。广义的人力资源突出人口数量和质量的统一性，狭义的人力资源更侧重企业劳动力的素质。人口资源、人力资源和人才资源三者之间的包含关系如图 1-1 所示。

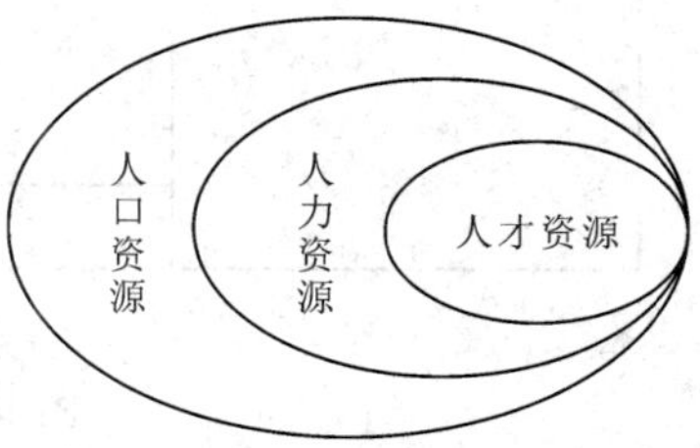

图 1-1　人口资源、人力资源和人才资源三者的包含关系

二、人力资源的构成与分类

(一) 人力资源的构成

人力资源由数量和质量两个方面构成。

1. 人力资源的数量

1) 人力资源的绝对数量

人力资源的绝对数量是指一个国家或地区中具有劳动能力、从事社会劳动的人口的总数。劳动力人口数量的统计与不同国家对“劳动适龄人口”或“劳动年龄人口”的界定有关。人力资源的绝对数量等于一个国家或地区劳动适龄人口减去其中丧失劳动能力的人口，加上非劳动适龄人口中具有劳动能力的人口。其中包括：

① 处于劳动年龄内、正在从事社会劳动的人口(我国法定劳动年龄为男职工 18～60 周岁，女干部 18～55 周岁，女工人 18～50 周岁)，它构成人力资源数量的主体，即“适龄就业人口”。

② 尚未达到劳动年龄、已经从事社会劳动的人口，即“未成年劳动者”或“未成年就业人口”。

③ 已经超过劳动年龄、继续从事社会劳动的人口，即“老年劳动者”或“老年就业人口”。

④ 处于劳动年龄之内、具有劳动能力并要求参加社会劳动的人口，即“求业人口”“待业人口”或“失业人口”。

⑤ 处于劳动年龄之内、正在从事学习的人口，即“求学人口”。

⑥ 处于劳动年龄之内、正在从事家务劳动的人口，即“家务劳动人口”。

⑦ 处于劳动年龄之内、正在军队服役的人口，即“军队服役人口”。

⑧ 处于劳动年龄之内的其他人口。

人力资源的绝对数量构成如图 1-2 所示。

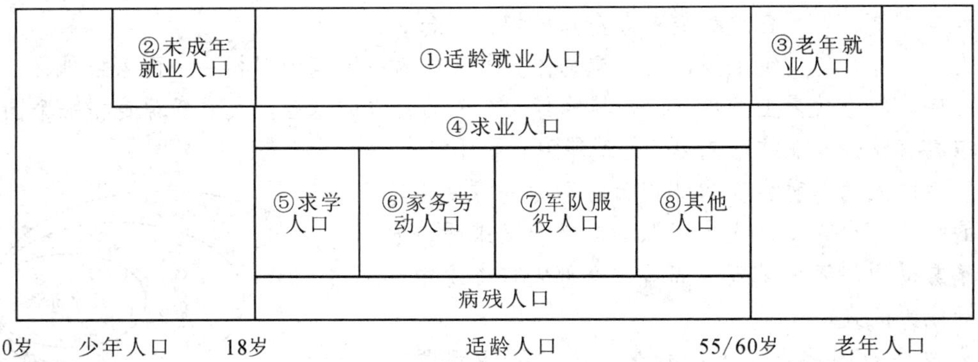

图 1-2　人力资源的绝对数量构成图

关于人力资源的绝对数量，还有两个相关概念：

其一，经济活动人口。经济活动人口是指现实国民经济活动中已经被利用的人力资源数量，表现为就业人口和正在谋求职业的人口，即图 1-2 中的①、②、③、④四个部分。

其二，潜在人力资源数量。潜在人力资源数量是指在现实国民经济活动中可以被利用，但尚未被利用的人力资源数量，表现为因各种原因未就业的人口，即图 1-2 中的⑤、⑥、⑦、⑧四个部分。

2) 人力资源的相对数量

人力资源的相对数量用人力资源率来表示。人力资源率指人力资源的绝对数量占总人口的比率，它是反映经济实力的更为重要的指标。一个国家或地区的人力资源率越高，表明可投入生产过程中的劳动数量越多，从而创造的国民收入也就越多。所以，该指标可用来进行国家或地区之间人均人力资源拥有量的比较：人力资源率越高，表明该国家或地区可以投入经济运行的人力资源越多，作为单纯消费者的人口越少。

2. 人力资源的质量

人力资源的质量是指人力资源所具有的体力、智力、知识和技能水平以及劳动者的劳动态度，一般体现在劳动者的体质、文化、专业技术及劳动积极性上。人力资源的质量受到遗传和其他先天因素、营养状况、教育状况、文化观念、经济、社会等因素的影响。通常可以用健康卫生指标、教育情况、劳动者的技能等级指标和劳动态度指标来衡量一个国家或地区的人力资源质量，如表 1-1 所示。

表 1-1　人力资源质量的构成

质量构成的项目要素	项目要素的主要指标	具体指标
体质指标	健康卫生指标	平均寿命
		婴儿死亡率
		每万人口拥有医务人员数
		人均日摄入热量
文化水平	教育情况	人均受教育年限
		每万人中大学生拥有量
		大、中、小学生入学比例
专业技术水平	技术等级指标	技术职称等级结构
		每万人中高级职称人员所占的比例
劳动的积极性	劳动态度指标	对工作的满意程度
		对工作的负责程度
		与他人的合作程度

一个国家或地区的人力资源的丰裕程度不仅要用其数量衡量，更重要的是用其质量来评价。人力资源的数量反映了可以推动物质资源的人数，而人力资源的质量则反映可以推动哪种类型、哪种复杂程度和多大数量的物质资源，所以，与人力资源的数量相比，人力资源的质量更为重要。

人力资源质量的重要性主要体现在其内部的替代性方面。一般来说，人力资源的质量对人力资源的数量具有较强的替代性，反之，人力资源数量对人力资源质量的替代性较差，有时甚至不能替代。随着社会的发展，现代科学技术对人力资源的质量提出了越来越高的要求，人力资源开发的主要目的就是提高人力资源的质量，为社会经济的发展提供动力。

(二) 人力资源的分类

人力资源可以从不同角度进行分类。我国现行人力资源分类主要有两种体系：一种是人口统计体系，另一种是企业劳动统计体系。

按照人口统计体系，人力资源有两种分类方法：第一种是按照行业分类。我国国家市场监督管理总局、国家标准化管理委员会于 2017 年 6 月联合发布了《国民经济行业分类》(GB/T 4754—2017)，按行业将我国人力资源分为 20 类：农、林、牧、渔业；采矿业；制造业；电力、热力、燃气及水生产和供应业；建筑业；批发和零售业；交通运输、仓储和邮政业；住宿和餐饮业；信息传输、软件和信息技术服务业；金融业；房地产业；租赁和商务服务业；科学研究和技术服务业；水利、环境和公共设施管理业；居民服务、修理和其他服务业；教育；卫生和社会工作；文化、体育和娱乐业；公共管理、社会保障和社会组织；国际组织等。第二种是按照职业将人力资源分为 8 类：国家机关、党群组织、企业、事业单位负责人；专业技术人员；办事人员和有关人员；商业、服务业人员；农、林、牧、渔、水利业生产人员；生产、运输设备操作人员及有关人员；军人；不便分类的其他从业人员等。

按照企业劳动统计体系，企业就业人员被分成工人、学徒、工程技术人员、管理人员、服务人员和其他人员等 6 类。

三、人力资源的特征

(一) 人力资源具有能动性

能动性是人力资源的首要特征，是人力资源区别于组织内其他资源的本质所在。所谓能动性，就是指人力资源具有主观能动性，而且具有不断开发的潜能。人力资源的这种能动性可以从以下四个方面来理解和把握。

(1) 人具有意识性。人在经济活动中，知道活动的目的，因此人可以有效地对自身活动做出选择，调节自身与外部环境之间的关系。

(2) 人具有主体性。所谓主体性，就是说人力资源在经济活动中起着主导作用，处于主体地位，是支配其他资源的主导因素。

(3) 人具有自我开发性。这是人力资源能动性的主要方面，是人力资源发挥潜能的决定性因素。在生产过程中，一方面是人对自身的损耗，而更重要的一方面是通过合理的行为，使自己得到补偿、更新和发展。经济活动的生命是发展，是进取，是创新，唯有人力资源才能担负起这些任务，其他资源不具有这种特性。

(4) 人具有可激励性。人力资源在经济活动过程中，通过提升人的工作能力、激发和增强人的工作动机来提高工作效率。

企业案例

不让雷锋吃亏

“不让雷锋吃亏”是华为公司企业文化中非常重要的一个准则。

《华为基本法》第四条提出了华为核心价值观的精神：“爱祖国、爱人民、爱事业和爱生活是我们凝聚力的源泉。责任意识、创新精神、敬业精神与团结合作精神是我们企业文化的精髓。实事求是是我们行为的准则。”

《华为基本法》第五条提出了华为的利益分配原则："华为主张在顾客、员工与合作者之间结成利益共同体，努力探索按生产要素分配的内部动力机制。我们决不让雷锋们、焦裕禄们吃亏，奉献者定当得到合理的回报。"

作为一家企业的法则法规，《华为基本法》面向企业的每个员工提出了企业对员工的要求。在《华为基本法》里，条例并不是"要求"，而是企业对每一个员工的承诺。华为管理层将"我们决不让雷锋们、焦裕禄们吃亏，奉献者定当得到合理的回报""我们强调人力资本不断增值的目标优先于财务资本增值的目标"作为对每个员工业绩的承诺，这一点落实到中国的企业中比任何西方管理科学中提及的"关键绩效指标"都更见效果。

（二）人力资源具有双重性

人力资源的双重性是指人力资源既具有生产性，又具有消费性。

人力资源的生产性是指人力资源首先是物质财富的创造者，而且是有条件地创造。例如，人力资源必须与其他资源相结合，有相应的活动条件和足够的空间、时间，才能进行创造活动。人力资源的消费性是指人力资源的保持与维持都需要消耗一定的物质财富。因为人的知识是后天获得的，为了增加知识储备，提高技能，人必须接受教育和培训，必须投入财富和时间。

生产性和消费性是相辅相成的。生产性能够创造物质财富，为人类或组织的生存和发展提供条件；消费性则能保障人力资源的维持和发展，同时消费性也是人力资源本身的生产和再生产的条件。消费性能够维持人的生计，满足需要，提供教育与培训。生产性与消费性相比，生产性必须大于消费性，只有这样组织和社会才能获益。

（三）人力资源具有时效性

人力资源以人为载体，它是一种具有生命的资源，其形式、开发和利用都要受到人的生命周期的制约。作为生物有机体的人，有其生命周期，所以人力资源不能长期蓄而不用，否则会荒废、退化。

人能够从事劳动的自然时间又被限定在其生命周期的中间一段，在不同年龄段，能从事劳动的能力也不尽相同。人的生命周期分为发育成长期、成年期、老年期三个大的阶段。人在发育成长期，体力和脑力处于积累阶段，不足以创造价值，因此不能称为人力资源；进入成年期后，体力和脑力的发展都达到了可以从事劳动的程度，可以对价值创造起贡献作用，这个时期内组织应充分使用人力资源，否则会导致资源的浪费，影响组织工作的绩效及发展目标；进入老年期后，人力资源的产出量会随人的体力与精力的下降而逐渐下降，直至完全丧失劳动能力，也就退出了人力资源范围。生命周期和人力资源呈倒"U"形关系，这种关系决定了人力资源的时效性。另外，从社会角度看，人力资源的使用也有培养期、成长期、成熟期和老化期。因此，在进行人力资源的开发时应尊重其内在规律性，做到适时开发、及时利用，最大限度地保证人力资源的产出。

（四）人力资源具有开发持续性

一般地，物质资源的开发只有一次、二次开发，形成产品使用之后，就不存在继续开发的问题了。但人力资源不同，人力资源使用后还能继续开发，使用的过程也是开发的过程，而且这种开发具有持续性。人在工作以后，可以通过不断地学习更新自己的知识，提高技能，且通过工作可以积累经验，进一步充实提高自己的技能。所以人力资源能够实现自我补偿、自我更新、自我丰富和持续开发。这就要求对人力资源的开发与管理应注重终生教育，加强其后期的培训与开发，不断提高其德才水平。尤其是随着高新技术的深入发展，知识更新周期越来越短，知识老化率加快，人需要不断学习和提高。

企业案例

马云的人才观

人才是可以培养出来的。什么是“培”？“培”就是多关注他，但也不能天天去关注，因为对于一棵树，浇水多了树会死，浇水少了树也会死。因此，如何关注也是艺术。什么是“养”？“养”就是给他失败的机会，给他成功的机会，你要看着，不能让他伤筋动骨，不能让他一辈子喘不过气来。

(五) 人力资源具有再生性

经济资源分为非再生性资源与可再生性资源两大类。非再生性资源是不能依靠自身机制恢复的资源，其特点是在其使用中有可耗竭性，如矿产资源；可再生性资源是在开发和使用过后，只要保持必要的条件就可以再生的资源，人力资源属于可再生资源。

人力资源的再生性，主要是基于人口的再生产和劳动的再生产。人力资源是“活”的资源，一方面，通过人口的繁衍，人力资源可以不断再生产；另一方面，人的体能在一个生产过程中消耗之后，可以通过休息和补充能量得以恢复。当人的知识技能不能满足发展需要时，也可以通过培训和学习等手段得以补充和更新。因此，人本身的体能与知识技能都是可以再生的，保证这种再生过程的顺利进行，有利于人力资源的开发与利用。

(六) 人力资源具有社会性

社会性是指人力资源是处于特定的社会和时代中的，不同的社会形态、不同的文化背景都会反映和影响人的价值观、行为方式和思维方法。由于每个人的价值观不同，因此他们在生产经营活动、人与人交往等社会性活动中，其行为可能与企业所倡导的文化价值发生矛盾，也可能与他人的行为准则相冲突。人力资源的这一特征要求在其开发过程中应特别注意社会政治制度、国别政策、法律法规以及文化环境的影响。

四、人力资源在经济管理中的作用

(1) 人力资源是财富形成的关键要素。

人力资源是构成社会经济活动的基本前提。从宏观角度来看，人力资源不仅在经济管理中必不可少，还是组合、运用其他各种资源的主体。也就是说，人力资源是能够推动和促进各种资源实现配置的特殊资源，它不仅同自然资源一起构成了财富的源泉，而且在财富的形成过程中发挥着关键性的作用。

社会财富是指进入社会生产、生活领域的具有使用价值和价值的物质。自然资源是无法直接形成财富的，必须经过一个转化的过程，人力资源在这个转化过程中发挥着重要作用。人们将自己的智力和体力通过各种方式转移到自然资源上，改变了自然资源的原始状态，使自然资源转变为各种形式的社会财富。在这一过程中，人力资源的价值也得以转移和体现。

此外，人力资源的使用量也决定了财富的形成量。一般来说，在其他要素可以同比例获得并投入的情况下，人力资源的使用量越大，创造的财富就越多；反之，创造的财富就越少。

(2) 人力资源是社会发展的第一资源。

人力资源是社会经济活动的重要构成因素，是社会存在和发展的基本前提，是推动社会发展的主要力量。与物质资源、财力资源等相比，人力资源是社会经济活动的主体，是社会经济活动中最活跃、最根本的因素。没有人力资源，就无法形成社会的经济活动，没有高质量的人力资源，就不能创造价值，也不能实现社会经济增长。

随着科学技术、知识技能的迅速发展和不断提高，人力资源对社会财富创造的贡献越来越大，社会经济发展对人力资源的依赖程度也越来越高。

(3) 人力资源是企业的首要资源。

企业是指以盈利为目的，运用各种生产要素(土地、劳动力、资本、技术和企业家才能等)，向市场提供商品或服务，实行自主经营、自负盈亏、独立核算的法人或其他社会经济组织。企业是市场经济活动的主要参与者，是价值创造最主要的组织形式。企业正常运转需要投入各种资源，人力资源是其首要的资源。有效利用人力资源可以充分激活其他资源，以实现企业的目标。在企业的日常管理中，只有使人力资源的使用效率最大化才能实现企业利润的最大化。

首先，企业的发展与员工的职业能力发展是相互依赖的，要重视人的职业能力，必须先重视人本身。企业实施各种人力资源管理政策的目的，就是要鼓励员工不断提高职业能力并愿意运用所获得的职业能力为企业工作，否则企业就无法适应激烈的竞争环境。其次，人力资源是有意识、有价值的资源。员工的工作意愿会极大地影响工作效率和质量，因此，充分调动员工的积极性，强化其对组织的认同感，建立良好的工作价值观是人力资源管理中一项重要的管理任务。最后，人是在特定环境中成长起来的，每个人形成了与其成长环境有关的生活习惯和心理品质。企业是由许多单个的人组成的有目的的组织，为了有效地实现组织的目标，企业就需要统一价值观念。这种统一的价值观念即企业文化，任何企业都有属于自己的企业文化，企业必须把价值观念不同的人通过特定的政策进行引导并辅之以相应手段，才能形成创造高绩效的企业文化。

第二节　人力资源管理概述

一、人力资源管理的含义

人力资源管理(Human Resource Management)作为企业的一种职能性管理活动的提出，最早源于工业关系和社会学家怀特·巴克(E. Wight Bakke)于1958年出版的《人力资源功能》一书，该书首次将人力资源管理作为管理的普遍职能来加以讨论。

人力资源管理可以分为宏观管理和微观管理。人力资源宏观管理是对社会整体的人力资源的计划、组织、控制，目的是调整和改善人力资源状况，使之适应社会再生产的要求，保证社会经济的运行和发展。人力资源微观管理是通过对组织内人和事的管理，处理人与人之间的关系，人和事之间的配合，充分发挥人的潜能，并对人的各种活动予以计划、组织、指挥和控制，以实现组织的目标。

人力资源宏观管理是由国家在社会范围内进行的，而人力资源微观管理是由组织在组织内部进行的。本书所指的人力资源管理是人力资源的微观管理，特别是企业的人力资源管理。

鉴于人力资源的一系列不同于其他资源的特征，人力资源管理具有以下特点：

(1) 人力资源管理始终贯彻的主题就是：员工是组织的宝贵财富。

(2) 人力资源管理强调组织和员工之间的共同利益，并重视发掘员工更大的主动性和责任感。

(3) 人力资源管理在理论上是跨多个学科的。现代人力资源管理的理论基础涉及管理学、法学、经济学、心理学、社会学等多个学科。

(4) 人力资源管理运作具有整体性。人力资源管理的运作必须依赖于整个组织的支持，而且人力资源管理各项职能之间应当具有一致性。

二、人力资源管理的基本功能

人力资源管理的基本功能就是通过获取、整合、开发、保持与激励、控制与调整，实现人力资源管理目标。

1. 获取

人力资源管理工作的第一步，就是获取人力资源。这项工作包括：明确组织中工作岗位需求，提出人力资源补充计划，发布招聘信息以及采用科学方法为企业引进优秀人才。

2. 整合

企业是人的集合体，个体与个体、群体与群体、个体与群体、个体与企业组织都会存在差异，整合功能就是通过教育培训、企业文化传播、信息沟通、冲突与压力的调节缓和等，让被引进的员工了解本企业的宗旨和价值观，建立和强化员工对企业的认同感。经过整合可培养员工的认同感，规范员工的行为，提高员工的工作、生活质量和满意度。

3. 开发

开发是指通过对员工进行教育培训、职业规划等开发管理活动，提高员工的知识、技能、能力和其他方面的素质，使员工的综合素质得到全面发展。

4. 保持与激励

保持与激励是指向员工提供奖酬，增加其满意度，使其安心和积极工作。

5. 控制与调整

控制与调整是指通过运用绩效管理、岗位变动、人员流动等手段，对员工的行为、态度、工作业绩等方面进行控制与调整，提高企业管理水平和管理绩效。

上述人力资源管理的五项功能不是孤立的，而是密切联系、相辅相成、彼此配合的。组织在某一方面的决策常常会影响到其他方面。例如，只有获取组织需要的人力资源，才能进行合理的整合、开发；激励可使员工对组织和工作满意，从而促进了整合；等等。但这五项基本功能都是以工作分析为核心的。工作分析能够确定组织每一岗位应有的权力、责任、任职资格等要求，从而为人力资源的获取提出了明确的要求，为保持与激励规定了目标，给控制与调整提供了标准，为整合与开发提供了依据。人力资源各要素间的关系如图 1-3 所示。

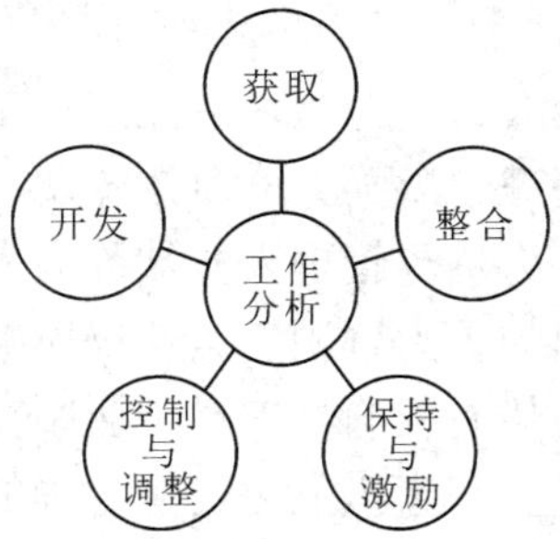

图 1-3　人力资源各要素间的关系

管理故事

老鼠与米缸

员工培训耗时、耗钱，而且有时短期内无法达到效果，因此，很多企业对于员工培训并不重视。我们通过下面的一个小故事《老鼠与米缸》来阐释里面的大道理。

在一个青黄不接的初夏，一只在农家仓库里觅食的老鼠意外地掉进一个盛得半满的米缸里。这意外使老鼠喜出望外，它先是警惕地环顾了一下四周，确定没有危险之后，接下来便是一通猛吃，吃完倒头便睡。老鼠就这样在米缸里吃了睡、睡了吃。日子在衣食无忧的休闲中过去了。

有时，老鼠也曾为是否要跳出米缸进行过思想斗争与痛苦抉择，但终究未能摆脱白花花大米的诱惑。直到有一天它发现米缸见了底，才觉得以米缸现在的高度，自己就是想跳出去，也无能为力了。

对于老鼠而言，这半缸米就是一块试金石。如果它想全部据为己有，其代价就是自己的生命。因此，有人把老鼠能跳出缸外的高度称为“生命的高度”。而这高度就掌握在老鼠自己的手里，它多留连一天，多贪吃一粒米，就离死亡更近了一步。

员工的培训在企业人力资源管理中非常重要，但是企业在内部组织培训或让员工参加社会上举办的各种培训班要有一定的物力、财力以及时间，并且这些培训经常会与公司的各项工作有一定的冲突，有些公司为了眼前的利益，让员工培训变成了可有可无的事情，导致企业员工无法系统地接触到新事物、新方法、新观念，不能对自身所处状态做出敏感的反应，最终公司能逃脱掉老鼠的下场吗？

三、人力资源管理的职责分工

人力资源管理的目标是通过人力资源合理的配置、激励与开发实现劳动生产率的提高，进而促进组织目标的实现。然而，对人力资源产生影响的不仅来自人力资源部门的各项人力资源管理政策、制度及其实施过程，直线管理人员由于其直线权力而承担着各项人力资源政策、制度的实施角色，也对人力资源管理有着重要的影响作用。因此，人力资源管理不仅是人力资源管理部门的责任，也是每个直线管理人员的责任。可以说，每一项人力资源管理的职责都是由人力资源管理专业人员和直线管理人员共同完成的。

(一) 人力资源管理专业人员的职责

人力资源管理专业人员是指组织内人力资源规划、员工招聘选拔、绩效考核、薪酬福利管理、激励、培训与开发、劳动关系协调等人力资源相关工作的专业人员。组织内中高层人力资源管理人员被称为人力资源管理者(Human Resource Manager)。人力资源管理者做出的人力资源决策不仅影响管理者自身的成败，也影响着企业员工的行为、绩效、满意度，从而影响员工对企业顾客的服务态度，最终影响整个组织目标的实现。人力资源管理者应当是组织人力资源管理的专家和顾问，为组织各个部门的经理提供人力资源管理的技术支持，并领导人力资源部门的员工共同努力，使组织的人力资源充满活力，保持竞争的优势。具体来说，人力资源管理专业人员的主要职责如下：

1. 建议和参谋

人力资源管理专业人员对企业内部的人力资源管理业务(如政策、劳动合同、以往管理以及员工的需要等)和外部劳动市场及政府法规的变化趋势(如经济和就业形势、法律等)比较熟悉，可以为企业决策提供建议和参谋。作为公司经理、高级行政人员和主管的内部参谋，人力资源管理专业人员必须了解公司经理和主管人员的运营目标。反过来，部门经理也应意识到，人力资源部门的专业人员是来帮助他们提高生产力的，而不是为其设置障碍的。人力资源管理专业人员不仅要善于从直线经理和主管的角度分析问题，而且要具备和他们沟通的能力。

2. 服务和咨询

人力资源管理专业人员参与一系列服务活动，如招聘、选拔、测试、设计并实施培训项目，以及听取员工的要求和抱怨等。人力资源管理专业人员必须掌握人力资源管理领域的理论与知识，这些是企业人力资源管理实践活动和项目设计的基础。在进行一系列涉及人力资源管理的课题的咨询时，专业人员可以提供实施计划，并协助直线经理加以实施，也可以通过处理如某个工作有问题的员工等与人力资源管理有关的特殊事情，给直线经理提供咨询。

3. 制订政策并实施

人力资源管理专业人员通常要建议并草拟人力资源管理的新制度与方法或修订原有的制度与方法，来解决重复发生的问题或预防新问题的发生。通常，这些制度或规定要呈报给公司的高层决策者，由他们最后签发。在草拟制度之前，人力资源管理专业人员应和直线经理以及其他职能部门联系并征询他们的意见，了解有关问题，使得制订或执行的制度或方法符合企业的实际需要，能解决原有的人力资源管理中的矛盾。

4. 维护员工利益

人力资源管理专业人员的一项重要职责就是维护员工的利益，倾听员工的要求并反映给经理，在企业内部建立有效的沟通渠道，建立良好的员工关系。有效的劳资关系是在企业遭遇突然变故时的一个有力的支撑。

当前企业高层管理者已认识到人力资源对企业发展的重要作用，因而期望人力资源管理专业人员在企业战略决策过程中发挥更重要的作用。人力资源管理专业人员在发挥作用的同时，必须清楚地知道自己的基础职责和扮演的角色是什么。

从以上四项职责可以看出，在实际工作中，人力资源管理者承担着四种角色：

第一，战略伙伴——确保企业所制订的人力资源管理战略得到贯彻执行。战略的执行是在人力资源战略与企业经营战略结合在一起的基础上展开的。

第二，管理专家——人力资源管理职能必须能够设计和贯彻有效的人力资源管理制度、管理过程以及管理实践。

第三，员工激励者——有效地激励员工的积极性。

第四，变革推动者——对组织进行重整以适应新的竞争条件。

（二）直线经理的人力资源管理职责

在企业的日常经营管理活动中，直线经理需要指导员工工作。从人力资源管理角度看，直线经理是负责贯彻人力资源管理实践活动的主要工作者，也是支持人力资源专业人员开展有效的人力资源管理实践的力量。直线经理要执行许多人力资源专业人员设计的人力资源管理程序与方法。面试求职者，为员工提供在职培训，实施员工的绩效评价，提出提薪建议，执行惩戒程序，调查事故，解决投诉员工等工作，都需要直线经理参与并完成。在人力资源管理程序与方法的制订过程中，直线经理也经常参与。例如，人力资源管理专业人员在进行工作分析时，经常寻求来自直线经理的工作信息，要求他们评阅最后的书面结果并反馈意见。在人力资源专业人员进行培训需求分析时，直线经理经常提出需要哪种类型的培训以及关于培训人选的建议。表 1-2 描述了直线经理与人力资源管理专业人员在人力资源管理各项工作活动中的职责分工。

表 1-2 直线经理与人力资源管理专业人员的职责分工

工作活动	直线经理的职责	人力资源管理专业人员的职责
人力资源规划	协调与均衡人力资源规划与组织战略	制订人力资源规划
工作分析	提供工作分析的有关信息以及反馈	编写工作说明书与规范
员工招聘与测评	提出招聘需求；直接参加面试；决定人员的录用与分配；直接参与各种素质测评活动以及进行测评结果反馈	负责招聘服务、咨询工作(如广告、材料收集与调查)，配合直线经理的招聘录用信息、人员体检、合法性检查等做咨询与服务等工作；确定素质测评指标体系，设计测评方案并实施，统计分析测评结果，撰写测评报告等
人员培训	组织员工培训；丰富工作内容；给下属提供工作反馈信息；指导、帮助员工设计个人发展计划	制订员工培训计划；为员工培训提供帮助(如场地、器材、资金、后勤等)；帮助员工进行职业生涯规划；对管理者进行管理理论与方法(特别是人力资源开发与管理)培训等
职业生涯管理	帮助员工审视环境和识别发展机会，规划其职业生涯发展路径，并在职业生涯管理中起到沟通、评价、咨询、指导和激励等作用	通过制订组织相关政策和实施方案，发布组织相关信息，为员工自我管理职业生涯提供指导与咨询服务等，为员工创造适合于其个人发展的组织环境

续表

工作活动	直线经理的职责	人力资源管理专业人员的职责
绩效管理	直接负责员工绩效评价、员工绩效反馈与改进指导工作	制订和宣传绩效管理制度；培训绩效考核人员
员工关系管理	组织员工相互沟通；指导员工的合作与沟通；处理冲突；收集与反馈信息；监督执行劳动记录；做出员工解雇、提升、调动、辞职的决策	制订沟通制度；保障沟通渠道的畅通；协调部门间的工作；处理信息；传播企业文化；开展员工组织同化工作；管理员工档案；制订员工管理制度；对直线经理做出的员工处理决策进行审核和贯彻；对直线经理实行调控；为离退休人员提供咨询和服务
人力资源外包	参与制订人力资源外包计划，参与选择外包商和外包模式；实施人力资源外包活动(包括人员面试、录用与分配)及其风险评估和控制管理，评估人力资源外包商的绩效	制订人力资源外包计划；遴选人力资源外包商；决定人力资源外包模式；编制人力资源外包合同；识别与控制人力资源外包的风险；提供人力资源外包咨询和服务

四、人力资源管理的作用

随着全球经济一体化进程的加快和知识经济时代的到来，人力资源已逐渐超越物质资源、金融资源，成为企业的核心资源，人力资源管理的重要性更加凸显。人力资源管理的重要性主要体现在如下几个方面。

(一) 有利于提高组织绩效

提高企业绩效是经营者追求的首要任务。影响企业绩效的因素很多，但从人力资源管理角度来看，主要有缺勤率和离职率，尤其是一些优秀员工的缺勤和离职会使生产率降低。有研究者考察了 35 个行业中 968 个公司的人力资源管理实践和生产率水平，每个公司的人力资源管理实践的质量(或精密度)通过诱因计划、员工控诉系统、正式的绩效评价系统以及工人参与决策等进行打分评价。该研究揭示了人力资源管理精密度评分与生产力水平之间的某种强烈联系，那些获得人力资源管理高评分的公司，其绩效显然优于那些获得低评分的公司。

人力资源的特点表明，人力资源是组织拥有的特殊资源，也是组织获取和保持竞争力的重要资源。随着组织对人力资源的利用和开发，组织管理层的决策越来越多地受到人力资源管理的约束，人力资源管理已被纳入组织的战略规划之中，成为组织竞争力的至关重要因素。

(二) 对组织中的管理人员非常重要

人力资源管理能够协助组织管理人员达到以下目的：确保人与事的良好匹配；降低员工的流动率；促使员工积极、努力地工作；有效率地组织招聘活动，从而节省时间和降低成本；即使员工认为自己的薪酬欠公平合理，也要促使员工对薪酬产生公平感；对员工进行充分的培训，以提高组织中各个部门和工作团队的效能；使组织不会因为就业机会等方面的歧视行为而招致法律诉讼；保障工作环境的安全；遵守国家的法律；使组织的员工都能得到平等的待遇，缓解、避免员工的不满情绪；等等。这些目的都是组织中所有管理人员普遍的愿望。

人力资源管理对于组织中非人力资源管理部门的其他管理人员尤为重要。因为这些管理人员在其管理职责范围内需要而且必须做出关于员工招聘、薪酬政策、绩效考核、员工晋升和人员调配等人力资源管理方面的决策。

(三) 能够提高员工的工作、生活质量和敬业度

(1) 人力资源管理有利于提高员工的工作、生活质量。

企业中的所有员工，通过与组织目标相适应的公开的交流渠道，能够影响决策并改善自己的工作，进而提升自己更多的参与感以及更高的工作满意度和更少的精神压力。人力资源管理的各项活动，包括人力资源规划、培训与开发、工作分析、安全与健康等，都影响着员工的工作和生活质量。

(2) 人力资源管理有利于提高员工的敬业度。

员工的敬业度是指员工在情感和知识方面对企业的一种承诺和投入。詹姆斯·罗宾斯(James H. Robins)在其《敬业》一书中指出，企业员工“要像信仰上帝一样信仰职业，像热爱生命一样热爱工作” “使命感使个人和企业获得双赢”“克制、节俭是敬业精神的根本”“通过敬业而获利是现代职业精神的基石”等。

敬业精神本质上是一种信仰。对于信仰而言，更重要的是形式和实践。信仰要靠形式来支撑，对于敬业精神这种信仰，也需要类似的训练来支撑。

盖洛普咨询有限公司和翰威特咨询有限公司的研究证明了员工敬业度与企业绩效的关系。盖洛普咨询有限公司运用“盖洛普路径”模型测量敬业度的结果证明，敬业员工对企业所关注的经营业绩指标影响最大，这些业绩指标包括效率、顾客忠实度、员工保留率、安全和产值。这些员工创造了一个组织的所有利润和顾客忠实度，也是推动组织利润增长的主动力。翰威特咨询有限公司在全球范围内的调研最终证明了关键业务指标衡量的绩效与员工敬业度之间具有高相关性，即提高员工敬业度的企业在提高了生产力的同时，员工忠诚度、顾客满意度、股东回报和销售增长也明显提高。

企业人力资源管理可不断提高员工对公司的认可度，使员工始终保持敬业的工作态度，为企业创造更高的绩效。

第三节 人力资源管理的历史演进与发展趋势

一、人力资源管理的历史演进

(一) 人事管理萌芽阶段

人力资源管理的前身称为人事管理(Personnel Management)。18世纪中叶，西方国家相

继发生了产业革命，产生了大量的实行新工厂制度的企业。工厂制度的产生带来了一系列迫切需要解决的新问题，如工人的组织、分工、协作、配合问题，工人与机器、机器与机器间的协调运转问题，劳资纠纷问题，劳动力的招募、训练与激励问题，劳动纪律的维持问题等。这些本来都是现代人事管理的主要内容，但在当时是企业经营者的主要工作内容。尽管当时已经有了人事管理的概念，但是早期的人事管理与现代意义上的人事管理在工作内容上大相径庭，当时的人事管理主要承担的是福利方面的工作。

1897 年，美国公司首次设立了“福利工作”部门，此后，“福利部”“福利秘书”“社会秘书”等名称相继出现。设立这些部门或职位的主要目的是改善工人的境遇，听取并处理工人的不满，提供娱乐和教育活动，安排工人的工作调动，管理膳食，照顾未婚女工等。总之，这种关心工人福利的主张是现代人事管理思想的来源之一。

（二）科学管理阶段

19 世纪末 20 世纪初，第二次工业革命引发了大机器生产，大机器生产要求更加专业化的劳动，工厂的一切生产都以“效率最大化”为原则。被誉为“科学管理之父”的弗雷德里克·温斯洛·泰勒(Frederick Winslow Taylor)，作为费城米德维尔钢铁公司的工程师，通过研究工人的工作效率，试图找到一种最好、最快的方法来完成工作。为此，泰勒首先提出了一些基本的管理制度：① 对工人工作的每一个操作要素进行研究，以科学的结论代替工人的个人判断，以改变过去依赖经验的状况；② 不是听由工人自己去选择操作方法和进行自我培养，而是经过实验之后对工人进行科学选择和培养；③ 使工人掌握标准化的操作方式，使用标准的工具、机器和材料，并使作业的环境标准化；④ 制订并实施一种鼓励性的计件工资报酬制度；⑤ 将计划职能与操作职能分开，推行职能制或直线职能制等。

科学管理的提出适应了时代的要求，在美国被广泛地采用，对人事管理思想的形成产生了重大的影响。泰勒的思想和理论引起了人们对人事管理职能的关注；科学管理宣扬管理分工，强调计划职能与操作职能分开，从而为人事管理职能的独立提供了依据和范例。科学管理理论使人们认识到，过去由一线管理人员直接负责招聘、选拔、培养、支付薪酬、绩效评估等工作的做法，已不能适应企业规模扩大的现实，企业要做好人员管理这项工作，必须要有专业人士为一线管理人员提供建议，这为人事管理作为参谋部门的出现奠定了基础。

（三）人际关系管理阶段

以雨果·芒斯特伯格(Hugo Munsterberg)为主要创始人的工业心理学的出现对人事管理的发展起到了积极的作用。芒斯特伯格的工业心理学是基于科学管理的伦理观产生的，它试图为人事管理提供一个科学的基础。芒斯特伯格在《心理学与工业效率》一书中，提出了与泰勒的观点密切相关的三个方面的研究：一是研究工作对人的要求，以判明哪些人具备完成某项特定工作的心理品质；二是研究在何种心理条件下才能从每个人那里获得最大产量；三是研究从企业利益出发对人的需要施加影响的必要性。芒斯特伯格在实验基础上对人员甄选、培训、激励以及减少疲劳等方面都提出了明确建议。

人际关系学说是对人力资源管理的发展做出贡献的另外一支力量。它起源于 1924—1933 年间哈佛大学的研究人员埃尔顿·梅奥(George Mayo)等人在位于芝加哥郊外的西方电气公司霍桑工厂中进行的一系列研究。该研究的目的本来是确定照明对工人及其产出的影响，但最后得出的结论是：社会互动以及工作群体对工人的产出及满意度有着非常重要的影响。霍桑实验引发了整个管理学界对人的因素的关注，人际关系学、工业关系学等新兴学科应运而生，人际关系学说中的大量研究成果在人事管理领域得到了广泛的运用，并推动了人事管理的迅速发展。同期，工会主义也开始崛起，工会越来越多地就工资、工时、就业条件等领域与资方进行集体谈判，这导致劳资关系成为企业人事管理职能的一个重要方面。

知识拓展

霍桑实验

霍桑实验是管理心理学中的一个著名实验，它是一项以科学管理的逻辑为基础的实验，是关于人群关系运动的实验研究。霍桑实验从1924年开始，到1932年结束，在将近8年的时间内，前后共进行过两个回合：第一个回合从1924年至1927年，在美国国家科学委员会赞助下进行；第二个回合从1927年至1932年，由梅奥主持进行。

整个实验前后经过了四个阶段。第一阶段：为了弄明白照明的强度对生产效率所产生的影响所进行的车间“照明实验”；第二阶段，为了能够找到更有效地控制影响职工积极性的因素而进行的“福利实验”；第三阶段，了解职工对现有的管理方式有什么意见，为改进管理方式提供依据而进行的“访谈实验”；第四阶段，为了证实在以上实验中研究人员似乎感觉到在工人中存在着一种非正式的组织，而且这种非正式的组织对工人的态度有着极其重要的影响而进行的“群体实验”。

霍桑实验的结果由梅奥于1933年正式发表，书名是《工业文明中的人的问题》。梅奥在该书中提出了职工是“社会人”、企业中存在着“非正式组织”、新型的领导能力在于提高职工的满足度以及组织存在着霍桑效应等结论。

(四) 传统人事管理成熟阶段

在人事管理的工作内容相对稳定的很长一段时间里，人事管理者的工作就是在管理层和操作层(工人)之间架起一座桥梁；他们需要用自己的语言与工人对话，然后向管理层提出建议，告诉他们应当做些什么事情才能使员工达成最好的工作结果。然而，人事管理工作在企业中一直处于一种非常尴尬的境地。彼得·德鲁克毫不客气地对以蓝领工人为导向的企业人事管理工作提出了批评，他认为在第一次世界大战过去35年之后，人事管理职能依然没有能够很好地说明自己对于企业的重要性到底何在。在这种情况下，人事管理者不得不想各种办法去争取获得主管人员的认可，不断抱怨自己在企业中没有地位。人事管理工作“包含一部分档案管理员的工作，一部分管家的工作，一部分社会工作者的工作，一部分‘消防队员’的工作(防止和解决劳资纠纷)”。彼得·德鲁克指出，这种工作只需要中等管理能力就已经足够，对于企业经营不会产生重大影响，更不可能成为需要高层主管人员来管理的重要部门。事实上，到20世纪60年代，人事管理一直被认为只是针对蓝领工人和操作类员工的。

在这一时期，出现了三个因素。第一个因素是经济学中的人力资本理论的正式提出，人力资本被看成是比物力资本更富有生产率的资本。人不仅不是服从于物力资本的，而且是比物力资本更有潜力的“活的资源”。第二个因素是行为科学的不断发展。后期的行为科学从人、组织、工作、技术等多个方面对企业中人的行为进行了系统的研究，不仅吸收了早期人际关系学说的一些有用的研究成果，而且借鉴了当时的组织理论、组织心理学、社会心理学等领域的最新理论发展。第三个因素是作为一门学科的人力资源会计出现了。这门学科的出现为衡量人力资本的利用效率提供了可靠的技术依据，使企业更加明确地认识到人力资源管理对于企业可能产生的收益。这三个因素对于人力资源管理的理论与实践产生了极大的影响。

知识拓展

人力资本与人力资源

诺贝尔经济学奖获得者西奥多·舒尔茨(Theodore Schultz)认为，人力资本是体现在劳动者身上的一种资本类型，它以劳动者的数量和质量，即劳动者的知识程度、技术水平、工作能力以及健康状况来表示，是这些方面价值的总和。

人力资源和人力资本是两个密切相关的概念，两者有相同之处，又有明显的区别。它们在理论渊源、研究对象、分析目的上都是相同的。人力资源是具有一定体力、知识和能力的人；人力资本是通过对人力资源的投资而体现在劳动者身上的体力、智力和技能。可以看出，人力资本理论是人力资源理论的基础，两者都以人为研究对象，其分析目的都是最大限度地发挥人的能力和潜力。它们之间的区别如表 1-3 所示。

表 1-3　人力资源与人力资本的区别

项　目	人力资源	人力资本
概念内涵	人力资源是人所拥有的劳动能力，是存在于人力中的经济资源，可以开发和使用；从静态角度看，不存在增值问题	人力资本是通过投资而形成的，从动态角度看，可以通过生产劳动转移或交换，实现价值的增值
概念范围	包括自然性人力资源(未经任何开发的遗传素质和个体)和资本性人力资源(经过教育、培训、健康与迁移等投资而形成的人力资源)	仅包括在教育投资基础上形成的具有一定知识和能力、从事复杂劳动的人力资源；人力资本对应的是人力资源中的人才
关注重点	关注的是价值问题	关注的是收益问题
研究角度	将人力作为财富源泉，从人的潜能与财富关系方面研究人的问题	将人力作为投资对象和财富的一部分，从投入与收益的关系方面研究人的问题
作　用	往往在增加人力数量的基础上满足生产和物力需要	可以在不增加人力数量的基础上满足生产和物力需要

(五) 人力资源管理阶段

人力资源管理的概念产生于 20 世纪五六十年代，然而，它在 80 年代中后期才受到企业的普遍重视。其中最主要的原因之一就是，在 20 世纪 70 年代末 80 年代初的日美企业管理制度比较研究热潮中，研究者发现，日本企业独特的人力资源管理制度与管理实践是造成日美企业生产率差异的最主要原因。20 世纪 80 年代是一个持续而快速的企业变革的时代。敌意接管、杠杆收购、兼并、剥离等事件层出不穷，人事管理也进入企业更高的层次，从关注员工道德、目标等有关的问题到重视工作生活质量、工作团队、组织文化等内容。经济全球化和知识经济的发展最终导致人事管理向人力资源管理的转变。20 世纪 80 年代以后，人力资源管理研究的主要贡献集中在以下三个方面。

首先，人们逐渐认识到，员工是与股东、管理层地位平等的主要利益相关者，大大拓展了人力资源管理所涉及的范围，并暗示直线经理(特别是总经理)应该承担更多的人力资源管理职责。其次，人力资源管理政策和实践的设计与实施，必须与大量的、重要的具体情境相一致。这些具体情境因素包括劳动力特征、企业经营战略和条件、管理层的理念等。通过分析这些具体的情境因素，企业管理者将人的问题与经营问题有机地结合起来，并使人力资源管理具有战略价值。最后，企业在人力资源管理方面的花费越来越多，企业日益重视对人力资本投资收益的评估。表 1-4 中明确区分了现代人力资源管理与传统的人事管理的区别。

表 1-4　现代人力资源管理与人事管理的区别

项　目	现代人力资源管理	人事管理
观念	视员工为有价值的重要资源	视员工为成本负担
目的	满足员工自我发展的需要、保障组织的长远利益实现	保障组织短期目标的实现
模式	以人为中心	以事为中心
视野	广阔、长远	狭窄、短期
性质	战略、策略性	战术、业务性
深度	主动，注重开发	被动，注重管好
功能	系统、整合	单一、分散
内容	丰富	简单
地位	决策层	执行层
工作方式	参与、透明	控制
与其他部门的关系	和谐、合作	对立、抵触
本部门与员工的关系	帮助、服务	管理、控制
对待员工的态度	尊重、民主	命令式的、独裁式的
角色	挑战、变化	例行公事、记载
部门属性	生产效益部门	非生产、非效益部门

(六) 战略人力资源管理阶段

进入 20 世纪 90 年代以后，随着技术、经济和社会的剧烈变化，企业开始从关注环境转为强调企业的战略、内部资源，传统的竞争优势来源(如技术、财务资源的获得)已不能再以稀缺的、不可模仿的和不可替代的方式为企业创造价值。由于人力资源的价值创造过程具有路径依赖性和因果关系模糊的特征，其细微之处竞争对手难以模仿，所以企业的人力资源将是持久竞争优势的重要来源。在这一阶段，人力资源地位发生了明显的变化，人力资源部门不再只是负责事务性的部门，将参与到企业的战略制订当中，成为企业战略制订的一个重要力量，人力资源战略不仅仅是人力资源部门的事情，而是整个企业的战略性工作之一。企业在设计发展战略时，都将公司和部门战略与人力资源战略统一结合起来，为企业战略决策服务。竞争的压力提高了人力资源的地位，促进了研究者从提高企业竞争力的角度去研究人力资源管理，并直接导致了战略人力资源管理的兴起。

战略人力资源管理认为，人力资源是实现企业战略发展目标的基石，一个企业要在未来赢得发展的空间，必须拥有高素质、高水准的人力资源，通过实施各种人力资源管理政策和措施，加强企业的竞争力，才能完成企业的整体战略目标。战略人力资源管理强调：① 人力资源管理被完全整合进企业的战略中；② 人力资源管理政策在不同的政策领域与管理层次间具有一致性；③ 人力资源管理实践应作为企业日常工作的部分被直线经理与员工所接受、调整和运用。

二、人力资源管理的发展趋势

21 世纪，人类社会进入一个以知识为主的全新经济时代。经济全球化、信息技术的快速发展，企业赖以生存的环境与企业竞争方式正发生着深入持久的变化，人力资源管理也经历着前所未有的来自信息网络化、知识与创新、企业发展与变革等各种力量的挑战和冲击。其发展呈现以下几个趋势。

(1) 人力资源管理在企业价值链中的作用日益凸显。

21 世纪，人力资源管理的核心是如何通过价值链的管理来实现人力资源的价值及人力资源价值的增值。价值链本身就是对人力资源激励和创新的过程。人力资源管理在企业价值链中的作用之所以日益突出，是因为它可以为顾客提供附加值。因此，人力资源管理部门应该积极加强与企业各职能部门的密切联系，从权力中心走向服务中心。

人力资源管理的价值创造遵循二八定律，即那些能够为企业创造巨大价值的人创造了80%的价值，而数量在企业中仅占 20%，同时也能带动企业其他 80%的人。人力资源管理者要注重形成企业的核心层、中间层、骨干层员工队伍，同时实现企业人力资源的分层分类管理模式。人力资源管理要通过合理的价值评价体系及评价机制，使企业所需要的真正优秀人才脱颖而出；通过建立合理的价值分配体系，从而有效地激励员工。

(2) 知识型员工的管理成为人力资源管理的重心。

随着知识经济时代的到来，知识型员工日益增多，人力资源管理的重心转向知识型员工的管理，知识的创造、传递、应用和增值成为人力资源管理的主要内容。

知识型员工拥有知识资本，他们在企业中的独立性、自主性和流动性比较强，他们不是被动地适应企业或工作的要求，而是具有更多的就业选择权与工作的自主决定权。因此，管理者要尊重他们，并站在其内在需求的角度，为他们提供好的服务，以此赢得他们的满意与忠诚。知识型员工不是简单地通过劳动获得工资性收入，而是要与资本所有者共享由知识型员工拥有的知识资本所带来的价值创造成果。

人力资源管理要高度关注知识型员工，要以新的思维来对待员工，提供令员工满意的人力资源服务来吸纳、留住、激励、开发企业所需要的人才。具体包括：① 共同愿景——通过提供共同愿景，将企业的目标与员工的期望结合在一起，满足员工的事业发展期望；② 价值分享——通过提供富有竞争力的薪酬体系及价值分享来满足员工多元化的需求，包括企业内部信息、知识、经验的分享；③ 人力资本增值服务——开发、培训，提升员工的人力资本价值；④ 授权赋能——让员工参与管理，授权员工工作自主权，并承担更多的责任；⑤ 支持与援助——通过建立支持与援助系统，为员工完成个人与企业发展目标提供条件。

(3) 企业与员工出现新的关系模式。

企业与员工之间建立以劳动契约和心理契约为双重纽带的战略合作伙伴关系，目的是促进个人与企业共同成长。一方面要依据市场法则确定员工与企业双方的权利义务关系；另一方面又要求企业与员工一道建立共同愿景，形成共同的价值观，实现员工的自我发展与管理。企业要关注员工对企业的心理期望与企业对员工的心理期望，并在两者之间达成“默契”，在企业和员工之间建立信任与承诺关系。

企业与员工之间的劳动契约关系也在发生变化。随着市场竞争范围的扩大和竞争程度的提高，企业逐渐意识到灵活用工在降低管理成本、提升企业柔性方面的积极作用，开始寻求不同渠道和方式，如非全日制用工、临时雇用、固定期限合同用工等用工模式。非全日制用工在工作时间方面、外包用工在工作地点方面以及派遣用工在契约性质方面与传统的雇佣关系都有很大差异。

(4) 互联网技术在人力资源管理中广泛应用。

传统的人力资源管理技术耗费大量的人力、物力、财力和时间，人力资源管理者劳动强度大，工作效率相对较低。随着信息技术的快速发展，互联网不仅改变了人们的思维方式、工作方式和生活方式，也改变着人力资源管理的方式，网络招聘、在线培训、网络沟通、网络管理等人力资源虚拟化管理已成为一种必然趋势。强有力的信息技术已成为人力资源管理再造的媒介之一，正在和将要改变人力资源活动决策、管理及评估方式。因此，未来的人力资源管理，不仅要建立和完善适应虚拟化管理的技术体系，还要建立适应信息技术发展的企业网络文化。

(5) 跨文化管理成为人力资源管理的趋势。

决定人力资源管理差异的基础在于企业文化，在不同国家的企业中，人力资源管理不同，其最终差异在于国家文化。经济的全球化必然要求人力资源管理的全球化。在全球化的背景下，人才流动国际化、人才竞争国际化成为一种必然趋势，国际化的人才市场与人才交流将逐渐发展成为一种获取人力资源的主要形式。未来的人力资源管理需要有效地管理全球范围内的知识和人才，跨文化的人力资源管理将成为现代人力资源管理的重要内容。

技能训练

实训目标：

了解人力资源的质量和数量构成。

实训内容与要求：

采用调查法、访谈法等方式，选取你身边的一家企业进行数据调查，了解其人力资源的数量和质量构成情况。

成果检测：

(1) 学生以小组为单位进行调查，并形成文字、图片和视频资料。

(2) 分小组进行课堂成果展示，教师对其调查过程和结果进行评价。

案例分析

任正非答记者问(节选)

围绕受外界关注的孟晚舟事件、5G 等话题，华为创始人任正非于 2019 年 1 月 17 日在深圳华为总部与媒体进行了约一个半小时的圆桌会。这样与媒体深度沟通，对向来低调的任正非来说并不多见。任正非直面各类问题，其回答引人深思，备受关注。下面是任正非答记者问的文字节选。

记者：我记得 2014 年第一次采访您的时候，您说“华为有什么神秘的？揭开面纱就是皱纹”，给我留下了非常深刻的印象。现在五年过去了，您觉得华为的面纱真正揭开了吗？现在国际上质疑的声音好像更多了。

任正非：那就是皱纹更多了。因为半径越大，问题越多。如果我们缩到小小的一点，像农民种地一样，只有土豆这么大，外界都看清了，那谁也不会质疑。半径越大，越看不清，未来 10 到 20 年之后的探索我们更加看不清，所以大家的质疑会多一些，但是质疑并不等于有多大问题。

另外，质疑也是有价值的，科学家天生就喜欢怀疑，要不他们怎么会发现新东西呢？他不相信，就会有新发现，所以质疑本身也是前进过程中必然伴随的副产品。

未来信息社会的发展是不可想象的。未来二三十年，人类社会一定会有一场巨大革命，在生产方式上要发生天翻地覆的变化。比如，工业生产中使用了人工智能，大大地提高了生产效率。大家参观了我们的生产线，那还不能叫人工智能，只是一部分人工智能，但是生产线上已经看不到太多的人。

五年以后，这条生产线上可能只需要五六个人，甚至两三个人，主要是做维修。当然，我们的生产线上很多人都是博士，不是普通操作工人，特别是光芯片生产中，会动手的博士还特别少。

这个时代对一个国家来说，重心是要发展教育，而且主要是基础教育，特别是农村的基础教育。没有良好的基础教育，就难有有作为的基础研究。给农村教师多发一点钱，让优秀人才愿意去当教师，优秀的孩子愿意进入师范学校，就如我们老一辈革命家毛泽东、粟裕、黄克诚、许光达、恽代英……都出身于师范学校一样，我们就可以实现“用最优秀的人培养更优秀的人”。但现在不是这样，教师待遇低，孩子们看见知识多也挣不到多少钱，所以也不怎么想读书。这样就适应不了未来二三十年以后的社会，社会就可能分化。完全使用人工智能的生产方式可能就会重回西方，因为没有了工会问题、社会福利问题、罢工问题……完全不使用人工智能的生产方式可能会搬到东南亚、拉丁美洲、南欧等的人力成本低的国家去了。我们国家面临着这种分化，就应该要把基础教育提到国家的最高纲领，才能迎接未来的革命。提高全民族的文化素质，这应是党和国家的主要责任，每个公民的义务。今天满街高楼大厦，过二三十年就变旧了。如果我们投资教育，二三十年后这些穷孩子就是博士，开始冲锋，国家就会走向更加繁荣。

在这个重要的历史转折时期，华为只能把自己管好，不能去管别人，所以我们大量投入资金往前冲。刚才央视记者问我“你们赚的钱很少，为什么科研投入会有那么多”，比如今年我们利润是 90 多亿美元，但是科研投入 150～200 亿美元。其实这 150～200 亿美元哪里是我们投的，都是成本，实际上还是客户投的。客户给我们的钱，不是用于产生利润，而是用于产生投入。

我们为什么要走在前面？新技术进入时代的周期变短了。过去是等待科学家做方程，经过五六十年，终于发现这些方程有用。从电磁理论，又经过五六十年，发现电磁理论可以用于无线电；又经过了几十年……。今天已经不可能了，这个过程缩短得非常厉害，即使不能叫毫秒级，也是极短级。如果我们还是等着产业分工，不进入基础研究，就有可能落后于时代。

中国是一个人口大国，如果变成人才大国，我们与别人的竞争才更加有信心，因此，小学教师应该要得到更多的尊重。当然，今天教师待遇已经比过去好很多了，但还要让教师成为最光荣的职业，国家未来才有希望，才能在世界竞技中获得成功。

今天大家看到华为有很多成功，其实很重要的一点是有很多科学家，我们至少有 700 名数学家、800 多名物理学家、120 多名化学家、六七千名基础研究专家、六万多名各种高级工程师……因此，我们国家要和西方竞技，唯有踏踏实实用五六十年或者百年时间振兴教育。

振兴教育不在房子，在于老师。人类灵魂的工程师应该得到尊重，这个国家才有希望。

记者：您提出基础教育这个议题，是希望能够给社会一个警示吗？

任正非：我认为，社会就是应该有口号，比如“用最优秀的人去培养更优秀的人”“我们再穷也不能穷老师”。

(案例来源：观察者网. https://www.guancha.cn/economy/2019_05_21_502541.shtml)

通过阅读案例，请回答如下问题：

基础教育对我国人力资源质量的提升有什么重要意义？

本 章 小 结

(1) 从宏观层面来看，人力资源指能够推动特定社会系统发展进步并达成其目标的该系统中人们的能力的总和；从微观层面来看，人力资源是指特定社会组织所拥有的能推动其持续发展、达成其组织目标的成员的能力的总和。

(2) 人力资源由数量和质量两个方面构成。人力资源的绝对数量是指一个国家或地区中具有劳动能力，从事社会劳动人口的总数；人力资源的相对数量用人力资源率来表示。人力资源的质量是指人力资源所具有的体力、智力、知识和技能水平以及劳动者的劳动态度，一般体现在劳动者的体质、文化、专业技术及劳动积极性上。人力资源的质量受到遗传和其他先天因素、营养状况和教育状况、文化观念、经济和社会等因素的影响。

(3) 人力资源的特征包括能动性、双重性、时效性、开发持续性、再生性和社会性等。

(4) 人力资源宏观管理是对社会整体的人力资源的计划、组织、控制，目的是调整和改善人力资源状况，使之适应社会再生产的要求，保证社会经济的运行和发展。人力资源微观管理是通过对组织内人和事的管理，处理人与人之间的关系，人和事之间的配合，充分发挥人的潜能，并对人的各种活动予以计划、组织、指挥和控制，以实现组织的目标。

(5) 人力资源管理的基本功能就是通过获取、整合、开发、保持与激励、控制与调整等手段，实现人力资源管理目标。

(6) 人力资源管理不仅是人力资源管理部门的责任，也是每个直线管理人员的责任。可以说，每一项人力资源管理的职责都是由直线管理人员和人力资源管理专业人员共同完成的。

(7) 人力资源管理者是指组织内从事人力资源规划、员工招聘选拔、绩效考核、薪酬福利管理、激励、培训与开发、劳动关系协调等人力资源相关工作的专业人员，尤指组织内中高层人力资源管理人员。

(8) 人力资源管理的历史演进经历了人事管理萌芽阶段、科学管理阶段、人际关系管理阶段、传统人事管理成熟阶段、人力资源管理阶段和战略人力资源管理阶段六个阶段。

(9) 进入21世纪后，人力资源管理呈现出一些新的变化趋势：人力资源管理在企业价值链中的作用日益凸显，知识型员工的管理成为人力资源管理的重心、企业与员工出现新的关系模式、互联网技术在人力资源管理中广泛应用，跨文化管理成为人力资源管理的趋势。

复习与思考

1. 人力资源的概念是什么？
2. 人力资源的特征有哪些？
3. 人力资源管理的微观概念是什么？
4. 人力资源管理具有哪些功能？
5. 人力资源管理的内容有哪些？
6. 人力资源管理过程中，人力资源管理专业人员与直线部门的管理者的职责有什么区别？
7. 人力资源管理呈现出哪些新的变化趋势？

第二章

人力资源战略与规划

学习目标

(1) 了解战略和战略管理的概念和特征。
(2) 了解人力资源战略的类型。
(3) 掌握人力资源规划的程序。
(4) 掌握人力资源需求和供给预测的主要方法。
(5) 掌握人力资源供需平衡的方法。
(6) 了解人力资源规划控制的方法。

关键词

战略管理(Strategy Management)
人力资源战略(Human Resource Strategy)
人力资源规划(Human Resource Planning)
人力资源需求预测(Prediction Human Resource Demand)
人力资源供给预测(Prediction Human Resource Supply)
人力资源管理信息系统(Human Resource Management Information System)

导入案例

价格不定的酥香樟茶鸭

宏来科技公司的人力资源部周经理近来很不顺心，各部门都向HR部门要人，可一时哪有那么多合适的人！这种情况在一年中已出现了三次，周经理不明白是这些部门发了疯，还是自己的工作出了错。为了减轻工作压力，周经理独自到熟悉的酒楼用餐，无意间听到酒楼大堂经理和一位顾客的对话。

这位顾客向酒楼经理抱怨："前天我和家人来时，一致认为你们这儿的酥香樟茶鸭最好吃，当时酥香樟茶鸭是限量供应的特色菜。今天我专门请同事来品尝，怕卖完了还特地赶了个早。哪知今天的酥香樟茶鸭成了限时特价菜！同事们嘲笑说我赶早是为了请大家吃便宜菜。你听，他们还在包间里笑呢！"

这位顾客也是酒楼的常客，酒楼经理不由得跟他诉起了苦："张哥你也知道，咱们楼里负责采购的经理也是股东之一，他要进什么菜我们也没数，前几天是因为鸭子订少了，今天又订多了，所以才临时把限量供应改成特价供应。张哥真不好意思，请您体谅体谅。要不下次来前，您先打个电话问问当天的菜？"

这位顾客更不高兴了："嘿！你怎么不先问问下个星期的菜，提前挂出来？"

周经理听到这里不禁失笑，这酒楼的采购经理和大堂经理一个不知道外面供应什么，一个不知道酒楼里供应什么，不出乱子才怪。

可他转念一想，自己不正也犯着同样的错误吗？一方面不清楚公司内部的人员情况，每次缺人都措手不及，另一方面也不清楚劳动力市场供给，所以很难及时招到合适的人。

第一节　企业战略与人力资源管理

在企业中，战略管理就是以一定方式来分配和部署企业资源，从而为企业带来竞争优势。人力资源管理的任务就是确保企业的人力资源为企业带来竞争优势。为了最大限度地发挥人力资源的作用，人力资源管理职能部门必须全面参与企业的战略管理过程。

一、战略管理简述

(一) 战略的含义

在我国，"战略"一词自古有之，"战"指战斗和战争，"略"指筹略、策略、计划。《左传》和《史记》中曾使用"战略"一词，西晋史学家司马彪曾有以《战略》为名的著述。在中国，"战略"起源于兵法，指将帅的智谋。在西方，"战略"一词来源于希腊文"Strategos"，其含义是"将军"，当时这个词的含义是指挥军队的艺术和科学。因此可以说，"战略"一词原是军事方面的概念，指将帅本身，后来指军事指挥中的活动。

随着人类社会实践的发展，"战略"一词后来被人们广泛应用于军事之外的领域。20世纪60年代初期美国著名管理学家艾尔弗雷德·钱德勒(Alfred D.Chandler)首次在商业管理中提出"战略"的概念，他认为"战略是决定企业的基本长期目标，并为实现这些目标而采取的行动和分配资源"。另一位著名管理学家，被称为战略管理鼻祖的伊戈尔·安索夫(H.Igor Ansoff)，他的著作《公司战略》的问世标志着"战略"一词正式从军事领域广泛应用于各种商业活动中。安索夫认为，"战略"是企业为了适应外部环境，对目前所从事的和将来要从事的经营活动而进行的决策，即"战略"是一条贯穿于企业活动与产品或市场之间的"连线"，其涉及以下四个要素：产品与市场范围、增长向量、竞争优势、协同作用。

通过上述三位学者的论述，我们可以得出，企业战略就是企业为了求得长远的发展，在对企业内部条件和外部环境进行有效分析的基础上，根据企业的总体目标所确定的企业在一定时间内发展的总体设想和谋划。企业战略以企业总体为研究对象，具有全局性、长远性、指导性、应变性、竞争性和整合性的特征。企业选择的战略是否合理，将决定企业的生死存亡。

知识拓展

孙子论战略 ——《孙子兵法·计篇》

孙子曰：兵者，国之大事，死生之地，存亡之道，不可不察也。故经之以五事，校之以计而索其情：一曰道，二曰天，三曰地，四曰将，五曰法。道者，令民与上同意也，故可以与之死，可以与之生，而不畏危。天者，阴阳、寒暑、时制也；地者，远近、险易、广狭、死生也；将者，智、信、仁、勇、严也；法者，曲制、官道、主用也。凡此五者，将莫不闻，知之者胜，不知者不胜。故校之以计，而索其情，曰：主孰有道？将孰有能？天地孰得？法令孰行？兵众孰强？士卒孰练？赏罚孰明？吾以此知胜负矣。

（二）企业战略的层次和分类

1. 企业战略的层次

在大型多元化经营公司里，重要的经营管理决策通常会牵涉公司总部的高级经理，业务单元及事业部门的经理，业务单元或事业部内主要职能领域如生产制造、市场营销、财务会计、人力资源等的经理，以及产品经理、区域性销售经理和工厂负责人员。在这类公司里，企业战略可分为三个不同的层次：针对公司整体和所有业务的战略，即公司战略(Corporate Strategy)；针对多元化业务中各个具体业务领域的战略，即业务战略(Business Strategy)，也称经营战略或者事业部战略；针对各个业务领域中各个具体职能部门的战略，即职能战略(Functional Strategy)。每一个业务领域通常都有生产战略、市场营销战略、财务战略、人力资源战略、研发战略等职能战略。企业战略的层次如图 2-1 所示。在中小型公司里，如果从事单一业务经营，其业务战略可能就是公司战略，那么这样的公司只有两个层次的战略，即经营战略和职能战略。

由此可见，人力资源战略在战略层次中处于基层，属于职能战略的范畴。

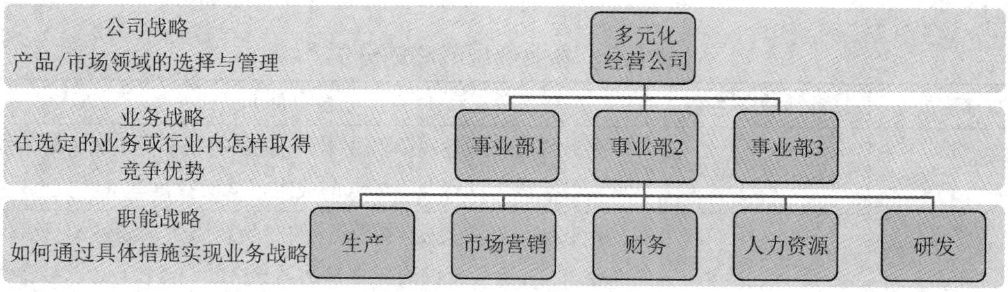

图 2-1　企业战略的层次

2. 企业战略的分类

企业战略是企业在一定时间内发展的总体设想和谋划，企业所处的宏微观环境和企业自身挑战的不同，选择的战略也有较大的不同。从不同的角度，也可以将企业战略划分为不同的类型，这里仅从企业战略的层次这一角度(见图 2-1)，对企业的公司层(见表 2-1)和事业部层(见表 2-2)战略进行简要的介绍。

表 2-1　公司层战略的分类

公司层战略	具体战略类型	注　释
稳定型战略	无变化战略	维持原有战略不变
	维持利润战略	维持利润率不变
	暂停战略	一段发展时间内降低企业的目标和发展速度，使企业发展速度、企业资源、管理力量保持一致
	谨慎前进战略	外部环境难以预测，企业有意识地谨慎前进
发展型战略	集中生产单一产品或服务战略	企业将绝大部分经营活动集中于一个业务或行业，并以快于过去的增长速度来增加销售额、利润额或市场占有率
	纵向一体化战略	生产或经营过程相互衔接、紧密联系的企业实现一体化，在产、供销两个不同方向上扩大企业生产经营规模
	多元化战略	企业同时经营两种以上基本经济用途不同的产品或劳务
防御型战略	收获战略	减少公司在某一特定领域内的投资，目的是消减费用支出和改善企业总的现金流量
	调整战略	公司企图扭转财务状况欠佳的局面，提高运营效率，使企业能渡过危机，希望情况发生变化，到那时再采用新的战略
	放弃战略	卖掉企业的一个主要部门，它可能是一个战略经营单位、一条生产线，也可能是一个事业部
	清算战略	通过拍卖资产或停止全部经营业务来结束企业的存在

表 2-1 中，首先按照企业发展的速度将公司层战略分为三类：稳定型战略、发展型战略和防御型战略，然后给出采用哪些具体的战略来实现公司的稳定发展、快速发展和防御收缩。每一种战略都有其适应的内外部条件和优缺点，实践中企业该采用哪种发展速度和具体的战略，应根据所处的宏微观环境、企业自身的条件和企业想要达到的目标等因素做出选择。

表 2-2　事业部层战略的分类

事业部层战略	具体战略类型	注　释
基本竞争战略	成本领先战略	企业通过有效途径降低成本，使企业的成本低于竞争对手的成本，甚至成为同行业中最低的成本，从而获得竞争优势
	差异化战略	企业向消费者提供与众不同的产品和服务来满足消费者的特殊要求，在行业范围内树立起别具一格的经营特色，以独特性来取得竞争优势
	集中化战略	企业把经营的重点目标放在某一特定购买群体、某种特殊用途的产品或某一特定地区上，从而建立企业的竞争优势及其市场地位

续表

事业部层战略	具体战略类型	注　释
基于市场地位的划分	市场领导者战略	在同行业中居于领导地位的企业所采取的战略，如扩大市场需求总量、保护市场份额、提高市场率等
	市场挑战者战略	在行业中居于第二、第三或更靠后位置的企业，向市场领导者或其他竞争者挑战，可采取的具体战略有正面进攻、侧翼进攻、包围进攻、迂回进攻、游击进攻等
	市场追随者战略	行业中居于第二、第三或更靠后位置的企业，跟随在市场领导者后面自觉维持现在的局面，可采取的具体战略有紧密追随、距离追随、选择追随等
	市场补缺者战略	行业中精心服务于市场的某些细小部分，通过专业经营争取有利的市场位置得以生存的小微企业，可采取的战略有顾客专业化、产品或服务专业化、地理区域专业化、分销渠道专业化等
基于竞争态势的划分	红海战略	企业在现有的市场空间中竞争，在价格中或者在推销中作降价竞争
	蓝海战略	企业开创无人争抢的市场空间，超越竞争的思想范围，开创新的市场需求，开创新的市场空间，经由价值创新来获得新的空间
	竞合战略	泛指通过与其他企业合作来获得企业竞争优势或战略价值的战略

(三) 战略管理

1. 战略管理的含义及过程

“企业战略管理”一词最初是由安索夫在其 1976 年出版的《从战略规划到战略管理》一书中提出的。简要来说，战略管理(Strategy Management)就是企业确定其使命，根据组织外部环境和内部条件设定企业的战略目标，为保证目标的正确落实和实现进行谋划，并依靠企业内部能力将这种谋划和决策付诸实施，以及在实施过程中进行控制的一个动态管理过程。

这里有两点要加以说明：第一，战略管理不仅涉及战略的制订和规划，而且包含着将制订出的战略付诸实施的管理，因此是一个全过程的和全面的管理；第二，战略管理不是静态的、一次性的管理，而是一种循环的、往复性的动态管理过程，它需要根据外部环境的变化、企业内部条件的改变，以及战略执行结果的反馈信息等重复进行管理，是不间断的管理。由此可见，战略管理的关键词不是战略，而是动态的管理，它是一种崭新的管理思想和管理方式。

战略管理的过程可以分为三个阶段，如图 2-2 所示。

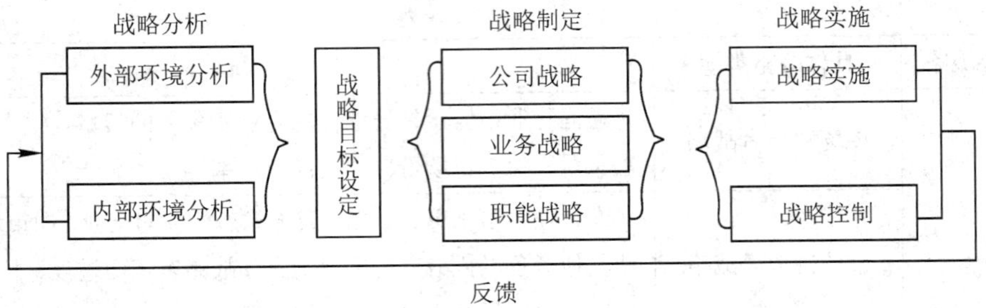

图 2-2　战略管理的过程

2. 战略管理的特点

以往的企业管理将企业的活动分成多种职能，如生产、财务、市场营销等，对不同的职能实行不同的管理，因而出现了企业的“职能管理”一词。由对企业进行“职能管理”走向对企业进行“战略管理”是现代企业管理的一次飞跃。战略管理是对企业最重要、最全面以及最高层次的管理。与传统的职能管理相比，战略管理具有如下特点：

(1) 战略管理具有全局性。

(2) 战略管理的主体是企业的高层管理人员。

(3) 战略管理涉及企业大量资源的配置问题。在任何一种情况下，战略决策都需要在相当长的一段时间内致力于一系列活动，而实施这些活动需要有充足的资源作为保证。因此，这就需要为保证战略目标的实现，对企业的资源进行统筹规划，合理配置。

(4) 战略管理从时间上来说具有长远性。战略管理中的战略决策是指在企业未来较长时期内，就企业的生存和发展等问题进行统筹规划，是企业长期发展的开端。从这一点上来说，战略管理也是面向未来的管理，战略决策要以经理人员所期望或预测将要发生的情况为基础。

(5) 战略管理实质上是使企业的资源和经营活动与其外部环境匹配协调，即寻求战略匹配性。战略匹配性是指识别出企业外部环境中存在的机会，对其配以相应的资源或能力以充分利用这些机会，并在此基础上制订出适宜的战略。在进行战略匹配时，企业正确地定位自己是很重要的。

(6) 战略管理也是以企业的资源和能力为基础的，并对二者进行战略延伸，创造企业发展的机会或更充分地利用机会。所谓战略延伸，是指企业充分利用本身的资源和能力，主动地去创造竞争优势，或创造新的发展机会。例如，小企业有可能试图通过改变市场“游戏规则”来充分发挥自己的资源和能力优势，大型跨国公司则侧重于为那些有发展潜力的业务制订发展战略。

(7) 战略管理需要考虑企业外部环境中的诸多因素。

知识拓展

企业战略与规划、计划的区别

广义来讲，战略、规划、计划都是对未来的筹划，也可通称为计划。国外往往采用广义的计划概念，只是按时间区分为短期计划(1 年以下)、中期计划(2～5 年)和长期计划(5 年以上)。

狭义来讲，战略、规划、计划既有联系，又有区别。战略是规划和计划的灵魂，规划和计划必须体现既定的战略。因此，战略是规划的基础，规划又是计划的基础，应当先有战略，之后有规划，再有计划，使其成为可以部署、可以检查的具体行动方案。从这个意义上讲，规划和计划又是战略的继续、深入和细化。

从实施的范围看，企业战略是全面的，企业规划和计划可以是全面的，也可以是局部的；从实施的时间看，企业战略是长期的，企业规划一般是中期的，也可以是长期的，企业计划是短期的；从包括内容看，企业战略是原则性的，企业规划是轮廓性的或为粗线条的，企业计划是细线条的；从实施的方法看，企业战略以定性为主，企业规划是定性与定量并重，企业计划以定量为主。

二、人力资源管理与战略管理的关系

在战略形成过程中，将所有与人有关的经营问题考虑在内是至关重要的原则。必须在人力资源职能中将这些问题弄清楚，将人力资源职能融入战略形成过程之中的机制或结构，可以帮助战略规划小组制订出最为有效的战略决策。

首先，在进行外部环境分析时，决策者必须注意将外部的机会和威胁与人力资源联系在一起。在竞争日益激烈的市场中，人才的竞争将越来越激烈。人力资源管理所扮演的角色之一就是从人力资源的角度密切关注与外部环境相关的机会与威胁：潜在的劳动力短缺、竞争对手的工资率、对人员雇用产生影响的政府法律和规章等。若企业没有意识到与人力资源相关的外部环境的威胁的存在，那么企业将在劳动力市场或人才市场处于不利的竞争地位。

其次，对企业的内部环境的优、劣势进行分析时，同样也需要人力资源职能的参与。目前，企业已经越来越意识到人力资源是其最为重要的资源之一。如果人力资源职能是战略管理的战略伙伴关系(即一体化联系)，则战略规划者就必须通过人力资源管理与企业的使命、目标、机会、威胁、优势和劣势等联系起来——找出战略选择前考虑到的所有与人有关的问题。目前，许多企业已经开始认识到，在竞争日益激烈的环境中，战略性人力资源管理能够为企业提供一种竞争优势。为了从战略高度对人力资源进行管理，许多企业也必然会实现人力资源与战略决策的一体化联系。

最后，企业的战略形成后，人力资源管理职能在战略实施过程中具有重要的作用。企业的战略决定了对人力资源管理的特定需求。

第二节　人力资源战略

一、人力资源战略的定义及特点

(一) 人力资源战略的定义

从第一章“人力资源管理的历史演进与发展趋势”一节的介绍中可以得出，在 20 世纪 80 年代以前，人力资源活动并不是真正意义上的人力战略管理活动，它还停留在技术活动的层面。20 世纪 80 年代以后，学者们受资源基础理论的影响，开始关注从企业整体的角度来考虑人力资源问题，即如何使人力资源措施之间配合以形成合力，如何使人力资源战略支撑企业战略以确保企业战略的实现。直到此时，人力资源战略才真正形成。20 世纪 90 年代以后，人力资源管理进入战略人力资源管理阶段。自 20 世纪 80 年代詹姆斯·沃克(James W.Walker)提出人力资源战略理论后，学者们从不同的角度对其进行过界定，得出了不同的结论，至今人力资源战略还没有一个被广泛接受的定义。

综合国内外学者的定义，我们可以给出如下定义：人力资源战略(Human Resource Strategy)是企业为适应外部环境日益变化的需要和人力资源开发与管理自身发展的需要，根据企业总体战略并充分考虑员工的期望而制订的人力资源开发与管理的纲领性长远规划。它是企业战略的重要组成部分，也是实现企业战略的有效保障。

就人力资源战略和企业战略的关系来看，企业战略决定人力资源战略，反过来，人力资源战略也会对企业战略带来影响。人力资源战略的产生是为了适应企业的成长期望和企业对期望的准备，如果企业有较高的组织期望，但人力资源战略还不成熟，企业会采取以下行动：投资人力资源以提高执行力；根据所缺乏的准备条件调整组织目标；利用现在的人力资源配置优势改变战略目标。所以，人力资源战略目标是为实现企业总体战略服务的，因此，必须以企业总体战略的要求来确定人力资源战略目标。这些目标包括：

(1) 根据企业战略目标及中长期发展的要求，确定人力资源战略规划，预测和满足人力资源发展需要。

(2) 优化人力资源结构，形成适应企业发展的合理的人才结构，规划核心人才队伍的培养与发展，满足企业各层次、各专业对人才的需要。

(3) 规划员工职业生涯发展，提高员工的素质，使之与其岗位工作的要求相适应，提高员工队伍的整体素质，发挥人力资源的整体效能，打造核心人才竞争优势。

(4) 努力把人力转化为人才，促进每位员工都能成才，发挥他们的积极性、进取性和创造性，为企业发展和进步做出应有的贡献。

(5) 深入调查企业人力资源面临的内部、外部环境，提前发现问题及潜在风险，并提出应对措施。

知识拓展

资源基础理论

资源基础理论(Resource-Based View，RBV)首次出现于 1984 年伯格·沃纳菲尔特(Birger Wernerfelt)发表的论文《企业的资源基础论》。这一理论的出现，也标志着企业核心竞争力理论的兴起。资源基础理论认为，企业是各种资源的集合体。由于各种不同的原因，企业拥有的资源各不相同，具有异质性，这种异质性决定了企业竞争力的差异。资源基础理论主要包括三个方面的内容：其一，企业竞争优势的来源——特殊的异质资源；其二，竞争优势的持续性在于资源的不可模仿性；其三，为了企业的长期发展，应培育、获取能给企业带来竞争优势的特殊资源。

（二）人力资源战略的特点

人力资源战略作为企业的职能战略，是企业战略体系中不可或缺的一部分，同时又是高效规划和实现企业战略的有效保障。从在企业运营管理全过程中所处的地位来看，人力资源战略具有以下特点：

1. 人力资源战略的全局性

首先，人力资源战略贯穿企业管理的全过程。人力资源战略并不是单纯对“人”的规划和管理，而是对从事各种各样企业活动的人的规划与管理。人力资源战略不仅在横向上扩展为涉及企业的各个部门、各个环节和各个工作岗位，还在纵向上延伸为贯穿企业从产生、起步到成熟，直至企业生命周期终止的整个过程。其次，人力资源战略管理涉及企业全体人员。人力资源战略不仅实现了企业对管理人员和普通员工的管理，还是上级管理下级的有效手段之一，同时也作为企业中每个人自我管理的方式而存在，因此人力资源战略实质上是对企业全员的规划和管理。

2. 人力资源战略的长远性

人力资源战略作为企业战略的重要组成部分，其每一项具体的实践活动都会给企业带来深远的影响。例如，从人员的选聘来看，一方面，既要考虑到企业现行岗位职责的要求，又要考虑到企业未来岗位职责的变化趋势；另一方面，不仅要考虑选聘对象现有的经验、知识和能力，而且要考虑其未来的开发潜能。当某一职位出现空缺时，企业可以前任为参考，但更主要的是根据未来岗位职责的要求来选聘人员，因此人力资源战略必须对未来岗位职责、员工未来潜能具有一定的有效预测性。人力资源战略不是针对一时一事的计划，而是企业的一项长远性工作。

3. 人力资源战略的根本性

由于人力资源在企业诸多生产经营资源要素中处于最为核心和关键的地位，企业一切管理活动的着眼点，已经从“事”转变为“人”，企业经营管理方式也从原来惯常的事后弥补性管理逐渐演变为事前预防性管理。人力资源对企业未来发展所发挥的决定性作用具体体现在：企业管理者决策的正确与否直接关系到企业今后的发展方向，而员工的士气也影响着企业计划的执行与实施、目标实现的速度和程度。因此，人力资源战略是企业管理中最重要、最根本的方面，它决定着企业的兴衰成败，决定着企业未来的命运。

4. 人力资源战略的指引作用

人力资源管理的主要目的是推动人力资源开发与管理工作的开展。因而要把企业人力资源战略与企业人力资源管理开发工作紧密结合起来，并作为企业人力资源管理与开发工作的重要一环牢牢地把握住。企业人力资源管理开发的具体工作如招聘、调配、培训、绩效考核、薪酬制度等都应该以企业人力资源战略为指导，为实现人力资源战略服务。

二、人力资源战略的制订

人力资源战略属于企业的职能战略，其制订过程可依据图 2-2 所示的战略管理过程中提及的三个步骤(即战略分析、战略制订和战略实施)来完成。但是，人力资源战略也有其特殊性，它不是一个孤立的职能，它是实施其他战略的手段，必须与其他各项战略紧密联系在一起。制订企业的人力资源战略需要重点考虑公司战略、外部环境、人力资源现状和人力资源管理现状等四个方面的相关影响因素。

(1) 公司战略。公司战略是人力资源战略的前提和约束条件，人力资源战略首先要满足公司战略的要求。人力资源战略以公司总体战略、业务战略为准绳，从企业战略中来，为企业战略服务，对企业战略的落地起到支撑作用。人力资源是企业战略实施的具体操作者，是战略得以实现的保障。公司战略对企业的人力资源战略提出相关的要求，是企业制订人力资源战略的纲领性文件和指引性文件。

(2) 外部环境。制订人力资源战略需要综合考虑外部环境，尤其是与人力资源管理密切相关的国家宏观层面的劳动和社会保障相关方面的影响。人力资源战略需要符合所在地的法律规范要求，应在法律、政策规定的红线内制订各项人力资源战略及其相关政策。

(3) 人力资源现状。制订人力资源战略需要考虑公司的人力资源现状，员工是企业最宝贵的资源，企业的所有行动都必须靠人来实现和完成。如果没有全体员工和各级领导对新公司战略的认同和支持，公司的战略转型就无法实现。只有通过人力资源现状分析，才能提供企业人力资源现状、素质、潜力等多方面的信息，企业可以根据人力资源信息恰当地配置和部署公司的战略行动。

(4) 人力资源管理现状。制订人力资源战略还需要综合分析公司目前的人力资源管理的诸多方面，摸清公司现有人力资源管理现状，并找出存在的问题，为制订未来的人力资源战略提供保障。

三、人力资源战略的分类

(一) 戴尔和霍德对人力资源战略的分类

根据美国康奈尔大学戴尔和霍德在 1988 年的研究，人力资源战略可以分为三种：诱引战略、投资战略和参与战略。表 2-3 是这三种人力资源战略的比较。

1. 诱引战略

诱引战略主要是通过丰厚的薪酬去诱引人才，从而形成一支稳定的、高素质的员工队伍。常用的吸引人才的薪酬内容包括利润分享计划、奖励政策、绩效奖酬、附加福利等。采用诱引战略可能使企业的人工成本较高，因此企业往往严格控制员工人数，并力求被诱引的员工都是高质量的，这样可以减少员工的培训费用。在这种战略下，企业与员工的关系主要是金钱关系，工作报酬主要取决于员工努力的程度，管理上则采取以单纯利益交换为基础的严密的科学管理模式，企业强调员工对目标的承诺，员工往往被要求做繁重的工作，所以员工的流动率较高。

2. 投资战略

投资战略主要通过聘用数量较多的员工，形成一个备用人才库，储备多种专业技能人才，以提高企业的灵活性。这种战略注重员工的开发和培训，注意培育良好的劳动关系。在这方面管理人员担负了较重的责任，确保员工得到所需的资源、培训和支持。采取投资战略的企业其目的是要与员工建立长期的工作关系，故企业十分重视员工，视员工为投资对象，使员工感到有较高的工作保障，所以员工的流动率比采用诱引战略的企业要低。

3. 参与战略

参与战略谋求员工有较大的决策参与机会和权力，使员工在工作中有自主权，管理人员更像教练一样为员工提供必要的咨询和帮助。采取这种战略的企业很注重团队建设、自我管理和授权管理。企业在对员工的培训上也较重视员工的沟通技巧、解决问题的方法、团队工作等，日本企业开创的 QC 小组就是这种人力资源战略的典型。

表 2-3　诱引战略、投资战略和参与战略的区别

比较项目	诱引战略	投资战略	参与战略
实施策略	不自己培养员工，而是通过丰厚的报酬(高薪酬、高福利)去诱引员工	自己培养，从而获取高素质的员工	通过实际工作来培养员工
工作重点	严格控制员工人数，重点诱引高质量的员工，从而形成高素质的员工队伍	对员工的支持、培训和开发	为员工提供咨询和帮助，注重团队建设和授权
管理方式	主要是泰勒式的科学管理	采用开发式管理	参与式与自助式管理
费用情况	人工成本较高，对员工的培训费用较低	对员工的培训费用较高	投入产出比较高
企业与员工的关系	主要是金钱关系	雇佣关系，还注重培养员工的归属感	互相尊重与平等关系
员工的稳定情况	流动率较高	流动率较低	流动率较低
适用企业	处于激烈竞争环境下、有快速增长需求的企业	实施差别化战略的企业	实行分权和扁平型组织结构的企业

(二) 斯特雷斯和邓菲对人力资源战略的分类

根据斯特雷斯和邓菲在 1994 年的研究，人力资源战略可能因企业变革的程度不同而采取以下四种战略：家长式战略、发展式战略、任务式战略和转型式战略。表 2-4 所示为这几种战略的比较。

表 2-4　家长式战略、发展式战略、任务式战略和转型式战略的比较

比较项目	家长式战略	发展式战略	任务式战略	转型式战略
变革程度	基本稳定，微小调整	循序渐进，不断变革	局部变革	整体变革
管理方式	指令式管理为主	咨询式管理为主，指令式管理为辅	指令式管理为主，咨询式管理为辅	命令式管理与高压式管理并用

1. 家长式人力资源战略

家长式人力资源战略主要用于避免变革、寻求稳定的企业。其主要特点是：

(1) 采用集中控制的人事管理。
(2) 重视秩序、先例和一致性。
(3) 注重规范的组织结构与方法。
(4) 强调操作和监督。
(5) 有强硬的内部任免制度。
(6) 人力资源管理的基础是奖惩和协议。

2. 发展式人力资源战略

当企业处于一个不断变化和发展的经营环境中时，为适应环境的变化，企业采用渐进式变革和发展式人力资源战略。其主要特点是：

(1) 注重个人和团队发展。
(2) 尽量从企业内部进行员工招聘。
(3) 制订大规模的员工发展和培训计划。
(4) 运用内在激励多于外在激励。
(5) 优先考虑企业的总体发展。
(6) 强调企业整体文化。
(7) 重视绩效管理。

3. 任务式人力资源战略

采用任务式人力资源策略的企业在面对局部变革时，采用自上而下的指令方式制订企业战略，企业内的事业部在战略推行上有较大的自主权，但对本事业部的效益负责。采取这种战略的企业依赖于有效的管理制度。其主要特点是：

(1) 非常注重业绩和绩效管理。
(2) 强调人力资源规划、工作再设计和工作常规检查。
(3) 注重物质奖励。
(4) 同时进行企业内部和外部的招聘。
(5) 开展正规的技能训练。
(6) 重视战略事业部的组织文化。

4. 转型式人力资源战略

当企业已完全不能再适应经营环境而陷入危机时，全面变革势在必行。在这种紧急情况下，企业没有充裕的时间让员工较大范围地参与决策，而且彻底的变革有可能触及相当一部分员工的利益，不可能得到员工的普遍支持，所以企业只能采取强制高压式和指令式的管理方式，包括企业战略、组织机构和人事的重大改变，创立新的组织结构、领导和文化。与这种彻底变革相配合的是转型式人力资源战略。其主要特点是：

(1) 对组织结构进行重大变革，对职务进行全面调整。
(2) 调整员工队伍结构，进行必要的裁员，缩减开支。
(3) 从外部招聘管理骨干人员。
(4) 对管理人员进行团队训练，建立新的“理念”和“文化”。
(5) 打破传统习惯，摒弃旧的组织文化。
(6) 建立适应经营环境的新的人力资源系统和机制。

(三) 舒勒对人力资源战略的分类

从人力资源在企业发展中的时效的角度，舒勒(Schuler，1989)将人力资源战略分为三种类型：累积型战略、效用型战略和协助型战略。

1. 累积型战略

累积型战略用长远观点看待人力资源管理，注重人才的培训，通过甄选来获取合适的人才；以终身雇佣为原则，以公平原则来对待员工，员工晋升速度慢；薪酬以职务及年功为依据，高层管理者与新员工工资差距不大。该战略基于激励员工最大化参与技能培训，开发员工的能力、技能和知识，获取员工的最大潜能。

2. 效用型战略

效用型战略用短期的观点来看待人力资源管理，较少提供培训；企业职位一旦有空缺，随时进行填补；采取非终身雇佣制，员工晋升速度快；采用以个人为基础的薪酬方案。该战略基于员工高技能的充分利用和极少的员工承诺，企业雇佣具有岗位所需技能且可以立即投入工作的员工，注重员工的能力、技能和知识与工作的匹配。

3. 协助型战略

协助型战略介于累积型战略和效用型战略之间，员工个人不仅需要具备技术性的能力，同时在同事间要有良好的人际关系。在培训方面，员工个人负有学习的责任，企业只是提供协助。该战略基于新知识的创造，鼓励员工的自我开发。

从舒勒的人力资源战略分类及其特征可以看出，当企业将人力资源视为一种资产时，就会提供较多的培训，如累积型战略；而当企业将人力资源视为企业的成本时，则会提供较少的培训以节约成本，如效用型战略。

第三节　人力资源规划概述

任何一个组织要实现自己的战略目标和人力资源战略，都必须对组织现在和未来的各种人力资源的需求和供给进行科学的预测和规划，以保证组织能及时得到推行战略和决策所需的人才，否则，组织的目标将难以实现。

一、人力资源规划的含义

人力资源规划(Human Resource Planning，HRP)是企业建立战略性人力资源管理体系的基础和保障，是企业人力资源管理的基本职能之一。广义上，人力资源规划可以定义为：人力资源规划是预测未来的组织任务和环境对组织的要求，以及为完成这些任务和满足这些要求而提供人力资源的过程。具体来说，人力资源规划是根据企业的人力资源战略目标，科学预测企业未来的人力需求，预测其内部人力资源供给满足这些需求的程度，确定供求之间的差距，制订人力资源净需求计划，用以指导人力资源的招聘、培训、开发、晋升和调动，确保企业对人力资源在数量和质量上的需求的活动。

在现代管理中，人力资源规划越来越显出其重要作用。首先，人力资源规划能加强组织对环境变化的适应能力，为组织的发展提供人力保证；其次，人力资源规划有助于实现组织内部人力资源的合理分配，优化组织内部人员结构，从而最大限度地实现人尽其才；再次，人力资源规划对满足组织成员的需求和调动员工积极性与创造性有巨大作用；最后，人力资源规划可以协调各项人力资源管理活动，提高人力资源管理的整体效率。

二、人力资源规划的目标

概括来讲，人力资源规划的目标是使组织人力资源供需平衡，保证组织长期持续发展和员工个人利益的实现。具体而言，人力资源规划所要实现的目标主要有如下四个：

1. 规划企业未来一段时间的人力发展

人力发展包括人力资源供给预测、人力资源增补及人员培训，这三者相互联系、密不可分。人力资源规划一方面对目前企业人力资源现状进行分析，以了解人事动态；另一方面对企业外未来人力供需做一些预测，以通盘考虑企业人力资源的增加或减少，据此制订人员增补和培训计划。所以，人力资源规划是企业人力资源发展的基础和保障。

2. 合理分配人力资源

相当多的企业，存在人力资源分配不合理的现象。例如，一些岗位上的员工承担过多的工作职责，而另一些员工则工作内容过于简单；也有一些员工能力有限，不能胜任所在岗位工作，而另一些员工则感到能力有余，未能充分利用。人力资源规划可改善人力资源分配不均的状况，进而谋求合理化，以使人力资源能配合组织的发展需要。

3. 配合业务和组织发展的需要

业务和组织的发展需要具有不同能力和素质的员工。而且，在业务和组织发展的不同时期，对人力资源数量、能力和素质的要求也不同，而人力资源规划可以协助组织在准确的时间获得其所需数量和质量的各类人力资源。

4. 降低用人成本

人力资源规划可对现有的人力资源数量、质量、层次及结构做一些分析，并找出影响人力资源有效运用的瓶颈，使人力资源效能充分发挥，降低人力资源在成本中所占的比率。

三、人力资源规划的内容

人力资源规划包括总体规划和各项业务规划两个层次。

1. 人力资源总体规划

人力资源总体规划是在一定规划期内，涵盖人力资源开发所有业务方面的总体性目标、总政策、实施步骤及预算安排。它包括三个方面的内容：人力资源数量规划、人力资源质量规划和人力资源结构规划。

2. 人力资源业务规划

人力资源业务规划与总体规划是相对应的。人力资源总体规划是对人力资源各项业务计划的概括与抽象，是对企业人力资源战略管理起导向性作用的纲要；人力资源各项业务规划是总体规划的分解与具体化，是企业有效开展人力资源管理活动的指南。人力资源业务规划主要有如下几个方面：

1) 人员配备规划

企业按照内外部环境的变化，采取不同的人员管理措施(比如使员工在企业内部合理流动、对岗位进行再设计等)以实现企业内部人员的最佳配置。例如，当企业要求某岗位上的员工同时具备其他岗位的经验或知识时，使之成为复合型人才。再如，当人员过剩时，企业可以通过岗位再设计对企业中不同岗位的工作量进行调整，解决工作负荷不均的问题。

2) 人员补充规划

人员补充规划是企业根据组织运行的实际情况，对企业在中、长期内可能产生的空缺职位加以弥补的计划，旨在促进人力资源数量、质量和结构的完整与改善。一般来讲，人员补充规划是和人员晋升规划相联系的，因为晋升规划会造成组织内的职位空缺，并且这种职位空缺会逐级向下移动，最后导致企业对较低层次的人员需求加大。所以，在企业进行招聘录用活动时，必须预测未来一段时间内(比如 1～2 年)员工的使用情况。只有这样，才能制订出合理的人员补充规划，保证企业在每一发展阶段都有适合的员工担任各种岗位工作。

3) 人员晋升规划

人员晋升规划是企业根据企业目标、人员需要和内部人员分布状况，制订的员工职务提升方案。对企业来说，要尽量使人与事达到最佳匹配，即尽量把有能力的员工配置到能够发挥其最大作用的岗位上去，这对于调动员工的积极性和提高人力资源利用率是非常重要的。职务的晋升，意味着责任与权限的增大，根据赫兹伯格的双因素理论，责任与权限都属于工作的激励因素，它们的增加对员工的激励作用巨大。因此，人员晋升规划最直接的作用就是激励员工。

人员晋升规划的内容一般由晋升条件、晋升比率、晋升时间等指标组成。企业的人员晋升规划是分类制订的，每一个人员晋升规划都可以用这些指标清楚地表示。企业在制订人员晋升规划时应该全面衡量上述指标，慎重考虑，以免使员工感到不公平，进而对员工间已有的平等竞争环境和企业的经营效益造成不良影响。

4) 人员培训开发规划

人员培训开发规划就是企业通过对员工有计划的培训，引导员工的技能发展与企业的发展目标相适应的策略方案。人力资源是一种再生资源，企业可以通过有计划、有步骤的分门别类的培训来开发人力资源的潜力，培养出企业发展所需要的合格人才。企业人员培训的任务就是设计对现有员工的培训方案、生理与心理保健方案。人员培训开发规划的具体内容包括：受训人员的数量、培训的目标、培训的方式方法、培训的内容、培训费用的预算等。

5) 员工薪酬激励规划

员工薪酬激励规划一方面是为了保证企业人工成本与企业经营状况之间恰当的比例关系，另一方面是为了充分发挥薪酬的激励功能。企业通过薪酬激励规划，可以在预测企业发展的基础上，对未来的薪酬总额进行预测，并设计、制订、实施未来一段时期的激励措施，如激励方式的选择，以充分调动员工的工作积极性。

6) 员工职业生涯规划

员工职业生涯规划既是员工个人的发展规划，又是企业人员规划的有机组成部分。企业通过员工职业生涯规划，能够把员工个人的职业发展与组织需要结合起来，从而有效地留住人才，稳定企业的员工队伍。特别是对那些具有相当发展潜力的员工，企业可以通过个人职业生涯规划的制订，激发他们的主观能动性，使其在企业中发挥更大的作用。

除了上述六项之外，人力资源规划还包括劳动组织规划、员工援助规划、劳动卫生与安全生产规划、员工绩效管理规划、退休解聘规划，这里不再一一展开。

四、人力资源规划的程序

作为人力资源管理的一项基础性活动，人力资源规划的核心部分包括：人力资源需求预测、人力资源供给预测及供需综合平衡三项工作。企业各类人员规划的基本程序是：

(1) 调查、收集和整理涉及企业战略决策和经营环境的各种信息。影响企业战略决策的信息有：产品结构、消费者结构、企业产品的市场占有率、生产和销售状况、技术装备的先进程度等企业自身的因素；经营环境和社会、政治、经济、法律环境等企业外部因素，这是企业制订规划的“硬约束”，企业任何人员规划的政策和措施均不得与之相抵触。例如《中华人民共和国劳动法》规定：禁止用人单位招用未满 16 周岁的未成年人。企业拟定未来人员招聘规划时，应遵守这一规则，否则，将被追究责任，规划亦无效。

(2) 根据企业或部门的实际情况确定其人员规划期限，了解企业现有人力资源状况，为预测工作准备精确而翔实的资料。如根据企业目标，确定补充现有岗位空缺所需人员的数量、质量、结构以及时间等。

(3) 在分析人力资源需求和供给的影响因素的基础上，采用定性和定量相结合，以定量为主的各种科学预测方法对企业未来人力资源供求进行预测。这是一项技术性较强的工作，其准确程度直接决定了规划的效果和成败，也是整个人员规划中最困难、最重要的工作环节。

(4) 制订人力资源供求协调平衡的总计划和各项业务计划，并分别提出各种具体的调整、供大于求或求大于供的政策措施。人力资源供求达到协调平衡是人员规划活动的落脚点和归宿，人力资源供需预测则是为这一活动服务的。

(5) 人力资源规划的评价与修正。人员规划并非一成不变，它是一个动态的开放系统，应对其实施过程及结果进行监督、评估，并重视信息的反馈，不断调整规划，使其更切合实际，更好地促进企业目标的实现。

对人力资源规划进行评价的目的是要了解人力资源规划对企业经营的影响，它既可以对人力资源规划做出恰当的反馈，也可以测算人力资源规划给企业带来的效益。评估人力资源规划时，企业要注意：首先，规划应当反映组织内部目标或外部目标的变化，必须明确有什么部门或人员承担了相应责任；其次，为保证有效地完成计划，规划应有适当的弹性，给予执行人员一定的独立决策权；最后，应当考虑人力资源规划与其他经营计划的相关性。

第四节　人力资源预测

一、人力资源需求预测

（一）人力资源需求预测的含义及程序

1. 人力资源需求预测的含义

人力资源需求预测是以组织的战略目标、发展规律和工作的出发点，综合考虑各种因素的影响，运用科学的预测技术，来估算组织未来需要的员工数量和能力的组合。它是组织编制人力资源规划的核心和前提，是组织人员招聘选拔的起点，其准确度对人力资源规划和人员招聘选拔计划的成效具有决定性的作用。

2. 人力资源需求预测的程序

人力资源需求预测的程序主要有以下四步：

(1) 预测企业未来生产经营状态。企业未来的生产经营状态对人员的需求量有很大的影响。企业对未来生产经营状态的预测可以用各种具体职能活动的水平和分类计划来表示，如市场份额的变化、目标市场的改变、生产率水平的变化、各职能领域的扩大或缩小、产量及产品结构的变化等。为了能够准确地对人员需求进行预测，应尽量对上述各项指标进行定量描述。

(2) 对影响人力资源需求的因素进行分析。企业应对影响人力资源需求的企业外部环境、企业内部因素进行全面、客观、有针对性的分析。一般来说，影响人力资源需求预测的外部因素包括政治法律状况、经济环境、科学技术发展状况以及社会文化状况，内部环境包括企业发展战略和具体的发展情况，现有人力资源数量、素质、结构等。

(3) 选择预测方法。企业可选择的人力资源需求预测方法有定量和定性两种。企业在选择预测方法之前，应做好下面两项工作：

① 全面了解企业状况和发展方向后，选择合适的预测因子。不同的组织与人力资源需求有关的组织要素是不同的。例如，对于医院而言，它可能是病床数；对于生产型企业而言，它可能是产量；等等。一个良好的预测因子至少需要满足两方面的要求：一是预测因子与硬核组织的基本性质有直接关系，组织是按照这种要素做出计划的；二是预测因子和人力资源需求应成一定的比例关系，它的变化能引起人力资源需求的变化。

② 对预测因子进行历史考察，然后再对未来状况进行预测。组织要先确定过去组织要素与人力资源状况之间的关系，然后再对组织未来人力资源状况做出预测。例如，当组织清楚地掌握过去每年的产量与生产人员数量时，就可以根据新的产量指标对未来的生产人员需求量做出准确预测。

(4) 实施预测。在实施预测时需要做好以下工作：测算各职能工作的总量、确定各职能及职能内部不同层次类别员工的工作负荷、确定各职能及各职能中不同层次人对各类人员的需求量等。在对以上工作进行统计、讨论的基础上，计算出现实人力资源需求量、未来人力资源流失状况和未来人力资源需求量，从而得出企业整体的人力资源需求预测。

(二) 人力资源需求预测方法分类

1. 定性人力资源需求预测法

定性人力资源需求预测法是指预测者依靠熟悉业务知识、具有丰富经验和综合分析能力的人员与专家，结合已经掌握的历史信息和直观接触，运用个人经验、分析能力和判断能力等，对组织未来某一时期的人力资源需求量进行预测。

1) 现状规划法

现状规划法是一种最为简单的预测方法，它假设企业保持原有的生产技术和规模不变，企业的人力资源也处于相对稳定的状态，即企业目前各种人力配备比例和人员总数完全能适应预测规划期内的人力资源需求。在此前提之下，人力资源规划人员所要做的工作就是测算出在规划期内有哪些人员或岗位上的人将发生变动(如晋升、降职、退休或调出本组织)，再准备调节人员补充由于人员变动所引起的空缺即可。环境和技术较为稳定的企业，可用此方法进行中、短期人力资源预测。

2) 管理人员判断法

管理人员判断法也是一种简单的预测方法，是由管理人员凭借自己以往工作的经验和直觉，对未来组织或其所辖部门所需要的人力资源做出预测，可分为自上而下和自下而上两种方式。

自上而下法，是指由企业高层管理人员拟定出总体的人力资源需求计划，然后再将需求计划逐级下达到各职能部门，各职能部门根据本部门的情况，对计划展开讨论、进行修改、提出建议，再将有关意见汇总后反馈给高层管理者，高层管理者据此对总的预测和计划做出最后的修订。

自下而上法，是指由具体的职能部门根据自己部门的需要预测将来某阶段内对各种人力资源的需求，并向上级主管提出用人需求和建议，经过汇总、分析而获得人员需求预测的总数。

管理人员判断法主要凭借管理人员的经验进行预测，因此它主要用于短期预测，适用于组织规模较小、经济环境稳定且人员流动性不大的企业；同时，在使用这种方法时，还要求管理人员必须具备丰富的经验，这样的预测结果才会比较准确。

3) 德尔菲法

德尔菲法(Delphi)是由美国兰德公司在 20 世纪 40 年代末首创并用于预测和决策的方法。该法以匿名方式通过几轮函询征求专家的意见，组织预测小组对每一轮的意见进行汇总整理后作为参考再发给各专家，供他们分析判断，以提出新的论证。几轮反复后，专家意见渐趋一致，最后供决策者进行决策。其基本程序如下：

(1) 确定预测决策题目——预测决策题目即所要解决的问题，题目要具体明确，适合实际需要。

(2) 选择专家——选择专家是德尔菲法的重要环节，因为预测或决策结果的可靠性取决于所选专家对主题了解的深度和广度。德尔菲法所选“专家”是指在人力资源预测相关领域具有 10 年以上的技术人员或管理者。专家人数要视人力资源预测的复杂性而定，人数太少会限制学科的代表性和权威性，人数太多则难以组织。一般以 10～15 人为宜，对重大人力资源需求问题的预测，专家人数可相应增加。

(3) 制订调查表——把预测问题项目有次序地排列成表格形式，调查表项目应少而精。为使专家对德尔菲法有所了解，调查表的前言部分应对德尔菲法进行介绍。

(4) 预测过程——德尔菲法预测一般要分四轮进行。第一轮，把调查表发给个专家，调查表只提出预测主题，让每位专家提出应预测的事件。第二轮，由组织者把第一轮调查表进行综合整理，归并同类事件，排除次要事件，做出第二轮调查表再返给各位专家，由各位专家对第二轮调查表所列事件做出评价，阐明自己的意见。第三轮，对第二轮的结果进行统计整理后再次反馈给每位专家，以便其重新考虑自己的意见并充分陈述理由，尤其是要求持异端意见的专家充分阐述理由，因为他们的依据经常是其他专家所忽略的或未曾研究的一些问题，而这些依据又会对其他成员的重新判断产生影响。第四轮，在第三轮基础上，让专家们再进行预测，最后由组织者在统计分析基础上得出结论。

德尔菲法采用匿名的形式进行多轮预测，使专家们可以独立地做出判断，在避免了从众行为的同时，又尽最大限度地汲取专家们的集体智慧，具有较高的准确性，因而在实际人力资源需求预测中得到了广泛应用。

知识拓展

世界之脐——德尔菲

相传，古希腊众神之王宙斯为了确定世界的中心在哪里，从世界的两端同时各放出一只鹰相向而飞，两只鹰最终在德尔菲相会。于是世界中心得以确定，德尔菲也因此有了一个雅号——“世界之脐”。

从地理位置来看，德尔菲恰好处于希腊的中心，它位于希腊半岛中部福基斯地区(Phocis)的帕纳索斯山(Parnassus)中，无论从希腊半岛的哪个地区来此都不会太远，可谓四通八达，这可能也是德尔菲被古希腊人奉为世界中心的原因之一。

德尔菲山中有世界闻名的古迹阿波罗神殿，始建于公元前8世纪，殿内有一块圣石，标志着那里是宇宙的中心。阿波罗既是光明和预言之神，也是音乐和医药之神，还充当消灾解难、远途迁徙的保护神，也是希腊神话中的太阳神。在希腊神话中，阿波罗在德尔菲神庙传播他父亲宙斯的神谕，预测未来，指点迷津。在古希腊，大到征战祭祀，小到生老病死，希腊人在做出决定之前，都会来德尔菲神庙请示神谕，这足以表明德尔菲神庙的影响力。

既然德尔菲因为他的神庙和神谕而闻名于世，兰德公司用其名字命名的方法，必然也和“预测”有着一定的关系。各位读者如何理解两者之间的关系呢？

2. 定量人力资源需求预测法

1) 转换比率法

转换比率法是根据组织过去的人员需求数量同某个预测因子的比率，来对未来的人力资源需求进行预测。这是种适合于短期需求预测的方法。其预测思路是：首先根据企业生产任务(或业务量)估计组织所需要的一线生产人员(或业务员)的数量，然后根据这一数量估计秘书、财务人员和人力资源管理人员等人员的数量。

企业经营活动规模的估计方法：

经营活动=人力资源的数量 × 人均生产率

例如，销售收入=销售员的数量 × 每位销售员的销售额；产出水平=生产的小时数 × 单位小时产量；运行成本=员工的数量 × 每位员工的人工成本；等等。

上述转换比率法的公式是假定组织的劳动生产率是不变的，如果考虑到劳动生产率的变化对员工需求量的影响，可以使用下面的员工总量需求预测方法。其计算公式为：

$$\text{计划期末需要的员工数量}=\frac{\text{目前的业务量}+\text{计划期业务的增长量}}{\text{目前人均业务量}\times(1+\text{生产率的增加率})}$$

例 1 某洗衣机生产企业在 2020 年的年产量为 9 000 台，基层生产员工为 180 人；在 2021 年计划增产 3 000 台，估计生产率的增长率为 0.2。假设该公司福利良好，基层生产人员不流失，那么在 2021 年该公司至少应招聘多少名基层生产人员？

利用上述公式计算可得

$$\text{2021 年该公司需要的基层生产人员数}=\frac{9\,000+3\,000}{(9\,000\div 180)\times(1+0.2)}=200\ (\text{人})$$

所以，2021 年该公司需要招聘的基层生产人员数为：200−180=20(人)

转换比率法存在两个缺陷：一是进行估计时需要对计划期的业务增长量、目前人均业务量和生产率的增长率进行精确的估计；二是这种预测方法只考虑了员工需求的总量，没有说明其中不同类别员工需求的差异。

该预测法是以现存的或者过去的组织业务量和员工之间的关系为基础，适用于预测具有共同特征的员工的需求量。

2) 人员比率法

采用人员比率法，首先应计算出企业历史上关键业务指标(例如技术人员与管理人员)的比例，然后根据可预见的变量计算出所需的各类人员数量。这种方法假设过去的人员数量与配置是完全合理的，而且生产率不变，其应用范围有较大的局限性。过去管理基础较差的企业，可以参考标杆企业的一般情况。

例 2 某企业计划扩大生产规模，已知条件如下：

(1) 该企业在过去十年中机床操作人员、机床维修人员、基层管理人员的人数比例一直是 60∶10∶7。

(2) 该企业明年计划补充新机床操作人员 600 人。

(3) 该企业生产效率不变。

(4) 该企业组织结构不变。

(5) 明年该企业将有 30 名机床维修人员离职。

(6) 明年该企业将有 8 名基层管理人员离职，10 名基层管理人员获得晋升。

(7) 明年该企业所需的机床维修人员和基层管理人员均由外部补充。

请问，该企业明年至少应招收多少名机床维修人员和管理人员？

解：(1) 生产效率不变、组织结构不变，说明该企业的机床操作人员、机床维修人员和基层管理人员的人数构成不变，还是 60:10:7。

(2) 由扩大生产规模引起的需要补充的机床维修人员数 = 600 × (10/60) = 100(人)，明年该企业需要补充的总的机床维修人员数 = 100 + 30 = 130(人)。

(3) 由扩大生产规模引起的需要补充的基层管理人员数 = 600 × (7/60) = 70(人)，明年该企业需要补充的总的基层管理人员数 = 70 + 10 + 8 = 88(人)。

答：该企业明年至少应招收 130 名机床维修人员和 88 名基层管理人员。

3) *趋势外推法*

趋势外推法又称为时间序列法，是根据人力资源历史的和现有的资料，找出人力资源数量的历史发展规律性和趋势，并假定这种趋势将延伸至未来，从而预测出组织在未来某一时期的人力资源需求。

趋势外推法的具体步骤是，首先收集企业在过去几年内人员数量数据，并依据这些数据作图，然后用数学方法进行修正，使其成为一条平滑的曲线，将这条曲线延长就可以看出未来的变化趋势。在实践中为了简便起见，往往将这种趋势简化为直线关系。呈现直线关系的趋势外推法实际上是回归分析法的一种，其通用的回归模型可表示为：

$$y = a + bx$$

式中，y 是人员需求数量；x 是时间变量；a、b 是待定值。

例 3 已知某公司过去 9 年的人员数量(如表 2-5 所示)，请预测未来第三年人力资源的需求量。

表 2-5 某公司过去 9 年的人员数量

年度	1	2	3	4	5	6	7	8	9
人数	302	349	396	440	487	540	572	621	666

利用最小平方法，求直线方程 y=a+bx。

$$a = \overline{y} - b\overline{x}$$

$$b = \frac{\sum_{i=1}^{n}(x_i - \overline{x})(y_i - \overline{y})}{\sum_{i=1}^{n}(x_i - \overline{x})^2}$$

$$\overline{y} = \frac{\sum_{i=1}^{n} y_i}{n}，\quad \overline{x} = \frac{\sum_{i=1}^{n} x_i}{n}$$

将表 2-5 中的数据代入方程，计算得出：

$$a = 258.89，b = 45.4，y=258.89 + 45.4x$$

根据所得的方程，可预测未来第三年的人数为：

$$y = 258.89 + 45.4 \times 12 = 803.69 \approx 804(人)$$

趋势外推法通常仅涉及有关人力资源问题中能够数量化的方向或那部分内容。其预测的可靠性，与历史的和现在的资料时间长短，以及外推时间的长短密切相关。这种方法相对比较简单直观，但是由于在使用时，假设其他的影响雇佣需求的因素如业务范围、销售规模的变化、服务质量的提高等，都保持不变或者变化的幅度保持一致，因此具有较大的局限性，所以趋势外推法多适用于那些经营稳定的企业，并且该方法主要作为一种辅助方法来使用。

3. 回归分析法

回归分析法就是依据事物发展变化的因果关系来预测事物未来的发展趋势。它是研究变量间相互关系的一种定量预测方法，又称回归模型预测法或因果法，应用于经济预测、科技预测和企业人力资源的预测等。其通用回归模型可表示为：

$$y = a + \sum b_i \times x_i^{n_i}$$

式中，自变量 x_i 表示第 i 个影响因素的值，其数据通过观测、查阅可得到；因变量 y 表示人员需求量，其数据通过观测、查阅得到；a、b_i、n_i 是待定值，它们表示 y 与 x_i 的关系，通过对 y 和 x_i 的现有数据进行回归分析处理可以求得其具体值。这一过程主要依靠计算机及相应的统计软件来完成，常用的统计软件有 SPSS、SAS 等。

当 $n_i=1$ 时，本方法为线性回归方法；当 $n_i>1$ 时，本方法为非线性回归方法。

运用本方法进行人力资源需求预测的具体步骤如下：

(1) 运用定性分析法确定 y 和 x_i，建立回归分析假设模型。

(2) 搜集多组 y 和 x_i 的现有数据，并对其进行初步处理。

(3) 运用统计分析软件(如 SPSS、SAS) 的回归分析功能处理 y 和 x_i 的现有数据，求出 a、b_i、n_i，得到回归分析模型。

(4) 对回归模型进行经济学验证和统计学验证，若没有通过经济学验证，则回到第(1)步，添加、删除或重新选取变量，进行分析；若没有通过统计学验证，则回到第(3)步，运用其他策略对 y 和 x_i 的现有数据进行回归分析。

一般而言，在做回归分析时，分析人员通常会同时选取多种策略和方法进行回归，在分析的过程中选取拟合度最优的策略进行拟合。

(5) 根据 x_i 的现有数据预测预测期或预测对象的 x_i 值。

(6) 将预测期或预测对象的 x_i 的值代入回归模型，求出预测期 y 的值。

(7) 对预测结果进行信度和效度检验。

4. 定员定额分析法

定员定额分析法主要有工作定额分析法、岗位定员法、设备看管定额定员法和比例定员法四种。

1) 工作定额分析法

工作定额分析法通过对作业方法和过程进行观察和详细分析(动作研究、时间研究)，计算某项工作的工时定额和劳动定额，再利用可预测变动因素的修正，确定公司的员工需求。其计算公式为：

$$N = \frac{w}{q \times (1 + R)}$$

式中，N 表示人力资源需求量；W 表示企业计划期任务总量；q 表示企业定额标准；R 表示计划期劳动生产率变动系数。$R = R_1 + R_2 - R_3$，其中 R_1 表示企业技术进行引起的劳动生产率提高系数；R_2 表示经验积累导致的生产率提高系数；R_3 表示由于劳动者及某些因素引起的生产率降低系数。

工作定额分析法是确定人力需求的最古老、最有效的方法，但周期长、成本高，而且劳动者在被观察和评估时会对实际生产能力有所隐瞒，为以后的消极怠工打下基础。

2) 岗位定员法

岗位定员法是根据生产工作岗位的多少与岗位工作量的大小来计算定员人数的方法。岗位定员法适用于采用连续性生产装置(或设备)组织生产的企业，如冶金、化工、炼油、造纸、烟草以及机械制造、电子仪表等各类企业中使用大中型联动设备的人员。其计算公式为

$$定员人数=\frac{T}{t-a}$$

式中，T 为各岗位生产工作时间的总和，工作时间是指作业时间、布置工作地时间和准备、结束工作时间之和；t 为每位员工的制度工作时间；a 为员工的宽放时间，宽放时间是指员工除正常工作之外，必需的停顿及休息时间。

3) 设备看管定额定员法

设备看管定额定员法是根据需要开动的设备台数、班次和工人看管定额来计算和确定定员人数的一种技术方法。其计算公式为：

$$设备看管定额=\frac{岗位作业时间标准}{看管单台设备班平均耗费的体力劳动时间}$$

$$定员人数=\frac{计划需要同时开动的设备台数}{设备看管定额}$$

设备看管定额定员法是按劳动效率定员的一种特殊形式，在设备定员法中劳动效率表示为设备看管定额。

4) 比例定员法

比例定员法是指以某一同岗位工作任务量相关的代表性标志物(可以是人，也可以是其他)为对象，用该代表标志物的数量同定员人数的比例关系来体现定员标准的一种技术方法。其计算公式为

$$定员比例=\frac{标志物数量\times岗位作业时间标准}{班平均体力劳动时间总和}$$

式中，标志物数量是指同岗位工作任务相关的代表性工作标志物的完成数量；班平均体力劳动时间总和是指考核期(测定期)完成以标志物工作任务为对象所消耗的总的体力劳动时间，子项和母项工作量所对应的标志物是一致的，但其所对应的时间期限可以是不同的。

5. 计算机模拟法

计算机模拟法是进行人力资源需求预测诸方法中最为复杂的一种方法。它是在计算机中运用各种复杂的数学模式对在各种情况下企业组织人员的数量和配置运转情况进行模拟测试，从模拟测试中预测出对各种人力资源需求的各种方案以供组织选择。

在使用计算机模拟法时，人力资源专家和直线管理人员将所需要的信息综合起来，建立起一套人员需求的计算机化预测系统。在建立人员需求的计算机预测系统时需要一些典型数据。其中包括：生产单位产品所需要的劳动工时、当前产品系列的三种销售额计划(最低销售额、最高销售额、可能销售额)。以这些数据为基础，不仅可以预测满足生产需要的平均人员需求人数，还可以预测对直接生产人员(如流水线上的生产工人)、间接生产人员(如文秘人员)以及特殊人员(如行政管理人员)的需求情况。

运用这一系统，可以很快地将生产率水平计划与销售水平计划转化为对人员需求的预测，同时，也可以预测各种生产率水平及销售水平对人员需求的影响。

上边我们共介绍了五种不同的预测方法，在使用时需要注意以下几点：

(1) 转换比率法、趋势外推法、回归分析法和计算机模型法都是以现存的或者过去的组织业务量和员工之间的关系为基础，都适合于预测具有共同特征的员工的需求。这种预测方法的精确性有赖于两者之间关系的强度，这种关系提炼方法的精确性和这种关系在将来继续保持的程度。如果员工的数量不仅取决于业务量一个因素，而是取决于多个解释变量，那么就需要采用多元回归分析方法。

(2) 人力资源需求预测的定量方法都是以函数关系不变作为前提的，但这往往是不符合实际的。例如提高产品或服务质量的决策或进入新市场的决策会影响到对新进人员和企业现有人员的能力等特征的需要，这时，只有数量分析是不够的；生产技术水平的提高和管理方式的改进会减少对人员的需求，这是数量分析中难以反映的；企业在未来能够支配的财务资源不仅会制约新进人员的数量，也会制约新进人员的质量，因为财务资源制约着员工的薪资水平。

因为上述原因，人力资源管理工作者应根据实际情况选择使用适合的预测方法，可以只用一种方法，也可以综合使用多种方法，但为了提高预测信度和效度，应采取尽可能多的方法进行预测。

二、人力资源供给预测

(一) 人力资源供给预测的含义及程序

1. 人力资源供给预测的含义

人力资源供给预测，也被称为人员拥有量预测，与需求预测一样，也是人力资源规划中的主要内容。人力资源供给预测是预测在某一未来时期，组织内部所能供应的以及外部劳动力市场所能提供的一定数量、质量和结构的人员，以满足企业为达成目标而产生的人员需求。

不同于人力资源需求预测，人力资源供给预测不仅研究对组织内部的人员供给，还要研究组织外部的人力资源供给。对于这两方面的人员来源，供给分析不仅要考虑数量，还要考虑其他因素，如这些人的能力、兴趣和工作经历等。

除新建企业外，企业未来内部人力资源供给一般来说是企业人力资源供给的主要部分。企业人力资源需求的满足，应优先考虑内部人力资源供给。企业内部人力资源供给量必须考虑下述因素：企业内部人员的自然流失(伤残、退休、死亡等)、内部流动(晋升、降职、平调等)、跳槽(辞职、解聘等)。

企业职位空缺不可能完全通过内部供给解决。企业人员因各种主观和自然原因退出工作岗位是不可抗拒的规律，这必然需要企业从外部不断补充人员。企业外部劳动力供给受到以下因素的影响：首先，地域性因素，如企业所在地的人力资源调整现状、所在地对人才的吸引程度、全国相关专业的大学生毕业人数与分配情况、该行业全国范围的人才供需状况、全国范围从业人员的薪酬水平和差异、企业薪酬福利对所在地人才的吸引程度、企业本身对人才的吸引程度等；其次，人口政策及人口现状，包括人口规模、人口年龄和素质结构、现有的劳动力参与率等；除此之外，还有劳动力市场发育程度、社会就业意识和择业心理偏好等因素。

2. 人力资源供给预测的程序

一般来说，人力资源供给预测的程序如下：

(1) 对企业现有的人力资源进行盘点，了解企业员工队伍的现状。

(2) 分析企业的职务调整政策和历年员工调整证据，统计出员工调整的比例。

(3) 向企业各部门的主管人员了解将来可能出现的人事调整状况。

(4) 将前三步的所有数据进行汇总，得出对企业内部人力资源供给量的预测。

(5) 分析影响外部人力资源供给的各种因素(主要是地域性因素和全国性因素)，并依据分析结果得出企业外部人力资源供给预测。

(6) 将企业内外部人力资源供给预测进行汇总，得出企业人力资源供给预测。

(二) 内部供给预测的方法

人力资源内部供给预测的方法主要有：

1. 人力资源信息库

人力资源信息库是计算机运用于企业人力资源管理的产物，它是通过计算机建立的、记录企业每个员工技能和表现的功能模拟信息库。从人力资源信息库中可获取企业每个员工的晋升、调动、解聘等方面信息，它与传统的个人档案相比具有容量大、调用灵活方便、文字信息丰富充实等优点，能够确切反映员工流动信息。

人力资源信息库针对企业不同人员，又大致可分为以下两类。

1) 技能清单

技能清单的设计应针对一般员工(即非管理人员)的特点，根据企业管理的需要，集中收集每个员工的岗位适合度、技术等级和潜力等方面信息，为人事决策提供可靠信息。托马斯·帕特恩(Thomas H.Paten)概括了应包括在人员技能清单中的七项内容，如表2-6所示。

表2-6　人员技能清单的主要内容

项 目 清 单		具 体 内 容
1	个人数据	年龄、性别、婚姻状况等
2	技能	教育背景、工作经历、培训
3	特殊资格	专业团体中的成员、特殊成就
4	薪酬和工作历史	承担的各项工作、薪酬情况、资历
5	公司数据	福利计划、退休信息、资历
6	个人能力	在心理或其他测试中的测试成绩、健康信息
7	个人的特殊偏好	地理位置、工作类型

技能清单法提供了一种迅速而准确地估计企业内可用技能的工具，除了能为员工晋升和调动决策提供帮助外，还可用于规划未来培训和招聘工作。技能清单的内容需根据员工

情况的变化而不断更新，一旦出现职位空缺，人力资源部便可根据它提供的信息及时挑选合适人选。

2) 管理才能清单

管理才能清单集中反映管理者的管理才能及管理业绩，为管理人员的流动决策提供相关信息。其表格项目的主要内容包括：管理幅度范围、管理的总预算、下属的职责、管理对象的类型、受到的管理培训、当前的管理业绩等。

技能清单和管理才能清单是企业人力资源技能库的主要内容。正是因为人力资源信息库能够详细记录企业内部人员的知识和技能状况，能够使企业更加合理、更加有效地使用人力资源，所以，建立人力资源信息库成为大多数企业组织信息系统的管理工作重点。

2. 管理人员接替模型法

管理人接替模型法也称为职位置换法或管理者继承计划，它是对管理人员的现状进行调查评价后，列出未来可能的管理人员人选。管理人员接替模型法主要涉及的内容是对管理者的总体评价：主要管理人员的现有绩效和潜力、发展计划；所有接替人员的现有绩效和潜力；其他关键职位上的现职人员的绩效、潜力及对其评定意见。图 2-3 是较常用的管理人员接替模型图。

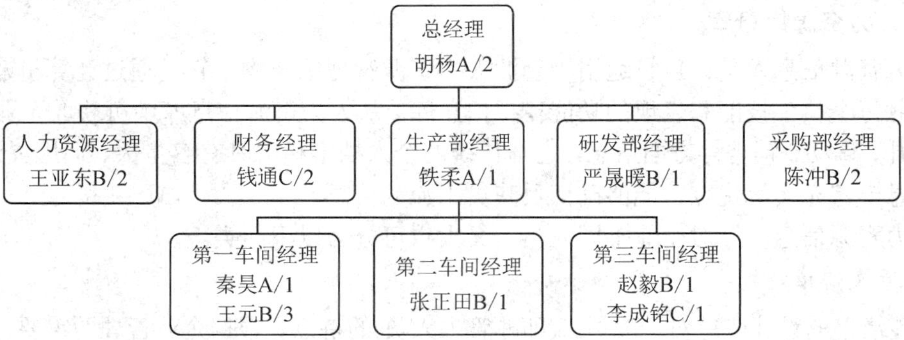

图 2-3　管理人员接替模型图

图 2-3 框内职位下的名字代表可能接替该职位的人员，人员姓名后的字母和数字是对其提升可能性和绩效的评价。A 表示可以晋升；B 表示需要进行一定的开发才能提升；C 表示不适合该职位。对其绩效的评价分为四级：1 表示优越；2 表示良好；3 表示一般；4 表示较差。

管理人员接替模型将每个工作职位均视为潜在的工作空缺，而该职位下的每个员工均是潜在的供给者。管理人员接替模型以员工的绩效作为预测的依据，当某位员工的绩效过低时，组织将采取辞退或调离的方法；而当员工的绩效很高时，他将被提升替代他上级的工作。上述两种情况均会产生职位空缺，其工作则由其下属替代。通过管理人员接替模型，我们可以清楚地看到组织内人员的供给与需求状况，这为人力资源规划提供了依据。

3. 马尔科夫分析法

马尔科夫分析法是一种统计方法，最早在荷兰军队中使用，后来扩展到企业中，用来预测具有时间间隔(一般为 1 年)的各类人员的分布情况。该方法的基本思想是：找出企业过去人力资源变动的规律，推测企业在未来的人员变动情况。马尔科夫模型通常是分几个时期来收集数据，然后再得出平均值，利用这些数据代表每一种职位的人员变动的频率，就可以推测出人员的变动情况。具体的做法是将计划初期每一种工作的人数与每一种工作的人员变动的概率相乘，然后纵向相加，得到组织内部未来劳动力的净供给量。其计算公式为：

$$N_i(t)=\sum_{j=1}^{k}N_j(t-1)\times P_{ji}+R_i(t)$$

式中， $N_i(t)$表示在时刻 t 时 i 类别中的雇员人数；i，j=1，2，3，…，k；k 表示职位分类数；t 表示 1，2，3，…；P_{ji}表示从 j 类向 i 类职位的转移概率；$R_i(t)$表示在时间段(t－1，t)内 i 类职位所新增人数。

人员转移概率可以根据数据计算出来，并使用转移概率矩阵给出或者列表给出：

$$P=\frac{\text{转移出本类人员的数量}}{\text{本类人员原有总量}}$$

人员转移概率一般以 3～5 年为周期来估算年平均转移率，周期越长，根据过去人员转移所推测的未来人员变动率就越准确。得出每个岗位的变动概率后，综合企业的岗位变动情况，可得人员转移的转移概率矩阵：

$$P=\begin{bmatrix}P_{11} & P_{12} & \cdots & P_{1k}\\ P_{21} & P_{22} & \cdots & P_{2k}\\ \vdots & \vdots & & \vdots\\ P_{k1} & P_{k1} & \cdots & P_{kk}\end{bmatrix}$$

由此可以预测出企业未来的内部人力资源供给量。

例 4　已知某五星级饭店有总监级、经理级、主管级、领班级、基层级五类人员，该五类人员在 2014—2018 年的人员转移概率矩阵如表 2-7 所示。

表 2-7　某五星级饭店五类人员的马尔科夫矩阵(1)

职位名称	总监级	经理级	主管级	领班级	基层级	离开饭店
总监级	0.8	0	0	0	0	0.2
经理级	0.1	0.8	0	0	0	0.1
主管级	0	0.05	0.75	0	0	0.2
领班级	0	0	0.1	0.65	0.05	0.2
基层级	0	0	0	0.05	0.65	0.3

从表 2-7 中可以看出，在 2014—2018 年中的任何一年里，平均 80%的总监级人员仍在该饭店内原岗位工作，有 20%的人员离开该饭店；平均 80%的经理级人员会留在原工作岗位，10%会被提升为总监级人员，10%会离开该饭店；平均 65%的领班级人员会留在原工作岗位，10%会被提升为主管级人员，5%会降级为基层人员，20%会离开该饭店。

假如该饭店 2019 年与 2018 年相比，饭店的市场规模、经营方向等都没有发生太大的变化，根据表 2-7 中的饭店人员变动概率，与 2018 年年初的人员数量，就可以预测到 2019 年年初的人员供给量及相应的人员需求量，见表 2-8。

表 2-8　某五星级饭店五类人员的马尔科夫矩阵(2)

职位名称	2018 年年初人员数量	2019 年年初					
		总监级	经理级	主管级	领班级	基层级	离开饭店
总监级	5	4					1
经理级	10	1	8				1
主管级	40		2	30			8
领班级	80			8	52	4	16
基层级	360				18	234	108
预计人员内部供给量		5	10	38	70	238	
外部供给(招聘)		0	0	2	10	122	

利用马尔科夫分析法，该五星级饭店在 2019 年年初将有同样数目的总监级人员(5 人)，和同样数目的经理级人员(10 人)，但是主管级人员将减少 2 人，领班级人员减少 10 人，基层级人员减少 122 人。根据这些人员变动数据，可提前做出人员招聘规划，以补充由于人员变动所引起的各类岗位人员的不足。

(三) 外部供给预测的方法

人力资源外部供给预测的方法主要有：

1. 查阅现有的资料

为了掌握外部劳动力供给的情况，企业应通过互联网，随时关注国家和地区的统计部门、人事和劳动部门定期发布的一些统计数据，另外也应及时关注国家和地区的政策法律变化。

2. 直接调查有关信息

企业自己就所关注的人力资源状况进行调查，对高校提供的毕业生源的调查就是一种比较有效的方法。企业可与提供生源的关键院校保持长期的合作关系，密切跟踪目标生源的情况，及时了解可能为企业所用的目标人才的状况。

3. 对雇用人员和应聘人员的分析

对企业已经雇用的人员和应聘人员进行分析，也会得出未来的人力资源供给状况的估计。这里所要分析的内容包括：企业近期雇用的人员来自哪些行业和企业？他们为什么要到本企业？各个空缺职位的应聘者数量和质量如何？

三、人力资源供需平衡

做人力资源规划时，在对企业的人力资源供给与需求进行预测分析后，需要根据预测结果进行供需平衡分析。企业人力资源供求达到数量和质量的平衡是人力资源规划的目的。

企业的供求关系有三种情况：人力资源供求平衡、人力资源供不应求和人力资源供大应求。人力资源供求完全平衡的情况非常少见，下面将主要介绍人力资源供不应求和供大于求时，企业应采取的对策。

（一）人力资源供不应求

当预测人力资源在未来可能发生短缺时，企业应根据具体情况选择不同方案以避免短缺现象的发生。

1. 内部招聘

内部招聘是指将符合空缺职位任职资格要求，而又处于相对富余状态的人调往空缺职位。相比从外部招聘人员弥补岗位空缺，从内部招聘人员成本较低，可节约培训成本，还能提高企业内部员工的满意度和安全感。

2. 外部招聘

当内部招聘无法满足要求时，应从外部招聘符合职位任职资格要求的人员进入企业，以达到供需平衡。从外部招聘工作人员应综合考虑企业需求和外部人力资源供给现状，选择合理的外部招聘渠道和方式。

3. 延长工作时间

如果短缺现象不严重，且本企业的员工又愿意延长工作时间，则可以根据《中华人民共和国劳动法》等法规，制订延长工时的计划。需要注意的是，这种方法只是一种应对短期人力资源供不应求的应急措施，在实施延长工时计划时，应按照相关规定为被延长工时的员工增加报酬。

4. 技能培训

通过技能培训，提高员工的劳动生产率，可有效缩小人力资源供需之间的差距。

5. 提升企业资本技术的有机构成

当企业基层劳动力空缺时，可考虑提升企业的生产技术水平，用机器代替人力资源。

6. 聘用临时工

聘用临时用工计划有两种，一种是制订聘用非全日制临时用工计划，如返聘已退休人员或聘用小时工等；另一种是聘用全日制临时工。聘用临时工是企业外部招聘的一种特殊形式，对产品或服务呈现较强的季节性变化或企业用人计划呈现短期项目性激增的企业较为适用。

（二）人力资源供大于求

企业的人力资源供大于求即出现人员冗余，会导致组织内部人浮于事、生产效率低下等现象，企业还是应根据具体情况，选择不同方案以避免这种情况。

1. 裁员

通过绩效考评等方法，甄别出企业内劳动态度差、技术水平低、劳动纪律观念差的员工，将其永久性辞退。

2. 组织结构改革

根据企业战略目标、工作流程的分析和重新设计，将企业的某些臃肿机构合并或关闭，减少冗余人员，增强企业活力。

3. 提前退休

鼓励提前退休或内退，对于一些接近但还未达到退休年龄的员工，应制订一些优惠政策，如提前退休者仍按正常退休年龄计算养老保险和工龄等，有条件的企业还可以一次性发放部分奖金或补助，鼓励符合条件的员工提前退休。

4. 员工培训

通过培训提高员工的整体素质，如制订全员轮训计划，使企业内员工永远有一部分在接受培训，为企业扩大再生产做准备，避免因人员冗余使得部分员工无事可做，人心浮动；另外通过培训还可以使员工掌握多种技能，增强他们的竞争力，鼓励员工以自身技能另谋职业或由企业牵头，创办第三产业。

5. 缩减工作时间

通过缩减员工的工作时间缩减人工成本，是西方企业在经济萧条时期常采用的一种解决企业临时性人力资源过剩的有效方式。还有一种解决办法是在缩短员工的工作时间后，可采用由多个员工分担以前只需要一个或少数几个员工就可以完成的工作，企业则按照工作任务量计发薪酬。

需要注意的是，在制订平衡人力资源供求政策措施的过程中，就整个企业而言，不可能是单一的供大于求或供不应求的情况，往往会出现某些部门人力资源供过于求，而另外几个部门可能供不应求，或者是高层员工供不应求而基层员工却供大于求。所以企业应具体情况具体分析，制订出相应的人力资源或业务规划，使各部门人力资源在数量、质量、结构和层次等各方面达到协调平衡。

第五节　人力资源规划的执行与控制

制订和实施企业人力资源规划，是打造企业核心竞争力和规范企业经营管理体系的基础。为了更好地应对人力资源管理中的各种问题，企业制订了人力资源规划后，需要对规划的运营和执行加以控制，确保人力资源规划的执行。

一、人力资源规划的执行

人力资源规划的执行力，就是执行企业人力资源规划并实现企业既定人力资源战略目标的能力。完善的人力资源规划要依靠企业的执行力来实现，人力资源规划的制订与执行是企业人力资源管理部门的一项非常重要的工作。人力资源规划的执行应按照特定的程序进行规范化操作，遵循战略导向、整体规划、分步实施和及时调整的原则，实现人力资源规划的高效执行。

(1) 战略导向原则。人力资源规划以及具体的执行计划的制订，必须以企业的战略目标为依据，避免人力资源的规划及执行工作与企业的发展战略脱节。

(2) 整体规划原则。整体规划原则是指要把规划执行过程看作一个整体，实施过程的每个环节都相互关联、相互影响。规划的前期制订直接影响后期的规划执行和反馈调整，执行到位与否也会影响到规划整体的执行效果，而及时地反馈是确保规划顺利执行的有效保障手段。

(3) 分步实施原则。分步实施意味着人力资源整体规划的执行需要分阶段实施，同时，人力资源规划的目标指标需要根据时间的发展、随着外部环境的变化来实现，达到预期目标。

(4) 及时调整原则。在人力资源规划执行过程中，如果遇到内外部环境发生变化，现行的人力资源规划已经不能适应企业的发展时，需要及时反馈和调整人力资源规划。企业每年都需要调整人力资源规划，同时各类人力资源计划都应随着内外环境的变化、战略的转变而改变，使规划更加完善、合理，规划的执行更加准确、有效。

二、执行的要点与难点

企业制订了完善的人力资源规划后，要实现长期有效的执行，必须了解执行过程中的要点和难点。人力资源规划执行的要点与难点包括以下几方面：

(一) 规划执行的统一规范

企业应明确规划执行部门的权责，制订规划管理规范制度，按照统一的管理标准执行、检查和监控，人力资源部应与各部门随时保持沟通和协作，保障规划的高效贯彻实施。

知识拓展

人力资源规划执行的层次

现在企业的人力资源管理不仅是人力资源部门的责任，也是各层管理者的责任。在第一章中，我们介绍了直线部门经理和人力资源管理专业人员在人力资源管理工作中的职责分工，其中也涉及在人力资源规划上的分工，见表1-2。

因此，人力资源规划的承担者也就不仅仅是人力资源部门，也需要各部门密切配合，共同承担责任。人力资源规划的执行主要涉及三个层次：组织层次、跨部门层次和部门层次。

1. 组织层次

组织层次上的人力资源规划需要组织最高管理者亲自参与，这是因为组织经营战略对人力资源规划的影响，人力资源规划对人力资源管理各个体系的影响以及人力资源管理的指导方针、政策，必须由组织的高层管理者进行决策。

2. 跨部门层次

跨部门层次上的人力资源规划需要组织副总裁级别的管理者执行，即对各个部门人力资源规划的执行情况进行协调和监督，并对人力资源规划的实施进行评估。

3. 部门层次

部门层次上的人力资源规划的执行分为两种情况。

(1) 人力资源部门。人力资源部门不但要完成本部门的人力资源规划工作，还要指导组织内的其他部门的人力资源规划工作的顺利进行。有的组织将人力资源部门经理改为人力资源客户经理，要求持续提供面向客户的人力资源产品的服务。在进行人力资源战略规划时，人力资源客户经理就会为各个部门提供人力资源规划的系统解决方案，并为各类人才尤其是核心人才提供个性化服务。

(2) 其他部门。人力资源规划工作应该是组织每个部门经理工作的重要组成部分，制订、执行好人力资源规划并实现其目标，需要非人力资源部门积极参与和相互配合。

(二) 规划执行的工具支持

人力资源规划的执行需要相关配套工具的支持，在人力资源规划执行中可以使用表单等工具，保证人力资源各项规划执行流程的顺畅运行。企业在制订各项人力资源计划的同时，应设计相应规范化的表单和相关模板，为规划的执行提供保障，表 2-9 为人力资源编制调整表的样表。

表 2-9 人力资源编制调整表

部　门	现有编制	增减人数	增减理由	审核意见
总务部				
财务部				
研发部				
…				

(三) 规划实施的监控

企业应经常性地对人力资源规划的执行情况进行监督和检查，对于执行不顺畅的规划，应检查是规划制订得不合理，还是执行得不到位。如果是规划设置得不合理就要及时调整、完善；如果是执行中存在问题的，需要企业在规划执行中，不断适应新情况，解决新问题，不断改进完善相应的计划，以符合企业当前的需要。

(四) 规划执行的考核

对于所设定的人力资源规划，不仅要使员工了解规划内容，更重要的是要有相应的考核制度进行连接，按照规划制订相应的考核、奖惩措施，奖优罚劣，确保人力资源规划各项计划的有效实施，使规划实施落到实处，规划执行达到预期的效果。

三、人力资源规划的控制

人力资源规划的制订与执行是一个动态的管理过程，跟其他管理活动一样，人力资源规划的制订与执行离不开控制环境。人力资源规划的控制就是将计划的现实执行情况与原计划进行比较，不断地调整计划的执行过程使之到达预期目标，或是根据企业环境和战略的变化，调整人力资源规划。

企业人力资源规划的制订、执行与控制的前提是要存在一个完善的人力资源信息系统。人力资源规划控制的重点在于对企业的人力资源供应情况、使用情况和成本的控制。

(一) 人力资源信息系统

1. 人力资源信息系统的含义

近年来，随着企业信息化水平的飞速发展，企业人力资源管理越来越多地采用信息技术提高人力资源管理的效率。人力资源信息系统(Human Resource Information System，HRIS)是运用信息技术收集、记录、储存、分析和提取组织人力资源信息，对人力资源进行管理和开发的系统。为了保证组织人力资源规划对相关信息的基本需要，一个及时有效的人力资源信息系统一般要通过计算机和其他先进的处理技术，对组织日常运转的相关数据，主要是人力资源数据进行搜集、整理、编辑和分析预测，并以人力资源信息的形式进行储存。

2. 人力资源信息系统的功能模块

人力资源信息系统的功能模块主要包括以下几个模块，企业可根据自己的需要，开发设计或引进人力资源管理系统的各项功能。

(1) 人员规划模块。人员规划模块是对企业的人员总量、构成、流动的整体规划，主要包括人力资源现状分析、企业定员、人力资源供需预测和人力资源供需平衡等。

(2) 费用规划模块。费用规划模块是对组织人工成本和人力资源管理费用的整体规划，主要包括人力资源费用的预算、核算、结算以及人力资源费用控制。

(3) 招聘模块。招聘模块主要包括岗位信息、招聘计划、入职评价和招聘结果四个子模块：岗位信息模块，可以显示出企业空缺岗位的基本情况，包括现有岗位的空缺编制和由于企业发展而需要新增的岗位；招聘计划模块，旨在制订实现人力资源补充的一系列工作安排；入职评价模块，是将系统评价与人工评价相结合，对应聘人员进行评价，以帮助人力资源管理人员做出招聘决策的子模块；招聘结果模块，旨在进行招聘总结，并最终确定录用人员。

(4) 薪酬管理模块。薪酬管理模块主要包括薪酬设计、薪酬管理、薪酬查询与统计分析三个子模块：薪酬设计模块，包括薪酬结构设计、薪酬类别选择、薪酬标准制订、个性化薪酬等；薪酬管理模块，包括薪酬确定、薪酬计算等内容；薪酬查询与统计分析模块，包括个人薪酬查询与统计、组织薪酬查询与统计、薪酬决策管理方面的内容等。

(5) 福利模块。福利模块主要包括福利项目和福利管理两个子模块：福利项目模块，包括福利需求分析、法定福利项目设定、企业福利项目设定和福利计算设定等内容；福利管理模块，是针对企业与员工进行的福利成本预算、操作、记录和福利查询。

(6) 保险模块。保险模块主要包括社会保险、社会保险缴纳和商业保险三个子模块：社会保险模块，是指信息系统中生成的保险管理的基础结构，如养老保险、失业保险、工伤保险、医疗保险和生育保险等；社会保险缴纳模块，是在员工缴纳保险费用时，可快速、准确地计算出每个员工各项保险的费用；商业保险模块，包括企业补充医疗保险、企业补充养老保险等。

(7) 考勤与假期模块。考勤与假期模块主要包括考勤数据接口、考勤规划、假期规划和考勤管理四个子模块。

3. 人力资源管理信息系统构建的原则

建立人力资源管理信息系统应遵循以下原则：

(1) 简单性原则。人力资源管理信息系统只要能达到既定的目的，产生需要的结果就行。结构简单可以使处理过程缩短并使数据和信息采集、处理和传输的费用减少，人力资源信息管理人员也能够比较轻松地掌握系统的各项功能，因此，系统比较容易被采纳，工作人员间的配合也会较好。

(2) 灵活性原则。人力资源管理信息系统应具有足够的灵活性，以便在条件变化以后仍然能提供详尽的、具有现实意义的有关信息。在这样的基础上设计出来的系统将适应最新的情况，且能随时提供为使人力资源管理部门在管理中有效进行活动所需的重要信息。

(3) 统一性原则。统一性便于人力资源管理信息系统进行数据采集，便于它同其他系统联系。输入和输出形式，数据传递的语言等都要注意统一性。

(4) 可靠性原则。可靠性能使人力资源管理信息系统赢得用户的信任并乐于采用。信息系统只有可靠，才能对人力资源管理有用。

(5) 经济性原则。如果人力资源管理信息系统的投资和运行费用得不到相应补偿，那么这种系统就失去了存在的理由。因此，系统设计必须建立在能给组织带来相应的利益的基础之上。

4. 人力资源管理信息系统建立的步骤

人力资源管理信息系统的建立一般分为系统要求、系统分析、系统设计、系统实施、系统评价与维护五个阶段。

(1) 系统要求阶段。系统要求阶段又称系统建立准备阶段。这个阶段包括人力资源系统现状分析，建立信息系统的目标、功能、所需资源，以及信息系统的建立方法、限制条件等。

(2) 系统分析阶段。系统分析阶段包括系统调查、需求分析、系统逻辑设计等工作。这个阶段通常要对人力资源的现状进行分析，找出存在的问题，为系统逻辑设计提供依据。

(3) 系统设计阶段。系统设计阶段的工作是根据新系统的逻辑模型，根据选定的计算机系统的限制，构造出新系统的物理模型。这个阶段的主要内容就是对人力资源的人事档案、工资福利等信息进行数据库设计以及处理功能、代码、输入/输出等设计。

(4) 系统实施阶段。系统实施阶段的工作是将系统设计的结果转换成为计算机系统中可运行的信息系统。这个阶段的主要任务是程序设计与调试、系统调试、人员培训、系统转换等。

(5) 系统评价与维护阶段。系统评价是指系统转换并投入正式运行时应进行的一次评价，对系统的工作质量和效益情况进行评判，看其是否达到系统要求阶段提出的目标。系统维护是指运行的系统不能满足应用要求而进行的少量修改完善，它往往同系统评价相伴随。

(二) 人力资源供给控制

企业人力资源供给控制的主要任务是监控企业内部现有人员的供给情况，尤其是中高层管理人员和主要技术人员的供给、储备情况，以达到从人员供给方面确保企业正常运转的目的。

人力资源供给控制可分为人员存量控制和人员流量控制。前者主要考察企业人员的数目、结构等是否满足企业发展的需要；后者主要是对企业人员的流入和流出的流动情况进行监控。由于人员流入主要取决于企业外部的人力资源供给，这在很大程度上受社会经济发展状况、人口结构、劳动力市场供求等企业无法控制的因素的综合影响，所以企业人员流量控制的重点在于企业人员流出情况的控制。企业人力资源流失或损耗的具体情况可用以下几种常用指标进行分析。

1. 人力损耗指数

这里的人力损耗是指人力资源的有形损耗，即企业内部的员工由于退休、离职、自然死亡、工伤等原因离开企业的现象。事实上，人力损耗对企业来说无法避免，所以在进行人力资源的供给控制分析时，必须要考虑这一因素。人力损耗指数又称离职率、人员流失率，是衡量由于解雇、自动离职、退休等原因造成的人力损耗指标之一。离职分为主动离职和被动离职，主动离职是指员工由于自身的意志，主动离开公司的行为；被动离职是指企业对员工的解雇行为。人力损耗指数的计算公式为

$$\text{人力损耗指数}=\frac{\text{在同一年内离职的人数}}{\text{在某一年内的平均员工人数}}\times100\%$$

过高的人力损耗指数意味着企业在某些方面存在不足，因此对导致过高人力损耗的原因进行分析将有助于企业改善管理，留住人才。

2. 人力稳定指数

人力稳定指数的计算公式为

$$\text{人力稳定指数}=\frac{\text{现实服务满一年或以上的人数}}{\text{一年前雇佣的总人数}}\times100\%$$

这个指数没有考虑人力的流动，只计算了任职一段时间的人数比例，反映了企业留住人才的能力。

3. 服务期间分析

服务期间分析用于分析员工职位、服务期间与离职情况等项目的相互关系，以作为预测离职的参考。分析方法主要是观察并详细记录员工的离任情况，搜集有关资料做横断面或纵向的分析。

管理人员掌握企业人力资源损耗的情况后，若发现企业出现了非正常的人力资源损耗，应从企业外部和企业内部两方面进行原因分析，明确导致人力资源非正常损耗的真正原因，并采取合理的措施减少损耗。

(三) 人力资源使用控制

企业除了分析人力资源的供给控制外，还需要就现有人力资源能否充分利用加以分析，即人力资源使用控制。人力资源的使用控制主要通过员工年龄分布、缺勤、员工职业发展和裁员四项内容来分析。

1. 员工年龄分布分析

工龄是员工从事脑力或体力劳动，以工资收入为其全部或主要生活资料来源的工作年限，每工作一年，就形成一年工龄。企业内员工的年龄分布情况对于其薪酬、升迁、士气、医疗期和病假工资、养老金等有极大影响。例如，一个已踏入成熟或持续收缩阶段的企业，员工的年龄分布偏高，老员工占较大比例。由于工资和年资工龄有关，所以工龄越长，工资越高，此外还会影响其他员工的升迁机会、进取态度及工作士气。企业管理者应考虑企业内员工的年龄分布情况，实现合理的年龄分布。

2. 缺勤分析

缺勤比值的计算公式为

$$缺勤比值=\frac{因各种原因缺勤而损失的工作天数}{损失工作天数+工作天数}\times100\%$$

缺勤通常包括假期、病假、事假、怠工、迟到、早退、工作意外等。若管理者能留意这些缺勤指标及其他有关数据，可以估计未来的缺勤程度，就会对未来的人力供给估计有较切合实际的分析结果。例如，缺勤情况严重，就应该对缺勤因素加以分析并改善，使现有人力资源得以充分发挥作用而不会造成浪费。

3. 员工职业发展分析

指导员工规划好他们个人的前程，为他们提供充分发挥其潜能的机会，是挽留人才的有效方法之一，也是人力资源规划中重要的一环。帮助员工了解他们可以获得某些职位或晋升的机会，会使他们对前途充满合理的期望。

4. 裁员分析

当企业内部需求减少或供过于求时，就会出现人力资源过剩，裁员是无法避免的。裁员对企业是一种浪费，因为被裁员工是经过培养的人才，这样做无论是对企业现有员工还是对被解雇的员工都是很大的打击。一项好的人力资源规划必然没有员工过剩的现象出现，即使需要裁员也可以通过其他方法，如退休、辞职等来平衡人力供求。此外，还有一些方法可以采用，如给予补偿金、鼓励年老员工提前退休，为年轻员工提供接受训练的机会使他们转迁到其他工作单位等。

(四) 人力资源成本控制

对人力资源成本的控制，可提高企业的经济效益和竞争力，保证员工的切身利益，在降低企业招聘、培训、劳动争议，以及避免企业滥用管理费用等方面均具有重要意义。人力资源成本控制按照发生的时间，可以分为前馈控制、现场控制和反馈控制，在这里主要对前馈控制中的人力资源成本的预算和人力资源成本的审核进行介绍。

1. 人力资源成本预算

1) 人工成本预算

人工成本是指企业在一个生产经营周期(一般是一年)内，支付给员工的全部费用。人工成本预算的内容包括工资项目、员工社会保险福利项目及其他费用三大组成部分。企业在进行人工成本管理时不是要降低企业人工成本的绝对额，而是要随着企业的发展不断提高。一定金额的人工成本投入能给企业带来一定的经济效益，且能随劳动生产率的提高而不断提高。当企业人工成本增长时，人均增加值和人均销售收入也应增长，且增长幅度应高于人均成本增长的幅度。理想的人工成本应是“U”型的，即“两高一低”：高人均人工成本、高人均成本投入产出系数、低人工成本含量(低人事费用率或劳动分配率)。

人工预算编制的方法包括实际发生预算法、总量控制法和标准测定法三种。

(1) 实际发生预算法。实际发生预算法指以上年实际发生的人工成本为基础，结合企业明确的工资增长率、福利水平的提高比例、教育经费的提高比例、劳动保护费的提高比例、其他人工成本费用增加的额度和自然增长因素(如社会保险基数增加而应增加的社会保险费等因素)编制出各项人工成本所需费用。

(2) 总量控制法。总量控制法的使用是根据企业确定的劳动分配率指标、人工成本含量指标、人工成本利润率等总量指标来计算预算年度发生的人工成本总量和各项人工成本费用。

(3) 标准测定法。标准测定法的使用是建立在企业人工成本管理已达到比较科学和规范的基础上，即企业已制订出了劳动分配率和人工费用率、人工成本含量的比例标准和人工成本各构成项分别占人工成本的比例标准。劳动分配率和人工费用率也是衡量人工成本效益的核心指标。

劳动分配率的计算公式为

$$劳动分配率=\frac{人工成本}{增加值}\times 100\%$$

劳动分配率是人工成本与增加值的比值。劳动分配率表示在一定时期内新创造的价值中用于支付人工成本的比例。增加值是指企业通过生产活动除去消耗原材料后，新创造的价值。

人工费用率的计算公式为

$$人工费用率=\frac{人工成本}{销售(营业)收入}\times 100\%$$

人工费用率是指人工成本总量与销售(营业)收入的比率。人工费用率表示在一定时期内企业生产和销售的总价值中用于支付人工成本的比例。

2) 人力资源管理费用预算

人力资源管理费用是指企业在一个生产周期(通常是一年)内，人力资源部门的全部管理活动的费用支出。它是计划期内人力资源管理活动得以正常运行的资金保障，主要内容如表 2-10 所示。

表 2-10　人力资源管理费用预算的内容

费用种类	包含项目	具 体 内 容
人力资源获取费用	招聘费用	为满足企业需要的人力资源而耗费的信息发布、宣传、管理及人员劳务费用，如资料费、印刷费、场地费、手续费、招聘人员的工资等费用
	选拔费用	企业对应聘人员进行挑选、评价、考核等活动所发生的费用，包括初步面谈或处理应聘人的申请材料进行初选的费用，对初选合格者进行面谈、测试的费用，对合格者组织答辩、进行调查的费用，体检费用等
	录用费用	企业从应聘者中选拔合格者后，将其正式录用为企业成员的过程中所发生的费用，如录用手续费，可能还有支付给外部被录用人员所在单位的补偿费用等
	安置费用	企业将所录用的人员安排到确定的工作岗位上时，所发生的各种费用，包括行政管理费用、临时生活费用、报道交通费用、向某些特殊人才支付的一次性补贴等

续表

费用种类	包含项目	具 体 内 容
人力资源开发费用	定向费用	也称为岗前培训费用，是企业对上岗的职工进行有关企业历史、企业文化、规章制度、专业知识、业务技能等方面的培训时所发生的支出。它包括教育者的工资、教育管理费用、学习资料费用、教育设备的折旧费等
	在职培训费用	在不脱离工作岗位的情况下，对在职人员进行培训所发生的费用。它包括培训人员的工资、培训工作中所耗费的材料费和在职人员参加业余学习的图书资料费、学费等
	脱产培训费用	指企业根据生产和工作的需要对在职职工进行脱产培训时所发生的支出
人力资源遣散费用及其他	遣散补偿费用	企业向离职者支付的解雇金之类的补偿费用
	遣散前业绩差别费用	离职者离开企业前因各种原因造成工作效率降低而给企业带来的损失
	空职费用	员工离职后因为该职位空缺而给企业造成的损失，不仅包括因该职位空缺所造成的直接损失，也包括因该职位空缺对相关职位工作造成的不利影响而导致的间接损失
	劳动争议处理费用	在员工遣散过程中发生的劳动争议，主要包括法律咨询费用、诉讼费、律师费等
	其他费用	如薪酬市场调查、残疾人就业保证金等

在编制人力资源费用预算时，应以企业经营发展目标和人力资源战略目标为依据，综合以往各年度人力资源管理活动的实际费用情况及本年度预算的内容、内外部变化因素，并注意各项目预算之间的内在联系，遵循合法合理、客观准确的原则进行。人力资源管理费用预算编制的时间通常包括年度预算编制和阶段性预算编制。年度预算编制通常在每年的年底编制下一年度的预算；阶段性预算包括季度预算或月度预算，通常在季度末或月度末编制下一季度或下月度预算。下边以年度预算为例，介绍人力资源管理费用预算的程序。

(1) 对上一年度人力资源管理费用预算、决算情况进行考察。

(2) 对人力资源管理费用预决算情况进行对比、分析、研究，明确费用的使用情况及分布趋势。

(3) 人力资源部对企业的生产经营情况进行分析研究。

(4) 人力资源部对人力成本的影响因素及费用支出方向进行分析，确定最低工资标准。

(5) 人力资源部根据企业的发展目标及上一年度的经营状况，预测下一年度的生产经营状况。

(6) 人力资源部根据部门的规划预测当年可能发生的费用，并对当年已经发生的费用进行结算。

(7) 人力资源部根据上述各项数据编制下一年度的人力资源管理费用预算。

2. 人力资源成本审核

企业通常对人力资源成本进行审核，保证企业费用编制符合政府规定及企业自身发展需求，并为企业人力资源下期成本预算提供依据。

1) 人力资源成本审核的原则

(1) 合法性原则。合法性原则是指企业在进行人力资源成本审核时，要重点查看企业制订的劳动者各项工资福利费用标准是否符合国家相关法律法规规定。企业要参照当地政府发布的最低工资标准和社会保险缴纳标准等，以保证企业和员工的合法权益。

(2) 竞争性原则。竞争性原则是指企业在审核人力资源成本时，要根据市场调查的结果，了解同行企业各类劳动力工资价位的变化情况，掌握劳动力市场工资水平的上线、中线和下线，由此对本企业各类员工工资水平进行比较分析，看清本企业工资水平处在何种位置上，对外是否具有竞争力。

(3) 公平性原则。公平性主要是指在审核人力资源成本时，要根据企业内部的岗位分析和评价结果查看各岗位的工资福利标准分配是否体现了公平性。

(4) 保障性原则。保障性原则主要是指在保证企业支付给员工的工资福利合法的基础上，还要考虑员工的家庭生活保障，要结合当地消费者物价指数、工资指导线、市场工资水平等共同决定员工的工资水平。

(5) 承受性原则。承受性原则主要是指企业支付的人力资源成本要结合自身的生产经营状况，在企业能够承担得起的基础上再考虑对外竞争性。

(6) 实用性原则。实用性原则主要是指人力资源成本涉及的各项费用必须是企业内部切实发生的项目，相关费用的预算今后很有可能会发生，而不是根本不可能发生的项目，这一点也便于今后对预算执行进行控制。

(7) 一致性原则。一致性原则体现在两个方面，即总分项目预算额度一致性和各项成本计量单位一致性。在编制人力资源成本预算时通常会包括成本总项目和分项目(或子项目)，无论包含了多少个分项目，所有分项目的成本之和必须和总项目的成本额度一致或相等。

2) 人力资源成本审核的程序

人力资源成本预算的目的就是要控制成本、节约能耗、提高经济效益。所以各项开支要由专人审核和控制，对招聘、培训等费用是否合理，是否对提高经济效益具有巨大的意义等做出判断，审核时应把握好这些要点。另外，人力资源成本预算作为企业整体预算的重要组成部分，其准确性还关系到企业整体预算的准确性、完整性和严肃性。因此，在编制和审核人力资源成本时必须慎之又慎，一旦企业的预算被批准，再发现错误并予以纠正时将会是非常困难的事情。在审核下一年度的人力资源成本时，应遵循以下程序：

(1) 检查项目的齐全性。检查项目是否齐全，是否包括该项预算的所有项目，尤其总项目下的那些分项目，如工资项目下的计件工资、加班工资、轮班津贴、岗位津贴、奖金等。

(2) 检查分项目的合法性。检查每个分项目确定的依据是否符合国家的相关法律法规，例如具体到月度时，每个员工的工资标准是否低于当地政府最低工资标准，劳动保险的计算标准是否按照当地政府公布的标准执行。

(3) 检查分项目数据的准确性。主要核算各个项目的数据计算是否准确，包括各个分项目的数据是否准确，各分项目之和与总项目是否一致，每个分项目数据的准确性均会影响到总体的数据平衡。

(4) 检查预算是否符合企业经营发展趋势。通常企业在进行人力资源成本预算时会考虑到企业的经营发展趋势给人力资源成本带来的影响，这一步骤主要是审核人力资源成本的增长是否符合企业的经营发展趋势。

(5) 预算是否符合总成本占比性。通常企业在编制预算时，各组成部分会根据企业经营总成本有一个合适的比例划分，这一步主要是核算人力资源成本与企业经营总成本的比例是否符合既定标准。

(6) 试算平衡。预算编制完毕后，要对整个预算表进行试算平衡，包括分项目和总项目的平衡、横向平衡和纵向平衡等。

技能训练

实训目标：

撰写人力资源规划。

实训内容与要求：

(1) 采用调查法、访谈法等方式，选取一家企业进行人力资源规划数据调查。

(2) 应实事求是，深入实际，运用所学知识结合企业调查撰写人力资源规划报告。

(3) 对企业人力资源规划情况进行分析时，可采取如下思路：

① 该企业的基本情况，包括其经营范围、组织结构、人力资源现状、未来的发展战略等必要数据。

② 预测企业未来人力资源的供给。

③ 预测企业未来人力资源的需求。

④ 确定企业人力资源的需求量。

⑤ 制订人力资源规划的项目和措施。

⑥ 编制企业人力资源规划。

成果检测：

(1) 学生以小组为单位进行调查，并形成文字、图片和视频资料。

(2) 分小组进行课堂成果展示，教师对其调查过程和人力资源规划的合理性进行评价。

案例分析

华日公司的人力资源规划

华日公司的前身是一家主要经营地毯等纺织品的集体所有制性质的家具制造厂，由于经营观念落后，以及经营体制等各方面的束缚，企业连年亏损，濒临倒闭。1995 年，企业改制，吸引了部分外资，成立了华日公司。公司与原来的老企业相比，从组织结构到管理体制等各方面都做了重大改革。公司主要有家具部、纺织品部和纤维部三个生产部门，其中纺织品部下辖六个分厂，分别生产服装、地毯以及其他工业用纺织品。应该说这种改革顺应了当时的经济潮流，使公司能够轻装上阵，转变经营理念，及时把握商机。改制后两年多来，华日公司取得了长足的发展，企业的规模也得以扩大，员工人数达900多人，管理人员也增加为140人，此外还有产品开发与设计人员10人，营销人员20人。

华日公司的总经理钱明从公司成立伊始，就被公司董事会任命为总经理。钱明从一开始就强调公司包括管理人员在内的所有员工的受教育程度和学历很重要。公司制订了详细的规章制度，为管理人员和员工的培训和学习提供了有利的条件，钱明本人也经过两年多的在职学习，获得了工商管理硕士学位。在华日公司，受教育和培训的经历是员工进行工作流动和升职的必要条件。

华日公司的这些举措收到了明显的效果。公司的员工都热爱自己的工作，乐意通过提高自己的素质和技能来提高工作的质量和效率。员工之间的人际关系十分融洽，由于公司的效益良好，因此，员工的报酬也很丰厚。每个员工都为自己是华日公司的一员而自豪。

但是到1998年，公司的效益出现了大幅度的滑坡，1999年年底的财务报表显示，公司已经出现了严重的亏损。导致公司衰退的原因是多方面的。从公司的外部环境来说，日益加剧的竞争，导致很多原来是公司拳头产品的市场萎缩，消费需求的下降也是公司产品销路不畅的一个原因；从公司内部的原因来看，产品的质量问题一直是困扰钱明的心腹之患，前几年，因为公司产品畅销，产品的质量问题也就被忽略了，迟迟没有得到彻底解决。如今，随着竞争的加剧，许多竞争对手价廉物美的产品赢得了消费者的青睐，相比之下，华日的产品更显得质次价高。另外，公司产品缺乏创新也是华日产品日渐失去消费者的原因所在。

处于窘境中的华日公司总经理钱明向董事会提出了精简组织结构以及裁员的报告，获得了董事会的同意。但是究竟应该保留多少员工？这是钱明面临的一个难题。

在前几年中，由于公司发展迅速，人力资源部的主要任务是不断为新增加的职位招聘员工，并且为公司所有员工的薪酬福利等事务服务，至于人力资源规划上的问题，似乎从来没有提到人力资源部经理的议事日程上。

经过董事会和公司管理部门的多次开会讨论，最终决定了裁员后的公司组织结构有两个主要的生产部门：家具部主要生产各类家庭及办公用家具；纺织品部有两个分部，一个分部生产地毯，另一个分部以来料加工方式制作各类服装。这样重组后公司将保留一线员工625人，其中家具部400人，地毯分部125人，服装分部100人。此外，公司将削减管理人员至88人，产品研发人员的数量增加至32人，营销人员36人。钱明深知，在具体执行减员下岗工作时，一定还有许多的困难。

(案例来源：董临萍，康青，陆军.人力资源管理本土案例集[M].上海：立信会计出版社，2002.)

通过阅读案例，请回答如下问题：

(1) 结合华日公司的实际情况，谈一谈人力资源规划工作对企业的重要性。

(2) 华日公司的人力资源计划与其公司战略之间存在什么样的关系？

(3) 如果你是华日公司的人力资源部经理，你将采用哪些人力资源供求的预测方法？

(4) 华日公司可以采取哪些措施分流被裁的员工与管理人员？

本章小结

(1) 安索夫认为，“战略”是企业为了适应外部环境，对目前所从事的和将来要从事的经营活动而进行的决策。

(2) 在大型多元化经营的公司里，企业战略可分为三个不同的层次：公司战略、业务战略和职能战略。

(3) 战略管理就是企业确定其使命，根据组织外部环境和内部条件设定企业的战略目标，为保证目标的正确落实和实现进行谋划，并依靠企业内部能力将这种谋划和决策付诸实施，以及在实施过程中进行控制的一个动态管理过程。

(4) 人力资源战略是企业为适应外部环境日益变化的需要和人力资源开发与管理自身发展的需要，根据企业总体战略并充分考虑员工的期望而制订的人力资源开发与管理的纲领性长远规划。它是企业战略的重要组成部分，也是实现企业战略的有效保障。

(5) 人力资源战略具有全局性、长远性、根本性等特点，为企业人力资源管理开发提供指引。

(6) 在对人力资源战略进行分类时，美国康奈尔大学戴尔和霍德将其分为诱引战略、投资战略和参与战略三种；斯特雷斯和邓菲将其分为家长式战略、发展式战略、任务式战略和转型式战略四种；舒勒将其分为累积型战略、效用型战略和协助型战略三种。

(7) 广义上，人力资源规划可以定义为：人力资源规划是预测未来的组织任务和环境对组织的要求，以及为完成这些任务和满足这些要求而提供人员的过程。具体来说，人力资源规划是根据企业的人力资源战略目标，科学预测企业未来的人力需求，预测其内部人力资源供给满足这些需求的程度，确定供求之间的差距，制订人力资源净需求计划，用以指导人力资源的招聘、培训、开发、晋升和调动，确保企业对人力资源在数量和质量上的需求的活动。

(8) 人力资源规划所要实现的目标主要有四个：规划企业未来一段时间的人力发展、合理分配人力资源、配合业务和组织发展的需要和降低用人成本。

(9) 人力资源需求预测是以组织的战略目标、发展规律和工作的出发点，综合考虑各种因素的影响，运用科学的预测技术，来估算组织未来需要的员工数量和能力的组合。人力资源需求预测的方法有定性和定量预测两类。

(10) 人力资源供给预测是预测在某一未来时期，组织内部所能供应的以及外部劳动力市场所能提供的一定数量、质量和结构的人员，以满足企业未达成目标而产生的人员需求。人力资源供给预测不仅研究对组织内部的人员供给，还要研究组织外部的人力资源供给。

(11) 企业的供求关系有三种情况：人力资源供求平衡、人力资源供大于求和人力资源供不应求。

(12) 人力资源规划的执行应按照特定的程序进行规范化操作，遵循战略导向、整体规划、分步实施和及时调整的原则，实现人力资源规划的高效执行。

(13) 人力资源管理信息系统是运用信息技术收集、记录、储存、分析和提取组织人力资源信息，对人力资源进行管理和开发的系统。

(14) 人工预算编制的方法包括实际发生预算法、总量控制法和标准测定法三种。

(15) 人力资源成本审核的原则包括：合法性原则、竞争性原则、公平性原则、保障性原则、承受性原则、实用性原则、一致性原则。

复习与思考

1. 什么是战略？战略可以分为几个层次？
2. 什么是战略管理？战略管理有哪些特点？
3. 什么是人力资源战略？人力资源战略可以分为哪些类型？
4. 什么是人力资源规划？人力资源规划的目标是什么？
5. 人力资源供求关系有哪两种情况？
6. 人力资源需求预测的定量方法有哪些？
7. 内部人力资源供给预测的常用方法有哪些？
8. 人力资源管理信息系统有哪些功能模块？
9. 人力资源管理费用包括哪些项目?

第三章

工作分析

学习目标

(1) 理解工作分析的含义和内容。
(2) 掌握工作分析的相关术语。
(3) 了解工作分析的基本程序。
(4) 掌握工作分析的方法。
(5) 掌握工作说明书的编写技巧。

关键词

工作分析(Job Analysis)
岗位职责(Responsibilitiy)
工作说明书(Statement of Work)

导入案例

沃尔玛的工作分析

2020 年 8 月 10 日，《财富》公布 2020 年世界 500 强榜单，其中表现最为亮眼的当属沃尔玛。根据世界 500 强榜单的数据，沃尔玛年收入达到 5 239.64 亿美元，折合人民币超过 3.6 万亿，高居榜首。值得一提的是，沃尔玛已连续七年蝉联世界第一，全球零售之王当之无愧。另外，沃尔玛的另一项世界第一是拥有员工数量最多，员工总数超过 220 万，是第二名中国石油和第三名中国邮政集团之和。当然，作为连锁超市，沃尔玛要维系正常的经营，需要众多员工，而且沃尔玛一向坚持员工专事专干，不会出现一人兼职多个岗位的情况。那么沃尔玛如何确保自己的人力资源能满足其业务需求和战略发展呢？我们从工作分析的角度来了解一下沃尔玛。

沃尔玛组织结构的特点是层次化和集中化，并有一定程度的权力下放。层次化和集中化的组织结构指的是由公司总部来监督和指导组织中的所有活动。公司各部门对沃尔玛的所有门店都有管辖权，但对门店还是有一定程度的权力下放。比如，每个门店都有自己的人力资源部并设人力资源经理(HR)，HR 会根据门店自身的特性来应用公司的人力资源战略。这种权力下放能保证门店的经营更具有灵活性来应对业务中出现的新问题。

沃尔玛采用“匹配式”的工作分析方法。这种方法包括对申请人、员工和主管进行面谈和调查，以确定问题和需要。沃尔玛的目标是将实际需求与现有人力资源结合起来，并确定两者之间可能存在的差距。

在沃尔玛，工作分析中对于岗位的工作描述各式各样，大不相同。沃尔玛的人力资源部门主要负责开发与销售活动有关的工作描述。因为沃尔玛的大部分员工是销售人员，工作描述针对的是销售员、销售主管、销售经理和门店经理。

沃尔玛的任职资格也各不相同，但大部分任职资格都要求具有销售和营销方面的知识和技能。公司人力资源管理部门对销售经理和门店经理这样的职位通常要求至少有销售或相关专业的学位。

当前的老龄化问题、文化多元性和高度异质化的劳动力队伍提高了企业进行人员甄选的难度，而经济的全球化使得寻找高能力的员工变得更加艰巨。互联网的兴起和雪片般涌入的求职简历，使企业需要花费大量精力来寻找合适的候选人。与此同时，错误的雇佣决策会给所有企业带来严重危害。事实上，失败的录用决策带来的成本，估计为个人年工资的 1/2 到 10 倍。因此，企业必须使用系统一致的方式来识别、录用高能力的合适人员，以控制录用决策失误的成本。

工作分析中所获得的信息以及据此编写的工作说明书，对人力资源职能来说都是必不可少的。举例来说，假设员工确实了解自己的工作，如果一位重要员工突然离职，企业却没有招募新员工所需的必要信息，该怎么办？如果工作在快速变化，那么了解完成这些工作需要什么技能就更有必要，因为企业需要为员工提供培训以掌握这些必需的新技能。因此，工作分析对于企业的人力资源管理工作尤为重要。

第一节　工作分析概述

一、工作分析的含义、内容及相关术语

(一) 工作分析的含义

国内外许多学者对“工作分析”进行了界定，美国佛罗里达国际大学加里·德斯勒教授在其编著的《人力资源管理》(2012)一书中认为，工作分析就是组织并确定某一工作的任务和性质是什么，以及哪些类型的人(从技能和经验的角度)适合从事这一工作的一种程序。美国劳工部(2012)对工作分析的界定是：通过对工作内容的系统调查，获得有关工作信息的过程。中国人民大学石伟教授(2011)认为：工作分析也称为岗位分析、职位分析，是对组织中的各类岗位的性质、任务、职责、工作条件和环境，以及任职者承担本岗位任务所具备的资格条件所进行的系统分析和研究，并制订出工作说明书等人力资源管理文件

的过程。北京大学教授萧鸣政(2010)指出：工作分析是组织内所有管理人员都应该掌握的一种管理技术，其主旨是科学高效地获取有关组织内各种工作的信息，保障人力资源管理决策的正确有效，保证管理目标的全面实现。

本书将工作分析定义为：工作分析又称职务分析、岗位分析，是采用科学的方法与技术全面了解工作并提取有关工作的全面信息，确定工作的任务、性质，以及哪些类型的人员适合从事该项工作的一种活动。简单地说，就是确定某个岗位工作的任务是什么，以及确定什么样的人可以胜任岗位的工作。

(二) 工作分析的内容

工作分析的内容主要包括两个方面，一是对要从事的工作内容和承担的工作职责进行清晰的界定，即工作描述；二是确定胜任各职位所需要具备的各方面要求，如学历、专业、年龄、技能、工作经验、工作能力及工作态度等，统称为工作规范或者任职资格。因此，工作分析就是要确定每一项工作的 6W1H：用谁做(Who)，做什么(What)，何时做(When)，在哪里做(Where)，如何做(How)，为什么做(Why)，为谁做(Whom)。

工作分析的结果或直接成果是工作说明书。工作说明书是记录工作分析结果的文件，它把该岗位的职责、权限、工作内容、任职资格等信息以文字形式记录下来，以便管理人员使用。工作分析是现代人力资源管理的基础，只有在客观、准确的工作分析的基础上才能进一步建立科学的招聘、培训、绩效考核及薪酬管理体系。

(三) 工作分析的相关术语

工作分析的相关术语主要有：

1. 工作要素

工作要素(Job Elements)指工作中不能再分解的最小动作单位。例如，酒店里负责接待的服务员在客人刚来到酒店时要帮助客人运送行李。运送行李这项工作中包含如下 4 个工作要素：

(1) 将行李放到行李推车上。

(2) 推动行李推车。

(3) 打开客房的行李架。

(4) 将行李搬运到行李架上。

工作要素是形成职责的信息来源和分析基础，并不直接体现于工作说明书之中。

2. 任务

任务(Task)指工作活动中为了达到某种目的所从事的一系列活动。它可以由一个或多个工作要素组成，是工作分析的基本单位。例如，酒店负责接待的服务员，运送行李是其工作任务；某中学的语文教师，备课、讲课、批改作业、阅卷是其工作任务。

3. 职责

职责(Responsibility)是指任职者担负的一项或多项任务组成的活动，常常用任职者的行动加上行动的目标来加以表达。例如，客户经理的职责包括确立目标市场和潜在客户，保持与客户的联系，调动客户的资源等；人力资源部经理的职责之一是监控员工工作满意度，这一职责由设计调查问卷、进行调查、统计结果、反馈至高层及采取措施 5 个任务组成。

4. 职位

职位(Job Position)也称岗位，是指承担一系列工作职责的某一任职者所对应的组织位置。职位与任职者是一一对应的。如果存在职位空缺，那么职位数将多于任职者人数。

5. 工作(职务)

工作(Job)也称职务，是指组织中承担相同或相似职责或工作内容的若干职位的综合。

在组织内部，工作(职务)与人员并非一一对应关系，可能存在着“同一职务，多个职位”的现象。例如，某企业副经理这一职务可以对应生产部副经理、销售部副经理、行政部副经理 3 个职位。

6. 职业

职业(Profession)是指由不同组织中的相似工作组成的跨组织工作集合，如教师职业、医生职业等。

7. 职级

职级(Class)是指工作责任大小、工作复杂性与难度以及任职者的能力水平要求相似的一组职位的总和。例如，企业中人力资源管理者的纵向职级可分为人力资源总监、人力资源经理、人力资源专员；工程师的纵向职级可分为高级工程师、工程师、助理工程师；小学一级数学教师与小学一级语文教师属于同一职级。

8. 职等

职等是指工作性质不同，但工作的难易程度、责任轻重以及所需的资格条件相同或充分相似的职位的集合。例如，高校的讲师与研究所的助理研究员以及工厂的工程师均属于同一职等。

9. 权限

权限是指为了保证职责的有效履行，任职者必须具备的对某事项进行决策的范围和程度，常常用“具有批准……事项的权限”来进行表达，如具有批准预算外 5 000 元以内的礼品费支出的权限。

二、工作分析的作用

(一) 在人力资源管理中的作用

人力资源管理是企业管理的重要组成部分，工作分析是人力资源管理的基本功能得以实现的基础和核心，其在人力资源管理中的作用主要体现在以下几个方面：

(1) 为人力资源规划提供必要的信息。

通过科学的工作分析，可以对企业内部各个职位的工作量进行科学的分析判断，从而为职位的增减提供必要的信息。

(2) 为招聘、录用员工提供明确的标准。

工作分析所形成的工作说明书里已经确定了岗位的任职条件，任职条件是招聘工作的基础，招聘工作需要依照任职条件来挑选人员，不满足任职条件的人是不能录用的。如果企业一定要用，则只能降格使用，如工资等级要下降，职务级别要略微下降等。工作说明书将作为员工录用以后签订的劳动合同的附件。企业决定录用员工后，这名员工应该承担什么样的责任，以及要负责到何种程度，这些问题应事先在工作说明书里约定好，企业不需要对员工重复说明。

(3) 为人员培训开发提供详细的内容。

工作分析所形成的工作说明书对各个职位的工作内容和任职资格都做了明确规定，因此，员工被录用以后，工作说明书可以作为入职培训的教材。企业通过工作说明书的要求，对员工进行上岗前的培训，让他们了解自己的工作；还可以根据员工与任职资格要求的差距进行相应的培训，以提高员工与职位的匹配程度。

(4) 为员工职业生涯管理提供指导。

通过科学的工作分析，形成了各项工作的基本规范，从而为员工职业生涯的发展提供指引。一方面，它为人力资源管理部门提供同类职位间工作内容在知识、技能、经验等方面的内在相关性，从而为人力资源管理人员设计员工职业生涯成长通道提供依据；另一方面，帮助员工掌握自身成长通道上相关职位的任职要求，从而为他们有针对性地提供学习、实践、提高自身能力的指导。

(5) 为绩效考核提供有效的标准。

绩效考核体系是一套正式的结构化的制度，用来衡量、评价并影响与员工工作有关的特性、行为和结果，考察员工的实际绩效。绩效考核制度设计的关键在于绩效考评效标的设计，即评价员工绩效的指标和标准的设计。这些效标都要从工作分析活动结果中获取，如从职位职责中提取结果性效标以衡量员工完成哪些工作任务或产生哪些产品，从职位任职资格中提取特征性效标(如沟通能力、忠诚度等)。通过科学的工作分析，每一职位从事的工作以及所要达到的标准就都有了明确的界定，这为绩效考核提供了明确的标准，减少了评价的主观因素，提升了考核的有效度。

(6) 为薪酬管理提供公平的依据。

薪酬体系的建立过程是通过对工作分析所提供职位的复杂程度、难度、责任大小以及任职资格中学历、资历、经验、技巧等内容进行综合评定，获得有效的职位评价从而形成职位分类和职位等级表，并在此基础上建立基于职位的薪酬体系。由此可见，薪酬体系建立所需基础信息都来自工作分析。

(二) 在企业管理中的作用

工作分析在企业管理中的作用如下：

(1) 有助于员工本人反省和审查自己的工作内容和工作行为，以帮助员工自觉主动地寻找工作中存在的问题，并圆满地实现职位对企业的贡献。

(2) 企业人力资源管理人员能够通过工作分析充分地了解企业经营的各个重要业务环节和业务流程，从而有助于公司的人力资源管理职能真正上升到战略地位。

(3) 借助工作分析，企业的最高经营管理层能够充分了解每一个工作岗位上的人目前所做的工作，可以发现职位之间的职责交叉和职责空缺现象，通过职位的及时调整，有助于提高企业的协同效应。

通过科学的工作分析，可优化企业内部的工资结构，提高报酬的内部公平性。报酬通常都是同工作的复杂性、职责大小、工作本身的难度，以及工作要求的任职资格等联系在一起的，而所有这些因素都必须通过工作分析才能得到确定。

管理故事

如何成为真正的老板

一位非常成功的商人在一个偏僻的山村遇到一个敦厚的少年。商人看到少年非常淳朴，认为他也许是一个可造之才，于是决心带他出去闯闯。

商人问少年想不想将来当老板，少年说不想，因为他不知道什么是老板。

商人耐心解释什么是老板，并循循善诱，说了许多当老板的好处：可以坐在明亮的大办公室里工作，还可以坐高级轿车去餐厅吃饭……少年心动，随商人离开了小山村。

少年来到了城市，刚开始只是打短工，他看到了城市的灯红酒绿，也看到了城市中人们的日常与艰辛。

一年之后，少年找到商人，说自己想当老板了。商人问他知不知道老板要做什么。少年回答："在大办公室里签字，坐高级轿车去吃饭。"商人听完之后，觉得自己很失败，认为是自己教导不够，把一个淳朴的少年变得如此贪图享受，也让少年误解了老板的工作。

从此，商人让少年跟随自己，亲眼看看老板要做些什么。

又过了一年，少年再次提出想自己当老板，商人又问了同样的问题。少年朗朗而答："老板就是Boss，要分析信息，进行决策，制订计划，组织资源，领导员工，监督执行，协调内部，联系外界，处理突发事件……"少年足足说了半小时。商人认为少年已经很清楚一个老板的工作内容，便将一个子公司交给少年经营治理。

然而不到一年，子公司不得不宣布停业整顿。商人质问少年："你不是知道应该做些什么吗？"少年吞吞吐吐地说："我只知道要做什么，但我并不知道如何去做呀!"商人顿时醒悟，要将一个无知少年变成一个成功的老板，必须让他知道老板是什么，要做什么以及如何去做。

由这个小故事我们可以联想到人力资源管理的基础性工作——工作分析。工作分析的主要作用就是告诉人们企业中所包含的这项工作是什么，工作内容有哪些以及应该如何去完成这项工作。只有了解了工作分析的内容，员工才能明白自己的工作岗位在整个企业中的地位以及与其他工作岗位的关系，明确自己工作的目的、任务、职责和方向，以便尽职尽责地工作。

(资料来源：HR 案例网)

三、工作分析的原则

为了提高工作分析研究的科学性、合理性，企业在进行工作分析时应注意遵循以下原则：

1. 系统原则

在对某一工作进行分析时，要注意该工作与其他工作的关系以及该工作在整个企业中所处的地位，从总体上把握该工作的特征及该工作对人员的要求。

2. 动态原则

工作分析的结果不是一成不变的，而是要根据战略意图、环境变化、业务调整，经常性地对工作分析的结果进行调整。工作分析是一项常规性的工作，需要定期地予以修订。

3. 目的原则

在工作分析中，要明确工作分析的目的，因为工作分析的目的不同，其侧重点也是不同的。如果工作分析的目的在于选聘人才，那么工作重点在于任职资格的界定；如果目的在于决定薪酬的标准，那么重点在于对工作责任、工作量、工作环境、工作条件的界定等。

4. 经济原则

工作分析是一项非常费时、费力、费钱的事情，它涉及企业组织的各个方面。人力资源部门应根据工作分析的目的，本着经济性，采用合理的方法开展工作分析。

5. 职位原则

工作分析的出发点是从职位出发，分析职位的内容、性质、关系、环境以及人员胜任特征，即完成这个职位工作的从业人员需具备什么样的资格与条件，而不是分析在岗的人员如何，否则会使员工产生恐惧心理与防御心理等不利于工作分析结果的问题。

6. 应用原则

应用原则是指工作分析的结果，即职位描述与工作规范，要应用于公司管理的相关方面。在现代人力资源管理中，无论是人员招聘、选拔培训，还是考核、激励，都需要严格按照工作说明书和工作规范的要求来做。

7. 全员参与原则

有效的工作分析需要各级管理人员与员工的广泛参与，尤其是高层管理者的支持与重视，以及业务部门的大力配合，仅靠人力资源部门是无法完成此项复杂工作的。

企业案例

钱静该怎么做

钱静毕业于某高校人力资源管理专业，今天是她来公司工作的第二天。午休时，她被叫到公司的会议室，因为管理顾问临时召见，同去的还有公司人力资源总监。管理顾问说："小钱，很高兴你的加盟，为了让你有机会展示自己的才能，我和人力资源总监决定由你来系统地做公司每个岗位的工作分析。你有什么困难可以提出来，我们会尽量提供帮助。"人力资源总监说："我们公司已经通过了 ISO9001 质量认证，你可以参照 ISO 体系文件，可能会有所启发。”

小钱(先沉默了一下，因为她感觉事情并不简单)说：“好吧，我先试着去做。有问题，随时请求你们的帮助。”任务就这样接下来了，但对于小钱来说，真的有点难度，虽然在大学期间“工作分析”被列入重点专业课程，但现在已经忘得差不多了，更何况自己对整个公司的运营情况不了解，要做好恐怕不容易……小钱开始发愁了。

思考：整个公司的工作分析由小钱一个人来做，你觉得这样对吗？

第二节　工作分析的时机与程序

一、工作分析的时机

工作分析是企业人力资源管理的一项基础性常规工作。无论是人力资源经理，还是各业务部经理，都应该根据工作目标、工作流程、企业战略和市场环境的变化对工作做出相应的动态调整，而不能认为工作分析是一劳永逸的事情。一般认为，在下列情况下，组织需要进行工作分析。

第一种情况：企业新成立时。对于新成立的企业，要进行职位分析，这样可以为后续的人力资源管理工作打下基础。企业新成立时，工作分析最迫切的用途是在人员招聘方面。由于很多职位还是空缺，所以工作分析应该通过企业的组织结构、经营发展计划等信息来进行，制订一个粗略的工作分析。工作分析的结果能提供招聘人员的“岗位职责”和“任职资格”即可，更为详细的内容可以在企业稳定运作一段时间后进行。

第二种情况：企业内部有新的工作产生或原有工作发生变化时。企业在发展过程中，为了应对竞争和挑战，可能会增加新的部门或是在原有部门内部增加新的岗位，这时为了更好地进行管理，人力资源管理部门需要对新工作岗位进行工作分析，以确定其工作内容和任职资格要求。

第三种情况：当企业内某项工作由于新技术、新方法、新工艺或新系统的产生等情况而发生重要变化，特别是在某项工作的工作性质发生变化时，最需要进行工作分析。企业由于技术创新、劳动生产率提高，需重新进行定岗、定员，在原有工作发生变更时，要及时进行工作分析，以保证工作分析成果信息的有效性和准确性。企业由于战略的调整、业务的发展，导致原有岗位的工作内容、工作性质发生变化时，也需要进行工作分析。

第四种情况：人力资源管理过程中出现以下问题时需要进行工作分析。

(1) 缺乏明确、完善的书面职位说明，员工对职位的职责和要求不清楚。

(2) 虽然有书面的职位说明，但工作说明书所描述的员工从事某项工作的具体内容和完成该工作所需具备的各项知识、技能和能力与实际情况不符，很难遵照它去执行。

(3) 经常出现推诿扯皮、职责不清或决策困难的现象。

(4) 当需要招聘某个职位上的新员工时，发现很难确定用人的标准。

(5) 当需要对在职人员进行培训时，发现很难确定培训的需求。

(6) 当需要建立新的薪酬体系时，无法对各个职位的价值进行评估。

(7) 当需要对员工的绩效进行考核时，发现没有根据职位确定考核的标准。

二、工作分析的程序

在人力资源管理系统中，工作分析是一项技术性非常强的工作，需要做周密的准备，同时还需要具有与企业人力资源管理活动相匹配的、科学的、合理的操作流程，工作分析的程序是指完成工作分析任务的一系列相互衔接的步骤。工作分析是本着对工作做一个全面的评价，服务于构建人力资源管理平台的指导思想来进行设计的。为了保证实施的效果，在实际操作过程中必须要遵循一定的步骤并注意相关的问题。一般来说，工作分析的整个过程要经过以下几个步骤来完成：准备阶段、调查阶段、分析阶段、结果形成阶段和应用与反馈阶段(如图 3-1 所示)。

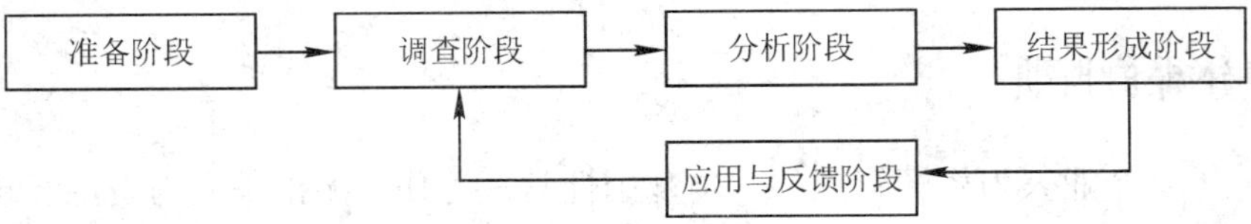

图 3-1　工作分析的程序

(一) 准备阶段

准备阶段的任务是了解有关情况，建立与各种信息渠道的联系，设计全盘的调查方案，确定调查的范围、对象与方法。

1. 确定工作分析的必要性

工作分析是人力资源管理中一项基础性、常规性的工作。当企业刚刚成立，或者企业内部有新的工作产生或原有工作发生变化，或是企业内某项工作由于新技术、新方法、新工艺或新系统的产生等情况而发生重要变化，或是进行人力资源管理的过程中产生一些问题时，企业均需要进行工作分析。

2. 组建工作分析小组

工作分析不是由人力资源部门单独完成的，也不是人力资源部门的工作人员仅凭个人对组织各岗位的认识编写出工作说明书。工作分析由于涉及面广、内容多且需要现代人力资源管理的专门技术，所以需要上至组织高层下到每位员工的理解、支持与参与，更需要成立专门的工作分析小组以保证工作分析的顺利进行。

工作分析小组需要保持人员的相对稳定，这有利于保持分析过程的连续性。如果小组成员的流动性过强，那么工作分析的进度和效果都会受到影响。

工作分析小组成员通常由以下 4 类人员组成：

(1) 人力资源管理专家。人力资源管理专家熟悉工作分析原理和方法，能够设计整个工作分析流程，并为工作分析实施提供指导。

(2) 组织内部人力资源管理专员。组织内部人力资源管理专员具有工作分析所需要具备的操作能力，并且对于组织的基本情况和岗位工作的内容有比较全面的了解，能够协调好组织各岗位任职者和人力资源管理专家的关系。

(3) 任职者。任职者对本职工作岗位有深入了解，并对本岗位工作在组织业务流程中的位置和作用有深入了解。

(4) 组织高层领导。组织高层领导对组织的战略、工作分析的目标有总体把握的能力，并且有权力对工作分析过程进行监督和管理。一般由企业高层领导任组长，人力资源部经理担任项目执行组长，部分核心部门负责人也要参与进来。工作分析小组的具体人员主要由人力资源部门专业人员和熟悉部门情况的各部门经理助理组成，以使工作分析在企业内获得最大限度的支持。

工作分析小组成员在选择上应把握好尺度，根据专家的实践经验，提炼出以下四项选择标准：

(1) 小组成员应对目标岗位熟悉。显然，任职者和管理者符合这一标准。那些曾经是目标岗位的称职任职者，由于有这项工作的第一手材料，因此他们也是合适人选。

(2) 小组成员应是主题专家。主题专家包括人力资源管理人员、工作设计人员、研究人员以及其他具备劳务市场或工作相关知识的专业人员。这些人虽然不一定熟悉所分析的工作，但可以为人员分析带来宽阔的观察视野和相近工作情境的知识。

(3) 小组成员应不带有个人偏见或感情色彩。偏见可能来自民族、种族、性别、地域等差别。在选择工作分析人员时，应首先考虑到作为一个工作分析者，不能带有任何先入为主、定型效应等影响工作分析准确性的观念，努力减少偏见对工作分析人员的影响。

(4) 小组成员应有弱势群体与少数人团体的代表，在有些国家，让妇女、少数民族和其他少数人团体的代表参与工作分析活动是法律要求。但也要注意，如果这些代表不能客观地提供信息、分析信息，而是单纯地把工作分析作为争取自己团队权益的一个平台，那么工作分析的效率就会受到影响。

3. 设计工作分析的方案及计划

为了使工作分析能够顺利进行，在实施之前需要制订一个整体方案，根据工作分析的任务，将工作分析分解为若干个工作单元，以便逐项完成。整体方案是工作分析的蓝图，在具体实施时还需要形成一个具体的操作计划，以便工作分析能够有条不紊地进行。

一份工作分析整体方案通常应该包含的内容见表3-1。

表3-1　工作分析方案

序　号	项 目 内 容
1	工作分析的目的和意义
2	工作分析调查方案的内容
3	工作分析项目的组织形式、实施者和参与者
4	工作分析实施的程序
5	工作分析实施的时间、地点
6	工作分析方法的选择
7	工作分析所需要的背景资料和配合工作
8	工作分析提供的结果
9	工作分析结果的审核和评价者
10	工作分析的费用预算

4. 做好其他必要的准备工作

在进行工作分析之前，应由部门管理人员向有关人员进行必要的培训和沟通，使有关人员对工作分析人员消除不必要的误解和恐惧心理，帮助二者建立起相互信任的关系。

(二) 调查阶段

1. 具体任务

调查阶段是工作分析的第二阶段，主要工作是对整个工作过程、工作环境、工作内容和工作人员等主要方面做全面的调查。具体任务包括：

(1) 编制各种调查问卷和提纲。

(2) 在调查中，灵活运用面谈法、问卷法、观察法、参与法、实验法、关键事件法等不同的调查方法。

(3) 根据工作分析的目的，有针对性地搜集有关工作的特征及所需要的各种数据。

(4) 重点收集工作人员必要的特征信息。

(5) 要求被调查人员对各种工作特征和人员特征的问题发生频率和重要性做出等级评定。

2. 重点工作

调查阶段的重点工作是收集工作的相关信息，可将这些信息概括为“6W1H”方面的信息，详细阐述如下：

(1) “做什么”(What)方面的信息，是指任职者所从事的工作活动，包括：

① 任职者所要完成的工作活动是什么？

② 任职者的这些活动会产生什么样的结果或产品？

③ 任职者的工作结果要达到什么样的标准？

(2) “为什么”(Why)方面的信息，指任职者的工作目的，包括：

① 做这项工作的目的是什么？

② 该工作与组织中的其他工作有什么联系？

③ 该工作对其他工作有什么影响？

(3) “人员”(Who)方面的信息，指对从事某项工作的工作者的要求，包括：

① 从事这项工作的人应具备什么样的身体素质？

② 从事这项工作的人应具备哪些知识和技能？

③ 从事这项工作的人应接受过哪些教育和培训？

④ 从事这项工作的人应具备什么样的经验？

⑤ 从事这项工作的人在个性特征上具备哪些特点？

⑥ 从事这项工作的人其他方面应具备什么条件？

(4) “时间”(When)方面的信息，指在什么时间内从事该项工作任务，包括：

① 该工作是否有固定时间？

② 该工作的工作频率如何？

(5) “工作环境”(Where)方面的信息，指从事工作活动的物理环境和社会环境，包括：

① 该工作的物理环境如何？

② 完成该工作所要求的人际交往的数量和程度(社交密度)如何？

③ 该工作的沟通形式如何？

④ 该工作发生人际冲突的可能性及程度如何？

(6) “工作关系”(Whom)方面的信息，包括：

① 与哪些人有工作往来？

② 工作向谁请示和汇报？

③ 向谁提供信息或工作结果？

④ 可以指挥何人？

(三) 分析阶段

1. 主要工作

分析阶段主要对调查阶段所获得的信息进行分类、分析、整理和综合，也是整个分析活动的核心阶段。具体工作如下：

1) 整理资料

整理资料指将调查阶段收集到的工作信息和工作者的信息，按照工作说明书的各项要求进行归类整理，检查是否有遗漏的项目，进行查漏补缺工作。

2) 审查资料

对资料和信息进行归类整理后，工作分析小组成员要对这些信息的可靠性和有效性进行审查，确保用于编写工作说明书的信息是可靠的、准确的。

3) 分析资料

如果信息准确、完备且有效，那么接下来要对信息资料进行分析，也就是归纳总结工作说明书的必需材料和要素。然后将所得资料进行加工、整理、分析，分门别类地编入工作说明书与工作规范的项目内。

2. 工作信息分析的主要内容

通常对工作信息的收集和分析包括以下 4 项具体内容：

1) 工作名称分析

在工作名称分析中，需要强调的是对工作名称的命名应准确，并符合人们的一般理解，即读者通过工作名称就可以大致了解工作的性质、内容。需要特别指出的是，名称应有美感，切忌粗俗。

2) 工作描述分析

工作描述分析具体包括工作任务分析、工作权责分析、工作关系分析以及劳动强度分析。

3) 工作环境分析

工作环境分析包括工作的物理环境、安全环境、地理环境以及社会和心理环境的分析。

4) 任职资格分析

任职资格分析包括任职者需要的必备知识、必备经验、必备能力、必备心理素质和必备身体素质的分析。

(四) 结果形成阶段

工作分析的直接成果是工作说明书，在经过深入分析和总结后，本阶段的主要工作就是编写工作说明书。

工作分析人员根据资料分析，按照一定的格式要求，形成工作说明书初稿。编写时应注意以下内容：

(1) 书写符合逻辑性。比如工作职责应按重要程度依次排列。

(2) 内容要完整，尤其是工作职责、任职资格不能遗漏。

(3) 语言应尽量通俗易懂，对于不得不使用的专用名词应加以解释。

(4) 每份工作说明书的格式必须统一。

工作分析人员将工作说明书初稿反馈给相关人员核实，意见不一致的地方要重点讨论，无法达成一致的要返回调查阶段，重新调查，确保所有相关人员对工作说明书的内容无异议。

(五) 应用与反馈阶段

在应用与反馈阶段，应做如下工作：

(1) 对工作说明书使用者进行培训。工作说明书是由专业人员编写的，而使用者是实际从事工作的员工，尽管部分任职者参与了工作分析的全过程，但是工作分析的最终成果包含了大量技术性、专业性的内容，因此对工作说明书的使用者进行培训是必要的。

(2) 将草拟的工作说明书与实际工作进行对比，以决定是否需要进行再次调查。

(3) 修订工作说明书，对特别重要的岗位，还应按前面的要求进行再次修订。

(4) 将工作说明书应用于实际工作中，注意收集反馈信息并不断完善。

(5) 对工作分析工作进行总结评估，以文件形式将工作说明书确定下来并归档保存，为今后的工作分析提供经验与信息基础。

工作说明书要定期进行评审，审查其是否符合实际的工作变化，同时要让员工参与到工作分析的每个过程中，一起探讨每个阶段的结果，共同分析原因；当需要调整工作说明书时，也要员工参与调整工作。只有亲身体验，才能加强员工对工作分析的充分认识和认同，从而在实践中有效实施。

企业案例

仁德电子科技有限公司成立于 2005 年，是一家生产小型电器智能控制产品的高科技企业。该公司拥有多项专利，以领先的智能控制方案，创造美好的生活。该公司每年研发 200 多款新产品，年产量 400 万套以上，小型生活电器智能产品已被 Conair、Boots、Carrera 等欧美著名品牌公司及 PAITTER 等国内著名品牌公司所采用。该公司拥有快速反应的资深研发团队，凭借专业的研发能力，能根据客户的要求，在较短的时间内提供各种性能优越、符合认证要求的电器控制产品服务。该公司拥有专业的智能控制器生产工厂，全面导入和推行 ISO 9001：2000 质量管理体系，拥有丰富的产品研发设计和生产经验，有经验丰富的生产队伍，研发、生产及检验等各环节严格按 ISO 9001 质量管理体系的要求运作，同时先进的供应链管理系统贯穿全过程。专业化生产品质以及高效的企业管理平台确保了公司产品的高质量及快速交货。对于仁德电子科技有限公司来讲，核心的电子研发人员对公司的发展至关重要。

试对仁德电子科技有限公司的电子研发岗位进行工作分析。

第三节　工作分析的方法

在实践过程中，进行工作分析有很多种方法，每种方法都有各自的优缺点，这主要是针对搜集与职位有关的信息而言的。在进行工作分析时，常常需要根据不同的职位，将不同的工作分析方法结合起来使用。本书将这些方法分为定性的方法和定量的方法两类分别进行介绍。

一、定性的工作分析方法

定性的工作分析方法主要是一些传统的方法，包括访谈法、观察法、非定量问卷调查法、关键事件法、工作日志法等。根据麦考密克(E. J. McComick)的观点，这类方法搜集的信息多以定性的为主，叙述较多，带有较强的主观色彩。

(一) 访谈法

访谈法是指通过面对面的交谈来获取职位信息的一种方法。访谈法是目前国内外企业运用较为广泛，相对比较成熟和有效的方法。采用这种方法，一般需要根据情况对任职者、该职位的直接上级以及其他对该职位比较了解的人员进行访谈。根据访谈对象数量的不同，可以将访谈法分为两种类型：个别访谈法和集体访谈法。个别访谈法就是同一时间只对一个人访谈；集体访谈法就是同一时间对多个人访谈。个别访谈法主要是在各职位的工作职责之间有明显差别时使用；集体访谈法则主要在多名员工从事同样的工作时使用。

访谈法一般不能单独使用，最好与其他方法配合使用。该方法适合于不可能实际去做某项工作，或不可能去现场观察以及难以观察到某种工作的情况。访谈法的适用对象是脑力职位者，如开发人员、设计人员、高层管理人员等，而且对中高层管理职位进行深度工作分析效果最好。

在运用访谈法时，需要注意几个关键问题：一是要对访谈人员进行培训，具体包括访谈的目的、内容、安排、技巧与注意事项等；二是要慎重选择访谈对象，访谈对象必须是对该职位比较了解，能够客观陈述该职位主要信息的人员；三是要合理安排访谈，包括访谈的时间、地点、访谈的提纲、录音设备等；四是要熟练掌握访谈技巧，访谈水平的高低直接决定了访谈的质量，在访谈过程中，访谈人员一定要注意尽量营造轻松、愉悦的氛围，多鼓励被访谈者全面、客观地提供信息。

访谈内容应包括以下内容：

(1) 工作目标：组织为什么设立这一职务？根据什么确定职务的报酬？

(2) 工作内容：任职者在组织中有多大的作用？其行动对组织产生的后果如何？

(3) 工作的性质和范围：这是访谈的核心，包括该工作在组织中的关系，其上下级职能的关系，所需的一般技术知识、管理知识、人际关系知识，需要解决的问题的性质及主动性。

(4) 所负责任：涉及组织战略决策、控制、执行等方面。

企业案例

Luna 该选择哪种工作分析方法

人力资源经理 Luna 刚从某外企跳槽到一家民营企业，她发现企业管理有些混乱，员工职责不清，工作流程也不科学。她希望进行工作分析，重新安排组织架构。一听是外企的管理做法，老板马上点头答应，还很配合地做了宣传和动员。Luna 和工作分析小组的成员在积极筹备之后开始行动。

不料，员工的反应和态度出乎意料地不配合。“我们部门可是最忙的部门了，我一个人就要干 3 个人的活。”生产部门的小赵抱怨道。“我每天都要加班到晚上 9 点以后才回家，你们可别再给我加工作量了。”生产部门的晓丽也很反感。多方了解后，Luna 才知道，她的首任也做过工作分析。不但做了工作分析，还立即根据分析结果进行了大调整，删减了大量的人员和岗位，还对员工的工作量都做了调整，几乎每个人都被分配到更多的工作。有了前车之鉴，大家忙不迭地夸大自己的工作量，生怕工作分析把自己“分析掉了”。

试帮助 Luna 和她的工作分析小组选择合适的方法对生产部门的生产操作工人进行工作分析，并说明理由。

(二) 观察法

观察法是一种传统的工作分析方法。该方法就是工作分析人员在不影响被观察人员正常工作的前提下，通过观察将有关工作的内容、方法，程序、设备、工作环境等信息记录下来，最后将取得的信息归纳整理为适合使用的结果的方法。

观察法适用于简单、标准、短时期、重复性强的操作类工作的信息收集，如流水线上的作业人员、档案管理人员、仓库保管人员、门卫等。观察法适用于外显行为特征的分析，不适用于隐蔽的心理素质的分析，不适用于没有时间规律和表现规律的工作。

使用观察法进行工作分析时需要注意以下事项：

(1) 应事先准备好标准表格来记录观察到的信息。

(2) 主要适用于操作机床或者从事体力劳动的工作。

(3) 应注意工作行为的代表性。

(4) 在观察时应尽量不要引起被观察者的注意，干扰被观察者的工作。

(5) 观察者应避免机械记录，应反映工作的有关内容，并对工作信息进行比较和提炼。

(6) 适合与其他方法一起使用。

观察法提纲示例如图 3-2 所示。

被观察者姓名：	观察日期：
观察者姓名：	观察时间
工作类型：	工作部分：

观察内容：

①什么时候开始正式工作？

②上午工作多少小时？

③上午休息几次？

④第一次休息的时间从＿＿＿＿＿到＿＿＿＿＿。

⑤第二次休息的时间从 ＿＿＿＿＿到＿＿＿＿＿。

⑥上午完成多少件产品？

⑦平均多长时间完成一件产品？

⑧与同事交谈几次？

⑨每次交谈约多长时间？

⑩室内温度为多少摄氏度？

⑪上午抽了几支香烟？

⑫上午喝了几次水？

⑬什么时候开始午休？

⑭出了多少次品？

⑮搬了多少次原材料？

⑯工作地的噪声分贝是多少？

图 3-2　观察法提纲示例

(三) 非定量问卷调查法

非定量问卷调查法是企业工作分析中最常用的方法之一。该方法是由人力资源部门设计或者提供问卷，交由任职员工对有关工作内容、工作行为、工作特征和工作人员特征的重要性和频次做出描述或打分，然后对结果进行统计与分析，找出共同的有代表性的回答，再据此编写工作说明书，最后反馈该岗位工作者的意见，进行补充和修改。

非定量问卷调查法的成败的关键在于问卷设计的质量，一份设计良好的问卷可以将员工回答问题时可能出现的误差减至最小。一般来说，为了保证信息搜集的效果，问卷设计应注意：第一，提问题时要尽量简单易懂，避免理解上的偏差；第二，问题的范围要尽量广泛，避免出现遗漏；第三，问卷的设计要尽量结构化。

这种方法的优点是能够迅速得到进行工作分析所需的资料、速度快；节省时间和人力，实施费用一般比其他方法低；调查表可以在工作之余填写，不会影响工作时间；可以使调查的样本量很大，适用于需要对很多工作者进行调查的情况。它的缺点是设计理想的调查表要花费很多时间、人力和物力，设计费用比较高；填写调查表是由工作者单独进行，缺少交流；被调查者可能不积极配合与认真填写，从而影响调查的质量。

工作分析采用的问卷调查法的种类和方式有很多，具体如下：

(1) 按照调查问卷填报方式分类。调查问卷根据填报方式可以分为自填问卷和代填问卷(见表 3-2)。其中，自填问卷根据送发和回收渠道的不同，可以分为邮政快递问卷、企业内部送发问卷和计算机填报问卷。代填问卷根据与被调查者沟通交流方式的不同，可以分为面对面访问代填问卷与电话或视频访问代填问卷。企业在工作分析中常用的是自填问卷，在条件许可的情况下，应该采用计算机自填问卷。

表 3-2　调查问卷填报方式比较

填报方式		适用范围	优缺点
自填问卷	邮政快递问卷	异地有常住分支机构且异地网络不发达	存在邮递过程中发生遗失的可能，覆盖范围广泛和时间周期长
	企业内部发送问卷	适用于本地公司	送达和回收占用人力
	计算机填报问卷	适用于任何类型和地域的公司	节约成本，速度快，效率高，便于统计和分析
代填问卷	面对面访问代填问卷	适用于本地公司	占用人力，时间周期长
	电话或视频访问代填问卷	适用于任何类型和地域的公司	对文化水平不高的被调查者具有针对性，占用人力，时间周期长

(2) 按照调查问卷使用对象分类。根据问卷调查的使用对象，问卷可以分为全面调查问卷和抽样调查问卷。企业在工作分析中应根据不同目的选择采用全面调查或是抽样调查。在岗位分析工作中，为保证获取一定的样本量，如果企业人力资源规模小于 200 人，建议采用全面调查；如果企业人力资源规模超过 200 人，建议采用抽样调查。

(3) 按照调查问卷调查范围分类。根据问卷调查的范围，问卷可以分为专题调查问卷和综合调查问卷。问卷调查法应用广泛、普遍，在工作分析工作中，如果以编制岗位说明书为主要目的，所设计的问卷一般是专题调查问卷；如果工作分析工作中还涉及组织结构调整、工作流程优化等其他事项，则需要设计综合调查问卷。

(四) 关键事件法

关键事件法要求岗位工作人员或其他有关人员描述能反映其绩效好坏的关键事件，即对岗位工作任务造成显著影响的事件，将其归纳分类，最后就会对岗位工作有一个全面的了解。关键事件的描述包括导致该事件发生的背景、原因，员工有效的或多余的行为，关键行为的后果以及员工控制上述后果的能力。关键事件法对完成工作的关键性行为进行记录，以反映特别有效的工作行为和特别无效的工作行为，归纳总结出该岗位的主要特征和具体要求。

关键事件法的实施步骤包括以下几个方面：

(1) 正确编写事件的规则。一个正确的关键事件编写应该具备以下 4 个特征：特定而明确；集中描述工作所展现出来的可观察到的行为；简单描述行为发生的背景；能够说明行为的结果。

(2) 获取关键事件所需使用的方法。广泛应用的 3 种典型方法是工作场所会议、观察/访谈和调查(非工作会议形式)。这 3 种方法的目的是帮助工作人员整理出能够体现工作业绩与行为的范例。产生结果的过程应该结构化和简单化，这样使回忆和整理的过程尽量容易。

(3) 编辑关键事件。在关键事件收集好之后，除了纠正一些拼音和语法错误外，必须对其进行编辑加工，为下一步应用关键事件做好准备。首先，按照要求，检查每个范例是否内容完整，前后的格式是否统一。其次，要考虑范例的长度，长度适合才能保证提供必需的信息，太长则对阅读者带来困难。最后，要考虑读者的认同感，技术语言、职业行话、俗语应该被保留，其中的细微差别能使它的使用者深有同感。

关键事件法的优点包括：能够识别提高员工绩效的关键性因素；适用于工作周期较长，且员工的行为对任务的完成具有重要影响的情况。它的缺点包括：费时，需要花大量的时间去搜集那些关键事件，并加以概括和分类；不能对工作提供一种完整的描述。

企业案例

白主管的早退

白晓明是某货运公司的主管，主要负责几个大客户的货物。一天，和白主管感情深厚的祖父忽然去世，可是在参加葬礼的前一天晚上，一个大客户打电话要求他连夜运送一批非常紧急的货物。当时白主管联系不到其他同事，而这条路线也只有他最熟悉。于是白主管连夜将货物送到客户要求的地方，并在第二天上午回到公司，处理完事情后，下午三点钟离开了公司。由于白主管提前下班，并没有履行请假手续，因此被记录为早退，扣除了半天的工资。白主管知道后颇为不满，找到了人力资源部经理，要求撤掉早退的考勤记录。

思考：如果你是人力资源部经理，应该如何处理？

（五）工作日志法

工作日志法也叫现场工作日记法，是指由任职者按时间顺序，详细记录自己在一段时间内的工作内容与工作过程，由工作分析人员对其所记录的内容经过归纳、分析，达到工作分析的目的的一种方法。

1. 工作日志法的基本程序

(1) 准备阶段。向工作分析的对象解释工作分析的目的、意义和工作日志法的基本要求。

(2) 日志填写阶段。要求员工严格按照规定的格式和要求填写工作日志。

(3) 分析阶段。

(4) 编写工作说明书。

2. 工作日志法的填写要求

(1) 应在每天工作开始前将工作日志放在手边，每天按时间顺序记录自己所进行的工作任务、工作程序、工作方法、工作职责、工作权限以及各项工作所花费的时间等。

(2) 要严格按照表格要求进行填写，不要遗漏那些细小的工作活动，以保证信息的完整性。

(3) 为了避免损害自己的利益，务必提供真实的信息。

(4) 做好保管工作，防止遗失。

(5) 以真诚的态度与管理人员合作。

工作日志法的优点包括：信息可靠性高；成本低；对分析高水平与复杂的工作，显得比较经济有效。它的缺点包括：信息可能失真，有可能出现员工夸大自己工作强度和工作量的情况；适用范围较小；整理困难；在一定程度上会影响正常工作。注意：在试图对难以观察的工作(如工程师、科学家以及高级管理人员从事的工作)进行分析时，该方法比较经济有效。工作日志法示例见表 3-3。

表 3-3　工作日志法示例

日期	6月6日	工作开始时间	8:30	工作结束时间	17:30
序号	工作活动名称	工作活动内容	工作活动结果	时间消耗	备注
1	复印	协议文件	4 页	6 分钟	存档
2	起草公文	贸易代理委托书	8 页	1 小时 15 分钟	报上级审批
3	贸易洽谈	玩具出口	1 次	40 分钟	承办
4	布置工作	对日出口业务	1 次	20 分钟	指示
5	会议	讨论东欧贸易	1 次	1 小时 30 分钟	参与
7	计算机录入	经营数据	2 屏	1 小时	承办
8	接待	参观	3 人	35 分钟	承办

二、定量的工作分析方法

(一) 职位分析问卷法

职位分析问卷法(Position Analysis Questionnaires，PAQ)是一种结构严谨的工作分析问卷方法，是目前普遍使用的人员导向职务分析系统。它是 1972 年由普渡大学教授麦考密克(E. J. McCormick)、詹纳雷特(P. R. Jeanneret)和米查姆(R. C. Mecham)设计开发的。设计者的初衷在于开发一种通用的、以统计分析为基础的方法来建立某职位的能力模型，同时运用统计推理进行职位间的比较，以确定相对报酬。

1. PAQ 的基本实施步骤

PAQ 的基本实施步骤：明确工作分析的目的→赢得组织支持→确定信息收集的范围与方式→培训 PAQ 分析人员→与员工沟通整个项目→收集信息并编码→分析工作分析的结果。

2. PAQ 的项目

PAQ 包含 194 个项目，其中 187 项被用来分析完成工作过程中员工活动的特征(工作元素 3，另外 7 项涉及薪酬问题)。所有的项目被划分为信息输入、体力活动、脑力处理、人际关系、工作环境、其他特征 6 个类别，PAQ 给出每一个项目的定义和相应的等级代码(见表 3-4)。

表 3-4　PAQ 问卷维度示例

(1) 信息输入：从何处以及如何获得工作所需的信息		(2) 体力活动：工作中包含哪些体力活动、需要使用什么工具设备	
知觉解释	解释感觉到的事物	使用工具	使用各种机器、工具
信息使用	使用各种已有的信息资源	身体活动	工作过程中的身体活动(坐立除外)
视角信息获取	通过对设备、材料的观察获取信息	控制身体协调	操作控制机械、流程
知觉判断	对感觉到的事物做出判断	技术性活动	从事技术性或技巧性活动
环境感知	了解各种环境条件	使用设备	使用大量的各种各样的装备、设备
知觉运用	使用各种感知	手工活动	从事与手工操作相关的活动
		身体协调性	身体的一般协调性
(3) 脑力处理：工作中有哪些推理、决策、信息处理等脑力加工活动		(4) 人际关系：工作中需要与哪些人发生何种内容的工作联系	
决策	做出决策	潜在压力环境	环境中是否存在压力和消极因素
信息处理	加工处理信息	自我要求环境	对自我严格要求的环境
		工作潜在危险	工作中的危险因素
(5) 工作环境：工作的自然环境和社会环境如何		(6) 其他特征：其他活动、条件和特征	
信息互换	相互交流相关信息	典型性	从事事务性工作
一般私人接触	一般性的私人联络和接触	着装要求	自我选择与特定要求着装的比较
监督/协调	与工作相关的信息交流	薪资浮动比率	浮动薪酬与固定薪酬的比较
工作交流	公共场合的相关接触	规律性	有无规律工作时间的比较
		强制性	在环境的强制下工作
		结构性	从事结构性和非结构性工作活动
		灵活性	敏锐地适应工作活动、环境的变化

3. PAQ 的使用

在应用 PAQ 时，工作分析人员要依据 6 个计分标准对每个工作要素进行衡量，给出评分。这 6 个计分标准是信息使用程度、工作所需时间、对各个部门以及各部门内各个单元的适用性，对工作的重要程度、发生的可能性，以及特殊计分。

在使用 PAQ 时，用 6 个评估因素对所需要分析的职务一一进行核查。核查每项因素时，都应对照这一因素细分的各项要求，按照 PAQ 给出的计分标准，确定职务在职务要素上的得分。具体样式如下(见表 3-5)：

表 3-5　职位分析问卷使用示例(节选)

使用程度：NA(不曾使用)；1(极少)；2(少)；3(中等)；4(重要)；5(不重要)。
工作资料来源(请根据任职者使用的程序，审核下列项目中各种来源的资料)
4　书面资料(书籍、报告、文章、说明书等)。
2　计量性资料(与数量有关的资料，如图表、报表、清单等)。
1　图画性资料(如图形、设计图、X 光片、地图、扫描图等)。
1　模型及相关器具(如模板、铜板、模型等)。

续表

2	可见陈列物(计量表、速度计、钟表、画线工具等)。
5	测量器具(尺、天平、温度计、量杯等)。
4	机械器具(工具、机械、设备等)。
3	使用中的物料(工作中、修理中和使用中的零件、材料和物体等)。
4	尚未使用的物料(未经过处理的零件、材料和物体等)。
3	大自然特色(风景、田野、地质样品、植物等)。
2	人为环境特色(建筑物、水库、公路等，经过观察或检查已成为工作资料的来源)。

(二) 管理职位分析问卷法

管理职位分析问卷法(Management Position Description Question，MPDQ)，指利用工作清单专门针对管理职位分析而设计的一种工作分析方法。它是一种管理职位描述问卷方法，是一种以工作为中心的工作分析方法。这种问卷法是对管理者的工作进行定量化测试的方法，它涉及管理者所关心的问题，所承担的责任，所受的限制以及管理者的工作所具备的各种特征。

在美国，它所分析的内容包括与管理者的主要职责密切相关的 208 项工作因素。这 208 项可以精简为 13 个基本工作因素：

(1) 产品、市场和财务计划：进行思考，结合实际情况制订计划以实现业务的长期增长和公司稳定发展的目标。

(2) 其他组织单位和工人之间的相互协调：管理人员对自己没有直接控制权的员工个人和团队活动的协调。

(3) 内部事务控制：检查与控制公司的财务、人力以及其他资源。

(4) 产品和服务责任：有效控制产品和服务的技术，以保证生产的及时性，并保证生产质量。

(5) 公众和顾客关系：经常与公众和顾客直接接触，以此来维护和树立公司在公众和消费者中间的良好形象与声誉。

(6) 高级咨询：所具备的技术水平可以有效解决企业中出现的特殊问题。

(7) 行为主动性：能够在几乎没有直接监督的情况下开展工作活动。

(8) 财务计划的批准：有权力批准企业大额的财务流动。

(9) 职能服务：能够协助上级高效地完成任务。

(10) 监督：与下属面对面交流，以此来计划、组织和控制这些人。

(11) 复杂性及压力：可以在很大压力下保持工作，并在规定时间内完成所要求的任务。

(12) 高级财务职责：制订对公司绩效构成直接影响的大规模的财务投资决策和其他财务决策。

(13) 广泛的人力资源职责：人力资源管理和制订可对员工产生影响的政策。

(三) 职能工作分析法

职能工作分析法(Functional Job Analysis，FJA) 又可称为功能性职位分析法，是美国培训与职业服务中心开发的一种以工作为中心的职位分析方法。它是以员工所需发挥的功能与应尽的职责为核心，列出加以收集与分析的信息类别，使用标准化的陈述和术语来描述工作内容。

该方法详细地描述了任务，有利于建立工作绩效标准，确定培训内容，甚至选拔要素，清晰地将任务落实到了与数据、人和物之间的关系上，并有清楚的评价等级。它是分析非管理性工作最常用的一种方法。

职能工作分析法的框架包括以下几个方面：

(1) 完成什么与做什么。每项任务描述必须以能描述工作行为的特定动词开始，如誊写、阅读等，而以“目的是”或“为了”等对工作结果描述的词作为任务描述的结尾。只有同时具备工作行为和工作结果任务描述才算完整。

(2) 工作者的职能——指员工在工作过程中与人、事、数据打交道的过程。人、事发生关系时所表现的工作行为，可以反映工作的特征、工作目的和人员的职能。

(3) 完整意义上的工作者。工作者完成工作职能时必须具备 3 种技能：通用技能、特定工作技能和适应性技能。

第四节　工作说明书的编写

管 理 故 事

小和尚撞钟

庙里有一个小和尚担任撞钟一职，半年下来，他觉得无聊至极，认为不过是“做一天和尚撞一天钟”而已。有一天，庙里住持宣布调他到后院劈柴挑水，原因是他不能胜任撞钟一职。小和尚很不服气地问：“我撞的钟难道不准时、不响亮？”

老住持耐心地告诉他说：“你撞的钟虽然很准时，也很响亮，但钟声空泛、疲软，没有感召力。钟声是要唤醒沉迷的众生，因此，撞出的钟声不仅要洪亮，而且要圆润、浑厚、深沉、悠远。”

我们从小和尚的话中，大约可以推断，他在担任撞钟一职时，根本就不知道该职位真正的岗位职责是什么，他以为只要敲钟准时且钟声响亮就行了，殊不知钟声还需要有感召力，要用心去敲，要敲出有“文化内涵”的钟声。如果这个小和尚在任职之前，就能拿到主持给他的“工作说明书”，那么也就完全清楚岗位职责和要求之所在，可以自己衡量工作的好坏。后面如果他再没做好，住持对他进行“调岗”，他也不会有这样的不满了。

所以，我们可以看到工作说明书实际上就是一种大家公认的岗位标准规范文件，这些文件的缺失或是不完备对人力资源管理会造成重大影响。

一、工作说明书的含义

工作说明书是人力资源管理的基础性文件，它是明确岗位目的、主要职责、工作关系、基本任职要求等的说明性文件。通俗来讲，工作说明书实际上就是以规定的格式定义一个岗位为什么存在，该做什么事，需要什么样的人来做，如何考核评价。

工作说明书不仅是保证企业的每项工作都能按管理要求进行分工和工作分配的基础，也是帮助员工掌握对自己的职责、任务和能力要求的关键。

工作说明书是开展绩效管理、培训、岗位定编、岗位评估、招聘、职业发展规划等一切人力资源管理活动的起点。

二、工作说明书的内容

工作说明书是工作分析的主要成果，其质量不仅影响工作分析活动本身，而且影响一个组织的人力资源管理乃至其他管理活动的成效。工作说明书是表明企业期望员工什么、员工应该做些什么、应该怎样做和在什么样的情况下履行职责的汇总。很多企业因为缺乏准确的工作说明书而付出了很大的代价。例如，绩效考核人为主观色彩浓重，打击了员工的工作积极性；招聘工作“广种薄收”，效率低下；员工培训工作由于缺乏针对性难以开展；等等。

实际上，现在大多数的人意识里还没有工作说明书的概念，现实生活中的大多数“东西”都有使用说明书，而唯独工作岗位——这个与我们工作、生活息息相关的“东西”，却很少有人给它制订一个“使用说明书”，这真是一个奇怪又有趣的现象。

工作说明书的编写并没有一个标准化的模式，可以根据使用目的决定内容的繁简。但是，一份完整的工作说明书应该包括：工作标志、工作概要、岗位职责、工作关系、工作权限、关键业绩指标、工作条件(工作环境)、任职资格八个方面。

(一) 工作标志

工作标志的作用是便于使用者对各种工作进行识别、登记、分类。

工作标志的内容包括两大类：工作基本信息和工作分析基本信息。工作基本信息主要包括工作名称、工作编码、职位级别、薪资范围、所属部门、直接上级、任职者姓名等。工作分析基本信息则包含了工作分析日期、工作说明书的有效期和工作分析人员姓名或代码等内容。以下介绍工作标志的主要信息内容：

1. 工作名称

工作名称用于明确各种工作的称谓，如总经理、培训专员、产品质量审核员等。

现实生活中，同一种工作名称在不同的组织中所代表的工作内容、性质往往有很大的差别，很容易造成误解。比如，“业务经理”在有的企业可能表示部门经营负责人，而在其他企业可能用来表示普通业务员。为实现工作名称标准化，我们可以采用《中华人民共和国职业分类大典》的标准。

2. 工作编码

工作编码也称职位编号、职位代码，它与职位名称是一一对应的。为了方便对职位的管理，企业可以根据自身实际情况来决定其应包含的信息。举例说明如下：

例 1　工作编码“HR-03-06”，其中“HR”表示人力资源部，“03”表示该职位属于主管级别，“06”表示该职位员工在人力资源部全体员工中的顺序编号。

例 2　工作编码“MS-04-TS-08”，其中“MS”表示市场销售部(市场销售部英文单词 Marketing Sales 的首字母缩写)，“04”表示普通员工级别，“TS”表示技术支持类(技术支持英文单词 Technology Supporting 的首字母缩写)，“08”表示该职位在市场销售部全体员工中的顺序编号。

3. 职位级别和薪资范围

职位级别反映了该职位在组织结构中的层级，如处级、科级；薪资范围提供了关于工作的工资水平方面的信息。

4. 工作分析日期

工作分析日期是指工作说明书的具体编写时间。

5. 撰写人、审核人

工作标志项目还需对工作说明书的撰写者、审核者进行确认，以示负责，明确责任。

(二) 工作概要

工作概要一般是用动词开头，描述的是该职位最主要、最为关键的工作任务。书写的规范格式为“行动+工作对象+工作目的”或“工作依据+工作”。

例如，人力资源部经理的工作概要为：“根据公司的战略，制订、实施公司的人力资源战略和年度计划，主持制订完善的人力资源管理制度以及相关政策，指导解决公司人力资源管理中存在的问题，努力提高员工的绩效水平和工作满意度，塑造一支敬业、团结协作的员工队伍，为实现公司的经营目标和战略意图提供人力资源支持。”

(三) 岗位职责

岗位职责主要回答以下三个方面的问题：第一，为达成岗位使命，工作主要在哪些核心领域中开展？第二，在每个核心领域岗位所负有的职责或者说所需要采取的行动是什么？第三，每个核心领域的主要工作成果是什么？一条完整的岗位职责描述包括职责(行动或角色)、范围(具体对象)和成果(职责目标)三大部分。

职责采用动词进行描述，又称为关键动词。在职责的书写过程中应特别注意动词的正确选择，通过动词的准确使用，可以清晰表达任职者在该项职责履行过程中扮演的角色、发挥的作用和拥有的权限。为了规范、统一企业的管理语言，在编写岗位职责时，必须使用企业规定的关键动词，以避免语言的歧义。

(四) 工作关系

工作关系也称工作联系，指任职者与组织内外其他人之间的关系。工作关系的内容主要包括：此工作受谁监督，此工作监督谁，此工作可晋升的职位，此工作可转换的职位以及可晋升至此的职位，此工作可与哪些部门的职位发生联系等。偶尔发生联系的职位通常不列入工作关系的范围内。

(五) 工作权限

工作权限是指根据该岗位的工作目标与岗位职责，企业赋予该岗位的决策范围、层级与控制力度。例如，管理人员的工作权限一般分为人事，财务和业务 3 个方面来进行表达。其格式如下：

财务权限：批准……元以内的……费用。

人事权限：批准……类(或级)以下员工的录用、考核、升迁、出差、请假等。

业务权限：批准……(事项)。

(六) 关键业绩指标

关键业绩指标就是指衡量该岗位职责履行程度的指标。在编写时只需要列出指标项目即可。每个岗位的关键业绩指标以不超过 5 个为宜。

(七) 工作条件(工作环境)

工作条件(工作环境)的主要内容有：工作地点(场所)、工作的物理环境、工作的安全环境和工作的社会环境。物理环境包括温度、湿度、照明度、噪音、震动、粉尘等以及工作人员与这些因素的接触时间；安全环境包括工作的危险程度以及可能造成的伤害、可能发生的职业病、精神紧张程度、体力消耗大小等；社会环境包括工作所在地的生活便利程度、工作环境的孤独程度等。在工作条件的描述中，有时也会加上对工作危险性的具体说明。危险性是指体力活动或工作环境对工作人员可能产生的危害，包括身体损伤和职业病。

(八) 任职资格

任职资格是决定岗位价值、招聘、培训等的重要依据。任职资格应包括身体素质、受教育程度、工作经验、工作技能、职业培训要求等内容。

表 3-6 和表 3-7 为某企业工作说明书示例。

表 3-6　某企业人力资源经理工作说明书

岗位名称	人力资源经理	所属部门	人力资源部	岗位编号	020201
直接上级	行政副总经理	工资等级			
工作概要：全面负责公司的人力资源管理工作					
工作职责					
管理规划：编写、执行公司的人力资源管理规划 招聘：负责制订招聘程序、组织社会和学校招聘、安排面试和综合素质测试 绩效考评：负责制订考评政策、考评文件、考评沟通，并负责不合格员工的辞退 激励与报酬：负责制订薪酬、晋升政策，组织提薪、晋升评审 福利：负责制订福利政策、办理社会保障与福利 人事关系：办理员工各种人事关系转移、办理职称评定手续 培训：组织员工岗前培训、协助办理培训进修手续，与员工进行积极沟通，了解员工工作、生活情况					
衡量标准					
工作报告的完整性 公司其他员工对人力资源管理工作的反馈意见					
职业发展道路					
可转换的职位：行政部经理 可升迁的职位：行政副总经理					

续表

任职资格
工作经验：5年以上管理类工作经验 专业背景要求：曾经从事人力资源管理工作2年以上 学历要求：大专以上 年龄要求：30岁以上 个人素质：积极热情、善于与人交往、待人公允

表3-7　某企业薪酬考核主管工作说明书

职务名称：薪酬考核主管	职务编码：r1-02-03
隶属部门：人力资源部	直接上级：人力资源经理
职级：	薪酬幅度：
批准人：	批准日期：
工作概要	
在公司方针政策和未来发展规划的基础上，在人力资源部部长的领导下，进行薪资的预算、测算，以及人工成本的预算控制活动 进行员工的绩效考核工作，并根据考核工作进行薪资升迁调整工作	
重要工作维度	
进行薪酬管理及绩效考核 组织并监督薪酬制度及绩效考核体系的实施 控制人工成本	
重要任务	
根据公司的中长期规划，拟订本岗位的相应计划 建立薪酬及绩效考核体系 制订企业内部激励机制及奖惩制度 负责年度人工成本的预算及控制 负责制订、修订劳动定额定员管理标准 负责制订养老保险、医疗保险、失业保险、住房公积金的管理制度及交纳办法 制订印鉴管理标准并进行日常管理 负责绩效考核制度的推行及绩效管理思想的导入 负责审核并协助下属制订有关规章制度 审核协助下属人员制订短期工作计划 负责对下属员工的培训、指导、监督、考核等管理工作 负责协助下属制订绩效改进计划并落实 负责部门间关系的协调、上下级信息的沟通及下属人员之间的协调工作等 负责完成领导交办的其他工作	

续表

重要的知识、技术和能力
具有薪酬管理及绩效考核等人力资源管理的专业知识
具有指导下属的能力
具有较强的学习能力，能够较快地接受新知识、新观念
具有较强的语言表达能力，能够准确流畅地表达思想内容，并与不同理解水平的人交换意见
具有较好的人际关系和沟通协调能力，能够处理好上下级、同事间及各部门的关系，并具有较强的协调沟通能力
具有一定的数据处理能力
具有较强的逻辑思维推理判断能力，会应用逻辑的或科学的思考来确定具体问题、搜集资料并解决实际问题

技能训练

实训目标：

掌握工作说明书的编写。

实训内容与要求：

采用问卷调查法、访谈法、观察法等方法，选取你身边的一家企业的某个工作岗位进行调查，了解其工作情况，编写工作说明书。

成果检测：

(1) 学生以小组为单位进行调查，并形成文字、图片和视频资料。

(2) 分小组进行课堂成果展示，教师对其调查过程和结果进行评价。

案例分析

案例一：HKW 公司一次失败的工作分析

随着 HKW 公司的发展壮大，员工人数大量增加，众多的问题逐渐显露出来。部门之间、职位之间的职责与权限缺乏明确的界定，扯皮推诿的现象不断发生；有的部门抱怨事情太多，人手不够，任务不能按时按质按量完成；有的部门又觉得人员冗杂，人浮于事，效率低下。公司的人员招聘方面，用人部门给出的招聘标准往往比较含糊，招聘主管无法准确地加以理解，使得招来的人大多差强人意。同时，目前的许多岗位不能做到人岗匹配，员工的能力不能得到充分发挥，严重挫伤了士气，影响工作效果。

公司员工的晋升以前由总经理直接决定。现在公司规模大了，总经理已经几乎没有时间来与基层员工和部门主管打交道，基层员工和部门主管的晋升只能根据部门经理的意见而决定。而在晋升中，上级与下属的私人感情成为决定性的因素，有才干的人往往并不能得到提升。因此，许多优秀员工因看不到自己的前途而另寻高就。

在激励机制方面，公司缺乏科学的绩效考核和薪酬制度，考核中的主观性和随意性非常严重，员工的报酬不能体现其价值与能力，人力资源部经常可以听到大家对于报酬的抱怨和不满，这也是人才流失的重要原因。

面对这样严峻的形势，人力资源部开始着手进行人力资源治理的变革。变革首先从进行工作分析，确定岗位价值开始。工作分析、岗位评价究竟如何开展，如何抓住工作分析、职位评价过程中的重点成为公司面临的重要课题。

下面介绍 HKW 公司的工作情况。

1. 问卷调查

公司人力资源部开始寻找进行工作分析的工具和技术。在阅读国内目前流行的有关基本工作分析的书籍之后，他们从中选取了一份工作分析问卷来作为收集职位信息的工具。然后，人力资源部将问卷发放到了各个部门经理手中，同时他们还在公司的内部网上也发了一份关于开展问卷调查的通知，要求各部门配合人力资源部的问卷调查。

据反映，问卷在下发到各部门后一直搁置在各部门经理手中，而没有下发下去。很多部门是直到人力资源部开始催收时才把问卷发放到每个人手中。同时，由于大家都很忙，很多人在拿到问卷之后，都没有时间仔细思考，草草填完了事。还有很多人在外地出差或有任务缠身，自己无法填写而由同事代笔。此外，据一些较为重视这次调查的员工反映，大家都不了解这次问卷调查的意图，也不理解问卷中那些生僻的专业术语，比如何为职责，何为工作目的。很多人就疑难问题向人力资源部进行询问，可是也不知道具体该找谁。因此，在填写问卷时只能凭借自己个人的理解来填写，无法把握填写的规范和标准。

一个星期后，人力资源部收回了问卷。但他们发现，问卷填写的效果不太理想，有一部分问卷填写不全，一部分问卷答非所问，还有一部分问卷根本没收上来，辛苦调查的结果没有发挥应有的作用。

2. 工作访谈

与此同时，人力资源部也着手选取一些岗位进行访谈。但在试着访谈了几个职位之后，发现访谈的效果也不好。因为，在人力资源部，能够对部门经理访谈的只有人力资源部经理一人，主管和一般员工都无法与其他部门经理进行沟通。同时，由于经理们都很忙，能够把双方凑到一块实在不易。因此，两个星期过去了，只访谈了两个部门经理。

在访谈中，出现的情况却出乎意料。大部分时间都是被访谈人发牢骚所占用，指责公司的各种问题，抱怨自己的待遇不公等，而在分析相关的内容时，被访谈人往往又言辞闪烁，顾左右而言他……访谈结束后，访谈人都反映对该职位的熟悉还是停留在模糊的阶段。这样持续了两个星期，访谈了大概 1/3 的职位。人力资源部程经理认为时间不能再拖延下去了，因此决定开始进入下一个阶段——撰写工作说明书。

3. 撰写工作说明书

可这时，各职位的信息收集还不完整。怎么办呢？人力资源部在无奈之中，不得不另觅他途。于是，他们通过各种途径从其他公司收集了许多工作说明书，试图以此作为参照，结合问卷和访谈收集的一些信息来撰写工作说明书。

在撰写阶段，人力资源部还成立了几个小组，每个小组专门负责起草不同部门的工作说明，并且还要求各组在两个星期里完成任务。

在起草工作说明书的过程中，人力资源部的员工都颇感为难：一方面，不了解别的部门的工作，问卷和访谈提供的信息又不准确；另一方面，大家又缺乏撰写工作说明书的经验。因此，大家写起来都觉得很费劲。规定的时间快到了，很多人为了交稿不得不急急忙忙，东拼西凑了一些材料，再结合自己的判定，最后成稿。

4. 工作说明书的应用

最后，工作说明书终于出台了。人力资源部将成稿的工作说明书下发到各个部门，同时，还下发了一份文件，要求各部门按照新的工作说明书来界定工作范围，并按照其中规定的任职条件来进行人员的招聘、选拔和任用。但这却引起了其他部门的强烈反对，很多直线部门的治理人员甚至公开指责人力资源部，说人力资源部的工作说明书是一堆垃圾，完全不符合实际情况。

于是，人力资源部与相关部门召开了一次会议来推动工作说明书的应用。人力资源部经理本来是想通过会议来说服各部门支持这次项目。但结果却恰恰相反，在会上，人力资源部遭到了各部门的一致批评。同时，人力资源部由于对其他部门不了解，对他们所提出的很多问题无法解释和反驳。因此，会议的结论是让人力资源部重新编写工作说明书。

5. 最终的失败

后来，经过多次重写和修改，工作说明书仍无法令人满意。最后，整个工作分析项目不了了之。人力资源部的员工在经历了这次失败的项目后，对工作分析彻底丧失了信心。他们认为，工作分析只不过是“雾里看花，水中望月”的东西，说起来挺好，实际上没什么大用，而且认为工作分析只能针对西方国家那些大的公司，拿到中国的企业来，根本行不通。原来雄心勃勃的人力资源部经理也变得灰心丧气，对这次失败也是百思不得其解。

(资料来源：HR 案例网：http://www.hrsee.com)

思考：HKW 公司工作分析失败的原因是什么？如果你是 HR 经理，将如何进行改善？

案例二：谁来打扫厨房的地？

一位厨师不小心把一碗豆油洒在厨房通向传菜间的通道上。为了不影响厨房的传菜工作，厨师长叫这位厨师把洒在地上的油清扫干净，厨师拒绝执行，理由是工作说明书里并没有包括清扫的条文。

厨师长顾不上去查工作说明书上的条文，就找来一名切配工来做清扫，但这名切配工同样拒绝，他的理由是工作说明书里也没有包括这一类工作。厨师长威胁切配工说要把他解雇，因为这个切配工是分配到厨房来的临时工。切配工勉强同意清扫，但是干完之后立即向饭店经理投诉。

饭店经理接到投诉后，审阅了厨师、切配工和服务员三类人员的工作说明书。在厨师的工作说明书中规定厨师有责任保持灶台的清洁，使之处于可用状态，但并未提及清扫地面；切配工的工作说明书中包含了有责任以各种方式协助厨师，如提供切配好的各种菜蔬和调料，随叫随到，及时服务等内容，但也没有明确写明包括清扫工作。最后在服务员的工作说明书中确实包含了各种形式的清扫，但工作范围是在餐厅而不是厨房。

思考：审阅了三个工作说明书后，如果你是饭店经理，将如何处理以上问题？为避免今后再出现类似的情况，相关的管理人员该怎么做？

案例三：王明该怎么做？

A 公司是一家电梯生产企业，经过不断发展，该公司现已形成“一个总部、五加一全球研发体系、五大网络制造基地”的战略格局。A 公司多年来一直致力于各类电梯、扶梯、电动人行道等的研发、制造、销售、安装、维修、保养以及进出口贸易服务，超过 64 家分公司遍布全国各个主要城市，并在广州、天津、上海、成都分别建立了大型制造基地。

王明是 A 公司的新任人力资源部经理，他在上任后经常收到员工的抱怨信，他发现员工对自身的岗位职责，岗位价值、岗位评价等都存在认知上的误区。他希望能够立即在公司中展开工作分析，在其接任后的第五个星期，他就将工作分析问卷发给员工，但是填写的结果令他迷惑不解，大失所望。从操作员工(机器操作工、技术员、抄写员等)那里得到的关于其工作的反馈与从他们的直接上级那里得到的大不相同。管理者所列出的都是比较简单的和例行的工作职责，而操作员工却认为自己的工作非常复杂，而且经常会有偶然事件发生，自己必须具备多种技能才能处理好工作。

管理者与员工对工作的不同理解更加坚定了王明进行工作分析的信心，他希望通过这次工作分析活动，使管理者和员工对工作的认识达成一致。

思考：针对 A 公司的具体情况，你认为该采取何种方法才能使工作分析的结果更加有效？

本 章 小 结

(1) 工作分析又称职务分析、岗位分析，是采用科学的方法与技术全面了解工作并提取有关工作全面信息，确定工作的任务、性质，以及哪些类型的人员适合从事该项工作的一种活动。

(2) 工作分析的内容主要包括两个方面，一是对要从事的工作内容和承担的工作职责进行清晰的界定，即工作描述；二是确定胜任各职位所需要具备的各方面要求，如学历、专业、年龄、技能、工作经验、工作能力及工作态度等，统称为工作规范或者任职资格。

(3) 工作要素指工作中不能再分解的最小动作单位。例如，酒店里负责接待的服务员在客人刚来到酒店时要帮助客人运送行李。运送行李这项工作中包含 4 个工作要素。

(4) 任务指工作活动中为了达到某种目的所从事的一系列活动。它可以由一个或多个工作要素组成，是工作分析的基本单位。

(5) 职责是指任职者担负的一项或多项任务组成的活动，常常用任职者的行动加上行动的目标来加以表达。例如，客户经理的职责包括确立目标市场和潜在客户，保持与客户的联系，调动客户的资源等；人力资源部经理的职责之一是监控员工工作满意度，这一职责由设计调查问卷、进行调查、统计结果、反馈至高层及采取措施 5 个任务组成。

(6) 职位也称岗位，是指承担一系列工作职责的某一任职者所对应的组织位置。

(7) 工作也称职务，是指组织中承担相同或相似职责或工作内容的若干职位的综合。

(8) 职业是指由不同组织中的相似工作组成的跨组织工作集合，如教师职业、医生职业等。

(9) 职级是指工作责任大小、工作复杂性与难度以及任职者的能力水平要求相似的一组职位的总和。

(10) 职等是指工作性质不同，但工作的难易程度、责任轻重以及所需的资格条件相同或充分相似的职位的集合。例如，高校讲师与研究所的助理研究员以及工厂的工程师均属于同一职等。

(11) 权限是指为了保证职责的有效履行，任职者必须具备的对某事项进行决策的范围和程度。

(12) 工作分析在人力资源管理中的作用：为人力资源规划提供必要的信息；为招聘、录用员工提供明确的标准；为人员培训开发提供详细的内容；为员工职业生涯管理提供指导；为绩效考核提供有效的标准；为薪酬管理提供公平的依据。

(13) 企业在实施工作分析时应注意遵循以下 7 个原则：系统原则、动态原则、目的原则、经济原则、职位原则、应用原则和全员参与原则。

(14) 工作分析的程序包括准备阶段、调查阶段、分析阶段、结果形成阶段和应用与反馈阶段。

(15) 工作分析的方法分为定性和定量两类。定性的工作分析方法包括访谈法、观察法、非定量问卷调查法、关键事件法和工作日志法等。定量的工作分析方法包括职位分析问卷法、管理职位分析问卷法和职能工作分析法。

(16) 一份完整的工作说明书应该包括：工作标志、工作概要、工作职责、工作关系、工作权限、绩效标准、工作条件/工作环境、任职资格八个方面。

复习与思考

1. 什么是工作分析？
2. 工作分析的内容有哪些？
3. 工作分析的基本术语有哪些？
4. 工作分析分为几个阶段？各阶段的任务是什么？
5. 工作分析的方法有哪些？试比较它们之间的优缺点。它们分别适合什么方面的工作分析？
6. 定性的工作分析方法有哪些？
7. 定量的工作分析方法有哪些？
8. 工作说明书应包括哪些基本内容？

第四章

员工招聘与甄选

学习目标

(1) 理解员工招聘与甄选的含义及意义。
(2) 掌握招聘工作的具体流程。
(3) 理解招聘选拔工作的要求。
(4) 了解并掌握员工招聘渠道。
(5) 理解并掌握员工测评方法。
(6) 掌握员工面试方法。

关键词

招聘(Recruiting)
甄选(Selection)
录用(Employment)
评估(Assessment)
心理测试(Psychological Measurement)
评价中心技术(Assessment Center or Development Center)

导入案例

AI 人工智能

一谈到 AI 人工智能，大家都想到了机器人，也会想到一个话题：AI 会不会夺走人类的工作？据美国麦肯锡的报告预测，到 2030 年，全世界可能会因为 AI 失去多达 8 亿个就业机会。但是人们不要因此而恐慌，因为乐观的业内人士认为，AI 新技术发展所创造出来的新职位远远超过被它所取代的。

百度人力资源高级副总裁刘辉认为，那些逻辑化的、标准化的工作将很有可能被 AI

取代，比如客服、导游、传统流水线工人等，而那些创新的、动态的、复杂的、情感性的工作或行业将会在新技术的赋能下被改造和提升，比如HR。

那AI会不会与HR抢饭碗呢？对于一般的HR来讲，工作中既包含了逻辑化的、标准化的部分，也包括了那些需要创新、非常复杂且带有情感性的内容。因此，AI不但不会取代HR，反而会成为HR有力的助手，把他们从繁重且琐碎的日常工作事务中解放出来，使他们能将更多的精力投入到人才队伍建设、HRBP、员工激励等方面。

目前美国一些大企业纷纷在招聘流程中开始使用AI技术。雇主们越来越多地利用AI技术加快招聘过程，为招聘经理腾出时间使之从事更复杂的工作，同时消除一些求职者的人为偏见。例如，苹果公司使用AI程序“background-blind”测试并初步面试软件工程师，然后将这些软件工程师与软件工程师最相关的职位进行匹配；希尔顿酒店在招聘时会利用人工智能分析求职者的语调、眼神和表情来判断求职者是否对工作富有热情，从而帮助公司筛选求职者；还有一些公司会使用视频面试，再使用人工智能核心数据库来分析求职者的回答和表现。

而在国内，热衷于AI技术的百度公司在2018年的校园招聘中落地的人工智能面试官能够根据候选人简历匹配个性化的笔试题。

通过以上内容，我们了解到，在科技日新月异的今天，人工智能可以为企业的发展助力，同时也影响着人力资源管理工作，使其发生着翻天覆地的变化。与此同时，人力资源管理工作者也面临新的机遇和新的挑战。未来，企业要想保持可持续发展，必须为客户创造价值，而为客户创造价值的基础来自员工对于客户的服务。企业的HR要借助人工智能等新技术，做好招聘选拔工作，为企业输送源源不断的人才，以保证企业的竞争力。

第一节 员工招聘概述

一、员工招聘的含义

招聘是指围绕企业战略目标的实现，以企业人力资源规划和工作岗位分析为基础，借助各种信息发布，通过一定的渠道吸引具备任职资格和条件的求职者，并采取科学的方法从中甄选和确定合适的候选者予以聘用，并对各项活动加以评估的管理过程。

广义的招聘包括招聘、选拔、录用、评估等一系列活动。狭义的招聘主要是指人才吸引与选拔，它是人才聘用或聘任的前提性工作环节。

招聘包括两个相对独立的过程：一是招募，即通过宣传扩大影响，树立企业形象，达到吸引人才来应聘的目的；二是选拔聘用，即使用各种技术测评与选拔方法挑选合格的员工。

二、员工招聘的意义

人力资源管理蕴含了“选”“育”“留”“用”四个环节。在这四个环节中，人力资源的“选”是至关重要的环节，企业只有把好入口关，获取所需要的人才，才有可能为不同岗位挑选出最合适的人选，实现人岗和组织的最佳匹配，达到人尽其才，才尽其用。因此，员工招聘工作对企业具有重要的意义，具体表现在以下几个方面：

(1) 招聘是企业获取人力资源的重要途径。

企业只有通过招聘才能获得人力资源，特别是对于新成立的企业来说，员工招聘更是企业成败的关键。企业要生存和发展，就必须拥有高质量的人力资源。获取高质量的人才，能够大大提升企业的竞争力。现代企业的成功更多地依赖于员工的质量与能力。这意味着企业拥有员工的质量，在很大程度上决定着企业在市场竞争中的地位。招聘工作是企业通过甄别、筛选获得高质量人才的最佳途径。有效的招聘工作能加速企业所需人才的集聚，有助于企业经营目标的实现。

(2) 招聘有利于提升企业核心竞争力。

现代企业竞争的实质是人力资源的竞争，人力资源已经成为企业的核心竞争力。招聘作为企业人力资源管理开发的基础，一方面直接关系到企业人力资源的形成，另一方面直接关系到企业人力资源开发管理其他环节的工作开展。有了高素质的一线员工，才能保证高质量的产品和服务；有了高素质的技术人才，才能保证企业研制开发计划的高效有序运作。

(3) 招聘为企业注入活力，增强企业创新力。

根据人力资源规划和工作分析要求，通过招聘给岗位配置新的人员，新的人员在工作中注入新的管理思想、新的工作模式，可能给企业带来制度创新、管理创新和技术创新。特别是从外部吸收人力资源，会为企业输入新生力量，弥补企业内人力资源的不足，带来更多新思维、新观念和新技术。

(4) 招聘有助于企业知名度的提升。

美国学者的研究结果显示，企业招聘过程质量的高低会明显地影响应聘者对企业的看法。许多经验表明，人员招聘既是吸引、招募人才的过程，又是向外界宣传企业形象、扩大组织影响力和知名度的一个窗口。应聘者可以通过招聘过程来了解该企业的组织结构、经营理念、管理特色、企业文化等。招聘工作涉及面广，企业利用各种形式发布招聘启事后，尽管人员招聘不以企业形象传播为目的，但招聘过程客观上具有这样的功能，这是企业不可忽视的一个方面。

三、影响员工招聘的因素

影响员工招聘的因素主要有组织的外部因素和内部因素两个方面。

(一) 外部因素

影响企业招聘的外部因素概括起来可以分为经济因素，劳动力市场，国家的法律、法规和政策，所属行业的发展状况以及竞争对手状况。

1. 经济因素

经济因素包括当地的经济发展水平和生活环境等。经济发达地区对人才的磁吸效应要远高于欠发达地区，主要原因在于经济发达地区提供给求职者的岗位数量较多，求职者就业机会较多。生活环境反映了城市生活的便利程度，向往便利、舒适的生活是人们的普遍心理，良好的生活环境有利于吸引人才。

2. 劳动力市场

(1) 劳动力市场上的劳动力资源的数量、质量与结构都对企业的招聘有着直接的影响。如供不应求的劳动力市场会使招聘活动变得既困难又昂贵，因为不易招募到适当适量的求职者，因此要完成招聘任务，企业必须提高招聘条件。而从劳动力供给质量的角度来讲，劳动力需求方——企业会对求职者的素质提出具体要求，劳动力市场的劳动力供给质量与结构决定着企业招聘任务的完成度。

(2) 劳动力市场上劳动力需求的竞争程度会影响到招聘活动的效果。即使在劳动力供给很充分的时期，也可能出现这样的情况：某类职位劳动力供给量不足，而需求量很大。这样，为了完成招聘任务，需求方必然会展开人才争夺战，从而会提高招聘的成本。因此，企业在招聘时不仅要对劳动力市场进行总量分析，更重要的是要对其进行深入细致的结构分析，并据此制订有针对性的招聘策略与计划。

(3) 劳动力市场的发育程度、服务水平等也是影响招聘工作的重要因素。在劳动力市场上最关键的是招聘方和应聘者之间进行的双向选择。选择是否成功取决于信息沟通的充分程度。如果劳动力市场发育很成熟，供求双方信息充分，中介机构提供职业指导与就业咨询，专业机构提供各种心理测试、人事代理等服务，那么招聘方与求职者就可以充分地进行信息交流。

3. 国家的法律、法规和政策

国家的有关法律、法规和政策是约束组织招聘和录用行为的重要因素。例如，西方国家的人权法案规定，在招聘信息中不能有优先招聘哪类性别、民族、年龄、宗教信仰的人员的标示，除非这些人员是工作岗位真正需要的。在我国，《中华人民共和国劳动法》及以《中华人民共和国劳动法》为准绳颁发的一些与招聘和录用有关的法律、法规，包括《中华人民共和国妇女权益保障法》《女职工禁忌劳动范围的规定》《未成年工特殊保护规定》等，都制约着组织的招聘行为。

4. 所属行业的发展状况

如果企业所属的行业具有巨大的发展潜力，就能够吸引大量的从业者涌入这个行业，从而使这些企业选择人才的余地增大，如人工智能、教育与培训、互联网金融等行业的企业。相反，当企业所属的行业远景欠佳时，企业就难以有充足的人才可供选择。

5. 竞争对手状况

在招聘时，竞争对手也是一个非常重要的影响因素。应聘者通常应聘不止一家公司，因此往往在最终录用时，应聘者会在企业和企业之间进行比较后做出选择。如果企业的招聘政策与竞争对手的招聘政策相比处于劣势，就会影响企业的吸引力，从而降低招聘的效果。因此企业在招聘时，取得对竞争对手的比较优势是非常重要的。

（二）内部因素

内部因素包括企业的知名度、企业所处行业的性质与发展前景、企业的地理位置、企业的发展战略、企业的招聘成本、企业的薪酬福利等方面。

1. 企业的知名度

企业的知名度对招聘会产生一定的影响，企业是否在应聘者心中树立了良好的形象及是否具有强大的号召力将影响招聘活动。例如，一些老牌的大公司，凭借其在公众中的声望，很容易就能吸引大批的应聘者；相反，不知名的小公司在招聘时可能会无人问津。

2. 企业所处行业的性质与发展前景

企业所处行业的性质与发展前景将影响企业的未来发展。一般来讲，朝阳产业内的企业会有更多的发展机遇，扩大业务的需要会增加对招聘新员工的需求，该行业的人才竞争也将比较激烈，如保险业的精算师。同时，良好的行业发展前景对应聘者也具有巨大的吸引力，更容易吸引应聘者来求职。

3. 企业的地理位置

企业所处的地理位置在很大程度上影响着求职者的意向。中央电视台曾对在京高校的毕业生做过调查，硕士生、本科生首选的就业城市依次是北京、上海、广州、深圳、厦门，而经济落后的地区，如新(新疆)、藏(西藏)、甘(甘肃)即使有好岗位，他们也不愿去。正是因为地理位置对招聘工作的不利影响，很多地处偏僻地区的企业将公司总部迁往北京、上海、深圳等人才供给比较充裕、招聘较容易的大城市。

4. 企业的发展战略

一个企业的发展战略的选择会对企业人力资源招聘工作产生很大的影响；反过来，招聘工作的质量也会影响企业发展战略的实现。首先，企业的发展战略会影响企业招聘的数量，不同的发展战略对人员需求量的差异很大，如扩张型战略需要加大招聘力度，而紧缩型战略就需要裁减人员。其次，企业发展战略的选择决定了企业招聘人员的素质与类型，如选择多元化发展战略的企业需要招聘的员工其背景应多样化，选择国际化发展战略的跨国企业其招聘来源应国际化。最后，企业的战略选择决定了选择录用的新员工的工作作风与风格，如探索型战略的企业希望招聘的员工具有开拓性与创新意识。

5. 企业的招聘成本

企业招聘活动所产生的成本是必须考虑的因素。企业的招聘成本直接影响招聘效果，招聘资金充足的企业在招聘渠道上可以有更多的选择，它们可以花大量费用做广告，所选择的传播媒体可以是在全国范围内发行的报纸、杂志和电视等。此外，它们也可以去大学或其他地区招聘。同时，由于资金充足，企业可以大大提升自己在人才市场上的吸引力，如建立校企合作，提供实验设备等。

6. 企业的薪酬福利

为了吸引优秀的人才来应聘，很多企业都提出了诱人的政策，其中就包括较高的工资福利等物质待遇条件。在企业的实践中，用高薪揽才仍然是一种有效的手段。在市场经济条件下，随着劳动力市场的完善，工资待遇也是在竞争中逐渐达到均衡的结果。企业要吸引优秀的人才，高薪是必不可少的。由此可见，企业的薪酬福利水平高低是影响企业招聘工作的一个重要因素，不能忽视。

除了上述因素以外，企业的人才观、企业文化、招聘人员的专业素质等因素都会对招聘工作产生一定的影响。

四、员工招聘的原则

员工招聘是人力资源管理的第一环节，既是一项经济活动，也是一项社会性、政策性较强的活动，是与绩效考评并齐的世界性管理难题。招聘人员在进行招聘时应遵循的基本原则包括以下几个方面：

1. 人岗匹配原则

招聘的目的不是选拔和录用最优秀的人员，而是要招聘到最适合企业的人员。实际上，企业在招聘之前，根据工作分析中的任职资格要求，已经界定了空缺职位所需的各种素质和能力。因此招聘时应量材录用，做到人尽其才。

2. 内外兼顾原则

企业的人才选拔方式应兼顾内部招聘和外部人才引进两个方面。一方面，企业进行内部选拔，竞聘上岗，使员工的工作有了目标和职业规划，企业也减少风险和招聘成本，有利于公司的稳定。另一方面，企业发展需要新的活力，引进外部人才，防止“近亲繁殖”可能出现的管理固化、缺乏活力等问题。

3. 效率优先原则

企业在招聘中应以尽可能低的招聘成本录用到最合适的人员。企业通过选择最适合的招聘渠道、考核手段，在保证任职者质量的基础上，节约招聘费用，避免不必要的人力成本消耗。

4. 公平公开原则

首先，对所有应聘者，企业应当一视同仁，不得人为地设置各种不平等的限制。其次，通过公开招聘能够吸引足够多的应聘者，有利于企业招聘到最合适的人选。最后，通过公平竞争，能够激发员工的积极性和进取心，起到激励作用，还有利于形成一种良性竞争的企业氛围，推动企业发展。

5. 合法性原则

招聘工作必须遵守国家法律法规。在招聘中不得有歧视行为，应避免户籍歧视、地域歧视、性别和年龄歧视、学历和经验歧视等现象，招聘人员对求职者应做到一视同仁。

企业案例

华为招聘的七大原则

华为认为，看一个企业的招聘是否有效，主要体现在以下四个方面：一是能否及时招到所需人员以满足企业需要；二是能否以最少的投入招到合适的人才；三是把所录用的人员放在真正的岗位上是否与预想的一致，是否适合公司和岗位的要求；四是“危险期”(一般指进公司后的六个月)内的离职率是否为最低。根据以上四个要点，结合公司的具体实际，华为制订了一套详细的招聘原则，力求实现招聘效益的最大化。

原则 1：最合适的，就是最好的。标准要求是具体的、可衡量的，可以作为招聘部门考察人、面试人、筛选人、录用人的标杆。因为人才不是越优秀越好，只有合适的才是最好的。

原则 2：强调“双向选择”。树立“双向选择”的现代人才流动观念，与应聘者特别是重点应聘者(潜在的未来雇员)平等地、客观地交流，双向考察，看彼此是否真正适合。

原则 3：坚持条条都有针对性的招聘策略。企业选人是讲求“实用性”还是为后期发展储备人才？不同的目的有不同的招聘策略。华为这几年的招聘主要是针对高校应届毕业生展开的，因此它更注重应聘者的发展潜力和可塑性，希望经过几年的培养，可以在将来用人的时候发挥作用。

原则 4：招聘人员的职责=对企业负责+对应聘者负责。在华为，招聘部门会在每年年初就主动地参与企业和部门的人力资源规划，深入一线了解企业内部人员的流动去向，随时掌握企业在各阶段的用人需求，以采取合适的招聘策略，及时为企业输送所需人才。

原则 5：用人部门要现身招聘现场。在招聘过程中，华为会要求具体的用人部门和招聘部门一起完成招聘工作，华为甚至认为用人部门对招聘的配合、支持程度如何，直接决定了招聘的成败。

原则 6：设计科学合理的应聘登记表。华为的招聘表格经过科学的设计，一张小小的表格就基本能反映出一个人的所有情况。例如，在华为的登记表格上把软件细分为系统软件和应用软件，大大减少了面试的时间。

原则 7：人才信息储备就是给企业备足粮草。在招聘实践中，常会发现一些条件不错且适合企业需要的人才，但因为岗位编制、企业阶段发展计划等因素限制无法现时录用，而企业很可能在将来某个时期需要这方面的人才。为此，华为的人力资源中心会将这些人才的信息纳入企业的人才信息库(包括个人资料、面试小组意见、评价等)，不定期地与之保持联系，一旦将来出现岗位空缺或企业发展需要，即可招入麾下，既提高招聘速度，也降低了招聘成本。

五、员工招聘的程序

为了保证招聘工作的科学、规范、优质、高效，一次完整的招聘活动应包括招聘活动开展前招聘需求的确定、招聘计划的制订，执行招聘计划时的信息发布、初步筛选、选拔录用，以及招聘结束后的总结和评估。

(一) 招聘活动开展前的准备工作

1. 招聘需求的确定

1) 招聘需求的申请

当企业各部门出现了新的职位或职位空缺后，就需要进行招聘。通常大型企业，会通过正式的人力资源规划进行人力资源需求分析，然后提出人员补充计划；而中小型企业则可能直接将招聘需求反馈到人力资源部门或人事部门。

2) 招聘需求的确认

人力资源部门在得到人员需求信息后，应着手进行人员招聘的准备工作，其核心工作就是定义人员需求的特征，包括需求数量、岗位工作内容和基本任职资格等。有的企业还对薪酬水平或其他特殊要求进行确认。这些内容的确认以人力资源规划和工作分析为基础。但在具体的工作中，并不一定职能部门发生职位空缺，就一定会采取招聘这种方式来解决。人力资源部门接到人员短缺报告的申请后，人力资源经理往往会先对本组织现有的人力资源存量进行分析，分析是否可以通过内部岗位调动或岗位职责调整等方式来解决职位空缺问题。表 4-1 为招聘申请表示例，表 4-2 为用人需求申请表示例。

表 4-1　招聘申请表示例

<table>
<tr><td>申请部门</td><td colspan="3"></td><td>部门经理(签字)</td><td colspan="3"></td></tr>
<tr><td rowspan="2">申请原因</td><td colspan="7">□员工辞退
□员工离职
□业务增量
□新增业务
□新设部门</td></tr>
<tr><td colspan="7">说明：</td></tr>
<tr><td rowspan="4">需求计划</td><td>使用时间</td><td colspan="5">职务名称与人数</td><td>到岗时间</td></tr>
<tr><td>临时使用</td><td rowspan="3">职
务</td><td>1</td><td></td><td rowspan="3">人
数</td><td></td><td></td></tr>
<tr><td>短期使用</td><td>2</td><td></td><td></td><td></td></tr>
<tr><td>长期使用</td><td>3</td><td></td><td></td><td></td></tr>
<tr><td rowspan="13">聘用标准</td><td>利用现有《职务说明书》</td><td colspan="6">□可以利用
□不能利用
□局部更改
□尚无《职务说明书》，需编写</td></tr>
<tr><td rowspan="3">工作内容</td><td>1</td><td colspan="5"></td></tr>
<tr><td>2</td><td colspan="5"></td></tr>
<tr><td>3</td><td colspan="5"></td></tr>
<tr><td rowspan="3">工作经验</td><td>1</td><td colspan="5"></td></tr>
<tr><td>2</td><td colspan="5"></td></tr>
<tr><td>3</td><td colspan="5"></td></tr>
<tr><td rowspan="3">专业知识</td><td>1</td><td colspan="5"></td></tr>
<tr><td>2</td><td colspan="5"></td></tr>
<tr><td>3</td><td colspan="5"></td></tr>
<tr><td>语言表达</td><td colspan="3"></td><td colspan="2">性格要求</td><td></td></tr>
<tr><td>开拓能力</td><td colspan="3"></td><td colspan="2">写作能力</td><td></td></tr>
<tr><td>电脑操作</td><td colspan="3"></td><td colspan="2">外语能力</td><td></td></tr>
<tr><td>其他标准</td><td colspan="7"></td></tr>
<tr><td>薪酬标准</td><td>基本工资</td><td colspan="2"></td><td>其他收入</td><td></td><td>其他津贴</td><td></td></tr>
<tr><td>人力资源部经理批示</td><td colspan="7">签字：
日期：</td></tr>
<tr><td>人力资源部总监批示</td><td colspan="7">签字：
日期：</td></tr>
<tr><td>总经理批示</td><td colspan="7">签字：
日期：</td></tr>
</table>

表 4-2　用人需求申请表示例

<table>
<tr><td rowspan="3">申请部门</td><td colspan="4">部　门</td><td rowspan="3">申请时间</td><td colspan="2" rowspan="3"></td><td rowspan="3">申请理由</td><td colspan="2" rowspan="3"></td></tr>
<tr><td colspan="2">部　长</td><td colspan="2">经办人</td></tr>
<tr><td colspan="2"></td><td colspan="2"></td></tr>
<tr><td rowspan="2">申请内容</td><td>具体内容</td><td>工作内容</td><td>人数</td><td>分类</td><td>年龄</td><td>应聘资格</td><td>工作年限</td><td>能力</td><td>学历</td><td>技术水平</td></tr>
<tr><td></td><td></td><td></td><td></td><td></td><td></td><td></td><td></td><td></td><td></td></tr>
<tr><td rowspan="2">行政部门主管意见</td><td></td><td></td><td></td><td></td><td></td><td></td><td></td><td></td><td></td><td></td></tr>
<tr><td colspan="4">年　月　日</td><td>总经理意见</td><td colspan="5">年　月　日</td></tr>
</table>

2. 招聘计划的制订

在确定招聘需求之后，接下来的工作就是制订招聘计划。由于内部招聘是在企业内部进行的，相对比较简单，因此招聘计划大多是针对外部招聘而制订的。科学地设计、制订一个具有影响力和吸引力的招聘计划，对整体招聘工作的开展以及人员招聘质量的保证都具有重要的意义。人力资源招聘计划的制订一般包括以下几个方面的内容：

(1) 人员需求清单，包括招聘的岗位名称、任职资格要求和招聘数量等。

(2) 招聘时间。企业的职能部门一旦产生职位空缺，都希望人力资源部门能在最短的时间内为其招聘到合适的人选。但招聘工作需要花费一定时间，选拔和岗前培训也要花费时间，所以应合理安排好招聘时间。招聘日期的公式为

$$招聘日期 = 用人日期 - 准备周期 = 用人日期 - 培训周期 - 招聘周期$$

式中，培训周期是指新招员工进行上岗培训的时间；招聘周期是指从开始报名、确定候选名单、面试直至最后录用的全部时间。

(3) 选择招聘来源和渠道。企业的招聘来源可以分为内部来源和外部来源。人力资源部门根据人员需求清单和对现有的企业总体的人力资源情况进行分析，确定招聘的来源。然后，人力资源部门根据不同的招聘来源选择不同的招聘渠道。

(4) 确定招聘小组人选，包括小组人员的姓名、职务、各自的职责。

(5) 确定应聘者的选拔方案，包括选拔的地点、时间、方式、考题设计等。

(6) 确定招聘的截止日期和新员工的上岗时间等，明确时间节点。

(7) 估计招聘费用预算。在招聘计划中，人力资源部门还要对招聘的预算做出估计。招聘的成本一般由以下几项费用组成：人工费用，包括负责招聘人员的工资、福利、差旅费、生活补助以及加班费等；业务费用，包括通信费、专业咨询与服务费、广告费、资料费等；一般管理费用，包括临时租用设备、场地等费用。

(8) 撰写招聘广告样稿。

表 4-3 为某企业春季招聘计划示例。

表 4-3　某企业春季招聘计划示例

一、招聘目标(人员需求)		
职务名称	人员数量	其他要求
程序开发员	1	本科以上学历，相关工作经验 5 年以上，35 周岁以下
销售经理	2	本科以上学历，相关工作经验 3 年以上，40 周岁以下
行政文员	3	本科以上学历，行政管理或相关专业，35 周岁以下
二、信息发布的时间和渠道		
1. 人才市场　2 月 18 日 2. xx 招聘网站　2 月 18 日		
三、招聘小组名单		
部长：张 xx(人力资源部经理)，对招聘活动全程负责 成员：陈 xx(人力资源部培训专员)，具体负责应聘人员接待、应聘资料整理 刘 xx(人力资源部招聘专员)，具体负责招聘信息发布，面试、笔试安排		
四、选拔方案及时间安排		
1. 程序开发员		
资料筛选 初试(面试) 复试(笔试)	研发部经理 研发部经理 研发部命题小组	截至 3 月 5 日 截至 3 月 10 日 截至 3 月 15 日
2. 销售经理		
资料筛选 初试(面试) 复试(面试)	销售总监 销售总监 销售总经理	截至 3 月 6 日 截至 3 月 10 日 截至 3 月 15 日
3. 行政文员		
资料筛选 面试	行政部经理 行政部经理	截至 3 月 5 日 截至 3 月 10 日
五、新员工上岗时间		
预计在 3 月 25 日		
六、费用招聘预算		
1. 摊位费　xx 元 2. 招聘网站信息刊登费　xx 元 3. 宣传资料费　xx 元 …		
七、招聘工作时间表		
2 月 12 日：起草招聘广告。 2 月 13 日：进行招聘广告版面设计。 2 月 15 日：与人才市场、网站进行联系。 2 月 18 日：人才市场派人进行招聘，在网站上刊登广告。		

续表

2月19—3月5日：接待应聘者，整理应聘资料，对资料进行筛选。
3月6日：通知应聘者面试。
3月10日：进行面试。
3月15日：进行程序开发员笔试(复试)、销售经理面试(复试)。
3月19日：向通过复试的人员通知录用。
3月25日：新员工入职。

知识拓展

如何编写招聘广告

1. 招聘广告的编写原则

招聘广告的编写原则主要包括以下几个方面：

(1) 真实。这是编写招聘广告的首要原则。企业必须保证招聘广告内容客观真实，并且要对虚假广告承担法律责任。

(2) 合法。广告中出现的信息要符合国家的法律、法规和政策。

(3) 简洁。广告的编写要简洁明了，重点突出招聘单位的岗位名称、任职资格、工作职责、工作地点、联系方式、薪资水平、社会保障、福利待遇等内容。这些内容对充实招聘广告是必不可少的，求职者只有从招聘广告里得到了他想要的足够的信息，才会向企业投放简历。对企业的介绍要简明扼要，不喧宾夺主。

(4) 实效。编写招聘广告不必拘泥于格式对错、内容长短，能灵活、清楚表述招聘内容就是一份好的招聘广告。广告没有格式可言，一切以实效性为目的，所有对格式的追求都是徒劳的，因为广告最不讲形式，实效才是唯一真理。

2. 招聘广告的内容

招聘广告的内容包括以下几个方面：

(1) 广告题目。广告题目一定要简洁醒目，能吸引人来看。广告题目一般是“x x 公司招聘”“高薪诚聘”等。

(2) 企业简介。企业简介包括企业的全称、性质、主营业务等，要求简明扼要。

(3) 审批机关。发布招聘广告一般要经过人事主管机关的审批，一般是当地的人才交流中心。

(4) 招聘岗位。招聘岗位包括岗位名称、任职资格、工作职责、工作地点等内容。

(5) 人事政策。人事政策包括公司的薪酬政策、社会保障政策、福利政策、培训政策等内容。

(6) 联系方式。联系方式包括公司地址、联系电话、网址、电子邮件地址等内容。

3. 编写招聘广告的注意事项

编写招聘广告需要注意以下事项：

(1) 根据招聘广告发布的媒体来确定内容。现场招聘海报应重点突出企业优势、岗位要求及待遇，使得求职者对招聘岗位一目了然。网络招聘因为不受字数限制，可以对企业做详细的介绍和描述。报纸招聘因为受到版面的限制，字数不能太多，要简洁明了。

(2) 明确招聘广告的主要组成部分。一般来讲，招聘广告主要是写给求职者看的，主要信息有企业名称、企业简介、岗位名称、招聘名额、职位描述、职位要求、联系方式等。企业应通过设计、创意把这些内容展示出来，吸引应聘者的注意。

(3) 招聘广告也可以将企业对人才如何重视、对人才如何培训、对人才如何晋升等关键点突出出来，增强吸引力。

(4) 招聘广告不应含有对种族、性别、年龄等带有偏见的内容。

企业案例

长城汽车公司招聘人力资源助理的广告创意

位于保定的长城汽车公司此次主要是招聘人力资源助理，因此广告的创意主要目的是吸引人力资源方面的人才去应聘。招聘岗位是为了吸引更多刚毕业的大学生去应聘，广告应充满活力和新鲜感，并且能够把应聘者关心的事项(如待遇、发展空间等)展示出来。因此，长城汽车公司的广告创意如下：

灰太狼刚从大学人力资源专业毕业，要找相关方面的工作，并找到了长城汽车公司，要去应聘之前和红太狼进行一段对话。

灰太狼："老婆，长城汽车公司要招聘人力资源助理，想去应聘。"

红太狼："那是什么公司啊？那个职位都干什么呀?"

灰太狼："长城汽车公司是中国最大规模的民营汽车制造企业，是中国首家融资 17 亿港元在香港上市的民营汽车制造企业，连续十余年创造了高增长和盈利的业绩，经济实力雄厚，连续多年为保定市第一纳税大户。长城汽车公司是中国民营上市公司十强企业，河北省百强企业。我应聘的工作主要负责管理各类人事资料，办理人事相关手续，协助招聘、培训、薪酬福利等各项工作。"

红太狼："听起来还不错，工资怎么样?"

灰大狼："(假设)工资制度是：试用期，工资+出勤奖+奖金；转正后，工资+住房补贴+生活补贴+年终奖。"

红大狼："那还等什么！还不快去应聘。整天在家闲着干吗!"

灰太狼："马上去，马上去。"

在此对话的旁边写上"保定长城　我动心，我选择！保定长城　你加入了吗？"的标语。利用这个创意制作的招聘广告，吸引了大量的大学毕业生去参加招聘，为长城汽车公司提供了更多的选择人才的机会。

(二) 招聘计划的执行

1. 发布招聘信息

企业拟定招聘简章以后，就要向社会发布招聘信息。招聘信息发布的时间、方式和范围是根据招聘计划来确定的。在条件允许的情况下，招聘信息应尽早发布，这样有利于缩短招聘进程，而且有利于使更多的人获取信息，使应聘人数增加。信息发布的范围由招聘对象的范围决定，发布信息的面越大，接收到信息的人就越多，应聘者也就越多，可能招聘到合适人选的概率就越大，相应地，招聘费用也就会增加。

知识拓展

招聘金字塔

招聘金字塔指企业在招聘过程各个筛选环节中，应聘者的人数变得越来越少，就像金字塔一样。它是根据过去的经验数据，来确定的为招聘到某种岗位上足够数量的合格员工应该付出多少努力的一种经验分析工具。

例如，猎头招聘也是这样一步一步筛选的。通过招聘金字塔(如图 4-1 所示)可以了解到，为了吸引更多的求职者，以便于招聘到一流人才，企业需要非常重视招聘的宣传工作。

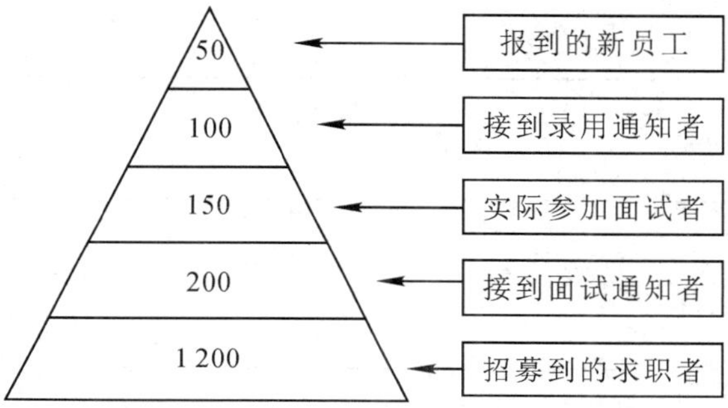

图 4-1　招聘金字塔

2. 应聘者提出求职申请

企业发布招聘信息后，就会有应聘者前来询问，这时招聘者要主动、热情、诚实地解答应聘者的疑虑，为他们提供更多的了解组织与就业的机会，提供有关公司、职位及工作的信息。招聘者也可以问应聘者一些简单的问题，如工作经历、兴趣爱好，并从中判断其工作能力和求职动机，从而尽快排除明显不合格的应聘者。

3. 初步筛选

人力资源部门的招聘人员应对应聘者简历进行初步筛选，剔除掉硬性条件如学历、专业等不达标的简历，然后让初步筛选合格的应聘者填写求职申请表(见表 4-4)。求职申请表是招聘工作初选的依据。求职申请表的内容设计要根据工作说明书来定。

表 4-4　求职申请表示例

编号：			报名日期：			
姓　　名		性　　别		民　　族		照片
政治面貌		出生年月		籍　　贯		
毕业院校		专　　业		最高学历		
求职意向		健康状况		期望收入		
现工作单位				身份证号码		
通信地址			联系电话			

续表

<table>
<tr><td rowspan="7">主要学习及工作经历</td><td colspan="5">何年何月至何年何月</td><td colspan="5">在何地及何单位、何学校</td><td colspan="5">任何职业</td></tr>
<tr><td colspan="5"></td><td colspan="5"></td><td colspan="5"></td></tr>
<tr><td colspan="5"></td><td colspan="5"></td><td colspan="5"></td></tr>
<tr><td colspan="5"></td><td colspan="5"></td><td colspan="5"></td></tr>
<tr><td colspan="5"></td><td colspan="5"></td><td colspan="5"></td></tr>
<tr><td colspan="5"></td><td colspan="5"></td><td colspan="5"></td></tr>
<tr><td colspan="5"></td><td colspan="5"></td><td colspan="5"></td></tr>
<tr><td>有何技能或特长</td><td colspan="15"></td></tr>
<tr><td>外语及计算机水平</td><td colspan="15"></td></tr>
<tr><td>何时何地受过何种奖励或处分</td><td colspan="15"></td></tr>
<tr><td rowspan="4">主要家庭成员</td><td colspan="3">姓　名</td><td colspan="3">与本人关系</td><td colspan="3">年　龄</td><td colspan="3">职　业</td><td colspan="3">工作单位</td></tr>
<tr><td colspan="3"></td><td colspan="3"></td><td colspan="3"></td><td colspan="3"></td><td colspan="3"></td></tr>
<tr><td colspan="3"></td><td colspan="3"></td><td colspan="3"></td><td colspan="3"></td><td colspan="3"></td></tr>
<tr><td colspan="3"></td><td colspan="3"></td><td colspan="3"></td><td colspan="3"></td><td colspan="3"></td></tr>
<tr><td>其他需要说明的情况</td><td colspan="15"></td></tr>
<tr><td>备　注</td><td colspan="15">有关本人应聘报名表所填内容均真实，如有隐瞒及虚报，愿意承担相应的责任。
本人签名：</td></tr>
</table>

4. 选拔录用

招聘小组通过合适的选拔方式，如笔试、面试、心理测评等方法进行选拔，合格者予以录用，并发出录用通知书。注意，针对一些重要岗位，在录用前应进行背景调查。

经权威机构调查显示，在中国的求职者中，有45%左右的求职者的实际工作经历、学习、培训等情况，会与其提供的“简历”存在“出入”。因此，很多公司为了保障招聘到的人才的真实情况，经常采用员工背景调查的方式，对应聘员工的工作、学习、教育等背景资料进行调查。

为了降低因企业人才招聘带来的风险，很多公司都会对公司的核心技术岗位和中高层领导岗位的拟录用员工进行背景调查，甚至不惜投入重金委托猎头公司、中介调查公司等外部机构，避免因人员招聘不当而产生经济及技术损失和风险。

(三) 招聘总结和评估

1. 招聘时间评估

在招聘计划中一般都有对招聘时间的估计，在招聘活动结束后要将招聘过程中各个阶段所用的时间与计划的时间进行对比，对计划的准确性进行评估和分析，为以后更加准确地制订招聘时间奠定基础。

2. 招聘成本评估

招聘成本评估包括两个方面：一是将实际发生的招聘费用与预算费用进行对比，以利于下次更准确地制订预算；二是计算各种招聘方法的招聘单价，从而找出最优的招聘方法。其他条件相同时，招聘单价越低，说明这种招聘方法越有效。

第二节　员工招聘的渠道

企业案例

联邦快递的人才招聘

联邦快递(FedEx)公司是一家创立于 1971 年，总部位于美国田纳西州孟菲斯市的跨国快递服务公司。迄今为止，联邦快递为全球超过 220 个国家及地区提供迅速且可靠的快递服务。在《财富》杂志 2018 世界 500 强企业名单中联邦快递名列第 155 位。2017 年联邦快递年营业收入超过了 603 亿美元，更让人亮眼的数据是利润比上一年度增长了 64.7%。

为什么在竞争如此激烈的快递行业里，联邦快递公司还能保持这么高的利润增长率？也许答案就在它那“简陋”的官网中。打开联邦快递的网站，可以找到它的经营哲学是“员工-服务-利润”，即员工能够为客户提供优质的服务，由此客户给予联邦快递足以成长的利润。因此，联邦快递坚信，只要能够为客户创造价值，最终就能为自己创造价值。那如何为客户创造价值？这就离不开联邦快递超过 40 万之众的员工队伍，他们将客户放在心里，有着强烈的工作使命感，能为客户提供优质可靠的服务。这么多具有服务意识的员工是如何招聘选拔出来的呢？我们将通过联邦快递的招聘选拔案例为大家来进行说明。

1. 招聘人才的三条标准

由于快递业是服务性行业，在联邦快递，能够把客户放在心里的员工，才是优秀的员工。为了保证公司服务宗旨“使命必达”的实现和“隔夜快递”服务标准的执行，联邦快递在招聘员工时会考虑三条标准：是否是一个善良、正直的人；是否具有比较开阔的社会观和世界观；是否具有乐观、积极的性格。

为什么联邦快递会选择这三条标准呢？

第一，具备善良、正直的品质。只有善良、正直的人，联邦快递才能相信他会不遗余力地为客户提供良好的服务，才放心赋予他们权力。

第二，具备开阔的世界观，了解国际惯例，具有很强的服务意识。联邦快递是一个国际性的服务公司，在工作时，员工会不时地和国外的客户、同事交流。因此，具备这一点非常重要。

第三，具备乐观、积极的性格。因为联邦快递的工作每天都会遇到不同的情况，比如有时候天气非常不好、飞机故障不能准时起飞或到达等，如果没有乐观的性格，如何去沉着面对种种突发情况并采取及时的应对措施？

2. 招聘合适的人才

截止到 2018 年，联邦快递的服务范围覆盖全球 220 多个国家和地区，在中国的服务城市超过 200 个，员工将近 9 000 名。为了保证业务的良好发展，联邦快递一直坚持管理人才本地化政策，目前联邦快递在全球范围内大约 65%的总监和管理人员都是本地人，员工中 98%也都是本地的。

但这就面临着一个问题，不同国家和地区的人能不能够认同公司的服务宗旨，能不能够对公司的服务标准不折不扣地执行。让不同国家和地区的人去真正理解和接受同一价值观是一件困难的事。那么，对于一个在全球开展业务的公司来说，联邦快递是如何解决这一问题的呢？

长期以来，联邦快递都在通过招聘“文化匹配”的管理人员到合适的位置来降低文化差异的影响。所谓的“文化匹配”，就是招聘那些与目标地区相适应、拥有相似文化背景的人员到合适的岗位上。这其实就是联邦快递的招聘战略。这样的战略旨在降低文化差异所造成的影响。它使员工感到他们的声音受到管理层的重视。只有这样，联邦快递的文化和价值观才能真正被员工理解、接受和分享。

3. 招聘程序

联邦快递的招聘程序主要分为两大关卡，第一关是性格测试，第二关才是面试。

关卡一：

联邦快递非常看中员工的性格，因此在对外招聘过程中，第一关不看学历，也不看专业知识，而是测试求职者的性格合适不合适。尤其是一线员工，公司会通过一些手段考查对方是否有吃苦精神，能否接受不同的挑战等。有的人面试回答得很好，学历也很高，但是测试下来性格不合适，联邦快递也会忍痛割爱。

关卡二：

联邦快递的面试非常实际，不需要那种只懂得理论、原则，却不会将其运用到具体工作中的人，因此联邦快递要考查求职者的实际工作能力。面试主要通过案例的形式，如提问对方“如果两名员工发生了很激烈的矛盾，你会怎么办”“如果员工的职业发展方向和公司的发展方向不一致，你会如何处理”等问题。

对于各个岗位的不同要求，联邦快递公司还会设置不同的考查方式。比如销售人员，联邦快递通常不会采用一对一的交谈方式来面试，而是让五六名求职者一起参与活动，面试官在一旁观察。这种方法非常有效。

4. 人才选拔

联邦快递非常注重内部人员的培训和选拔，只有在所有内部申请者已全部被考虑并面试且找不到符合要求的人员后，联邦快递才会展开外部招聘。因此，每当公司内有职位空缺时，首先会在内部公开选拔。人力资源部每周都会在公司的内部网站上公告本周有哪些职位空缺，一定时期内还会拿出一定数量的领导岗位在公司内部公开招聘。凡具有竞争实力的员工均可在一周内提出申请，之后相关部门会安排面试。

(资料来源：HR 案例网．http://www.hrsee.com)

一、员工招聘渠道概述

鉴于企业对招聘人员的需求及应聘者层次的不同，人力资源部门应在招聘前对招聘对象进行划分，以最有效的招聘方式进行招聘。招聘渠道有两个方面：一是内部招聘，指从企业内部选拔出合适的人员补充到空缺或新增的岗位上；二是外部招聘，指对外发布招聘信息，通过对外部人员进行筛选并择优录取，弥补岗位的空缺。内外部招聘的优缺点见表 4-5。

表 4-5　内外部招聘的优缺点

优缺点	内部招聘	外部招聘
优点	有利于调动员工的积极性 成本较低 有利于保证选聘工作的正确性 有利于被选聘者迅速展开工作	能够补充新知识、新观念 有利于平息内部竞争者之间的紧张关系 有利于招聘一流人才 有利于树立企业形象
缺点	可能产生“近亲繁殖” 没有提升人员的士气可能受损 可能会产生内部矛盾，需要较强的管理制度约束	缺乏相互间深入了解(决策风险大) 打击内部员工积极性 招聘成本较高，决策风险较高

二、内部招聘渠道

内部招聘是招聘人才的重要渠道。从减员增效、重视人力资源效能的角度，当企业存在岗位空缺时，应首先从内部考虑，进行内部招聘，以充分利用现有人才。内部招聘渠道又可以分为多种不同的招聘方式，主要包括以下几种：

(一) 员工推荐法

员工推荐法是指由本企业员工根据单位和职位的需要，向用人部门或人力资源部门推荐其熟悉的内部员工。这种推荐法既可用于内部招聘，也可用于外部招聘。因推荐人对用人部门与被推荐者双方比较了解，也使组织很容易了解被推荐者，所以它比较有效，成功概率也较大。

(二) 档案法

通常企业的人力资源部门会存放员工的个人档案，或者在人力资源信息库中存储着员工的职业信息，招聘人员可以从中了解到员工的各种信息，便于寻找合适的人员补充空缺的职位。特别是建立了人力资源管理信息系统的企业，更为便捷、迅速并可以在更大范围内进行挑选。档案法只限于员工的客观或实际信息，如员工所在职位、教育程度、技能、教育培训经历、绩效等信息；对主观的信息，如人际交往能力、判断能力、个人品质等信息难以确认，对很多工作而言，这些信息也是非常重要的。

（三）布告法

布告法是内部招聘最常用的方法，尤其是对于非管理层的职位而言。在企业确定空缺职位的性质、职责及所要求的条件等情况后，将这些信息以布告的形式公布于组织中，使所有的员工都能获得信息。在信息化的今天，企业在内部官网等平台线上发布招聘信息，同样属于布告法。所有拥有这些资格的员工都可以申请或“投标”该职位。人力资源部门或用人部门筛选这些申请，最合格的申请人被选中进行面试。

该方法的优点：第一，提高了企业最合格员工将被考虑从事该工作的可能性；第二，给员工一个对自己职业生涯发展更负责任的机会，许多员工会因为有这种晋升的机会而更加努力提高其工作技能和绩效；第三，使员工有机会离开现有的工作环境，承担更有挑战性的工作。但需注意减少内部招聘可能对原来的人员产生的冲击；保证公告的公开性和覆盖范围；等等。

三、外部招聘渠道

（一）广告招聘

广告招聘是应用很广泛的一种方法，它可以比较容易地从劳动力市场中招聘到所需的人才。其传播媒体可以是大学校园里的布告栏、专业技术杂志、报纸和电视等。广告招聘一方面可将有关工作的性质、要求、空缺岗位应该具备的资格等信息提供给潜在的求职者；另一方面可向求职者“兜售”公司或企业的优势。广告的内容应该真实，虚假的广告会引起雇用时的不满和日后的跳槽。

广告招聘的信息受众面广，收效快，过程简单。企业一般会收到较多的应聘资料，同时也对企业起了一定的宣传作用。但高级人才很少采用这种求职方式，一般招聘公司中基层和技术职位的员工时比较适用。同时该渠道的效果同样会受到广告载体的影响力、覆盖面、时效性的影响。企业可以选择适合的新闻媒体，避免在宣传方面造成的浪费。一份优秀的招聘广告应当包括：

(1) 应有使人过目不忘的广告词。

(2) 应突出企业。

(3) 应使用鼓励性、激励性用语。

(4) 应说明招聘的岗位、人数、所需的资格条件，并注明待遇。

随着我国信息化的快速发展，传统的媒体招聘广告正逐渐减少，网络平台的招聘广告正越来越受到年轻求职者的青睐。

（二）职业介绍机构招聘

根据国家颁布的《劳动力市场管理规定》有关规定，职业介绍机构分为营利性职业介绍机构和非营利性职业介绍机构。营利性职业介绍机构，是指由法人、其他组织和公民个人举办，从事营利性职业介经活动的服务机构。非营利性职业介绍机构包括公共职业介绍机构和其他非营利性职业介绍机构。其他非营利性职业介绍机构，是指由劳动保障行政部门以外的其他政府部门、企事业单位、社会团体和其他社会力量举办，从事非营利性职业介绍活动的服务机构。

职业介绍机构一方面为企业寻找人才，另一方面为求职者寻找合适的雇主。企业通过这种方式招聘是最为快捷的，因为企业只需把招聘需求提交后，机构就会根据自身掌握的资源和信息寻找和考核人才，并将合适的人员推荐给企业。

从招聘对象来看，有针对中低端人才的职业介绍机构如职业介绍所、人才交流中心、劳动力就业服务中心等；有针对高级管理人才和尖端技术人才的如猎头公司。作为营利性的职业介绍机构，猎头公司是为企业物色人力资源的专业机构，对企业来说，比较省时、省力。在企业急需用人的情况下，并且是中高层管理者或高端人才时，采取猎头招聘方式是较理想的选择。企业只需将其空缺职位的相关信息交给猎头公司，猎头公司就会根据自身掌握的资源和信息寻找和考核人才，并将合适的人员推荐给企业。但是利用猎头公司招聘的成本是相当高的，猎头公司一般会收取人才年薪的20%～30%作为猎头费用。猎头公司招聘不会对个人进行收费，只向企业收费，因为猎头公司向企业除了提供人才资源，还需要提供人才评价、背景调查、协助沟通等一系列的咨询型猎头服务。

(三) 校园招聘

校园招聘通常是指企业直接从应届毕业生中招聘企业所需要的人才。对于应届毕业生的招聘和暑期临时工的招聘可以通过校园招聘的方式进行。对于个别优秀的学生，可以由学校推荐，也可以通过和学校联合培养的形式进行。一般来说，学校的毕业生分配部门负责安排用人单位举办招聘会或与学生会见，并提供合适的面试场所。华为、阿里巴巴、腾讯、新浪等大中型企业每年都会通过校园招聘的方式招聘新员工。

校园招聘的优点是：应聘目标群明确；人员素质较高；应聘者的背景真实，可信度高；由于招聘的时间确定，企业可以有计划地进行招聘录用。其不足之处是：只能在固定时间招聘，不能临时录用，相对于大企业，中小企业处于较不利的位置。另外，学生在求职中会有“脚踩多只船”的问题，因而企业可能花费很大的力气物色到了合适的人选，到时候却被学生拒绝了。

企业案例

阿里淘宝直播的校园招聘

2020年3月24日晚8点，阿里巴巴集团2020年实习生招聘首次在淘宝上直播，面向海内外高校的2021届毕业生开放实习生岗位，“上架”的岗位包括客户端开发工程师、算法工程师、数据分析师、产品经理、各类运营岗位等。据了解，在阿里巴巴此次的招聘直播中，高晓松会上阵给大家答疑解惑，还邀请了众多员工为毕业生讲述在阿里巴巴工作、成长的故事和经验，对同学们的校招给出意见和建议。近期各大企业纷纷在淘宝直播开启招聘，包含周黑鸭、良品铺子在内的20多家企业都来到淘宝直播招聘。数据显示，2020年的应届毕业生总共有874万，截至2020年3月24日，全国累计已经有1000万人次在淘宝直播间里观看企业招聘。

（四）招聘会

人才交流中心或其他人才服务机构每年都要举办多场人才招聘洽谈会。在招聘会中，用人企业与应聘者可以直接进行交流，节省了企业和应聘者的时间，当然双方只能进行初步的选拔，企业会将大量的信息带回去做进一步的筛选。随着人才市场的日益完善，现场招聘会呈现出向专业方向发展的趋势，如有中高级人才洽谈会、应届生双向选择会、信息技术人才交流会等。但是现场招聘会的专业化在方便企业的同时，也带来了一定的负面效应。如果企业需要同时招聘几种人才，那么就要参加几场不同的招聘会，这提高了企业的招聘成本。通过参加现场招聘会，企业招聘人员不仅可以了解当地人力资源的素质状况，还可以了解到同行业其他企业人事政策和人力资源需求状况。

（五）网络招聘

互联网为企业实行网上招聘提供了平台。网络招聘就是通过公司网站或专业招聘网站发布招聘信息进行招聘的方式之一。企业的人力资源管理部门通过互联网或内部网发布招聘信息，并通过 E-mail 或简历库收集应聘者信息或者在数据库的终端填写信息，经过信息处理后，初步确定所需岗位的人选。

网络招聘的主要优点是招聘的成本比较低，信息收集及时、充分；缩短企业招聘时间；企业选择余地较大，不受空间和时间的限制，应聘者也可以随时了解招聘信息。最重要的是，在使用视频简历的情况下，企业不用见应聘者本人，就能够较全面地了解应聘者，这在很大程度上节约了应聘者和用人单位的时间。网络招聘的主要缺点是不能很好地控制招聘人员的数量和质量，不能进行面对面的交流，不适合招聘知识技能要求较低的职位。网络招聘目前多结合线下的面试进行，克服了单纯进行线上招聘的缺点，可以达到较好的招聘效果。

企业案例

云招聘

2020 年全国普通高校毕业生达 874 万人，同比增加 40 万人。2019 年新增人力资源企业超过 18 万家，创历史新高。2020 年新冠疫情影响下，不少单位推出线上“云招聘”活动，通过互联网技术以及人工智能等方式，打破了传统的招聘理念，推动了经济发展和社会转型。

腾讯公司在 2020 年度春季招聘中，面向高校和海外学生开放超过 3 000 个暑期实习生与应届生补录岗位，面向全行业开放近 5 000 个社招岗位，并启动“空中宣讲周”，以直播形式为国内和海外高校学生讲解招聘政策，提供就业信息。腾讯 2020 年春招包括暑期实习生和应届生招聘补录两大类别，面向在校学生开放了技术、产品、设计、市场职能、销售五大类岗位的申请通道。腾讯在进行校招时全面采用“云招聘”方式，充分照顾可能受疫情影响的学生和候选人，开放更多岗位迎接新鲜力量加入。除春季招聘补录和暑期实习生招聘外，腾讯还陆续在官方招聘网站公布超过 5 000 个社招岗位，预计比去年提升 25%以上。其中，数字政务、智慧医疗、智慧教育、远程办公等相关产品的岗位是社会招聘的重点。

云招聘，是通过云技术来管理企业招聘需求计划，职位发布与管理，候选人申请，候选人面试、测试、评价、聘用等一些招聘管理活动。云招聘能够实现人力资源部门、业务部门、第三方招聘服务提供商、求职者的实时在线协同，建立人力资源储备，完成应聘人员考核，提高招聘效率和降低招聘成本的目标。在疫情期间，不仅是腾讯公司，其他很多企业都纷纷采用云招聘这种形式来满足招聘的需求。

（六）熟人推荐

企业通过内部员工推荐其亲戚、朋友、同事等来应聘企业的空缺职位，从而可以较快地招到符合职位要求的合适人才。员工推荐对招聘专业人才比较有效。这种招聘方式最大的优点是企业和应聘者双方掌握的信息较为对称，招聘成本小，针对性较强，介绍人会将应聘者真实的情况向企业介绍，企业可以不对应聘者进行真实性考查，同时应聘者也可以通过介绍人了解企业各方面的内部情况，从而做出理性选择。据了解，美国微软公司 40%的员工是通过员工推荐方式获得的。为了鼓励员工积极推荐，企业会采取一系列的激励政策，奖励那些为企业推荐优秀人才的员工。但是该方法也存在缺点，一些企业内部员工或中高层领导为了栽培个人在公司的势力，在公司重要岗位安排自己的亲信，形成小团体，进而影响企业正常的组织架构和运作。

管理案例

富士康的熟人推荐招聘

2020 年中秋国庆假期，郑州富士康加班生产 iPhone12，富士康郑州工厂鼓励员工推荐求职者加入公司，给出的政策是求职者、介绍人奖金分别为 9000 元、500 元，按面试日期自 10 月 2 日起执行，新员工须在职超过 90 天且有效出勤满 55 天。入职未满一个月的郑州富士康员工告诉记者，现在生产的都是新机，自己所在组做的就是 iPhone12，入职奖励一直在变，自己入职时政策是按照要求做满 3 个月就能拿到 11000 元奖励。

（资料来源：科创板日报）

（七）求职者自荐

求职者自荐指从主动自我推荐递交简历的求职者中寻找所需要的员工，通常适用于招聘销售员、保洁员等对技能和知识要求较低的基层工作人员。该方法招聘成本最低，但由于企业对应聘者的信息并不了解，因此不建议贸然做出录用决定。

管理故事

日本“经营之神”的求职故事

他家境贫寒，为了养家糊口，年轻的他到一家大型电器公司求职。矮小瘦弱，又破又脏的他被公司的人事部门主管谢绝了：“我们现在暂时不缺人，你一个月以后再来看看吧。”

本是推托之词，可一个月后他真的来了，那位负责人又推托说有事，过几天再说。隔了几天他又来了，如此反复了多次，主管只好直接说出了真话："你这么脏是进不了我们公司的。"于是他立即回去借钱买了一身整齐的衣服穿上再来。负责人看他如此实在，只好告诉他："关于电器方面的知识，你知道得太少了，我们不能要你。"

不料两个月后，他再次出现在人事主管面前："我已经学会了不少有关电器方面的知识，您看我哪方面还有差距，我一项项弥补。"这位人事主管盯着态度诚恳的他看了半天，才说："我干这一行几十年了，还从未遇到像你这样来找工作的。我真佩服你的耐心和韧性。"

结果，他的毅力终于打动了这位人事主管的心。他终于如愿以偿地进入那家公司工作。

他就是后来松下电器公司的创始人，被誉为日本经营之神的——松下幸之助。

第三节　甄选与测评方法

企业通常会根据自身特点采用合适的方法对求职者进行选拔。各组织往往根据自身的特点，采用各具千秋的人才测试和选拔方法。尽管这些方法在程序、细节、内容方面有差异，但还是可以将它们归纳为几种主要类型，即简历筛选、笔试、面试、心理测试、评价中心技术等。

一、甄选的方法

（一）简历筛选

筛选简历是企业负责招聘的工作人员在对求职者进行选拔时所需要做的一项重要工作。简历中的每一项内容都可以作为筛选标准。例如，学历，可以反映一个人受教育的水平，企业若需要大学本科以上的应聘者，则可以据此筛选出一部分符合要求者。当招募人数众多时，对所有的应聘者进行测试是不经济的，也是不可能的，必须通过初步筛选确定接下来参加测试的人员名单。所以，这一步是甄选测试的基础工作。

简历筛选一般分两步走。第一步，将那些不符合基本职位要求的简历去掉。第二步，仔细阅读合格者的简历，在筛选时从以下方面入手：第一，简历的结构样式是否美观，它反映了求职者的基本素质和审美观；第二，是否包含与职位一致的职业目标，以及是否有该方面的工作成果，这表明应聘者的职业稳定性和思维习惯(从长远考虑)；第三，是否对某些方面有过多的介绍，要么应聘者在这方面确实较其他人优越，要么他想掩盖什么弱点，如过多地介绍学历，可能没什么工作经验；第四，简历中的内容有无矛盾的地方，能否互相印证。

（二）笔试

笔试通常用于初试。笔试主要考查基本知识、专业知识、管理知识、综合分析能力及文字表达能力等方面的差异。

笔试的优点在于它花费时间少、效率高、成本低，对应聘者知识、技术、能力的考查信度和效度较高，成绩评价比较客观。一次考试能包含十几道甚至上百道试题。由于考试题目较多，可以增加对知识、技能和能力的考查信度与效度；可以对大规模的应聘者同时进行筛选，花较少的时间达到高效率；对应聘者来说，心理压力较小，容易发挥正常水平；同时，成绩评价也比较客观。因此笔试至今仍是使用频率较高的人才选拔方法。缺点在于它不能全面地考查应聘者的工作态度、品德修养及其他一些隐性能力，例如，我国每年举行的公务员考试就是政府机关筛选求职者的第一步。因此，笔试往往作为其他人员甄选方式的补充方法。

（三）面试

面试是指在特定的时间和地点，由面试考官按照预先设计好的目的和程序，与应聘者进行面谈、相互观察、相互沟通的过程。通过面试，面试考官可以了解应聘者的经历、知识、技能和能力。面试主要用于员工的终选，也可用于员工的初选和中选。由于面试是几乎所有企事业单位都会使用的一种选拔方法，因此本书将着重加以介绍。以下将从面试的类型、面试的基本程序和面试中应注意的问题三个方面进行介绍。

1. 面试的类型

1）结构化面试

结构化面试是指面试的内容、形式、程序、评分标准等均有统一制订的标准和要求。它根据对职位的分析，确定面试的测评要素，在每一个测评维度上预先编制好面试题目并制订相应的评分标准，面试过程遵照一种客观的评价程序，对求职者的表现进行数量化的分析，给出一种客观的评价标准，不同的评价者使用相同的评价尺度，以保证判断的公平合理性。图 4-2 为公务员省考结构化面试流程。

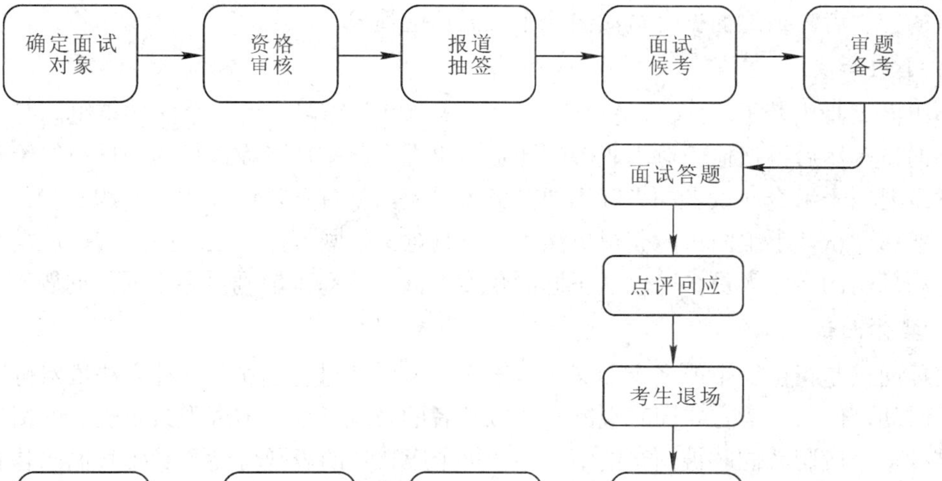

图 4-2　公务员省考结构化面试流程

结构化面试的优点是比较客观公正；还便于对不同的应聘者进行比较；面试结果具有可比性，有利于人员选拔；考官可以在面试中把注意力更多地集中在应聘者的回答上；对面试考官的技巧要求相对低一些；可以避免一些问题的遗漏。它的缺点是考官的灵活性不够，不利于对某一问题进行深入了解；有时考官对一些已经有把握的方面仍要问事先拟定的问题；不利于应聘者展示自己多方面的能力；面试程序呆板，应聘者较多时主考官容易疲劳。

2) 非结构化面试

非结构化面试就是没有既定的模式、框架和程序，考官可以根据具体情况随时向应试者提出问题，而应试者也无固定答题标准的面试形式。这种方法给谈话双方以充分的自由，考官可以针对应试者的特点进行有区别的提问。虽然非结构化面试形式给面试考官以自由发挥的空间，但这种形式也有一些问题，如它易受考官主观因素的影响，面试结果无法量化以及无法同其他应试者的评价结果进行横向比较等。

3) 半结构化(混合式)面试

半结构化面试是指面试构成要素中有的内容做统一的要求，有的内容则不做统一的要求。也就是在预先设计好的试题(结构化面试)的基础上，面试中考官向应试者又提出一些随机性的试题。半结构化面试在实际招聘面试过程中最常用也是最典型的一种面试方法。这种面试方法有很多优势，具有双向沟通性，面试官可以获得比材料中更为丰富、完整和深入的信息，并且面试可以做到内容的结构性和灵活性的结合。所以，半结构化面试越来越得到广泛使用。

4) 个人面试

个人面试的优点是能够提供一个面对面的机会，让面试双方较深入地交流。一旦通过，一般可以参加小组面试。但其缺点是受主考官的知识面的限制，考查内容往往不够全面，而且易受主考官个人主观因素的影响。经过小组面试和小组讨论，从中即可筛选出参加最终面试的应聘者。最终面试会再次出现个人面试的情况。

5) 小组面试

小组面试是由若干名(通常是 2～3 名)面试考官共同组成的一个面试小组同时对求职者进行面试，然后再把他们对求职者的评定结果综合起来，形成最后的面试小组给分。小组面试主要用于考查应试者的人际沟通能力、洞察与把握环境的能力、组织领导能力等。相对于普通面试，小组面试能获得更深入、更有意义的回答，而且这些考官往往是不同专业、不同部门的专业人员，可以从不同的角度发问，从而了解到更多方面的问题。

6) 集体面试

集体面试是指由一个或多个面试考官对多个应聘者进行面试。这种方法虽然可以节省大量的时间，但由于考官要同时观察多个应聘者的表现，容易出现观察不全面的情况；而且在这种多个应聘者同时被面试的情形下，每个应聘者的表现可能会受到其他应聘者的影响与干扰。

在集体面试中，通常要求面试者做小组讨论，相互协作解决某一问题，或者让应试者轮流担任领导主持会议、发表演说等，从而考查面试者的组织能力和领导能力。无领导小组讨论是最常见的一种集体面试法。众考官坐于离面试者一定距离的地方，不参加提问或讨论，通过观察、倾听为面试者进行评分，面试者自由讨论主考官给定的讨论题目。这一题目一般取自于拟任岗位的职务需要，或是现实生活中的热点问题，具有很强的岗位特殊性、情景逼真性、典型性及可操作性。

7) *压力面试*

压力面试通常是指在面试环节，面试考官对候选人会施加巨大的压力，让候选人觉得不舒服甚至是不安，以此来评估候选人的抗压能力、应变能力、受挫能力及处理冲突的能力。面试考官提出一系列直率(甚至是不礼貌)的问题，让应聘者明显感到压力的存在，甚至陷入较为尴尬的境地；面试考官通常寻找应聘者在回答问题时的破绽，在找到破绽后，针对这一薄弱环节打破砂锅问到底。

8) *情境面试*

情境面试(见图 4-3)是指面试考官通过向应聘者展示一个假设的情境，来让其分析情境中出现的问题，从而考查应聘者各方面的能力。情境面试的题目主要由一系列假设的情境构成，考官通过观察应聘者在这些情境中的反应情况，对应聘者进行评价。情境面试的题目多来源于工作，或是工作所需的某种素质的体现，通过模拟实际工作场景，反映应聘者是否具备工作要求的素质。情境面试目的性强，可以通过多个问题的组合来全面考查应聘者各方面的特征，而且它的评分过程是标准化的，可以由多个考官同时对一名应聘者的回答评分。它的缺点在于所呈现给应聘者的情境是假设的，应聘者对假设情境的回答可能都是他理想中的反应或理论上的回答，而真正遇到实际问题时能否表现出他回答的行为就不得而知了。

问题：在即将旅行的前一天晚上，你已经整装待发。就在准备休息时，你接到了工厂的一个电话，工厂出现了一个只有你才能解决的问题，并被请示处理此事。这种情况下，你会怎样处理？
记录回答：
评分指导： 较好："我会去工厂，以确保万无一失，然后我再去度假。" 好："不存在只有我能处理的问题，我会安排另一个合适的人去那里处理问题。" 一般："我会试着找另一个人来处理。" 差："我会去度假。"

图 4-3 情境面试示例

9) *以行为为基础的面试*

以行为为基础的面试可以将问题集中在与工作相关的信息上。使用这类问题时，假设应聘者最近的工作经验可以预测他未来的工作业绩，要求应聘者详细地描述过去的经历，而且考官可以通过追问来澄清含糊的地方，这样，应聘者就很难用事先准备好的答案来应对，也很难编造故事。在面试开始之前，考官要让应聘者明确，他应该用具体的行为描述来回答接下来的问题。考官要向应聘者说明：一是要讲述自己亲身经历过的事情，二是要清楚地描述事情的起因、过程、结果，三是不必涉及所学过的理论性知识。以行为为基础的面试的一个显著特点就是常在问题中使用类似于英语语法中的"最高级"的提问方式，如"请描述你对过去工作最不满意的地方"，这一提问方式有助于发掘在过去的工作中应聘者印象最深刻的事件，而这些事件往往是决定其工作绩效或离职的最关键的因素，所以以行为为基础的面试比传统的面试更加有效。

10) 电话面试

有些企业会通过电话来进行某些面试。与面对面的面试相比，这种面试形式具有一定的优势：一是双方不必担心着装，可以专注于更实质性问题的回答；二是更能比较自然地回答问题，能获得较真实的信息，因为招募者是在求职者没有防备的情况下打来电话的。

11) 视频网络面试

在互联网时代，越来越多的企业采用网络来进行甄选面试，特别是初次面试和筛选面试。这种面试方式减少了企业的差旅成本和招聘费用。随着各种可视对话软件的广泛应用，视频网络面试会得到越来越普遍的使用。

2. 面试的基本程序

1) 面试准备阶段

在面试开始前，人力资源部需要完成四项工作：选择面试考官；明确面试时间与地点；了解应聘者的情况；准备面试题目(提纲)及其答案和评分标准。

2) 面试实施阶段

面试实施阶段分为以下几个步骤：第一，面试官进行简单的寒暄，制造和谐的面试氛围；第二，面试官请应聘者进行自我介绍；第三，面试官针对岗位胜任能力对应聘者发问，对应聘者的各项核心胜任能力做出评价，为最终的录用决策提供重要依据；第四，在对应聘者能力基本考查过后，如果该应聘者与职位匹配度较高，可以进行开放式问题的发问，对其深入了解。第五，在结束面试前，可以留给应聘者一些时间，由应聘者提出问题并给予解答。

3) 面试总结阶段

面试总结阶段的工作包括三个方面的内容：整理面试结果、面试结果反馈以及面试结果存档。

面试过程中，每位考官会对面试者进行评价，在整理面试结果时，应将多位考官的评价结果进行汇总(见表 4-6)。

表 4-6　综合评价表示例

应聘者姓名				应聘岗位			
要素序号	专业知识与技能	分析能力	人际协调能力	计划能力	组织能力	…	总分
1							
2							
平均分							

面试的评价结果应在汇总后及时通知用人部门主管领导，经协商后做出录用决策，并通知应聘者。

面试结束后，考官应回顾整个面试过程，总结经验，为下一次面试做准备。人力资源部应将面试结果存档。

管理故事

聪明的应聘者

有一家公司招聘管理人员，题目是：用发给你的一支气压计，确定这幢30层大楼的高度。

一个个应聘者绞尽脑汁想出种种办法：有的楼上楼下量气压，利用物理知识繁琐地计算；有的爬上屋顶，将气压计系上长长的绳子，忙乱地量着；有的在资料堆中埋头翻阅，希望找一个更好的方法或公式……但有一位应聘者却拿着气压计来到大楼管理处，对一位老者说："大爷，这支气压计送给您，请您告诉我这大楼的高度。"

这位聪明人入选了，因为他正是一个难得的管理人才。

3. 面试中应注意的问题

面试在企业招聘过程中发挥着重要作用，但有些企业在面试时会很尴尬，不能有效地发挥应有的作用。为了保证面试的效果，在面试中应注意以下问题：

(1) 面试目的不明确。在进行面试前，面试考官应考虑，通过本次面试要达到什么目的，面试的重点是什么，要不要先向应聘者介绍工作岗位的真实情况，是否允许应聘者提问，其他面试考官会问一些什么问题，等等。

(2) 面试问题设计不合理。例如，有的面试考官直接让应聘者描述自己的能力、特点、个性的问题，问了这类题目后，面试考官不继续问一些行为性问题，让应聘者举出一些具体的实例来证明自己的答案，这样，面试考官无从验证应聘者的回答是否是真实的。又如多项选择式的问题，会让应聘者以为正确的答案必然存在于几个选项之中，他会猜测面试考官的意图，然后作答。因此，提出这样的问题意义不大，应该将其改为开放性或行为性的问题。

(3) 面试考官的偏见。

① 第一印象(首因效应)。面试考官通常在面试开始几分钟后就凭借对应聘者的第一印象做出判断，随后的面试过程通常不能改变这一判断。

② 强调负面信息(负面信息扩大化)。面试考官受不利因素的影响要大于受有利信息的影响。例如，面试考官从好的印象转变为坏的印象，要比从坏的印象转变为好的印象容易得多，事实上面试本身经常就是寻求负面信息的过程。在面试中那些表现很优异但有弱点的应聘者会在面试中输给那些平庸但没有纰漏的应聘者。

③ 匆忙判断。许多企业的面试考官通常会在面试的最初几分钟里，仅仅是根据测试结果或个人简历资料就马上得出结论，匆忙做出判断。据研究人员调研估计，85%的面试都属于这种情况，即主要根据求职者的申请表以及个人外表所形成的第一印象做出判断。一般而言，当求职者的历史信息是负面的时候，第一印象会带来很大的伤害，同时会对求职者过去取得的成就表示出更少的信任，并且认为求职者应当对他们本人在过去招致的失败承担更多的责任。

④ 不能准确把握职位要求。面试考官如果不能准确地把握职位的工作内容以及什么类型的求职者最适合这一职位，往往会根据错误的印象或者对所谓的好求职者的刻板印象做出决定。然后，他们会把求职者与自己脑海中存在的那种错误的刻板印象加以匹配。所以，企业面试考官应在面试之前，明确自己正在为某一特定职位的任职资格，需要寻找具备哪些特征的求职者，以及为什么要求求职者具备这种特征。一项经典的研究证明，面试

考官只获得了他们所要招聘职位的简单职位描述，这些缺乏信息的面试考官很难把求职者区分开来，他们倾向于给所有的求职者都打高分，往往这些面试考官很难达成一致的意见，而那些了解更加明确详细的工作职位信息的面试考官能够对每一位求职者的潜能达成一致的意见。

⑤ 面试顺序对比误差和雇佣压力。求职者面试顺序对比误差是指求职者的出场顺序会影响面试考官对他们做出的评价。一般情况，面试考官在评价了几位不理想的求职者之后，再去评论一位水平很一般的求职者，结果，他们对这位实际水平很一般的求职者做出的评价要高于正常情况下做出的评价。这是因为与那些水平很不理想的求职者相比，水平很一般的求职者要显得比实际水平高得多。这种对比效应存在的可能性很大。有时雇佣压力也会导致这种问题。

⑥ 刻板印象(定型效应)。刻板印象是指对事物形成的一般看法和个人评价，认为某种事物应该具有其特定的属性，而忽视事物的个体差异。有些面试考官根据自己的经验去判断应聘者，而不是通过客观的面试再做评价。这种知觉的偏差，会影响面试结果的准确性。

管理故事

被省略的阳光

一家著名的国际贸易公司高薪招聘业务人员，应聘者络绎不绝。在众多的应聘者中，有一位年轻人条件最好，毕业于名牌大学，又有在外贸公司工作三年的经验，所以他坐在面试考官面前时，非常自信。

“你在外贸具体做什么？”面试考官开始发问。

“做山野菜。”

“哦，做山野菜。那你说说，对业务人员来说，是产品重要，还是客户重要？”年轻人想了想，说：“客户重要。”

面试考官看了看他，又问：“你做山野菜应该知道，山野菜中，蕨菜出口主要是对日本，以前销路非常好，有多少收多少，可是最近几年，国外客商却不要了。你说说为什么？”

“因为菜不好。”

“那你说说，为什么不好？”

“嗯，”年轻人顿了一下，“就是质量不好。”

面试考官看了看他，说：“我敢断定，你没有去过产地。”

年轻人看着面试考官，沉默了30秒，没有说是，也没有说不是，却反问：“你说说怎么能看出我去没去过？”

“如果你去过，就应该知道菜为什么不好。采集蕨菜的最佳时间只有十天左右，这期间的蕨菜鲜嫩好吃，早了不成，晚了就老了。采好后，要摊开放在地里晾晒一天，第二天翻个过，再晾晒一天，把水分蒸发干，然后再成把捆好，装箱，等食用时放在凉水里浸泡一下就可以了。可是当地农民为了多采多卖，把蕨菜采到家，来不及放在地上晾晒，而是放在热炕上暖，这样只用两个小时就烘干了。这样加工处理的蕨菜，从外表上看哪儿都一样，可是食用时，不管放在水里怎么泡，都像老树根一样，又老又硬，根本咬不动。国外客商发现后，对此提出警告，一次，两次，还是如此。结果，人家干脆封杀，再不从我国进口了！”

年轻人听了，不好意思地低下头说：“我是没有去过产地，所以不知道你说的这些事。”

年轻人带着遗憾走出公司的大楼。这位最有希望入选的年轻人，最终没有被录取。这样的结局，从他离开面试考官的那一刻，就已经知道了。他非常清楚：像这样著名的公司，是不会录取他这样一个在外贸工作三年、整天陪客户吃饭却没有去过一次产地的业务人员的；他就像那些一心一意加工速成蕨菜的农民，省略了两天的阳光，但是最终被烘干的却是自己！

二、测评的方法

(一) 心理测试

心理测试是通过设计包含一系列标准化的反映人的某些心理特征指标的量表，对应聘者进行刺激，通过应聘者的反映分析来判断其智力水平、个性和行为特点的科学选拔方法。该方法在国外的人才选拔中得到较为广泛的应用。该方法需要专业的测试人员来进行才能达到预期效果。

在人才招聘和选拔过程中，可根据具体的需要选择心理测试的类别。这些测试主要有三大类：第一类是能力测试，用于测量一个人学习及能力倾向，如智力测试(测试人的思维、学习和适应环境的能力)，语言、记忆、数字和空间关系、反应速度和准确性、归纳和理解能力测试等；第二类是人格测试，用于测试人的气质、性格、情感、态度、价值观等方面的特征，人格对工作成就和效率影响非常大，特别是从事内外联系较多的工作如管理、公关、销售等，人格是否成熟或属于哪种人格特质对绩效影响很大；第三类为兴趣测试，用于了解一个人最感兴趣并最可能从中得到满足的工作，它还能衡量一个人的潜在能力。

心理测试必须遵循三个原则。首先，遵循严格的程序。即从心理测试量表的设计，测试仪器和场地的准备，测试的实施和结果的评判等，都必须按照严格的程序来进行。心理测试人员应该经过正规的心理测试专业培训，必要时还应该请专家指导。其次，保护应聘者的个人隐私。应聘者的各项能力、人格和兴趣特征都属于个人隐私范畴，非经应聘者同意，不得公布其心理测试结果。最后，不是唯一标准。心理测试结果只是对应聘者在心理特征方面的某些评定，只是一种参考，不能作为选拔人才的唯一标准。除心理测试外，还可同时采用面试、笔试等其他方法进行综合考核。

(二) 评价中心技术

评价中心技术(Assessment Center or Development Center)也称情境模拟测试，即创建一个模拟的管理系统或工作场景，将被测评者纳入系统中，采用多种评价技术和手段，观察分析被试者在模拟的工作情境压力下的心理和行为，以测量其管理和潜在能力，了解被测评者是否胜任某项拟委任的工作以及工作成就的前景，同时还可以了解其不足之处，以确定上岗后培训的内容和方式。

1. 评价中心技术的由来

评价中心技术的起源可以追溯到 1929 年德国心理学家建立的一套用于挑选军官的非常先进的多项评价过程。在第二次世界大战期间，美国的战略情报局使用小组讨论和情景模拟练习来选拔情报人员，并获得了成功。开创在工业组织中使用评价中心技术先河的是美国电话电报公司。该评价工作从 1956 年一直持续到 1960 年，结果证明，在被提升到中级管理岗位的员工中，有 78%与评价中心的评价鉴定是一致的；在未被提升的员工中，有 95%与评价中心在 8 年前认定的缺乏潜在管理能力的判断是吻合的。此后，许多大公司，如通用电气公司、国际商用机器公司、福特汽车公司、柯达公司等都采用了这项技术，并建立了相应的评价中心机构来评价管理人员。

2. 评价中心技术的类型

评价中心技术的类型包括公文处理、无领导小组讨论、角色扮演、管理游戏、演讲、仿真模拟测试系统的书面案例分析等。

1) 公文处理

公文处理(In-basket)又名文件筐测试法或篮中训练法。它将被评价者置于特定职位或管理岗位的模拟环境中，由评价者提供一批该岗位经常需要处理的文件，要求被评价者在一定的时间和规定的条件下处理完毕，并且还要以书面或口头的方式解释说明这样处理的原则和理由。它是评价中心技术中最常用和最核心的技术之一。公文处理是测评、选拔领导干部的有效方法。公文处理的步骤：①根据具体情况选择适当的测试场地；②准备好测试所用的各种材料；③安排进入考场，宣布测试中的注意事项；④开始测试，监督被评价者测试；⑤测试结束回收答题纸。

在这个测试中，被测评者要面对一大堆广告、备忘录、来电记录、信函以及其他资料，这些资料均与被测评者模拟承担的职位相关，它们或者被装在真的文件柜中，或者被放在计算机桌面的文件夹里。求职者必须对每份文件进行适当的处理。在测试完成后，受过训练的测评者会对被测评者的工作情况做出评价。

2) 无领导小组讨论

无领导小组讨论(Leaderless Group Discussion，LGD)是经常使用的一种测评技术，采用情景模拟的方式对被测评者进行集体面试。它是将一定数目的被测评者组成一组，进行一小时左右的与工作有关问题的讨论，讨论过程中不指定谁是领导，也不指定位置，让被测评者自行安排组织，测评者来观测被测评者的组织协调能力、思维能力、辩论的说服力等各方面的能力和素质是否达到胜任职位的要求，以及自信程度、进取心、情绪稳定性、反应灵活性等个性特点是否符合胜任职位的团体气氛。

3) 角色扮演

角色扮演(Role-playing)是企业通过设置一系列尖锐的人际矛盾与冲突，要求几个应聘者分别扮演不同的角色，模拟实际工作中的一些活动，去处理各种问题和矛盾的评价中心技术。通过角色扮演，面试考官可以观察应聘者的情绪稳定性、情绪控制力、沟通能力、应变能力等。

4) 管理游戏

管理游戏(Management Game)是一种集体评价活动，通常要求一起接受评价的人员共同合作完成一项具体的管理任务，如销售任务、供应链实施、策划商业活动等。很多时候会引入竞争因素，好几组应聘者完成同一类型任务，进行竞争，比如对比销售业绩或市场份额占有率等。招聘人员通过观察应聘者个人表现和在团队任务完成过程中的角色和贡献来测评应聘者的素质。

5) 演讲

演讲(Presentation)是要求应聘者根据现场发放的材料进行一次即兴演讲，通常面试者会赋予应聘者一个清晰的角色，然后据此评价被测评者的沟通能力和说服能力。这一方式适合领导、销售、培训类工作。通常应聘者拿到演讲题目后有5～10分钟的准备时间，正式演讲控制在5分钟左右，演讲后，面试考官针对演讲内容对应聘者发问。该方法一般与其他形式结合使用。

6) 仿真模拟测试系统

仿真模拟测试系统是指运用现代计算机技术，在计算机中模拟管理环境，应聘者通过人机对话的形式进行管理实践、分析和决策，完成后运用系统软件对应聘者的决策行为进行分析。

7) 书面案例分析

在这种评价中心技术中，面试考官会提供给应聘者一些实际工作中曾经发生或可能遇到的典型问题的有关案例材料，应聘者在规定时间内解决案例问题，形成案例分析报告，或在之后安排谈论活动，让应聘者们口头发言，或深入讨论。通过书面案例分析，面试考官可以分析出应聘者分析、解决问题的能力和文字功底。

第四节　录用决策

测评和选拔结束后，就进入录用决策阶段，这是招聘开花结果的阶段。前面所进行的所有工作，都是为了最后这个决策过程做铺垫的。录用决策是对测评和选拔过程中产生的信息进行综合评价与分析，确定每一位候选人的素质和能力特点，根据预先设计的人员录用标准进行挑选，选择出最合适人员的过程。人员录用的过程包括：背景调查、体检、做出录用决策、通知应聘者等。

一、背景调查

在招聘选拔过程中，所有的信息都是从应聘者那里直接获取的。为了确保招聘的准确性和降低招聘风险，招聘单位应当对准备录用的员工进行背景调查。这样做，一方面可以发现应聘者过去是否有不良记录；另一方面可以对其诚实性进行考察。

背景调查的主要内容有以下三个方面：

(一) 学历学位

目前，大学生的毕业证书已经被录入计算机管理系统，可以在因特网查询，这为招聘单位进行有关的背景调查提供了便利条件。

(二) 过去的工作经历

过去的工作经历调查侧重了解的是应聘者的受聘时间、职位、职责、离职原因等问题，了解应聘者过去工作经历最好的方式就是向其过去的雇主了解，此外还可向其过去的同事、客户了解。

(三) 过去的不良记录

过去的不良记录调查侧重了解的是应聘者过去是否有违法犯罪或者违纪等不良行为。招聘单位在进行背景调查时要注意从各个不同的渠道验证信息，不要听信一个被调查者或一个渠道来源的信息，必要时可以委托专业的调查机构进行调查。

二、体检

体检一般是在求职者所有其他测试都通过后，在其正式就职之前进行。对求职者进行体检的目的是检查应聘者的身体健康状况是否符合职位的要求。此外，体检也有助于建立保险和福利措施。

三、做出录用决策

通常企业会在人力资源管理的某项制度中规定新员工的录用权限。人力资源部对于普通基层员工的录用有决定权。但如果是录用技术骨干、中高层管理人员，则需要由用人部门、直接主管与人力资源部共同决策；重要的核心员工，还需要报高层审核批准。

人力资源录用决策，除了考虑测试结果外，还需要仔细分析一些细节问题，如求职者的个性特征与其所在部门或团队的融合度，个人经历对本人成长的影响，特别关注能力超强者，仔细辨别欠缺忠诚感的应聘者。

四、通知应聘者

(一) 录用通知

录用名单确定后，由人力资源部(或者用人部门)向被录用人发录用通知书。录用通知书的格式可以参考下面的范例。

录用通知书

__________先生/女士：

上周五与您的会面非常愉快。我们现在很高兴地通知您，我们组织向您提供_________职位。

接受该职位的工作意味着您应该完成______________的工作职责，并对______________负责。

您的税前全额工资为_________元整，您的工资结构为：固定工资(占全额工资的 80%)+绩效工资(占全额工资的 20%)。

我们希望您能够接受该职位的工作，我们会为您提供充足的发展机会和良好的工作环境。

我们希望在_________年_________月_________日之前获悉您是否接受该职位的消息。

如果您有什么问题，请尽快与我们联系，联系电话是____________________。

期望尽快得到您的答复。

×××公司

人力资源部经理(签名)

年 月 日

(二) 辞谢通知

很多组织往往只注重在那些将要被录用的应聘者身上做工作，而忽视了对未被录用的应聘者的回复。其实，对未被录用的应聘者进行答复是体现组织形象的重要方面。组织在答复未被录用的应聘者时最好采取书面的形式，如电子邮件。在邮件中，语言要尽量简洁、坦率礼貌，同时应该具有鼓励性，并表示与应聘者建立长期的联系。辞谢通知书的格式可以参考下面的范例。

辞谢通知书

尊敬的__________先生/女士：

十分感谢您对我们公司__________________职位的兴趣。

对于您对本公司的支持，我们不胜感激。您在应聘该职位时的良好表现，给我们留下了很深的印象。但是由于我们名额有限，非常抱歉地通知您未被录用。我们已经将您的简历等资料保留半年，如果有了新的空缺职位，我们会优先考虑您。

感谢您能够理解我们的决定。祝您早日找到理想的职位。

对您热诚应聘我们公司，再次表示感谢！

×××公司

人力资源部经理(签名)

年 月 日

一封充满人情味的辞谢通知书，不仅对外树立了良好的企业形象，同时可以将这些应聘者的档案存入后备人才库，在必要时进行筛选，可以为今后的人力招聘节省成本。

五、员工入职程序

当一名职位候选人经过层层选拔被录用后，在正式进入该组织前，还要经过以下入职程序：

第一步，人力资源部经理与录用员工签订聘用合同书，聘用合同书在双方签字后生效，人力资源部保存原件，录用员工留存复印件。第二步，录用员工前往原单位处开具离职证明，并加盖原单位的公章或人事章。第三步，入职体检，录用员工前往指定医院进行身体检查，并将体检结果交到人力资源部，以确保身体条件符合所从事工作的要求。第四步，录用员工到人力资源部领取入职介绍信，前往人才交流中心开具档案转移的商调函(调档函)，并回到原存档单位将人事档案转移到公司指定的档案管理机构。有的公司有自己的档案管理部门，而有的公司的人事档案委托专业机构管理，无论采取哪种形式，新员工的人事档案都应该转入公司统一的档案管理机构。第五步，人力资源部把将要正式入职的员工信息录入员工信息管理系统。新员工于预先约定的时间到公司正式入职。第六步，让新员工填写档案登记表，并与新员工签订劳动合同，办理各种福利转移手续。

第五节　招 聘 评 估

招聘评估是对招聘活动的评估，也就是总结和评价，通常是在一次招聘工作结束后进行，目的是进一步提高下一次招聘工作的效率，检验招聘工作的有效性，提高今后招聘成本的准确性等。许多企业往往忽视这个环节，招聘评估主要从招聘成本效用、录用人员数量和质量以及招聘方法的成效等方面进行评估。

一、招聘成本效用评估

（一）招聘成本

招聘成本包括招聘总成本与招聘单位成本。

招聘总成本是人力资源的获取成本，它等于直接加间接费用。其中，直接成本包括招募费用、选拔费用、录用员工的家庭安置费用和工作安置费用，以及招聘人员差旅费、招待费等在内的其他费用；间接费用包括内部提升费用、工作流动费用等。招聘单位成本是招聘总成本与录用人数之比。

显然，上述两项指标越小越好。

（二）招聘成本效用评估

招聘成本效用评估是指对招聘成本所产生的效果进行分析。它主要包括招聘总成本效用分析、招聘成本效用分析、人员选拔成本效用分析、人员录用成本效用分析。

其具体计算方法如下：

$$招聘总成本效用=\frac{录用人数}{招聘总成本}$$

$$招聘成本效用=\frac{应聘人数}{招聘期间费用}$$

$$选拔成本效用=\frac{被选中人数}{选拔期间费用}$$

$$人员录用成本效用=\frac{正式录用人数}{录用期间费用}$$

以上这几项评估指标越大，证明招聘效果越好。

二、录用人员数量与质量评估

（一）录用人员数量评估

录用人员数量评估指标主要有应聘比、录用比和招聘完成比。其计算公式分别为

$$应聘比=\frac{应聘人数}{拟招聘人数}$$

$$录用比=\frac{录用人数}{应聘人数}$$

$$招聘完成比=\frac{录用人数}{拟招聘人数}$$

(二) 录用人员质量评估

录用人员质量评估实质是对录用人员在其能力、潜力、素质等方面继选拔过程所作考核后的延续，因而其方法与招聘中的相应测试相似。

录用比越小，相对来说，录用者的素质越高；反之，录用者的素质越低。招聘完成比等于或大于 1(100%)，则说明在数量上全面或超额完成招聘。应聘比越大，说明发布招聘信息效果越好，同时说明，录用人员可能素质较高。除了运用录用比和应聘比两个数据来反映录用人员的质量外，还可以根据招聘的要求或工作分析中的要求，对录用人员划分等级，以此来确定其质量。

三、招聘方法成效评估

招聘方法成效评估指标有招聘的信度和招聘的效度，相应地招聘方法的成效评估有以下两种:

(一) 招聘的信度评估

1. 招聘信度的含义

招聘信度是指招聘的可靠性程度，具体指通过某项测试所得的结果的稳定性和一致性。通常这一指标又具体体现为稳定系数、等值系数、内在一致性系数。

2. 三种指标系数的测定

三种指标系数的测定如下：

(1) 稳定系数：是指用同一种测试方法对一组应聘者在两个不同时间进行测试的结果的一致性。一致性可用两次结果之间的相关系数来测定。此法不适用于受熟练程度影响较大的测试，因为被测试者在第一次测试中可能记住了某些测试题的答案，从而提高了第二次测试的成绩。

(2) 等值系数：是指对同一应聘者使用两种对等的、内容相当的测试的结果之间的一致性。如对同一应聘者使用两张内容相当的个性测试量表时，两次测试结果应当大致相同。等值系数可用两次结果之间的相关程度(即相关系数)来表示。

(3) 内在一致性系数：是指把同组应聘者进行的同一测试分为若干部分加以考察，各部分所得结果之间的一致性。这可用各部分结果之间的相关系数来判别。

(二) 招聘的效度评估

招聘效度是指招聘的有效性，具体指用人单位对应聘者真正测到的品质、特点与其想要测到的品质、特点的符合程度。因为一个测试必须能测出它想要测定的功能才算有效。效度主要有预测效度、内容效度和同测效度。

1. 预测效度

预测效度反映了测试用来预测将来行为的有效性。通过对应聘者在选拔中所得分数与其被录用后的绩效分数相比较来了解预测效度，若两者相关性越大，则说明所选的测试方法、选拔方法越有效，进而可用此法来进一步评估、预测应聘者的潜力。

2. 内容效度

内容效度即某测试的各个部分对于测量某种特性或做出某种估计有多大效用。在测试内容效度时，主要考虑所用方法是否与想测试的特性有关，如招聘打字员，测试其打字速度和准确性、手眼协调性和手指灵活度的操作测试的内容效度是较高的，因为准确性、灵活性是打字员应具备的职业特性，是特别需要测定的。内容效度多用于知识测试与实际操作测试。

3. 同测效度

同测效度是指对员工实施某种测试，然后将测试结果与员工实际工作绩效考核得分作比较，若两者相关性很大，则说明此测试效度高。这种方法不适用于选拔员工时的测试，因为这种效度是根据现有员工测试而得出的，而现有员工所具备的经验、对组织的了解等，是应聘者所缺乏的，因此，应聘者可能因缺乏经验而得不到测试的高分，从而错误地被认为其是无潜力或能力的，而事实可能并非如此。

技能训练

实训目标：

了解招聘的流程，掌握面试的内容与要求。

实训内容与要求：

为一家现实中的企业编制招聘计划，并进行角色扮演，在课堂上进行小组面试实操。

成果检测：

(1) 学生以小组为单位进行企业招聘计划的编制，由教师进行评价。

(2) 学生分为面试考官和面试者，在课堂上进行小组面试，由教师和学生代表打分并进行评价。

案例分析

案例一：字节跳动创始人张一鸣对招聘的思考

很多创业公司在草创阶段，对于未来所要应对的挑战理解不够，搭班子的时候，两个字——将就，能来什么样的人，就用什么样的人。2012 年，张一鸣在搭今日头条班子时，对自己说：“每当想放低要求的时候，我就提醒自己一定不能往低走而要往高走，我们要做得出彩，而不是完成事情。尤其在早期，核心成员的能力、素质、态度是最关键的。”

乔布斯在 20 多岁刚创业的时候，也是如此。乔布斯对于招聘流程有着严格的控制，目的是找到具有创造力、绝顶聪明又略带叛逆的人才。他会问一些古怪的问题，以考验求职者在突发状况下的思维应变能力，以及他们的幽默感和反抗精神。后来等苹果做大了，苹果需要成熟的职业经理人，乔布斯亲自 N 顾茅庐，把斯卡利(前百事可乐总裁)挖进苹果公司，并说出那句传世挖人名言：“你是希望卖一辈子糖水，还是想抓住机会来改变世界。”尽管后来，斯卡利把个性十足的创始人乔布斯赶出了苹果公司。

无论职业生涯怎么改变，乔布斯对于人才的理念没有改变：如果你想建设一个由一流队员组成的团队，就必须敢下狠手，让二流的人离开，因为你不这样做，没人会这样做。如果你吸收了几名二流队员，他们就会招来更多的二流队员，很快，团队里甚至还会出现三流队员。乔布斯认为，很多人说(牛人)不好共事，但是他的发现是，一流的选手只是不喜欢和三流的人才共事而已。这意味着你不能容忍二三流队员。

在苹果公司，重要岗位的招聘，会安排面见公司的主要负责人，而不是只见一下招聘部门的负责人。乔布斯说，这样做的目的是避免“笨蛋大爆炸”，免得公司上下充满了二流人才。

字节跳动的招聘过程和苹果一样严苛。有个前大厂出身的朋友说，给字跳动推荐了 60 个身边的朋友，但只通过了 1 个。为了防止人才密度稀释，字节跳动设计了严密和高效的招聘体系。

比乔布斯更进一步的是，张一鸣认为在招聘、人事变动等重要决定上，需要有正式的思考，并且写下来。这样避免“不认真”，并使将来复盘提高有了基础。即如果不小心让“三流人才”进入，还可以有历史档案来复盘纠错。

问题：结合案例，请你谈谈招聘在企业生存发展中发挥着什么样的作用；作为企业的人力资源管理部门，应具有什么样的选才观。

案例二：应该裁掉谁？

古代有一个最成功的项目团队，那就是《西游记》中的取经团队。为了完成西天取经任务，组成取经团队，成员有唐僧、孙悟空、猪八戒、沙和尚和白龙马。其中唐僧是项目经理，孙悟空是技术核心，猪八戒和沙和尚是普通团员，白龙马是项目经理的座驾。这个团队的高层领导是观音。团队的组成很有意思：

唐僧作为项目经理，有很坚韧的品性和极高的原则性，不达目的不罢休，又很得上司支持和赏识(直接得到唐太宗的任命，既给袈裟，又给金碗；又得到以观音为首的各路神仙的广泛支持和帮助)。

沙和尚言语不多，任劳任怨，承担了项目中挑担这种粗笨无聊的工作。

猪八戒这个成员，看起来好吃懒做，贪财好色，又不肯干活，最多牵一下马，好像留在团队里没有什么用处，其实他的存在还是有很大用处的，因为他性格开朗，能够接受任何批评而毫无负担压力，在项目组中承担了润滑油的作用。

最关键的还是孙悟空，由于孙悟空是这个取经团队里的核心，但是他的性格极端，回想他那大闹天宫的历史，恐怕作为普通人来说没有人会让这种人待在团队里。

白龙马是唐僧办公、出差用的座驾，身份地位的象征。

问题：为了节约人力成本，唐太宗必须裁掉一个人。请你谈谈应该裁掉谁，并运用所学知识说明理由。

本 章 小 结

(1) 招聘是指围绕企业战略目标的实现，以企业人力资源规划和工作岗位分析为基础，借助各种信息发布，通过一定的渠道吸引具备任职资格和条件的求职者，并采取科学的方法从中甄选和确定合适的候选者予以聘用，并对各项活动加以评估的管理过程。

(2) 招聘包括两个相对独立的过程：一是招募，即通过宣传扩大影响，树立企业形象，达到吸引人才来应聘的目的；二是选拔聘用，即使用各种技术测评与选拔方法，挑选合格员工。

(3) 招聘是企业获取人力资源的重要途径；招聘有利于提升企业核心竞争力；招聘为企业注入活力，增强企业创新力；招聘有助于企业知名度的提升。

(4) 影响员工招聘的外部因素包括经济因素、劳动力市场，国家的法律法规和政策，所属行业的发展状况及竞争对手状况。影响员工招聘的内部因素包括企业的知名度、企业所处行业的性质与发展前景、企业的地理位置、企业的发展战略、企业的招聘成本、企业的薪酬福利等方面。

(5) 企业招聘的原则包括人岗匹配原则、内外兼顾原则、效率优先原则、公平公开原则及合法性原则。

(6) 为了保证招聘工作的科学、规范、优质、高效，一次完整的招聘活动应包括招聘活动开展前招聘需求的确定、招聘计划的制订，执行招聘计划时的信息发布、初步筛选、选拔录用，以及招聘结束后的总结和评估。

(7) 招聘渠道有两个方面：一是内部招聘，从企业内部选拔出合适的人员补充到空缺或新增的岗位上；二是外部招聘，指对外发布招聘信息，通过对外部人员进行筛选并择优录取，弥补岗位的空缺。

(8) 评价中心技术也称情景模拟测试，即创建一个模拟的管理系统或工作场景，将被测评者纳入系统中，采用多种评价技术和手段，观察分析被试者在模拟的工作情境压力下的心理和行为，以测量其管理和潜在能力，了解被测评者是否胜任某项拟委任的工作以及工作成就的前景，同时还可以了解其不足之处，以确定上岗后培训的内容和方式。

复习与思考

1. 什么是招聘？其意义和原则分别是什么？
2. 影响员工招聘的因素有哪些？
3. 员工招聘的程序包括哪些内容？
4. 招聘渠道包括哪些种类？具体包括哪些内容？
5. 面试的类型有哪些？
6. 评价中心技术包括哪些内容？

第五章

培训与开发

学习目标

(1) 理解培训与开发的含义、作用和原则。
(2) 了解培训与开发的形式及方法。
(3) 掌握四维培训与开发体系。
(4) 掌握培训需求分析的内容。
(5) 了解培训效果评估的方法。

关键词

培训(Training)
开发(Development)
效果评估(Effect Appraisal)

导入案例

阿斯利康的培训世界

1. 关于阿斯利康

阿斯利康制药有限公司，是 1999 年由两家历史超过百年的医药企业——瑞典阿斯特拉和美国捷利康合资组成的全球化制药集团。阿斯利康全球总部位于英国伦敦，在全球设有 14 个研发中心，业务遍及 100 多个国家和地区。阿斯利康 1993 年进入中国市场，20 多年来，阿斯利康不断吸引人才，通过科研创新及卓越的执行力，真正改变患者的生活，不断满足中国的医药需求。阿斯利康中国总部位于上海，拥有 1 万多名中国员工。2020 年，阿斯利康中国的在华销售额为 53.75 亿美元。

2. 重视培训即重视人的发展

阿斯利康连续 8 年被“杰出雇主”评为医药行业的最佳雇主，这在医药行业是独树一帜的。近几年医药行业增速从 2 位数变成 1 位数，而阿斯利康仍然保持了强劲的增长，在行业里面名列前茅，取得了很多方面的创新，这得益于阿斯利康中国区总裁这位非常具有创新意识的领路人，同时得益于公司最高管理层对培训的高度重视，“激发潜能、绽放价值”是阿斯利康管理学院的口号。管理学院培训师的使命和职责是要把人的潜能充分调动起来，关注人的全面发展，最大化实现人的价值。管理学院也非常关注和公司业务相关的领域，如销售、市场、商务、大客户、政府事务团队等，全面推动业务的发展是管理学院的终极使命。

阿斯利康的培训体系分为三大部分：一是阿斯利康管理学院，为业务相关的销售人员提供培训；二是专门为市场相关人员提供培训；三是高潜力人才发展培训项目。这三大部分的培训项目层次非常清晰，同时相辅相成，给员工提供整体的培训发展解决方案。

阿斯利康内部有很多人才发展机制，培训团队会针对不同层级涉及不同的项目。常规培训确保销售伙伴获得竞争所需的能力；针对不同的销售总监和区域经理遇到的销售问题会有专门的培训合作伙伴为其设计定制化的培训方案；针对大区经理和级别较高的人员，培训团队会为他们设计量身定制的学习发展方案，如导师制、春苗计划、外部 MBA 项目及领导力大会等来满足他们的需要。

3. 培训思维突破传统

阿斯利康要建立模拟中心（Simulation Center），即模拟真实的工作环境，让员工置身这种环境中，在接受挑战的同时培养新的能力，同时把培训课程紧密关联、嵌入日常管理工作中去，以诸多创新的培训方式颠覆过去传统的方式。阿斯利康对培训进行切割，采取微课堂的形式，让员工通过手机进行碎片化学习；将培训转移到日常的管理会议中去，如在部门的例行周会中嵌入“创新科室会”的培训项目，让培训成为业务管理会议和日常工作中不可或缺的一部分。

阿斯利康在培训中心建立影响销售绩效的行为数据库并上传至云端，通过员工的数据，可以看出谁是某个领域的优秀销售代表、优秀地区经理，同时也会对数据进行分析，取得业绩的背后哪些是受到自身能力影响的，哪些是受市场环境等外部机会影响的，哪些是克服了各种挑战赢得的结果。这些都是通过销售者的日常工作发现的培训突破口，而这也是非常符合目前发展趋势的培训管理方法。

4. 激励员工自主学习

在 VUCA 时代，对于企业及员工而言，唯有学习更新才是唯一的出路，然而很多员工对于企业组织的培训不感兴趣，只有点燃员工心中的学习热情，才能事半功倍。

阿斯利康对于激发员工的学习热情做了很多努力，如将原有的学习平台 m-Learning 进行创新成为 Avatar-Z，把知识管理从被动学习变成主动学习。第一，让学习更加游戏化，寓教于乐，更好地引发员工的学习兴趣；第二，形成良性的竞争氛围；第三，让学习培训的内容与日常工作紧密关联，员工在工作中遇到问题时，可以第一时间从 Avatar-Z 平台寻求资源。

管理学院还创造了 AZ-pay，即员工学时的积累、工作行为的变化、业绩的提升都是可衡量的，员工可以通过自身的努力获得 AZ 币，去兑换相应的奖励。这些奖励包括享受产品市场促销的优惠活动，赢得与公司高管进行交流的机会，获得破格晋升的机会等。管理学院希望通过各种创新的方式，让内部形成一种学习文化，让员工在一种更轻松、活泼的气氛下掌握技能。

5. 培训需要持续创新

阿斯利康中国管理学院执行总监认为，新经济形势下，培训要推陈出新，企业培训部门需要善于整合内外部的资源；环境变化太快，技术迭代也非常快，培训从业人员要始终充满危机感，培训需要具有前瞻性思维，只有保持快速的学习能力，拥抱新事物，才能确保在培训上持续创新；培训者需要有全局思维，具备“创客”意识，敏锐地捕捉机会，持续注入激情。

第一节 培训与开发概述

一、培训与开发的含义

培训与开发是人力资源管理的重要组成部分，是现代企业获取竞争优势的强有力的武器。虽然在企业管理的实践中人们对培训与开发并未做明确的区分，但二者既有区别又有联系。

它们之间的区别在于目标的指向。通常来说，培训的目标指向性更强。培训(Training)是指企业根据当前生产经营的需要，采用一系列的方法向员工传授工作所需的知识、技能、价值观和态度的过程。开发(Development)着眼于未来，以提高员工的适应能力为导向，是企业通过提高员工的知识和工作技能，以实现企业未来整体绩效的提升而进行的各种活动。培训与开发虽然目标指向有所不同，但二者都是为了满足企业不断发展的需要，为了提高员工的知识水平，改善员工的工作态度，使员工能胜任本职工作并不断有所创新，在综合考虑组织的发展目标和员工个人发展目标的基础上，对员工进行的一系列有计划、有组织的学习与训练活动。所以，培训与开发被统称为人力资源开发(Human Resource Development，HRD)。

如今，越来越多的企业认识到，在竞争日益激烈的今天，培训不应仅仅局限于员工基本技能的提升，还要关注员工分析问题和解决问题的能力，来适应 VUCA (Volatility，易变性；Uncertainty，不稳定性；Complexity，复杂性；Ambiguity，模糊性)的时代对企业敏捷性的要求。此外，培训还要为企业创建学习型组织，营造企业知识共享的氛围，使员工能够自发地分享知识、创造性地应用知识，提供给客户超出客户需求的服务。基于此，培训和开发的界限日益模糊，两者都重视员工和企业当前与未来发展的需要，两者都更加重视与企业战略和发展的关联。

二、培训与开发的作用

(一) 提高员工素质

通过培训与开发，员工可以获得个人业务能力及综合素质的提升。比如新员工参加入职培训，可以在短时间内迅速了解企业文化、价值观，了解企业的经营目标、组织结构、管理制度和工作流程，熟悉工作环境，便于更快地融入企业环境。除新员工入职培训外，各种新知识、新技能的培训可以为参训员工带来新的工作理念和思维模式，帮助员工适应时代的发展，提高工作能力。

(二) 提高企业绩效

培训与开发能够使员工学习并掌握工作中所需的知识和技能，帮助员工提高工作效率，提升工作质量，减少工作失误，减小损失。通过培训与开发，员工将增强企业认同感，改变工作态度和工作观念，增强责任感，能够以主人翁的身份为客户提供满意的服务。企业组织各种形式、各种主题的培训与开发项目，还能够帮助企业各部门加强沟通，促进相互理解，形成相互协同的团队，降低沟通成本。所有这些最终都能促进企业整体绩效的提高。

（三）促进企业吸引优秀人才

企业的竞争归根结底是人才的竞争。企业如果不能吸引并保留优秀的人才，必将丧失未来企业在市场上长期存在的核心竞争力。当前的人才市场上，人才选择雇主时不再仅仅看重薪酬、福利等物质条件，更多地看重企业能否为其提供多元化、全方位的学习成长机会，而这种机会大部分是通过培训与开发来获得的。因此，企业只有建立健全培训与开发机制和体系，才能在人才市场上提高竞争优势，吸引并留住优秀人才。

（四）促进企业打造学习型组织

学习型组织指致力于知识的获取和创造，并以知识作为发展的动力和基础的组织。学习型组织在解决系统性问题、学习自己和他人经验、快速有效地将知识转化为生产力等方面具有明显的优越性。经常开展培训与开发活动，除能够帮助员工提升工作技能外，还能促进更多的员工成为学习者，营造共同的学习环境，打造学习型组织。

三、培训与开发的原则

为有效增进员工的知识、技能和能力，企业的培训与开发应当遵循一定的原则，确定科学合理的训练计划，以激励受训者。其具体的原则如下：

（一）战略导向性原则

企业战略规划对企业各方面工作都具有指导意义，是企业经营活动的最高纲领，培训与开发作为人力资源管理系统的组成部分，必须结合企业战略规划，不仅关注眼前需要解决的短期问题，还要立足企业长远的发展需求，从未来发展的角度制订满足企业持续性发展的培训与开发计划，这样才能保证培训与开发工作的有效开展。

（二）学以致用原则

企业不应为了培训而培训，培训与开发应该有明确的目的，有关培训与开发计划的设计应当结合公司战略，根据实际工作的需要，考虑受训者工作岗位的特点、员工的知识结构、能力结构、年龄等因素，务求做出全面的规划。企业发展需要什么，员工就培训什么，应摒弃形式主义，讲求实效。

（三）全员培训和重点提高相结合原则

全员培训是有计划、有步骤地培训所有员工，以提高全员素质。在资源的使用上，按照职级的高低安排培训的先后次序，从上而下，先培训和发展管理骨干，特别是中高层管理人员，以加强领导素质，继而培训基层员工。

（四）专业知识技能与企业文化并重原则

培训与开发的内容除了包括知识和技能外，还应当包括企业的愿景、使命、价值观以及其他与企业文化相关的内容，以端正员工的工作态度，增强员工的归属感，强化员工的责任心，使之符合企业的要求。

（五）严格考核与择优奖励原则

严格考核与择优奖励是培训与开发必不可少的环节。严格考核应确保培训与开发的质量，并将考核结果反馈至培训组织部门，以判断培训与开发是否达到预期目标，培训组织部门也可在此基础上进一步优化培训与开发的相关内容。择优奖励则是为了激励员工积极参与培训与开发，提高自身综合素质。

（六）效益与效率并重、适度培训原则

对于企业来说，培训与开发是一种资源的投资，必须要考虑成本与收益问题。只有以最小的投入获得最大的收益，才是理性的企业应该从事的活动。在进行培训与开发时，企业应当保证在一定投入的前提下，尽可能地获得最理想的培训效果；或者在一定的培训效果的前提下，确保投入的费用最小化。同时，对员工的培训应当适度，根据实际条件和实际需要来进行，既不能超出企业的承受能力而过度追求培训内容的丰富化，也不能以条件限制为由不给予员工必要的培训。

四、培训与开发的类型

培训与开发按照培训对象、培训内容等的不同可以划分为不同的类型。

（一）按照培训对象分类

培训与开发按照培训对象不同，可以分为操作人员培训、基层管理人员培训、中层管理人员培训和高层管理人员培训。

(1) 操作人员培训。操作人员是具体任务的执行人员，进行培训的目的是培养他们积极的工作态度，使其掌握良好的工作方法、技能和原则，提高其生产效率。培训的主要内容包括员工行为规范、工作安全事故的预防、设备操作等。操作人员培训需要注重实用性和实践性。

(2) 基层管理人员培训。基层管理人员主要从事一线的管理工作，执行上级领导下达的指示和决策。因此，培训的主要内容应着重于管理工作的技能、技巧等，如团队建设、生产与运作管理、班组管理等。

(3) 中层管理人员培训。中层管理人员应当对本部门负责的所有业务熟悉、精通，并了解与本部门业务相关的其他部门的工作流程，培训内容应围绕人际关系、解决问题的能力展开，包括如何做卓有成效的领导者、直线部门的人力资源管理等。

(4) 高层管理人员培训。高层管理人员的工作重点在于战略决策，因此对他们的培训更趋向于观念、思维等方面，如经营预测、战略决策、领导艺术等。

（二）按照培训内容分类

培训与开发按照培训内容的不同，可以分为知识培训、技能培训、态度培训、思维培

训和心理培训。

(1) 知识培训。知识培训侧重于对受训者掌握的知识进行不断更新，主要目标是通过更新员工的知识使其行动效率更高。

(2) 技能培训。技能培训侧重于对受训者具备的能力进行提高，开发员工的技能潜力，提高员工的实际操作水平。

(3) 态度培训。态度培训侧重于培养受训者积极的工作态度，提高员工对企业的认同感和归属感，建立起企业与员工相互信任的态度。

(4) 思维培训。思维培训侧重于改变受训者的固有思维模式，使其能够自发地学习和创新，最终形成良性的、建设性的思维方式。

(5) 心理培训。心理培训通过对受训者心理的引导和调整，开发和培养他们的观察力、记忆力等智力因素和动机、情绪、意志等非智力因素，从而培养适合他们自己工作的能力。

第二节　培训与开发的形式及方法

企业培训的形式多种多样，为了使员工的培训更加有效，必须选择适当的培训方法。按照员工参加培训时的工作情况，可以将培训与开发分为在职培训(On-the-Job-Training，ONJT)和脱产培训(Off-the-Job-Training，OFFJT)两种形式。不同的培训与开发形式对应的培训与开发方法不同。

一、在职培训

在职培训是指在工作中直接对员工进行培训，通过聘请有经验的工人、管理人员或专职教师指导员工边学习边工作的培训方法。在职培训一般包括学徒式培训、工作轮换、工作指导和自我指导四种形式。

(一) 学徒式培训

学徒式培训通常是向新员工提供的培训方法，通俗地讲就是“师傅带徒弟”的方法。这种方法是为新员工选择有经验的员工或管理者(通常被称为师傅)进行示范，给予工作和所需技能的理论和实践方面的指导和传授，这些被培训者(通常被称为学徒)在此过程中反复实践和强化，以达到培训的目的。这种培训方法大多用于生产或服务一线员工，如电工、维修工等。学徒时间因人而异，一般由行业标准决定。在我国，学徒制有着悠久的历史，特别是中华人民共和国成立后，学徒式的培训方式为我国培训了大量的技术工人。学徒式培训的优点在于成本低，有利于工作技能的迅速掌握。其缺点在于：一方面，培训效果受到师傅的个人因素影响很大，且其相对固定的工作思路不利于工作创新；另一方面，师傅一般只对徒弟进行某一技能或工作培训，难以适应新技术的更新变化，同时这种方法更为偏重技术操作的训练，理论学习相对较少，学习的深度会受到影响。

(二) 工作轮换

工作轮换是指各部门受训员工轮换到不同部门学习知识或技能。这种培训方法可以丰富员工的工作内容，使员工获得不同的工作经验。工作轮换有助于员工从多角度思考和理解问题，了解其他职位的工作内容和工作方式，同时培养员工工作的整体观和全局观，消除对其他部门其他岗位工作的误解。在轮换过程中，员工不可能深入地了解各个职位的详细的工作内容，因此这种方法特别适用于管理人员和技术人员的培训。工作轮换的缺点在于费时费力，在人事和工作安排上比较麻烦；员工在新的岗位上工作时通常会因为时间较短而不会很认真，而且也无法建立较为稳定的人际关系，往往抱着敷衍的态度。因此，如果企业不能对工作轮换做出成熟的安排，一般情况下是不会采用这种方法的。

(三) 工作指导

工作指导是指工作指导人员(一般是培训师或管理者)在明确工作要求、内容和程序后，受训者在指导人员的示范和指引下按照工作步骤进行实际操作的一种培训方法。在每一个工作程序中，指导人员都需要确认关键点，认真观察员工的实际情况，如果受训员工的操作达到工作标准，则可以继续进行；如果出现问题，则指导人员立刻给予纠正并令其重复操作，直到员工符合要求。工作指导这种培训方式直观并且实际操作性强，通常被广泛应用于企业对初级员工和技术操作工的培训中。

(四) 自我指导

自我指导是指受训者按照预定的培训内容自主进行学习。培训者只负责评价受训者的学习情况及解答所提出的问题，而不对受训者进行学习进程的指导。自我指导适应于知识、技能、观念、态度等多方面的学习，既适用于岗前培训，又适用于在岗培训。新员工和老员工都可以通过自我指导掌握必备的知识和技能。自我指导的培训方法的优点在于：受训者可以自主安排学习的进程和节奏，并能够得到及时的学习绩效反馈，灵活性强；只需要较少的培训人员，能够大大降低聘请培训师、租用场地等的费用，培训成本低。自我指导的缺点在于：受训者必须有学习的动机，开发时间长，开发成本高。由于现代企业希望员工能够自觉主动地学习，因此这种培训方法应用得越来越多。

企业案例

华为的业务轮换与岗位轮换

在华为，轮岗换位并不是简单的岗位轮换，它包括两种状态：第一种是业务轮换，第二种是岗位轮换。华为的业务轮换是指单纯从提升原有业务能力的角度出发，如让研发人员从事中试、生产、服务等，以便让研发人员掌握和领会技术商品化的内涵，并用于实践，同时这种交流也有利于技术人员对其他领域有所了解，以消除技术至上引起的偏见。

岗位轮换是伴随着绩效考核进行的，即不合格的要降职，合格的要升职。这一举措在许多外行人看来很平常，但华为在执行这一政策时，无论是规模还是力度，都是“惊天动地”的，其范围之广、频率之高令人难以想象。上至总裁，下至普通员工，全部归零，通过竞聘方式进行答辩，公司根据其具体表现、发展潜力和企业发展的需要重新任命。

华为的岗位轮换不仅仅是从一个岗位到另一岗位的培训，而是易职、易岗、易薪，全部推倒重来。这给员工带来了很大的压力，但也正是在这种压力下，人们开始不断努力，通力合作，积极工作。经过多年的发展和演变，华为的轮岗换位制度已经形成了一个严密的流程。

华为会在每年的 12 月制订次年的轮岗计划，并安排 3%～5%的现有专业人才参加轮岗培训。培训过后，普通人员和专业人员区分开来，普通人员直接确定轮岗安排，专业人员的轮岗则由个人提出申请，公司人力资源部门根据其申请表结合岗位工作描述进行审核，最终确定轮岗培训的名单。轮岗过程中，华为会通过“员工工作轮岗登记卡”记录参加轮岗培训员工的基本状况及他们的工作和轮岗培训情况。公司每半年对轮岗人员进行考核，人力资源部门根据考核结果与轮岗人员进行沟通，提出培训建议，共同探讨改进办法。次年的 11 月，华为人力资源部门需要对一年以来的考核结果进行总结，根据考核结果决定轮岗人员是降职还是升职或是参加相应的培训。

华为的岗位轮换允许员工有挑选岗位的机会，“不用封建包办婚姻式的包办制度定终身，但过分自由也不好，不能无限制地调换工作”“轮换岗位也要注意干部在任用上的连续性，不能为了换岗而换岗”。

岗位轮换制度极大地促进了华为内部管理技巧的传播，保证各部门均衡发展，有利于优秀干部快速成长。同时，接受轮换的员工将优良的东西带到基层，使整个华为系统保持积极性和灵活性。通过轮岗，华为在运营中无论遇到什么问题，都能有人顶上去快速地解决问题。

二、脱产培训

在职培训的优点在于省时，见效快并且成本较低，但是为了使企业得到长期发展，专门的脱产培训也是非常必要的。如果企业的规模大，有自身专门的培训部门，那么通常由该培训部门来组织；如果企业自身无力组织，则可以利用外部资源(如专业的培训机构)来进行。即使是大公司，有时候也需要进行外部组织的脱产培训。脱产培训是指有选择地让部分员工在一段时间内离开原工作岗位，进行专门的业务学习的培训方式。脱产培训使员工可以专心地、系统地、专业化地学习，特别是进行理论知识方法的培训。被培训者往往来自不同的单位，因此有利于相互之间的学习交流。脱产培训的方式相较在职培训更为丰富，不同企业可根据自身的实际情况采用不同的方式。

(一) 课堂讲授

课堂讲授是最基本的脱产培训方法，是由培训师通过课堂讲授，系统地向受训者传授知识，让其掌握特定知识的方法。其最主要的方式有讲座和讨论。它的优点是可以在同一时间培训多人，成本较低，而且受训者比较容易记住和控制学习的进度。它的缺点在于大部分情况下都是单向的，培训师讲，受训者听，学习的知识离实际的工作有一个转换的过程，不利于受训者了解自己的学习效果，受训者不容易巩固学习内容。培训师是决定讲授成败的关键因素，因此在采用这种方法时要注意保证内容的科学性、系统性、条理性、针对性和实用性，突出重点，提高受训者的学习兴趣；同时注意采取多种手段，如视频、实验及计算机等，尽量让受训者独立思考，培养其正确的思维习惯。课堂讲授适用于各类受训者系统了解知识、理论，如对新员工在企业文化、企业规章制度、岗位知识等方面的培训。

(二) 案例讨论

案例讨论是指实际发生过的或正在发生的客观存在的事情或设计的典型环境，通过文字、视频等形式描述出来，让受训者进行分析思考，使其学习诊断和解决问题并提出对策。案例讨论的优点在于它提供了一个系统的思考模式，在案例讨论的过程中，受训者可以得到管理方面的知识，建立先进的思想，通过案例研究可以提高受训者观察问题、分析问题和解决问题的能力。因此通常情况下，这种方法适用于对管理人员特别是中高级管理人员的培训。

用于讨论的案例一般可分为两大类：评价型和决策型。评价型案例主要描述某个事件的全过程以及实际效果，受训者的学习任务是对案例中的做法给予评价，并提出一定的建议。决策型案例则是提出某事件需要得到解决的问题，由受训者去分析这些具体的问题并给出最后的决策。当然，在现实的讨论中，两者可以灵活地结合使用。在对案例进行分析的整个过程“找出问题——诊断原因——提出对策——付诸实践”中，在任何一个环节都可以设置问题。如案例已经提出问题，则由受训者对问题进行分析，找出原因，提出对策解决问题，并预测出可能的结果；如果案例已经给出实际发生的结果，则由受训者针对结果找出问题所在并提出可能的解决方法。环节越靠前，留给受训者的任务其难度就越大。需要强调的是，为了使案例的讨论更加有效，使用的案例内容必须真实。有关的任务或地点可以用假名，但基本架构不能虚构，有关数字之间的比例不能改变。案例的使用必须包含某些方面的问题，有明确的目的，才能为教学培训服务。学习环境必须能为受训者提供案例准备及讨论案例分析结果的机会。受训者可以通过面对面或者计算机网络设施进行交流。案例讨论应尽可能提高每个受训者的参与程度。

案例讨论一般分为三个阶段：个人思考、小组讨论、全班讨论。首先要求每个受训者独自阅读案例，进入案例角色，系统思考问题，保证其想法的独立性。其次将整个学习班级分为几个小组，形成每一个相对独立的集体，让受训者参与到小组的讨论中，互相交流。在此过程中，每个人要找到自己在集体中的位置，明确自己的任务和工作，合理分工，培养合作与协调能力。在最后一个环节中，经过全班的讨论，大家各抒己见并给出自己的分析依据，最终形成案例分析的结果。

(三) 商业游戏

商业游戏是指受训者在一些仿照商业竞争规则的情景下收集信息并进行分析进而做出决策的过程。这种培训方法主要用于管理技能开发。参与者在计算机模拟下(有时通过模拟设备和环境)按照既定的规则参与游戏，达到一定的学习目的。由于游戏本身的趣味性，这种培训方法能够激发受训者的学习兴趣，使其在轻松的氛围中学习和掌握各种知识和技能，拓宽思路，提高解决问题的能力。受训者在此过程中被分为若干小组(每个小组最好不要超过 6 个人)，每个小组根据给定的场景和条件对各个方面的管理活动收集信息并分析，最终给出决策。所涉及的管理活动包括但不限于市场营销(产品定价、渠道建设、产品促销)、人力资源管理、财务预算等方面，每个小组的行为会影响整个市场环境的变化，从而影响其他小组的决策行为。计算机根据信息的变化最终显示出游戏结果(一般按照季度、半年、一年来记录时间跨度)，整个游戏过程持续半小时至三个小时。游戏过程能够使团队成员迅速形成有凝聚力的群体，比课堂讲授具有更强的吸引力，但是开发成本相对较高。

商业游戏在实施的过程中应该注意以下几点：第一，选择的游戏要恰当。培训师应该根据培训目标和培训内容的需要选择合适的游戏，游戏本身只是培训过程中的辅助工具。第二，培训师的职责要到位。游戏过程中，培训师的角色是组织者和观察者。作为组织者，培训师要保证游戏规则的执行，要根据现场情况适当调整活动的进程，处理突发事件，控制游戏时间等。作为观察者，培训师要在游戏过程中认真观察每个团队及个人的表现和反应，在游戏结束后应该对整个过程进行总结和评价。培训师的表现对整个游戏的进行起着重要的作用，这就要求培训师在平时注意积累游戏经验，使游戏起到应有的训练作用。

（四）角色扮演

角色扮演是指以有效开发角色行为能力为目的的训练方法。这种方法往往是设定一个最接近现实状况的训练环境，指定受训者扮演角色，借助角色的演练来理解角色内容，从而提高受训者积极面对现实和解决问题的能力。

角色扮演需要设置某一个情景，不存在详细的脚本。角色扮演者在弄清楚所处情景及各自所扮演的角色特点和约束条件后，即进入角色，自发地进行表演，主动采取行动或被动做出反应，合情合理地进行表演，直到培训师发出停止信号为止。角色扮演能进一步改进受训者的态度，适合于各类员工的培训。

（五）仿真模拟

仿真模拟是一种模仿现实生活中情景的培训方法，又称为情景模拟，主要是利用受训者在工作过程中实际使用设备或者模拟设备以及实际面临的情况来对他们进行培养的一种方法。这种方法让受训者能够看到自己的决策在一种人工的、没有风险的环境中可能产生的影响，因而常常用于传授生产和加工技能及管理和人际关系技能。仿真模拟的基本形式有两种：人和机器共同参与，人和计算机共同参与。该方法的有效性其关键在于模拟器对受训者在实际工作中使用设备时遇到的情形的仿真程度，仿真程度越高，有效性就越强。仿真模拟方法的优点在于：仿真模拟的情景和现实工作环境的相似度高，因此培训效果较好，不必担心错误的决策所带来的不良后果，可以避免在实际工作中进行培训而造成的损失。它的缺点在于：模拟的情景不可能做到与真实的工作完全一样，在培训到实际工作之间存在着培训转化的问题，而且培训成本高。模拟环境要求必须与实际的工作环境的构成要素相同，彼此能够准确地对受训者所发布的指令做出准确的反应，而且工作环境的信息也在随时变化，因此开发的成本非常高。这种培训特别适合决策错误的代价比较高、风险性高的工作，如飞行员的培训等。

（六）行为塑造

行为塑造也称为行为模仿，是指让受训者学习被肯定的正确行为，给予他们实践的机会，使其在实践中加以正确地运用。该方法主要适用于技能和行为的学习。它的主要步骤包括：第一，行为演示，找出完成一项工作的关键行为，对其原因进行解释，进行正确行为演示；第二，行为实践，即受训者在模拟的情境中进行行为实践；第三，行为强化，肯定受训者正确的行为，予以正强化；第四，行为转化，帮助受训者将正确的行为转化为工作中的行为，找出受训者实际行为与正确行为之间的差距，予以反馈。

（七）探险性学习

探险性学习也称为户外培训、野外培训、拓展训练或冒险性培训，是利用一系列室外活动来开发受训者的团队协作精神和领导技能的一种培训方法。它以体能训练为主，将受训者置于各种艰难的情境中，在面对挑战、克服困难和解决问题的过程中，使受训者的问题解决、冲突管理、决策和风险承受能力得到提升。在活动结束后，应由某位经验丰富的指导人员组织大家对活动过程中的各项内容进行总结讨论，如活动中最深刻的体验，活动中学到了哪些东西，如何将所学到的知识应用到实际工作当中等。总结讨论有助于将受训者培训所学向实际工作应用进行转化。

探险性学习的优点在于：受训者的参与性强，积极性高，过程虽困难，但充满乐趣，能迅速培养受训者的团队合作精神，受训者的自信心、心理素质等方面在培训结束后能够有很大的提升，人际关系也能够得到改善。探险性学习的缺点在于：户外的体能训练对受训者的身体素质要求较高，在活动过程中可能会要求受训者彼此的身体有接触，存在一定的风险，甚至会引起相关的法律诉讼。

（八）行动学习

行动学习是指布置给团队或工作小组一个实际工作中面临的难题，让团队或者工作小组一起想出解决问题的方法，制订出相应的行动计划，再由他们共同实施。由于任务是真实的，因此当行动学习结束后，实际工作中的难题往往也得到了解决，一举两得，学习效果能够得到最大的转化，同时也可以发现一些不利于团队有效解决问题的阻碍因素。

实际工作中，还有考察培训法、头脑风暴法、敏感性训练法等许多其他培训方法，这里就不一一展开论述了。

三、新技术培训方法

随着信息技术的日益发展，新型的培训技术方法不断出现。目前，企业采用的新技术培训方法主要包括以下几种类型：

（一）电子通信培训技术

电子通信培训技术有电视教学和远程会议培训。这种方法可以使不同地点的人员同时参加培训，为企业节约一定的培训成本，而且能够使受训者迅速接触和掌握与工作相关的新信息和新技术。

（二）计算机辅助培训技术

计算机辅助培训技术的形式主要包括电子版业务手册、电脑反复练习系统、借助光盘演示培训项目等。计算机辅助培训技术覆盖的内容很广，简单的有基本的报表制作、打字技能等，复杂的有技术性的科研工程和设备维护等学习主题。计算机辅助培训技术不适合主动性较差的受训者，如果没有培训者的协助，很难完成培训目标。

（三）网络培训技术

随着互联网技术的发展，特别是移动互联网时代的到来，学习获取变得更加容易，学习移动化、碎片化、及时化成为当前学习的特点，一些学习门户网站大量出现，无论是收费的还是免费的网络在线培训，如 E-Learning、微信发送学习等正在改变企业和员工的学习方式。基于内部组织网络的培训技术和方法也成为企业员工学习的重要渠道，如万达集团的万学平台、华为公司的内部学习网等。

(四) 虚拟现实培训技术

虚拟现实培训技术是通过模拟环境使受训者能够看到他们在工作中可能遇到的任何情境，受训者通过接触、观看以及进行操作演练得到知识、技能的提升。虚拟现实培训技术拥有的仿真性可以使受训者在虚拟环境中模拟操作真实的设备。虚拟现实培训技术还可以使受训者自主选择或组合虚拟培训场地或设施，并可以重复训练。同时，虚拟现实培训技术对于某些具有危险性的项目具有优势。

四、影响培训方法选择的因素

以上列举的培训方法都是常见的培训方法，企业应该根据自身情况有针对性地选择合适的培训方法。企业选择培训方法时，可以结合下列因素：

(一) 培训的目标

培训的既定目标不同，企业选择的培训方法也应当有所不同。如果培训目标是使员工增强凝聚力，提升团队协同合作能力，则企业可以选择探险性学习(拓展训练)；如果培训目标是为提高一线员工的操作技能，则学徒式或工作指导方式比较合适。因此，企业在选择培训方法时，一定结合培训目标进行判断。

(二) 培训的预算

培训方法的选择会受到培训成本预算的影响。如果培训预算相对紧张，可能企业更多地选择在职培训方式，即使选择脱产培训，可能在选择培训师时也会侧重于内部讲师。如果预算资金相对充裕，则企业会有更多的培训方式进行选择。

(三) 培训的条件

对培训条件的要求严格与否也会影响企业对培训方法的选择。培训要求的时间、地点、交通、所需设备及沟通便利性等条件不同，选择的培训方法也不同。如培训需要的时间周期跨度较大时，企业更愿意选择在职培训；培训需要营造团结一致、和谐的环境时，企业会选择脱产培训，如课堂讲授、户外拓展等；如果培训需要培训师与学员、学员与学员之间的沟通更有效果，则培训方法不宜选择新技术培训方法。

(四) 培训的效果

每次培训结束后，企业应当对培训效果进行多层次、多维度的评估。评估结果将影响企业将来对同类内容的培训方法的选择。如企业采取课堂讲授法对新入职员工进行企业文化类培训，但评估结果表明该培训并未达到预期效果，则企业再对新员工进行企业文化类培训时可能会采取其他方法进行。因此，培训后的效果评估结果影响企业未来培训方法的选择。

五、特殊人员培训方法的选择

(一) 销售人员

销售人员的培训内容通常有知识培训、销售技能培训以及心理素质和心态的培训。其中，知识培训一般包括企业知识、产品知识、行业知识、专业销售知识等。销售技能培训包括销售技巧、沟通与谈判技巧、客户服务技巧等。心理素质和心态培训包括抗压能力、情商与领导力以及对公司、领导、同事、下属、顾客的态度等。

根据培训内容和具体培训对象的不同，销售人员的培训方法包括课堂讲授、案例讨论、角色扮演、情景模拟、现场工作指导、商业游戏等。

（二）技术人员

通常从事技术类工作的员工思维缜密，关注细节，外部人际交往愿望不强，注重预防工作，因此技术人员的培训专业性非常强，培训方法通常会选择课堂讲授、工作指导等方法。其中，课堂讲授一般是由技术专家或经验丰富的技术人员担任培训师，传授经验和技术，主要用于企业和产品知识、技术原理、心态及职业素养的培训。工作指导通常由人力资源部制订与受训者同部门或同工序的专家、主管对受训者进行一对一的指导，受训者在工作中学习和运用技术，主要用于操作流程、专业技术技能培训等。除此之外，技术人员的专业技能培训也可以通过认证培训的脱产培训方式进行。

（三）一线生产人员

一线生产人员的培训内容通常包括企业文化培训、安全质量培训和生产技能培训。其中，企业文化培训包括工厂组织结构培训、企业规章制度培训等；安全质量培训包括安全知识培训、质量体系培训等；生产技能培训包括生产流程培训、工作标准培训、操作流程培训等。针对企业文化培训通常采用课堂讲授，安全质量培训可以采用课堂讲授、学徒式培训或工作指导等方法；生产技能培训一般采用学徒式或工作指导方法。

（四）班组长

班组长是在生产现场直接管辖一定数量(一般为 5～20 人)的生产线小组长，他对该班组的生产结果负有责任。班组长不仅需要掌握工作中所需要的知识技能，同时还要掌握有效的沟通技巧、团队合作技巧等技能。班组长的培训方法多选择课堂讲授、案例分析等方法。

（五）高层管理者

高层管理者负责审批计划、进行决策、控制和领导，其工作性质要求他们需要制订战略适应环境变化，接受新观念、新理念引领组织变革等，因此对高层管理者的培训方法通常采用课堂讲授、研讨法、户外培训等。

第三节　培训与开发的实施及管理

为了保证企业培训与开发活动得到有效开展，企业必须建立培训与开发体系。通常一个全面的、完整的培训与开发体系包含四个维度：培训组织、培训文化、培训资源和培训运营。其中，培训运营是需要培训组织、培训文化和培训资源共同来支撑。四维培训开发体系的搭建目的不仅仅是为了企业人员的培养，还要推动企业业务的发展，支撑企业战略的执行与落地。

一、培训组织

培训绝对不只是企业人力资源部门或培训部门的责任，只有公司全体部门全体员工通力配合才能顺利开展，达到预期目标。通常情况以战略为导向的培训组织主要由公司高层领导班子作为决策机构，人力资源部门或培训部门作为企业培训工作的牵头部门，其他职能部门或业务部门作为培训工作的主要执行部门来协调组成。

（一）公司高层

目前在大多数企业中，培训部门的地位很低，IBM 的一项面向全球 CEO 的调查显示，80%的 CEO 认为能力问题是制约企业发展的瓶颈，同一份试卷中，却有 65%的 CEO 认为当前的培训是无效的或者针对性不强的。为什么会产生这样的结果？究其根源还是因为培训部门在企业中扮演的角色不太重要。因此在建立公司培训组织时，必须要有公司高层参与，提高培训部门的地位，打破过去培训的恶性循环，不能让培训成为“孤岛”，真正提升培训业务的价值。公司高层需要从全局角度把握培训与公司战略的匹配程度，审核培训组织部门提出的培训方案，从战略高度保证培训工作对企业目标实现有促进作用。

（二）人力资源部门或培训中心

对于不设培训中心的企业，其人力资源部门一般情况下在企业中对培训工作起主导作用；对于单独设置培训中心的企业，则由培训中心对培训工作统筹负责。其具体职责为：具体主管并统筹规划培训各项工作，包括制订培训计划、提出培训方案、指导培训实施、进行培训评价、制订培训相关政策等各项工作；协调公司业务部门和培训实施部门及其他职能部门之间的关系，保障培训工作顺畅进行；对培训工作进行计划预算管理，保障培训工作成本收益在合理范围内；开发各类培训资源，如讲师资源、课程资源等；对培训效果进行评估，并与业务部门一起跟踪受训者学习转化情况，进一步对培训转化效果进行评估。

（三）业务部门

业务部门领导对本部门的培训相关工作直接负责。在需求分析阶段，业务部门就需要和培训部门(可能是人力资源部门，也可能是企业大学或其他机构)一起，分析本部门业务策略、年度重要策略和重点工作有哪些；根据本部门的战略、机遇、优势、劣势，以及团队能力现状分析，提取出需要提升的能力，进一步分析哪些能力需要引进，哪些能力需要培训，用什么样的方式培养，需要引进什么样的培训项目和课程等。只有业务部门和培训组织部门紧密配合，才能保障本部门培训工作可以实现“向上承接战略，向下联系绩效”的目标。

（四）集团子公司

子公司人力资源部根据集团公司的政策制度要求进行培训需求分析、培训项目的实施、培训效果的评估等工作，或根据集团公司统一安排，组织相关员工参加集团组织的培训。

（五）企业大学

企业大学又称公司大学，是指由企业出资，以企业高级管理人员、一流的商学院教授及专业培训师为师资，通过实战模拟、案例研讨、互动教学等实效性教育手段，以培养企业内部中、高级管理人才和企业供销合作者为目的，满足人们终身学习需要的一种新型教育、培训体系。目前，企业大学为越来越多的企业所采用，并且将其作为企业经营活动中的重要职能之一。一系列最佳实践证明，企业大学体现了最完美的人力资源培训体系，是最有效的学习型组织实现手段，更是公司规模与实力的有力证明。企业大学可以是实体的也可以是虚拟组织。

企业大学的职责包含以下几点：

(1) 支撑战略和业务发展。企业大学在规划建设之初就需要考虑企业战略和业务发展规划，明确企业大学的定位和具体的发展要求。企业大学的一切工作都要考虑是否对企业战略和业务发展有帮助，是否能够更紧密地链接战略和业务，并获得领导层和业务层的支持。

(2) 发现和培养精英人才。企业大学需要和人力资源部共同招聘、选拔、测评，找到企业发展需要的优秀人才，通过系统科学的培养模式，加速他们成长，缩短其胜任周期，满足企业发展需要。

(3) 点燃学习氛围。企业大学需要营造企业内部学习型氛围，点燃企业内部员工的学习动机。企业大学需要擅长这些技术层面的操作方式，能够从组织学习型氛围打造的整体角度系统规划，有序有节奏地推进。

(4) 沉淀组织智慧。企业大学不同于普通的培训部门，关键区别在于是否有自己的研发学习资源的能力。能够成立企业大学的企业基本都具备一定的规模，已经积累了企业长期发展中的各项优秀实践，企业大学就是要萃取这些最佳实践，沉淀下来，开发成精品课程，形成自己独特的学习资源。

(5) 培养内部讲师。企业大学需要从“选、用、育、留”等多维度设计和运营内部讲师培养体系，打造内部讲师队伍，保持讲师队伍的稳定性、新鲜度和实战性。

(6) 引进并内化外部资源。企业大学不是封闭的，同样需要找到优秀的外部学习资源为企业所用。引进外部学习资源后，需要结合企业实际情况，融入企业这方面的经营、管理实践，内化为自己的工作方法论，并在企业内部进行推广。

(7) 推动学习转化。学习转化发生在员工实际工作中而非在课堂上，因此企业大学需要花费大量资源、精力和时间推动学习转化。

(8) 成为绩效咨询顾问。企业大学所做的各项工作最终目的是提升企业整体绩效，实现企业战略目标。企业整体绩效的提升依赖于员工绩效的提升。因此企业大学需要熟悉企业业务，具备系统化思维，能够从企业全局发现问题，并找到更有效的解决办法。

企业案例

万达学院“独具特色”的培训

2020年，万达集团32岁，万达学院9岁。早在2009年万达集团年会上，董事长王健林就强调，万达现阶段的短板是人才问题。要想真正解决它，真正做好培训，万达学院非办不可。万达学院从建立之初就定位为要为万达集团提供“独具特色”的培训，这种培训体现在万达人身上可以总结为两点：一是“有用”的培训；二是“快学习”。

“有用”的培训需要改变以往的培训中参训者抓不到培训师的重点，回到工作岗位后对绩效提升没有帮助的现象。要想做到“有用”，那就需要把“有用”落地。落地落在哪里？只能是落在“岗位”上。怎么体现出对岗位有用？自然就是做出“业绩”来。常言道：知者为师。按此思路分析，谁是知者？这是问题的核心。万达人研究发现一线那些优秀的干部是知者。只要他们工作干得好，真有本事，就一定能讲出来，而不局限于用什么方法，而且学生爱听，都能听懂，学完了回去就能用上。这就是“有用”。

“快学习”是为了适应万达人“快节奏”的工作现状，使隐性的知识资产迅速变现而提出的“快培训”模式。万达商管集团与万达学院潜心研究共同开发的“11130”教学法集中体现了“快学习”这个特点。

所谓“11130”是指：

1 个业务问题：解决了培训内容大而全、不聚焦、无重点、内容太多导致学员根本记不住的问题。强调聚焦一个或一类业务问题，把问题分析透，彻底解决问题。

1 个实际案例：解决了理念多、概念多、空洞说教的问题，用工作中实际发生的案例来呈现问题，呈现解决方法，问题实，方法实，有价值。

1 个解决方法(工具)：解决了培训效果“不落地”的问题，针对问题，给员工实用的工具，可落地操作的方法，让每个人都能解决问题。这个工具可以是表格、流程、思路、方法，但必须有具体的表现形式，如 Word 文档、Excel 表、PPT 或 OA 流程。

30 分钟讲解：解决培训学习员工感觉“时间紧”“没时间参加培训”的问题，强调培训授课必须“短平快”。30 分钟只是一个概念，如果一个问题可以讲透，可以缩短到 20 分钟、15 分钟甚至 10 分钟。30 分钟讲解，让培训可以灵活安排在部门例会后或问题发生的现场，实现随时随地“万达式快分享”。30 分钟解决一个问题，30 分钟一次有实效的培训，这就是万达速度。

除了“11130”教学法外，万达学院在课程资源、讲师队伍搭建、培训效果评估等方面都建立了比较成熟的体系。

截至 2020 年 9 月，在万达学院开发的万学平台上，储备课程资源近两万门。其中通用课程约九百门，专业课程超过一万门。从课程内容板块分布来分，课程涉及万达集团地产板块、商管板块、万达文化板块及其他业务板块；从专业分布来看，课程涵盖企业文化、人力行政、财务管理、市场企划、工程、物业、安全品质等几乎所有价值链覆盖的领域。每个部门的员工都能从万学平台上查找到自己需要的、适合自己的培训课程。

万达学院的讲师资源也十分丰富，除部分外聘讲师和学院专职讲师外，大部分的培训师都来源于各个业务板块的“知者”或“能手”，他们根据自己的工作实际编制课件，展示他们在工作中的做法及感悟，同类型岗位的员工在接受此类培训后往往能够扬长避短，借鉴他人经验，快速提高工作能力。这种培训与万达学院“有用”和“快学习”的培训目的是非常契合的。除普通员工外，万达学院的管理人员甚至是王健林本人也是内部讲师中的一员。在万达学院的课程目录表中，凡是王健林董事长主讲的课程一定是热门课程，且能够霸占课程热门表首页几个月甚至更长的时间。

万达学院虽然目前在线的课程有将近两万门，但万达人大多工作非常忙碌且节奏快，如果单靠员工去查找自己所需的学习课程，一方面，课程涵盖范围全面，查找出来的课程太多，还需要进一步筛选；另一方面，高强度的工作可能会让员工忽略学习。为解决这个问题，万学平台为每个员工都设置了从入职到晋升等一系列必学课程，帮助员工在万达体系内成长。这些课程包括新员工入职培训、竞聘培训、岗位胜任培训、安全教育培训、我的发展培训等项目，每个项目下的课程都需要员工认真听讲并通过考试。以“新员工入职培训”为例，每位新员工都会收到集团所发的“新员工入职前培训提示”，通知员工关注万达学院相关的公众号，参加入职前岗位课程学习。学习结束后，新入职员工需参加考试，“以考代训”，考察员工对企业文化和岗位知识的了解程度。如果新员工考试成绩不合格，平台为其提供一次补考机会；如果补考后仍不合格，则取消其入职资格。通过入职前的培训考核这一项，平台对招聘的新员工进行二次筛选，提高员工和岗位的匹配度。

除上述在线培训外，万达学院还会定期举办大规模的、不同主题、不同业务板块或专业员工的两到三天的脱产培训。作为“快学习”培训的补充，脱产培训为万达人提供了面对面交流的机会，使员工对自己的工作有更深刻的理解。

万达学院全方位的独具特色的培训体系，为万达人员素质提升提供了强有力的保障，万达集团才能高速迅猛发展。

二、培训文化

企业文化是企业长期生产、经营、建设、发展过程中所形成的管理思想、管理方式、管理理论、群体意识以及与之相适应的思维方式和行为规范的总和，是企业领导层提倡、上下共同遵守的文化传统和不断革新的一套行为方式，它体现为企业价值观、经营理念和行为规范，渗透于企业的各个领域和全部时空。培训文化作为企业文化的一部分，是指在企业内部长期的经营管理过程中形成的员工乐于接受培训、乐于对他人进行培训的学习氛围，是企业打造学习型企业的基础。

培训文化的建设内容包括培训理念、培训价值观等的宣传引导，培训相关制度的建立，培训管理方法的支撑以及培训行为的引导。培训理念和价值观的宣传，是从理论层面使全体员工明确培训对个人能力培养、绩效提升的影响，明确培训对企业员工整体能力素质提升的作用。培训相关的制度包括培训管理制度、讲师管理制度、培训激励制度、培训评估制度等。培训相关制度结合培训管理方法为员工积极主动参与培训工作提供了制度保障。培训行为的引导则通过树立培训工作“标杆”、 设置员工学习分享积分等方式引导员工参与培训工作。总而言之，培训文化的培养能够帮助企业实现员工从“要我学”到“我要学”、从“要我讲”到“我要讲”的转变，从而在企业内部营造员工学习氛围，使“知识转化为生产力”。

培训文化的建设不是一蹴而就的，它与培训开发体系的其他三个维度的内容相互促进，即在培训资源的支持下，在培训组织的保障下，培训运营的顺畅开展能够促进企业培训文化不断完善，同时培训文化的形成进一步帮助企业丰富培训资源，促进培训运营体系的顺畅运转。

三、培训资源

培训资源是培训运营能否顺利开展的限制性因素。一般情况下培训资源包括课程资源、讲师资源、工具资源和硬件资源。

课程资源是培训项目开展的核心，培训部门可以通过以下四个步骤进行课程资源的开发：第一，明确业务目标。即开发课程资源之前首先要了解需要解决的业务问题以及其期望达成的目标。第二，描绘场景地图。即对存在的实际问题进行演绎，用表演视频或案例分析的方法将该问题产生的背景、现状、产生的后果描述清楚。第三，萃取最佳实践。即通过寻找企业内部同类问题的最佳改善案例，对其进行分析总结，整理出改善过程中的操作流程及注意要点。第四，分享最佳实践。即对整理出的最佳实践的操作流程及注意要点开发成培训课程，对企业内同类型业务的员工进行培训分享。对于企业已经形成的课程资源，培训部门应当建立培训资源信息库，并及时更新。

讲师资源是课程资源能够实施的主导人。对于企业来说，讲师资源可以从企业外部聘请，也可以从企业内部培养。一般情况下，企业外部讲师资源可以从咨询培训机构聘请专业讲师，也可以从标杆企业聘请领域专家，外聘讲师通常成本较高。企业内部讲师来源广泛，上至高层企业管理者，下至普通员工，只要他对某个问题有专业看法或处理方式，通过本企业内部的讲师管理办法，都可以申请成为企业内部讲师。内部讲师相较外部讲师成本较低且针对性强。因此，目前越来越多的企业重视内部讲师队伍的培养。

工具资源和硬件资源是培训资源中的物质部分，包括培训所需的场地、投影设备、电脑、网络环境、相关课件道具等资源。

培训运营过程中，培训资源需要和培训计划同时进行考虑，只有培训资源能够获得满足的培训计划和方案才能得以顺利开展。因此，培训资源是非常重要的保障因素。

四、培训运营

有了培训组织、培训文化和培训资源三个维度的共同保障，培训运营才能顺畅开展。有效的培训运营包含四个方面的内容，即培训需求分析、培训计划制订、培训项目实施和培训效果评估。

(一) 培训需求分析

在企业生产经营活动过程中，企业所处的外部环境如宏观经济变化、法律法规的约束与限制、新技术的推广与应用等发生变化，或企业内部经营环境如客户需求、高绩效的工作标准等的影响，使得企业需要通过培训与开发活动提高员工适应环境变化的能力，因而产生了培训需求。培训需求分析就是利用科学的方法确定谁接受培训、培训内容、如何培训等问题。

1. 培训需求分析的内容

一般情况下，培训需求分析包含组织分析、人员分析和任务分析三方面的内容。

1) 组织分析

组织分析是指企业分析所处的外部环境和内部条件，结合企业发展战略，进而分析这种条件下企业需要具有何种能力的人才，然后对现有人才进行评估，找出差距，并且分析这种差距是否可以通过培训来解决，从而确定培训需求。具体来说，组织分析包含以下几个方面：

(1) 组织环境分析。组织环境分析包括企业外部环境分析和内部环境分析。外部环境包括国家政策、相关产业或行业的高新技术发展趋势、竞争对手的发展状况、人员培训方面的社会资源等。内部环境包括企业相关制度、组织结构、人员状况、生产经营状况等。组织环境分析是指通过对企业所处环境进行分析，找出企业存在的问题，据此确定解决问题的方法，是需要加强管理，还是通过改变工作方式或是通过培训来解决，最终确定培训需求。

(2) 组织战略分析。任何企业的发展战略都是培训目标确定的根本依据。明确组织发展战略目标对培训的规划和设计起着决定性作用。不同的发展战略对应不同的内容培训，见表 5-1。

表 5-1　不同经营战略与员工培训的关系

战略	管理重点	实现途径	关键工作	培训内容
集中战略	提高市场份额，降低运营成本，维持市场定位	提高产品质量，提高生产率，技术创新 产品(或服务)客户化	技术创新，员工开发	专业化培训计划，团队建设培训，跨职能培训，人际关系培训
内部成长战略	产品开发，市场开发，创新，合资	产品升级与创新，现有产品营销，增强分销渠道，合资扩张	创造新的工作和任务，创新	技术能力，创新能力，支持或促进高质量产品价值的沟通，管理者沟通、反馈、谈判的能力等
外部成长战略	横向一体化，纵向一体化，集中多元化	企业兼并(同类型企业、上下游企业或其他企业)	一体化，重组	确定被兼并企业员工的能力，合并后企业管理方面的培训，团队培训
收缩战略	精简规模，转向，剥离，清算	降低成本，减少投资规模，获取收入，重新确定目标	效率	目标设定、压力管理培训，领导能力培训，人际沟通培训，重新求职的培训等

(3) 组织目标分析。组织目标决定培训目标，清晰明确的组织目标对组织的发展起决定性作用，也对培训规划的设计与执行起着决定性作用。

(4) 组织资源分析。培训的开展需要企业投入一定的物力、人力、财力，因此，在培训计划制订之前，需要了解并确定企业内部可供培训使用的资源，避免形成半途而废或徒劳无益的培训方案。

2) 人员分析

人员分析是针对员工进行的，可以确定组织中谁需要培训以及培训哪些内容。人员分析包括员工绩效以及员工职位变动情况两个方面。分析员工绩效时，可以通过对比员工绩效水平与预期指标，找出两者之间的差距，进一步分析造成这种差距的原因，最终确定是否需要通过培训来提升员工绩效。一般而言，造成员工绩效水平较差的原因有个人特征(员工的知识、技能、能力和态度)、投入(企业对员工工作给予的支持和资源)、产出(工作的绩效标准)、结果(企业给予员工的激励)和反馈(员工在工作过程中获得信息)。分析员工职位变动情况，即对员工现有的状况和未来的职位要求进行比较，确定培训需求。一般情况下，对新入职员工来说，通常首先安排企业文化、价值观方面的培训，使新员工尽快适应企业环境，然后再根据职位安排进行有针对性的知识、技能等方面的培训。对于在职员工而言，根据企业发展战略的需要，职位可能也因此发生变动。不同的职位工作任务不同，要求的知识和技能也不同，即使员工当前职位不需要培训，但为了适应未来企业发展的需要，这些员工也需要进行培训。

3) 任务分析

任务分析目的是要了解各项工作的任务要求以及达成工作应当具备的知识、技能和能力。一般情况下，任务分析首先需要选择被分析的工作岗位；然后，对该工作岗位进行工作分析，列出完成工作的所有任务和职责；第三，对所列出的任务清单进行确认，列出完成每一项任务和职责的具体步骤和工作活动；第四，对每项任务需要达到的标准做出准确地界定，尽量用可以量化的标准来表述每项任务；最后，确定完成每项任务所需的知识、技能和态度。

通过专家对执行任务频率、重要程度和难度的评定，那些重要程度不高、难度不大且很少执行的任务不列入培训项目中，避免培训资源的浪费。

通过任务分析可以了解工作所要求的素质能力与员工现有素质能力之间的差距，这种差距如果能够通过培训来缩小，就可以确定为培训需求；不能通过培训解决的，就需要考虑其他方法。只有通过对工作进行精准的分析并且以此为依据，才能编制出真正符合企业发展需要的培训计划。

2. 培训需求分析常用的调查方法

通过培训需求分析，能够帮助培训组织找到符合企业实际发展的培训诉求。为了保障培训需求诉求的有效性，在进行需求分析时应当采用科学合理的方法进行调查。通常情况下，企业常用的调查方法包括问卷调查法、访谈法、观察法和资料分析法。

1) 问卷调查法

问卷调查法是最普遍也最有效的收集资料和数据的方法之一，一般由培训部门负责，内容涉及一系列和培训需求相关的问题，以标准化问卷的形式通过书面或电子的方式发放给员工。员工填写完问卷后由培训部门进行回收和分析，获取培训需求的信息和数据。表5-2为培训需求调查表示例。

根据问题的形式，问卷形式包括开放式、探究式和封闭式三种。其中，开放式问卷，是指问题没有统一的答案，主要采用“什么”“如何”“为什么”等进行提问，回答者需要根据自己的想法和观点进行作答；探究式问卷主要采用“多久”“多少”“哪里”等进行提问，相比开放式问卷，探究式问卷缩小了资料收集的范围；封闭式问卷的问题设置更多的是选择题和判断题，回答者可以根据要求选择与自己实际情况相符的选项或回答“是”或“否”。在设计调研问卷的问题时，应当注意以下几点：

(1) 问题尽量清晰简短，避免使用具有歧义的词语。

(2) 一个问题只设计一件事情，避免出现“结构复杂”的问句。

(3) 题目设计要简单，不要使回答者进行计算或逻辑推理。

(4) 避免出现诱导性答案的问题，保证回答者能够完全陈述自己的观点。

使用问卷调查法进行培训需求分析可以遵循以下几个步骤：

(1) 制订调研计划，明确本次调研的目标和任务。

(2) 编制问卷。根据调研的目标和任务设计选择合适的问题形式，确定合理的调研问题。

(3) 收集数据。培训组织部门向企业员工发放问卷，并组织回收和整理问卷。

(4) 处理数据。培训组织部门组织专人进行数据统计，将问题进行汇总和分析。

(5) 得出结论。根据分析结果得出结论，编写调研报告，提交调研结果。

表 5-2　培训需求调查表示例

序　号	题　目	选　项
1	您认为公司培训讲师的来源最好是：	A. 部门经理　B. 外来讲师 C. 声像多媒体　D.其他，理由：
2	您喜欢的培训方式是：	A. 课堂讲授　B. 案例分析　C. 角色扮演 D. 户外拓展　E. 其他，请注明：
3	您希望参加公司的各种培训的频率是：	A. 每周一次　B. 每月一次 C. 每季度一次　D. 半年一次
4	您认为，以下哪个因素对于公司培训工作的开展效果影响最大：	A. 领导的重视程度　B. 员工的培训参与意识 C. 培训方式与手段　D. 培训时间的安排 E. 培训内容的实用性　F. 培训讲师的水平 G. 培训效果的跟进
5	您个人对哪些课程感兴趣：	业务技能类：A. 非人力资源的人力资源管理 B. 目标管理与绩效考核　C. 时间管理技巧 D. 谈判技巧　E. 成本分析与控制 F. 非财务人员的财务管理　G. 商务礼仪 人际关系类：H. 有效沟通技巧　I. 组织内沟通协调 J. 员工问题分析处理　K.面谈技巧　L. 团队建设 个人发展类：M. 自我激励技巧 N. 压力调节与情绪控制　O. 职业生涯规划 P. 公共形象管理 其他，请注明：
6	您认为您所在的部门承担的哪些工作最需要改善？	
7	您认为您所在的部门最迫切需要的培训内容有哪些？	
8	您认为您个人最希望得到的培训内容是什么？	
9	您认为部门内部沟通是否顺畅？	
10	您认为部门与其他部门之间协同是否顺畅？	
11	您对公司培训的建议有哪些？	

2) 访谈法

访谈法是指访谈者与受访人进行面对面交流，获得需要的数据和信息，进而判断出培训需求的调查方法。访谈法可分为结构化和非结构化两种。结构化访谈是指访谈者以标准的模式向所有的受访者提出相同的问题的面谈方式。非结构化访谈是指访谈者针对不同的受访人提出不同的开放式问题以获取所需信息的面谈方式。表 5-3 为访谈记录表示例。

访谈法可以按照以下几个步骤进行：

(1) 访谈计划。确定访谈的目的、项目，准备相关资料，确定受访人员名单。

(2) 访谈预演。进行访谈练习，总结经验，发现问题及时更正。

(3) 访谈开始。向访谈对象做简单介绍，营造适合交流的访谈氛围。

(4) 收集数据。通过向受访者提问获得信息，填写访谈记录表。

(5) 访谈结束。对访谈内容进行小结并让受访者确认，对没有充分回答的问题重新进行提问。

(6) 访谈总结。整理访谈记录表，总结访谈记录并收集归档。

(7) 访谈综合。对访谈资料进行总结，综合访谈中的发现并得出结论。

表 5-3　访谈记录表示例

访谈对象：	职　　位：
访 谈 人：	访谈时间：
具体问题	访谈记录
员工的性格特征、个人素质如何？	
员工特别出色的知识、技能表现在什么方面？	
员工特别需要学习的知识和技能有哪些？	
员工对工作的热忱、关心度如何？	
员工有望取得的成绩或晋升的职务是什么？	
对员工参加培训的意见和建议有哪些？	
其他需要说明的内容	
备注：	
记录人：	日期：

3) 观察法

观察法是指培训组织部门在一段时间内，从多种角度、多个层面在一些典型意义的时间和地点进行细致观察，进而得出培训需求结论的调查方法。观察法是了解员工工作表现最佳的方式，通过观察所获得的资料能够更准确地反映实际培训需求，能够发现员工工作中存在的具体问题，调查结果偏差较小。表 5-4 为观察记录表示例。

表 5-4　观察记录表示例

观察对象：	部门：	岗位：
观察地点：		时间：
观察内容	记　录	评　价
工作态度		
工作方法		

续表

工作熟练程度		
工作制度遵守		
工作沟通与协调		
灵活性与创新性		
工作效率		
工作完成情况		
突发事件应对		
备注：		
记录人：	记录时间：	

4) 资料分析法

资料分析法是利用现有的有关企业发展、组织目标、岗位工作、人员分析、员工绩效水平等方面的文件资料，对培训需求进行综合分析的方法。通过对企业内外部资料进行分析，找到企业员工目前存在的问题以及与外部企业的差距，从而分析得出培训需求。

（二）培训计划制订

在明确了培训需求后，就可以制订培训计划了。培训计划的制订是保证培训顺利进行、使培训目标得以实现的重要步骤。培训计划的制订是企业根据企业的当前、中远期发展目标，对企业员工培训需求进行预测，然后制订培训活动方案的过程。培训计划的制订是一个系统工程，包括确定培训目标、培训对象、培训项目及内容、培训形式、培训预算等工作。

1. 培训目标的确定

培训目标的确定有助于明确培训将要达到的效果，并为培训效果评估提供依据。确定培训目标的依据主要包括以下两个方面：

(1) 企业的实际需要。培训管理者通过分析各部门的工作，确定哪些环节需要通过培训来获得改进；或者通过分析工作中的关键事件及员工应对关键事件的能力，确定最需要培训的地方；或者依据员工考核中出现的问题，确定培训目标。

(2) 员工的素质情况。培训管理者明确员工的实际工作情况与工作的要求之间存在哪些差距，并明确这些差距中哪些可以通过培训改善，哪些是经过培训也不能解决的内容。

通常情况下，培训目标分为以下三大类：

(1) 技能的培养。技能培养目标在较低层次的员工中，主要是指具体的操作技能；在高层管理者中，主要是以培养思维活动为主，包含少量的技巧训练。通过技能的培养，可以使员工掌握完成工作所具备的技术或能力。

(2) 知识的传授。知识的传授通常包括概念和理论的理解和把握、知识的灌输和接受、认识的建立和改变等。通过培训可以使员工了解企业的基本情况，具备完成工作所必需的基本业务知识。

(3) 态度的转变。通过培训可以使员工具备完成工作所需要的工作态度，如积极性、参与性、服务意识等。

2. 培训对象、培训项目及内容的确定

培训计划要首先确定培训对象，然后确定培训项目及内容等。按照纵向划分，培训对象可以分为基层员工、中层管理者及高层管理者；按照横向划分，培训对象可以分为营销岗员工、财务岗员工等。

培训项目是指为特定的一组培训对象所实施的一系列培训内容的总和。培训内容包括开发员工的技能和知识，改变工作态度，改善工作意愿等。确定培训内容时，应根据企业培训需求分析的结果，并依据不同的培训对象分别确定，如表 5-5 所示。

表 5-5　不同培训对象的培训内容

培训类别	培训对象	培训内容
岗前培训	新员工、新岗位任职人员	企业文化、组织发展状况、企业规章制度、职业素养、职业礼仪等
专业技能提升培训	在职人员	生产、营销、研发、人力资源等专业知识和技能
管理能力培训	基层、中层和高层管理人员	管理能力提升类培训，如沟通、激励、执行力、领导力、时间管理、团队建设等

3. 培训形式的确定

根据培训内容以及培训对象的特点、兴趣和动机等，可以确定相应的培训形式，如在职培训或脱产培训。培训形式的选择对培训实施和培训效果具有非常重要的影响。培训形式确定后，可以进而确定合适的培训方法。

4. 培训预算的确定

培训需要一定的经费支撑，因此，在制订培训计划时一定要编制培训预算。这里的培训预算一般只计算直接发生的费用，包括但不限于培训的教材费、授课费、场地租用费和培训设备费等。做好培训预算，可以保证获得足够的资金，进而保障培训的顺利实施。

（三）培训项目实施

确定了培训计划后，就可以进行培训项目的实施了。一般而言，具体的培训项目实施包含以下工作：

1. 培训前的管理工作

在培训项目即将实施之前需要做好各方面的准备工作，这是培训项目成功实施的关键。准备工作包括以下几个方面：

1) 确定该培训项目中具体参加培训的员工

尽管在培训计划中已经确定了培训对象，但在具体实施培训项目前，培训组织部门应当对培训对象进行复核，查看参加培训的员工是否有变化。在确定参加培训的员工时，还需要考虑员工的工作内容、工作意愿、绩效表现、直接领导的态度等。

2) 确定培训师

培训师的选择受到培训内容、培训形式和培训预算的限制。从培训师的来源上，培训师分为内部和外部两种类型。对于企业内部培训师来说，培训师对企业比较了解，熟悉参训人员的工作流程和方法，但企业的培养成本较高。而外部培训师通常具有扎实的培训技能和理论基础，可能具有较多其他企业的同类案例，但对本企业的工作缺乏深入了解。无论是内部培训师还是外部培训师，在培训项目实施之前，培训组织部门都需要与培训师进行深入沟通，使其真正明确培训的目标和内容，了解培训对象的情况，只有这样，培训师才能有针对性地开发课程，保证培训效果。

3) *确定培训场地和设备*

培训项目准备活动中，确定培训场地和设备是非常重要的。合适的培训场地和设备有助于创造有利的培训条件，建立良好的培训环境，从而增进培训效果。选择培训场地时，需要着重考虑培训内容和培训的形式方法。比如，若对员工进行企业规章制度的培训，采取讲授法时，应当选择在会议室或教室进行；若对员工进行讨论式的有关管理方法的培训时，可以选择在会议室进行；若对员工进行团队精神的拓展培训时，应当选择合适的户外场地。除培训场地外，培训所需的设备，如投影仪、屏幕、白板、麦克风、摄像机等也需要事先准备好。培训场地选择和设备安排受到培训预算的制约，但至少应当能够满足培训项目的最低要求。

4) *确定培训日程表*

在培训计划中确定的培训时间大部分是指导性的，针对具体的培训项目具体的培训课程还需要制订具体的培训日程表。在确定具体培训时间时，需要考虑以下因素：

(1) 对受训者来说，什么时间能与工作配合？若受训者是企业某部门重要成员，当他们参加培训时，是否会打乱企业的正常运作？对其他成员的工作是否会有影响？

(2) 什么时候进行培训能够取得培训人员的合作？这些人还有其他工作吗？他们能否将精力集中放在培训工作上？

(3) 什么时候可以获得培训必需的场地、设备等？

将所有这些因素都考虑完成后，培训组织部门需要将日程表发送至参加培训的员工及其直接领导、培训者甚至公司高层(视具体情况)，以便相关人员可以提前安排自己的工作。

5) *准备相关培训资料*

培训项目实施的相关准备活动中，培训资料也是必不可少的。一般情况下，培训项目实施相关的资料包括培训教材(课件)，案例，员工签到表，有关培训师、培训环境、培训内容和培训效果的评价表等。准备这些资料，有助于培训活动顺利开展和实施，并能够让参训员工及时对培训做出评价。

2. 培训中的管理工作

一般而言，培训进行中的管理工作包括但不限于：对员工进行现场的管理；及时了解参训员工的意见并反馈给培训师；与培训师进行沟通；管理现场培训设备，协助发放培训资料或器材；对培训现场进行摄像等工作。良好的培训中的管理有助于促进培训的顺利实施。一般而言，采用讲授法进行的培训的管理工作包括以下几个方面：

(1) 接待培训师，无论是企业内部的培训师还是外部培训师，在授课当日都需要提前做好接待准备。

(2) 培训项目组织人员做好签到表，请参加培训的员工签字，这样一方面可以更好地管理培训，另一方面也可以为以后的培训效果评估收集信息。

(3) 发放相关培训资料。

(4) 由培训项目组织人员向员工简要介绍培训师和培训项目，帮助大家从整体上把握培训内容，增强培训的效果。

(5) 培训师授课中，观察员工的反应并记录，在培训间歇时将信息反馈给培训师。此外，授课过程中，组织人员对培训现场进行摄像留档并协助培训师进行现场管理。

(6) 培训快要结束时，向参训员工发放并回收评价表，作为培训效果评估的依据。

对于开展室外拓展类的培训项目，应当统一安排参训员工到达目的地，详细介绍拓展项目的区域范围及安全注意事项，防止出现意外事故。在开始实施户外活动时，确保参加者都能够按照要求进行。活动过程中，要有培训组织者随时对参训员工的行为进行监控和保护。活动结束后，由受训者进行总结或谈谈感悟，最后护送受训者安全返回。

3. 培训后的管理工作

培训结束后的管理工作包括但不限于：对参训员工进行现场考试，考查其培训情况；记录培训的完成情况；组织参训员工进行培训评价；听取培训师及参训员工的意见；进行培训总结；等等。这部分工作通常作为培训效果评估的依据。

（四）培训效果评估

培训效果评估是指在培训过程中受训者所获得的知识、技能应用于工作中的程度。培训效果可能是积极的，即员工工作绩效得到提高；也可能是消极的，即工作绩效出现退步。一般来说，培训内容与以后工作的相似成分越多，就越容易获得积极的效果。西方的企业组织都很重视对员工培训项目的效果评估，通过评估，可以了解某一培训项目是否达到既定的培训目标，也可以了解受训者的技能提高程度。

1. 培训效果评估方法

培训效果评估方法包括定性分析和定量分析两种。按照具体形式的不同，常用的定性分析评估方法包括观察评估法、集体讨论法、问卷调查法和标杆对比法。常用的定量分析评估方法包括成本收益分析法、加权分析法等。

1) 观察评估法

观察评估法是培训组织部门在培训进行过程中和培训结束后，观察参训员工在培训过程中的反映情况以及培训结束后在工作岗位上的表现。培训部门利用观察记录或录像的方式，将相关信息记录下来，分析参训员工对培训的看法以及参加培训后的效果。

2) 集体讨论法

集体讨论法是将所有参训员工集中到一起召开讨论会。会议过程中，每位参训员工都需要陈述通过培训学会了什么，工作过程中如何应用这些知识技能。这种方法一般在培训技术后采用，也可以通过参训员工写培训总结的形式来替代。

3) 问卷调查法

问卷调查法是借助预先设计好的问卷，在培训课程结束后向参训员工了解各方面信息的方法。这种方法的关键是设计有效的问题，按照不同的参训对象和调查目的分别进行设计。

4) 标杆对比法

除了考虑从内部对培训效果进行评估外，也可以在企业外部选取行业标杆或者区域标杆企业中的培训进行比较。该方法的关键是选取标杆企业及其相关培训数据。由于很多企业对其内部数据都是保密的，因此该方法主要适用于大型集团内部各分公司(子公司)之间的比较。

5) 成本收益法

培训的成本收益比是开展培训开发工作的重要指标，如何以最节约的途径最大限度地开展培训开发工作，是企业组织员工培训的重要原则。其中，培训的成本收益比可以用投资回报率指标来计算：

$$培训投资回报率=\frac{收益-成本}{成本}\times 100\%$$

员工培训开发的成本包括直接成本和间接成本。其中，直接成本包括但不限于：受训者的工资；培训师的报酬；培训教材、培训资料的费用以及打印、复印、装订等的费用；培训场地费用；培训器材的相关费用，如折旧费、维护与修理费用；因培训而发生的交通费用；因培训而发生的食宿及通信费用。培训的间接成本是培训的机会成本，即同样的资源和时间由于用于培训而无法用于其他活动给企业带来的无形损失，可以用人均利润率来衡量。

员工培训与开发给企业带来的收益包括但不限于：提高生产率、提高产品质量、扩大产品销售量和销售额、降低成本、降低事故发生率等方面。培训收益的计算原理是由于培训提高了受训者的技术熟练程度，使同一劳动力可以在其他条件不变的基础上增加的收益，包括直接收益评估和间接收益评估两种。

(1) 直接收益评估法。

直接收益评估法是对员工接受培训后的效果进行观察并加以评估。其用公式表示为

$$TE=(E_2-E_1)\times T\times N-C$$

式中，TE 是指培训收益； E_1 是指培训前每个受训者一年产生的效益；E_2 是指培训后每个受训者一年产生的效益；T 是指培训效益可持续的年数；N 是指参加培训的人数；C 是指培训成本。

(2) 间接收益评估法。

间接收益评估法是通过与员工在职培训有关的指标的计算，来研究培训开发投资的收益。其思路是首先找出影响培训效益的因素，即把这种收益分解为一些具体指标，然后根据这些指标的相互关系进行计算。其用公式表示为

$$TE=T\times S\times d\times N-C$$

式中，TE 是指培训收益；T 是指培训效益可持续年数；S 是指未培训者工作绩效的标准差(一般约等于年工资的 40%)；d 是指效用尺度，即接受培训者与未接受培训者工作结果的平均差值；N 是指参加培训的人数；C 是指培训成本。

d 也可表示为

$$d=(X_1-X_2)\div(S\times R^2)$$

式中，X_1 是指受训者的平均工作效率；X_2 是指未受训者的平均工作效率；R 是指工作效率评价过程的可行性(不同评估者评定结果的相关性)。

使用成本收益法进行培训效果评估的前提是受训者的年效益或效率是可以量化的，对于无法量化的受训者，是不能采用该方法进行评估的。不管是直接成本法还是间接成本法，单纯的计算某个员工的效益或效率都是不容易的。员工的效益或效率受到公司的工作制度流程、设备条件、同事的配合等多方面的影响，因此要计算某个员工的效益需要设定一定的计算标准，同时公司需要具有强大的数据库来支撑。

6) *加权分析法*

使用加权分析法必须建立一个完整的评估指标体系，确定各项指标的权重(衡量指标重要程度的数据，所有权重之和为 1)。每个指标可以分为 3 个或 5 个等级，设置不同的分数(如将每个指标分为 5 个等级，优为 5 分，良为 4 分，中为 3 分，合格为 2 分，不合格为 1 分)，就参训员工的某个方面进行全方位的调查，然后计算结果。表 5-6 是对某位员工参加某项工作技能培训后运用加权分析进行培训评估的案例。

表 5-6　加权分析评估示例

指标权重	优 5 分	良 4 分	中 3 分	合格 2 分	不合格 1 分	单项指标得分
工作能力(0.2)	40%	50%	10%	0	0	4.3
知识理论水平(0.2)	30%	50%	10%	10%	0	4
敬业精神(0.2)	55%	35%	10%	0	0	4.45
工作产出(0.4)	80%	10%	10%	0	0	4.7

在表 5-7 中，评价结果用百分数表示，如 40%表示 40%的人认为该员工的工作能力得分为 5 分，即为优；单项指标得分计算公式为：单项指标得分 = $\sum$(分值×百分比值)；该员工最终评价结果 = $\sum$(权重×单项指标得分)。该员工的最终评价结果 = $0.2 \times 4.3 + 0.2 \times 4 + 0.2 \times 4.45 + 0.4 \times 4.7 = 4.43$ 分。

2. 柯氏四级评估模型

目前人们常用的培训效果评估模式有柯氏四级评估模型、考夫曼五层次评估模型、菲利普斯五级投资回报率模型(RIO)、CIRO 评估模型和 CIPP 评估模型。本书重点介绍柯氏四级评估模型。

柯氏四级评估模型是由威斯康星大学的唐纳德.L.柯克帕特里克(Donald L. Kirkpatrick)教授提出来的，他认为，评估培训效果有四个不同的层面，即反应层、学习层、行为层和结果层。

反应层评估主要是评估受训者的反应，即参与培训者的感受、态度和意见，这些可以作为评价培训效果的依据。这一层次的评估关注的是受训者对培训项目及其有效性的感受，涉及培训的各个方面，如培训目标是否合理，培训内容是否对受训者的工作有帮助，培训环境是否合适等。这个层次的评估局限性在于只能反应受训者对培训的满意度，不能证明培训是否实现了预期目标。一般而言，反应层的评估在培训课程结束时进行，通常采用问卷调查法和观察法进行评估。

学习层评估主要评估受训者的学习效果，即通过培训的测试，衡量受训者对原理、实施、技术和技能的掌握程度，是否掌握了培训目标中要求受训者应该掌握的知识和技能水平。一般情况下，在培训课程结束后，培训组织部门就会对受训者以考试的方式或集体讨论法进行学习层的评估。

行为层评估主要是评估受训者的行为，即受训者接受培训后，与工作有关的行为是否有所改变，以及受训者是否在实际工作中运用了所学的知识和技能等。这一层次的评估实际上就是考察受训者的培训转化程度。且进行培训的目的是提高员工的工作绩效，所以受训者能否将所学到的知识、技能等运用到工作中，是否能够进行有效的培训成果转化，是评价培训效果的重要指标。一般情况下，培训组织部门或受训者的直接领导会在培训项目结束后的几个月甚至长期进行定期的跟踪评估，通常采用的评估方法有观察法、标杆法和加权评估法。

结果层评估主要是评估企业经营业绩是否得到了改善，即培训是否改善了组织的绩效，这涉及对组织绩效改进的监控。例如，企业经过培训，经营成本是否降低了，产品质量是否提高了，服务水平是否改善了，盈利是否增加了等。这个层次的评估需要大量的数据，通常需要采用成本收益法进行评估，但有时候企业很难确定组织绩效的改善是因为培训还是通过其他方式带来的，所以该层次是比较难评估的。

采用柯氏四级评估模型进行培训效果评估的规则是，一级评估主要观察受训者的反应；二级评估侧重于检查受训者的学习结果；三级评估衡量受训者培训前后的工作表现；四级评估的目标是衡量公司经营业绩的变化。深层次评估不但能发现培训对实现企业目标是否真的有所贡献，还可以暴露培训内容在工作中难以运用的障碍。因此要使与工作相关的培训做得好，至少需要对一部分培训项目进行三级评估甚至四级评估。总之，培训效果评估工作绝不仅仅是统计培训次数和受训者的培训满意度，科学评估培训效果应当成为现在人力资源管理的一项重要职责。

3. 培训效果评估流程

培训效果评估在实施过程中需要按照有序的评估流程进行，选择合适的培训评估方法，收集全面的培训效果信息，从而对培训效果做出科学合理的评价。一般而言，培训效果评估流程主要包括确定培训评估目标、制订培训评估方案、实施培训评估、撰写培训评估报告及反馈培训评估结果五个步骤。

(1) 确定培训评估目标。培训评估目标主要是衡量培训目标的实现程度，如评估参训员工是否掌握了相关的技能、员工能够运用培训内容提高工作业绩等。培训评估目标能够影响评估方法的选择。

(2) 制订培训评估方案。培训评估方案一般包含以下几项内容：培训评估的目标；评估的培训项目；培训评估的时间和地点、培训评估人员；培训评估内容、方法和标准；培训评估步骤；等等。

(3) 实施培训评估方案。培训评估方案确定后就可以开展具体的评估工作了，即按照培训评估方案确定的时间、地点和方法对特定项目、内容进行评估。

(4) 撰写培训评估报告。评估工作完成后，培训评估人员需要总结评估工作，撰写评估报告。评估报告一般包含以下内容：参加评估的培训项目的概况；评估工作实施的过程概述；评估结果；解释、评价评估结果并提出参考意见；其他评估过程中的相关资料。

(5) 反馈培训评估结果。评估工作结束，评估人员需要将评估结果反馈至培训部门工作人员、企业管理层、参加培训的员工及其直接领导。评估结果的反馈有助于企业了解培训效果，对以后的培训运营开展提供充分的实际依据。

企业案例

汾酒股份有限公司的培训效果评估

山西杏花村汾酒厂股份有限公司(以下简称“汾酒股份”)为国有独资公司，以生产经营中国名酒——汾酒、竹叶青酒为主营业务，年产名优白酒5万吨，是全国最大的名优白酒生产基地之一。集团公司下设22个子、分公司，员工8 000人，占地面积230万平方米，建筑面积76万平方米。核心企业汾酒厂股份有限公司为公司最大子公司，1993年在上海证券交易所挂牌上市(股票代码600809)，为中国白酒第一股，山西第一股。

汾酒股份公司职工教育培训中心自成立以来，就立足于企业需求，为打造高素质的企业员工而努力。但培训中心武主任对培训中心效果评估一直不太满意。2011年培训中心开展了第一次培训效果评估，开启了从无到有的过程；在2012年培训中心仅仅对培训评估内容进行了简单分析；到了2013年的时候，培训中心对讲师表现、课程内容、课件制作、培训组织等进行了相对应的评估。但是，这些效果评估都不全面，评估工作只是停留在最初级的层次上，也就是柯氏四级培训评估的反应层和学习层。2014年，培训中心在以前的评估工作中吸取经验，引用了三级培训，也就是针对不同的培训项目和培训内容分为公司级培训项目、部门级培训项目和班组级培训项目。尽管如此，在培训评估方面还是存在着深度、广度都比较单一的问题。

2015年，武主任组织培训中心员工对公司部分员工进行了访谈、问卷等调研，了解了公司对培训效果评估的看法和实际需求，对公司现有的培训评估方式和评估内容做了深化改革。针对不同层级不同内容的培训项目配备不同层次的效果评估方法，并对效果评估结果进行反馈和应用，起到了很好的推动培训业务开展、帮助员工素质提升的作用。比如公司现有的新员工培训项目，其培训内容有企业文化类培训、公司五大体系培训、岗位在职的师带徒培训。新员工入职后参加的企业文化类培训，培训中心采用问卷调研的方法评估新员工对培训内容、培训讲师、培训方法等方面的满意度，采用考试的方法评估新员工对企业文化的了解程度。玻璃瓶灌装环节的员工参加的灌装技能培训，培训中心采用成本收益法对培训效果进行评估。培训中心收集了员工参加培训前和培训后的玻璃瓶灌装环节的玻璃瓶损耗的数据，两者之间的差额作为培训的收益。培训的成本主要是培训师的报酬和参训员工的工资。通过成本收益比，来评估此次培训的实际效果。

自武主任带领培训中心进行培训效果评估改善以来，公司的培训效果评估开始深入到对参训学员的工作行为、态度的改变、工作绩效的改善、能力的提高和为企业带来的效益的评估中，使公司真正明确了培训给企业带来的价值。不仅如此，通过培训效果评估结果的应用，培训中心在下年度的培训需求分析及培训项目开发中也有了强有力的信息支撑，公司员工对培训的满意度也从原来的75%快速提升至90%。

技能训练

实训目标：

了解培训方案的制订过程。

实训内容与要求：

对你身边的一家企业进行调研走访，了解企业的经营战略和年度目标，根据调研内容设计该企业的年度培训方案。

成果检测：

(1) 学生以小组为单位进行调研，并形成文字、图片和视频资料。

(2) 分小组进行课堂成果展示，教师对其年度培训方案进行评价。

案例分析

令人头疼的培训工作

又到了一年的年尾，江西省某国有企业的人力资源部郝部长愁眉苦脸地对下属说："唉，咱们这每年的例行公事又开始了。咱们负责培训业务的同事们，这几天把培训需求表发到各部门，让他们上报自己的培训需求吧。"负责培训组织的小张按照郝部长的要求，将表格下发到公司各部门，但心里却在想："又是走形式的一年。"培训需求表反馈到人力资源部了，小张发现许多部门填写的培训需求和往年都差不多，心里更觉得培训工作真的是形式化了。

小张想起去年的培训组织工作，除了每年的新人企业文化培训，新进员工还比较积极配合以外，其他的培训课程开展每次都或多或少存在问题。每次培训都会有部分员工以工作忙没时间为借口不参加，有的只是在培训开始之前签到就又离开。培训课程结束后进行培训满意度调研时，分数总是在 75 分左右。即使这样，这个评估结果还是员工看在同事一场的面上给出的"人情分"。调研评估过程中，总会有员工反映这次培训内容不符合自己的工作内容，不感兴趣；部分员工认为这次培训组织不合理，和员工工作时间冲突；外部聘请的培训师讲的案例和自己的实际工作不匹配，借鉴意义不大。每次看到这样的调研结果，小张总有被倒打一耙的感觉，他想，这些培训课程不是之前你们自己提出来的吗？现在又认为和工作内容不相关了？如果不和工作时间冲突，那也太难了，除非是休息日。但休息日又有谁愿意再出来培训呢？真的想做出很好的培训效果，那得花大价钱请名师啊，公司又总是砍掉培训预算……

小张也和郝部长讨论过这个问题，郝部长也认为这是个非常头疼的事情。郝部长说："我们的培训工作步骤每个都不少，效果评估也做，但收效不大。公司高层对人力资源的培训工作也一直不满意。"郝部长对培训工作也越来越发愁。

请认真阅读材料，分析下列问题：

(1) 公司的培训工作为什么会出现案例中的诸多问题？

(2) 郝部长应当如何改进培训工作？

本 章 小 结

(1) 培训与开发是人力资源管理的重要组成部分，是现代企业获取竞争优势的强有力的武器。培训是有计划地帮助员工学习与工作有关的基本能力的过程，通过改进员工的知识、技能、态度以及行为，使其发挥更大的潜力来提高工作绩效。开发着眼于未来，以提高员工的适应能力为导向。开发是企业通过提高员工的知识和工作技能，以实现企业未来整体绩效的提升而进行的各种方式的活动。

(2) 培训与开发的意义有：可以提高员工素质、提高企业绩效、促进企业吸引优秀人才、促进企业打造学习型组织。

(3) 培训与开发的原则有：战略导向性原则，学以致用原则，全员培训和重点提高相结合原则，专业知识技能与企业文化并重原则，严格考核与择优奖励原则，效益与效率并重、适度培训原则。

(4) 企业培训的形式多种多样，为了使员工的培训更加有效，必须选择适当的培训方法。按照员工参加培训时的工作情况，可以将培训与开发分为在职培训(On-the-Job-Training，ONJT)和脱产培训(Off-the-Job-Training，OFFJT)两种形式。

(5) 一个完整的培训与开发体系包含四个部分：培训组织、培训资源、培训运营和培训文化。

(6) 有效的培训运营体系包含四个方面的内容：培训需求分析、培训计划制订、培训项目实施和培训效果评估。

(7) 培训需求分析包含组织分析、人员分析和任务分析三方面的内容。

(8) 组织分析包括组织环境分析、组织结构分析、组织目标分析和组织资源分析四个部分。

(9) 人员分析是针对员工进行的，可以确定组织中谁需要培训以及培训哪些内容。对人员分析包括员工绩效以及员工职位变动情况两个方面。

(10) 任务分析首先需要选择被分析的工作岗位；然后，对该工作岗位进行工作分析，列出完成工作的所有任务和职责；第三，对所列出的任务清单进行确认，列出完成每一项任务和职责的具体步骤和工作活动；第四，对每项任务需要达到的标准做出准确地界定，尽量用可以量化的标准来表述每项任务；最后，确定完成每项任务所需的知识、技能和态度。

(11) 培训计划的制订是企业根据企业的当前、中远期发展目标，对企业员工培训需求进行预测，然后制订培训活动方案的过程。

(12) 具体的培训项目实施包含培训前的管理工作、培训中的管理工作和培训后的管理工作。其中，培训前的管理工作包括确定该培训项目中具体参加培训的员工、确定培训师、确定培训场地和设备、确定培训日程表及准备相关培训资料。

(13) 培训效果评估是指在培训过程中受训者所获得的知识、技能应用于工作中的程度。

(14) 培训的成本收益比是开展培训开发工作的重要指标，如何以最节约的途径最大限度地开展培训开发工作，是企业组织员工培训的重要原则。其中，培训的成本收益比可以用投资回报率指标来计算：

培训投资回报率 = (收益 − 成本) ÷ 成本×100%

(15) 柯氏四级评估模型是由威斯康星大学的唐纳德.L.柯克帕特里克教授提出来的，他认为，评估培训效果有四个不同的层面，即反应层、学习层、行为层和结果层。

(16) 培训效果评估的流程一般包含五个步骤：确定培训评估目标；制订培训评估方案；实施培训评估方案；撰写培训评估报告；反馈培训评估结果。

复习与思考

1. 培训与开发的含义是什么？
2. 培训与开发的原则有哪些？
3. 有效的培训运营体系包含哪些内容？
4. 组织分析包含哪些内容？
5. 任务分析的步骤有哪些？
6. 柯氏四级培训评估包含哪四个层次？
7. 培训效果评估的流程是什么？

第六章

职业生涯管理

学习目标

(1) 了解职业生涯的相关概念。
(2) 了解职业生涯管理的作用和责任划分。
(3) 掌握职业生涯管理的相关理论。
(4) 掌握组织职业生涯管理的主要内容。
(5) 掌握组织职业生涯规划的 PPDF 法。
(6) 掌握职业发展通道的主要类型。
(7) 掌握组织职业生涯早期、中期和后期管理的工作要点。

关键词

职业(Occupation)
职业生涯(Career)
职业生涯管理(Career Management)
组织职业生涯规划(Organizational Career Planning)

导入案例

靳程的困惑

靳程在 2018 年大学毕业后，就职于上海一家高科技企业的研发部。入职之前他对这份高薪又体面的工作是十分满意的。但是工作一段时间后，他发现这家公司的实际情况与其招聘时所宣扬的“以员工为本，以团结友爱为根，以创新为魂”的企业精神大相径庭，从公司的各项制度、领导的工作作风到企业文化，处处透露着以负强化为主的管理风格，靳程对公司的期望落空，感到非常失落。

靳程在公司工作了两年，做的都是一些琐碎的与他所学专业关系不大的行政类工作，他询问部门领导，也没有接到关于他下一步工作的安排，这让他看不到职业前景，失去了工作动力。他开始考虑未来的路该怎么走，是跳槽到本市其他大公司工作，还是换到一家小的研发企业工作，抑或是返回高校继续深造，获取更多知识和更高学位后再出来工作。

但是，2020年的就业形势尤为严峻，考研的竞争压力也空前激烈，这让本就没什么积蓄的靳程雪上加霜。他对现状感到困惑和沮丧，不知自己该怎么办。

人力资源是企业极具能动性的资源，如果员工的工作积极性受到打击，失去工作动力，工作效率就会大幅降低，甚至造成不必要的人力资源流失。企业通过员工的职业生涯管理可以更好地开发员工的潜能，培养员工的团队归属感，调动员工的工作积极性，进而提升企业的竞争力。

第一节　职业生涯管理概述

一、职业生涯的含义

（一）职业

1. 职业的含义

要进行职业生涯管理，首先要对职业的含义进行明确的界定。职业(Occupation)是个人在社会中所从事的以获得物质报酬为自己主要生活来源并能满足自己精神需要的、在社会分工中具有专门技能的工作。个体是职业的主体，职业活动必须在组织中进行，组织目标是靠个体职业活动实现的，个体通过职业活动为组织做出贡献。职业活动不仅是个人谋生的手段，也是个人存在的意义和个人价值的证明。

2. 职业的特征

职业具有如下特征：

(1) 经济特征。个体从事某项职业的目的是从中取得经济收入。职业是个人经济收入的来源，是满足自身和家庭生存发展的手段，是社会经济制度运行的主体。职业劳动创造的财富是社会存在和发展的物质基础。

(2) 社会特征。随着经济的发展，社会分工的细化，新的职业不断涌现。所以，职业是社会发展的产物，每一种职业都体现了社会分工的细化。

(3) 技术特征。职业是某种专门的、具体的社会分工。不同职业对从业人员有不同的要求，个体除了要达到其所在岗位的职业道德、责任义务和服务要求外，还要达到相应的职业技术水平。

（二）职业生涯

1. 职业生涯的含义

职业生涯(Career)又称为职业发展，是指一个人一生中所有与工作职位相联系的行为和活动的全部历程，以及相关的态度、价值观、愿望。这个历程可以是间断的，也可以是连续的，它包含一个人所有的工作、职业、职位的外在变更以及工作态度和体验的内在变更，是贯穿于个人整个生命周期的与工作相关的经历组合。职业生涯有以下四个方面的含义：

(1) 职业生涯表示一个人一生中在各种职业岗位上所度过的整个经历，并不包含成功与失败的含义，也没有进步快慢的含义。

(2) 职业生涯由外在行为活动与内在态度和价值两方面组成。要充分了解一个人的职业生涯，必须从客观和主观两方面理解。职业生涯的客观特征是一个人在工作时期进行的各种活动和各种举止行为的连续体；主观特征是一个人的价值观、态度、需要、动机、气质、能力及发展取向等。

(3) 职业生涯是一个过程，是一生中所有的与工作相关的连续经历，而不仅仅是一个工作阶段。

(4) 职业生涯受各方面因素的影响，是多种因素共同作用的结果。

2. 影响职业生涯的因素

影响职业生涯的各种因素可以分为个人、组织和环境三个方面。

1) 个人因素

(1) 心理特质。个体行为模式理论认为，需求产生动机，动机导致个体行为。每个人都有其独特的心理特质和个性，如兴趣、性向、智商、情商、潜能、价值观、动机、态度及人格倾向等。不同的心理特质适合不同的职业和岗位。

(2) 生理特质。生理特质包括性别、年龄、体能、健康状况、身高、体重及外貌等。不同的生理特质适合不同的职业和岗位。

(3) 教育背景。教育背景包括受教育程度、培训经历、学业成绩、社团活动、工作经验、职业生涯目标等。不同的职业需要接受不同的专业教育，不同的岗位需要不同的阅历。个人受教育程度的不同会导致职业生涯产生较大的差异。未受过任何教育的个人一般只能从事知识水平要求不高的以体力劳动为主的职业。

(4) 家庭环境。家庭环境也是影响个体职业生涯的重要因素，主要包括父母的职业、受教育状况、社会地位以及家人的期望等。在家庭环境潜移默化的影响下，个体会形成一定的价值观和行为模式。这种价值观、行为模式必然从根本上影响个体的职业理想与人生目标，影响其职业选择的方向、选择过程中的冒险与妥协程度、对职业岗位的态度和在工作中的行为。

2) 组织因素

组织因素包括组织状况和人力资源管理。组织状况包括组织规模、组织结构、组织阶层、生命周期、组织氛围及组织文化等。不同的组织状况意味着不同的职业发展通道和机会，不同的组织给予个人不同的职业历练。人力资源管理包括工作分析、人力资源规划、招聘方式、晋升管理、工资报酬、福利措施、员工关系、发展政策等。这些政策和措施与个人的职业发展密切相关，没有相应的人力资源管理措施和政策的支持，职业生涯管理是不可能有效开展的。

3) 环境因素

(1) 政治制度和氛围。政治不仅可以影响一国的经济体制，还会影响到企业的组织体制，从而直接影响到个人的职业发展。

(2) 经济发展水平。某地区的经济发展水平状况会决定该地区人们职业选择的机会多少，进而会影响人们职业生涯的发展程度。

(3) 社会文化环境和社会阶层。人们在行为、需要、态度、动机等方面表现出来的特质受根深蒂固的社会文化的影响，而与个人行为、需要等密切相关的职业生涯也会打上社会文化的烙印。社会阶层是一种相对比较封闭的系统，对于处在某一特定社会阶层的人来说，其社会生活和职业发展都会受到制约。社会阶层的出现是人类社会不平等发展的必然结果，而这些普遍存在的不平等现象又会影响个人的职业生涯。

(4) 地理环境。地理环境对个人职业的影响体现在：生活在符合环境需要的地区的个人比在不利环境中尝试推销其能力的人，将拥有更多的机会。

(5) 行业环境。行业环境包括行业发展现状、国际国内重大事件对该行业的影响以及行业发展前景预测，这些都将直接影响个人在某个特定行业中的企业发展状况，进而影响到个人的职业生涯发展。

二、职业生涯管理的含义与作用

(一) 职业生涯管理的含义

职业生涯管理(Career Management，CM)是指企业和员工对个体的职业生涯进行设计、规划、执行、评估、反馈和修正的一个综合性过程。通过员工和企业的共同努力与合作，职业生涯管理使每个员工的生涯目标与企业发展目标一致，使员工的发展与企业的发展相吻合。其主要内容包括职业生涯规划、职业生涯开发和职业生涯调控等。职业生涯管理的基本宗旨，简单地说，就是让人们“工作并快乐着”。

职业生涯管理包括个人和组织两个层面。个人职业生涯管理指个人通过对自己所要从事的职业、要去的工作组织、职业发展的高度等的规划与设计，为实现自己的职业目标而不断努力的过程，一般通过职业选择、组织选择、岗位选择、工作锻炼、职位晋升及能力发挥等来实现。组织职业生涯管理指组织根据组织内外部环境，结合个人知识、能力及兴趣等，为员工制订职业生涯规划，建立适合员工发展的职业通道，并以员工的职业发展需求为依据，进行适时的培训和职业指导，从而使员工的职业生涯得以发展和组织目标得以实现的持续性过程。

(二) 职业生涯管理的作用

1. 职业生涯管理对个人的作用

通过组织指导和参与员工的职业生涯管理，能够使员工充分了解自己，客观地评价自己的能力，明确自己的优势和劣势，获取组织内部有关工作机会的信息，从而确定符合自己兴趣、能力以及组织需要的职业生涯道路，确立自己的职业生涯目标，并为此制订具体的行动计划，还能使员工集中精力、全身心投入到工作中，并不断地鞭策自己努力实现这些规划目标。在这个过程中，员工的素质也会得到进一步的提高。具体而言，主要有以下作用：

(1) 更好地发挥个人的长处，在职业生涯中扬长避短。

(2) 更好地适应环境，并能把握外部环境中存在的机会。

(3) 有利于更好地配置资源，根据自身的能力状况适当地调整个体的职业生涯目标。

(4) 有利于个人对职业生涯的控制，使工作与家庭更容易平衡。

(5) 有利于实现个人职业生涯目标和个体人生价值的最大化。

2. 职业生涯管理对组织的作用

通过职业生涯管理，组织对个人的职业生涯目标进行规划和分析，根据员工的特长和兴趣进行工作设计和安排，取长补短，把合适的人安排到合适的岗位上。这样，一方面，组织给员工提供了更多的发展机会，使员工能够在较短的时间内实现职业发展目标；另一方面，使组织的人力资源得到合理配置，人才得到充分利用，降低了组织的管理成本。具体而言，主要有以下作用：

(1) 进行有效的职业管理，通过个体职业生涯目标的实现来提高组织的绩效。

(2) 不仅有利于员工职业生涯目标的成功实现，而且有利于员工职业生涯管理与组织职业生涯管理目标的协调发展、互利双赢。

(3) 职业生涯管理有利于组织有效地留住人才和吸引人才，稳定员工队伍，减少不必要的员工流失。

(4) 有利于构建和完善组织文化，体现全体员工的价值观。

3. 职业生涯管理对外部环境的作用

组织通过职业生涯管理，有效地减少了不必要的人员流动，降低了组织的管理成本，使员工能够在组织内相对稳定地工作，从而减少了一些社会不安定因素，使社会变得更加稳定与和谐。

三、职业生涯管理的责任划分

1. 员工

从传统的角度看，组织在职业生涯管理中承担主要责任。组织给予员工职业发展的空间，对员工进行评价，安排培训机会，进行工作轮换等，员工则相对被动地接受这一切。但是现在的工作环境和员工个人都发生了很大变化，员工在个人的职业生涯规划中负有更多责任，组织也希望员工对自己的职业生涯有较清晰的认识和规划。因此，员工要主动地从各方面获取关于自己优点和不足的信息，增强自我认识，明确自己的职业生涯发展处于什么阶段，确定自己的发展目标，了解组织内部有哪些发展机会，积极地参与组织的职业生涯管理计划。

2. 人力资源部门

在职业生涯管理中，人力资源部门发挥着重要的作用，包括设计组织的职业生涯管理系统，确保职业生涯管理系统与组织战略的一致性，帮助员工对工作技能、职业个性、工作动机、职业价值观等进行评估，为各个部门执行组织的职业生涯管理计划提供辅助，直接为员工提供职业发展方面的咨询建议。

3. 部门主管

组织中人力资源管理的许多职能都需要各个部门主管的密切配合。在职业生涯管理中，部门主管仍然是一个重要角色。在多数情况下，员工会经常到主管那里获取职业生涯发展方面的信息，例如组织内可能的职位空缺、个人对某项工作胜任的可能、进修和培训发展机会等。主管还要明确工作要求，评价工作绩效，根据对员工的个人情况以及组织发展目标的了解，为员工提供职业发展方面的建议，并与员工共同制订职业生涯计划。

第二节　职业生涯管理理论

一、职业选择理论

职业选择是指人们依照自己的职业期望和兴趣，从对职业的评价、意向、态度出发，凭借自身能力从社会现有的职业中进行挑选的过程。职业选择的目的是使自身能力素质和职业需求特征相符合。在职业生涯中，职业选择是一个相当重要的环节。许多心理学家或职业指导专家对职业选择进行了大量研究，这里主要介绍比较有影响力的三种理论。

(一) 职业性向理论

职业性向理论也称为人格类型理论，是美国心理学家约翰·霍兰德(John Holland)在20世纪60年代提出的。该理论强调个人与环境之间的匹配，对人才测评的发展产生了重要的影响。霍兰德认为，职业选择是个人人格的反应和延伸，职业选择取决于人格与职业的相互作用。在人格和职业的关系研究方面，霍兰德提出了一系列假设。

(1) 将人的人格分为6种类型：现实型(Realistic)、研究型(Investigative)、艺术型(Artistic)、社会型(Social)、企业型(Enterprising)与常规型(Conventional)。每一种特定类型人格的人，会对相应职业类型中的工作或学习感兴趣。

(2) 职业环境也可分为上述六种类型。

(3) 人们寻求能充分施展其能力与价值观的职业环境。

(4) 个人的行为取决于个体的人格和所处的环境特征之间的相互作用。

在上述理论假设的基础上，霍兰德提出了人格类型与职业类型模式。不同类型人格的人需要不同的生活或工作环境。如果人格类型与环境不和谐，则该环境或职业无法提供个人的能力与兴趣所需要的机会与奖励。霍兰德在其所著的《职业决策》一书中描述了这六种人格类型及其对应的职业类型，如表6-1所示。

表6-1　人格类型及其对应的职业类型

类型	人格特点	职业类型	主要职业
现实型	愿意使用工具从事操作性强的工作；动手能力强，做事手脚灵活，动作协调；不善言辞，不善交际	各类工程技术工作、农业工作；通常需要一定的体力，需要运用工具或操作机械	工程师、技术员，机械操作员、维修安装工人、木工、电工、鞋匠等，司机，测绘员、制图员，农民、牧民、渔民等
研究型	抽象能力强，求知欲强，肯动脑筋，善思考，不愿动手；喜欢独立和富有创造性的工作；知识渊博，不善于领导他人	科学研究和科学实验工作	自然科学和社会科学方面的研究人员、专家，化学、冶金、电子、无线电、电视、飞机等方面的工程师、技术人员，飞行驾驶员、计算机操作人员等

续表

类型	人格特点	职业类型	主要职业
艺术型	喜欢以各种艺术形式的创作来表现自己的才能，实现自身价值；具有特殊艺术才能和个性；乐于创造新颖的、与众不同的艺术成果，渴望表现自己的个性	各种艺术创造工作	音乐、舞蹈、戏剧等方面的演员、艺术家、编导、教师，文学、艺术方面的评论员，广播节目的主持人、编辑、作者，绘图、书法、摄影家，艺术、家具、珠宝、房屋装饰等行业的设计师等
社会型	喜欢从事为他人服务和教育他人的工作；喜欢参与解决人们共同关心的社会问题，渴望发挥自己的社会作用；比较看重社会义务和社会道德	各种直接为他人服务的工作，如医疗服务、教育服务、生活服务等	教师、保育员、行政人员，医护人员，衣食住行服务行业的经理、管理人员和服务人员，福利人员等
企业型	精力充沛，自信、善交际，具有领导才能；喜欢竞争，敢冒风险；喜欢权力、地位和物质财富	组织与影响他人共同完成组织目标的工作	企业家、经理、政府官员、商人、行政部门和单位的领导者、管理者
常规型	喜欢按计划办事，习惯接受他人的智慧和领导，自己不谋求领导职位；不喜欢冒险和竞争；工作踏实、忠诚可靠，遵守纪律	与各类文件档案、图书资料、统计报表相关的各类科室工作	会计、出纳、统计人员，打字员，办公室人员，秘书和文书，图书管理员，旅游、外贸职员，保管员，邮递员，审计人员，人事职员等

当人格和职业相匹配时，员工的满意度会达到最高，同时流动率也会维持在最低水平。但是，对于大部分人来说，其性向选择都不是唯一的，一个人的性向中很可能有多种类型的性向同时并存。霍兰德认为，一个人在选择职业时，个人的心理内在冲突和犹豫会随着个体性向选择的相似性或相容性强度而变化，强度越大，则冲突与犹豫越少，反之亦然。为了对这种情况做出详细描述，霍兰德建议将这六种性向分别放在一个正六边形的每一角上，见图 6-1。

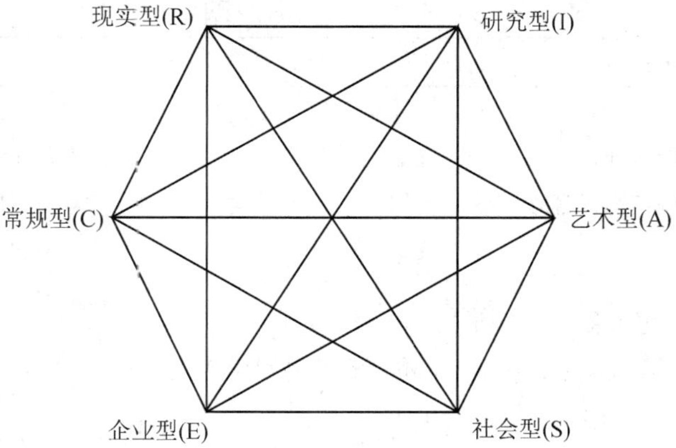

图 6-1　霍兰德提出的人格类型图

如图 6-1 所示，这六种职业性向的关系并非并列的，它们之间存在如下关系：

(1) 相邻关系，如 RI、IR、IA、AI、AS、SA、SE、ES、EC、CE、RC 及 CR。属于这种关系的两种类型的个体之间共同点较多，如现实型 R、研究型 I 的人就都不太偏好人际交往，这两种职业环境中也都有较少的机会与人接触。

(2) 相隔关系，如 RA、RE、IC、IS、AR、AE、SI、SC、EA、ER、CI 及 CS。属于这种关系的两种类型的个体之间的共同点较相邻关系少。

(3) 相对关系（在六边形上处于对角位置的类型之间即为相对关系），如 RS、IE、AC、SR、EI 及 CA。属于相对关系的两种类型的人其共同点少，因此，个体同时对处于相对关系的两种职业环境都兴趣很浓的情况较为少见。

在个体进行职业选择时，大部分人都会依据自己的职业性向类型来选择与之相匹配的职业，如具有现实型职业性向的人在选择职业环境时，一般会倾向于能使自己技能得到最好发挥的职业环境。然而实际情况却是，每个人的职业性向很少是显著的单一职业性向类型，大部分人的职业性向是多种类型职业性向综合而成的，因此个体对职业环境的选择并非一定要与自己的职业性向完全匹配。在评价个体的职业性向类型时也时常由其在六大类型中得分居前三位的类型组合而成，组合时根据分数的高低依次排列字母，构成其职业性向组型，如 RCA、AIS 等。另外，对个人职业选择产生影响的因素并非只有职业性向，还包括现实的职业需求及获得职业的现实可能性等多方面的因素。所以，职业选择不一定非要与性向相匹配，有时可能需要做出一定的妥协，寻求与其他相关影响因素之间的吻合和适应，这种情况需要个体不断适应其工作环境的变化。但如果选择的职业环境与他的职业性向完全不吻合，这种情况下的工作可能会让人觉得痛苦或难以适应。

随着职业性向测验的不断发展和完善，这一理论在多个领域得到了应用。在人力资源管理中，职业性向测验可应用于招聘，以此来判定应聘者属于哪种类型，为职位录用决策提供依据。在企业日常管理中，也可通过测试员工的职业性向，把员工调整到与其职业性向相匹配的岗位上，以此来解决企业中出现的员工和职位不匹配的问题。霍兰德的职业性向理论也是众多职业咨询机构的一个重要工具，特别是针对个人升学、就业方面具有重要的指导作用。

(二) 人职匹配理论

人职匹配理论最早由美国波士顿大学的帕森斯(F. Parsons)教授提出，这是用于职业选择与职业指导的最经典的理论之一。1909 年，帕森斯在其所著的《选择一个职业》一书中明确阐述了职业选择的三大要素和条件：第一，应该清楚地了解自己的态度、能力、兴趣、智谋、局限和其他特征；第二，应清楚地了解不同职业工作岗位的要求(职业选择成功的条件)、优缺点、薪酬水平、机会和前途；第三，上述两个条件的平衡。帕森斯的理论其内涵是在清楚认识、了解个人的主观条件和社会职业岗位需求条件的基础上，将主客观条件与社会职业岗位相对照、相匹配，最后选择职业需求与个人特长匹配相当的职业。

人职匹配分为两种类型：第一，条件匹配，即所需专门技术和专业知识的职业与掌握该种特殊技能和专业知识的择业者相匹配，如脏、累、险、劳动条件很差的职业，需要吃苦耐劳、体格健壮的劳动者与之相匹配；第二，特长匹配，即某些职业需要具有一定的特长，如具有敏感、易动感情、不守常规、有独创性、个性强和理想主义等人格特性的人，宜从事注重审美和自我情感表达的艺术创作类型的职业。

帕森斯的人职匹配理论作为职业选择的经典性原则，至今仍然正确、有效，并对职业生涯管理、职业心理学的发展具有重要的指导意义。

(三) 职业锚理论

1. 职业锚

职业锚(对称职业定位)理论产生于在职业生涯规划领域具有教父级地位的美国麻省理工大学斯隆商学院、美国著名的职业指导专家埃德加 • 施恩(Edgar Schein)教授领导的专门研究小组，是在对该学院毕业生的职业生涯的研究中演绎形成的。斯隆商学院的 44 名 MBA 毕业生自愿形成一个小组接受了长达 12 年的职业生涯研究，包括面谈、跟踪调查、公司调查、人才测评、问卷等多种方式，最终施恩教授分析总结出了职业锚理论。

锚是使船只停泊定位用的铁制器具。职业锚是指人们在选择和发展自己的职业时，所坚持而不放弃的职业中那些至关重要的东西或价值观。个人的实际工作经验是职业锚的决定因素，这种经验主要是进入早期工作情境后所习得的，同时职业锚是在经验中自省的动机、价值观和才干的一种吻合，是一种稳定的职业定位，用以实现个体的自我满足和补偿。职业锚在个人同工作环境互动的过程中产生，并在实际的工作中不断调整。职业锚强调个人能力、动机和价值观三方面的相互作用与整合。

了解职业锚的概念，要从以下几个方面入手：

(1) 职业锚以员工习得的工作经验为基础。职业锚一般发生于早期职业阶段，新员工只有在工作若干年，习得工作经验后，才能选定自己稳定的长期工作岗位。员工个人在接触到不同的实际工作、生活情境之前，对自己的能力、动机和价值观不可能有真正的了解，在很大程度上对职业的选择可能不会合理可行，即职业锚在某种程度上由员工的实际工作所决定，而不取决于潜在的能力和动机。

(2) 职业锚是根据员工的能力、动机、需要、价值观而进行的现实职业定位。这里的能力、动机、需要和价值观并不是通过各种测试得出的，而是在工作实践中依据自省和已被证明的。

(3) 职业锚是员工自我发展过程中的能力、动机、需要、价值观相互作用和逐步整合的结果。

(4) 员工个人及其职业不是固定不变的。员工以职业锚为其稳定源，可以获得该职业工作的进一步发展，以及个人生物社会生命周期和家庭生命周期的成长与变化。此外，职业锚本身也可能变化，员工在职业生涯的中、后期可能会根据变化了的情况重新选定自己的职业锚。

2. 职业锚的类型

施恩提出的职业锚理论包括五种类型：技术/职能型职业锚、管理型职业锚、自主/独立型职业锚、创业型职业锚和挑战型职业锚。发现职业锚的研究价值后，越来越多的人加入研究的行列。在 20 世纪 90 年代，研究者又发现了三种类型的职业锚：安全/稳定型职业锚、生活型职业锚和服务型职业锚。于是施恩将职业锚增加到八种类型，并推出了职业锚测试量表。

(1) 技术 / 职能型(Technical Functional Competence)：技术 / 职能型的人追求在技术/职能领域的成长和技能的不断提高，以及应用这种技术/职能的机会。他们对自己的认可来自他们的专业水平，他们喜欢面对来自专业领域的挑战。他们一般不喜欢从事一般的管理工作，因为从事管理工作后他们将不能全身心投入到技术 / 职能的研究中，使他们在技术 / 职能领域可能落后于专门从事技术/职能工作的人员。

(2) 管理型(General Managerial Competence)：管理型的人追求并致力于工作晋升，倾心于全面管理，独自负责一个部分，可以跨部门整合其他人的努力成果，他们想去承担整个部分的责任，并将公司的成功与否看成自己的工作，具体的技术/职能工作仅仅被他们看作通向更高、更全面管理层的必经之路。

(3) 自主 / 独立型(Autonomy Independence)：自主 / 独立型的人希望随心所欲地安排自己的工作方式、工作习惯和生活方式，追求能施展个人能力的工作环境，最大限度地摆脱组织的限制和制约。他们宁愿放弃提升或工作扩展机会，也不愿意放弃自主与独立。

(4) 创业型(Entrepreneurial Creativity)：创业型的人希望通过自己的能力去创建属于自己的公司或创建完全属于自己的产品(或服务)，而且愿意去冒险，并克服面临的障碍。他们想向世界证明公司是他们靠自己的努力创建的。他们可能正在别人的公司工作，但同时他们在学习并评估将来的机会。一旦他们感觉时机到了，他们便会走出去创建自己的事业。

(5) 挑战型(Pure Challenge)：挑战型的人喜欢解决看上去无法解决的问题，战胜强硬的对手，克服无法克服的困难、障碍等。对他们而言，参加工作或从事某种职业的原因是工作允许他们去战胜各种不可能。新奇、变化和困难是他们的终极目标。如果事情非常容易，他们马上会感到厌烦。

(6) 安全 / 稳定型(Security Stability)：安全 / 稳定型的人追求工作中的安全与稳定感。他们可以预测将来的成功，从而感到放松。他们关心财务安全，如退休金和退休计划。稳定感包括诚信、忠诚，以及完成老板交代的工作。尽管有时他们可以达到一个高的职位，但他们并不关心具体的职位和具体的工作内容。

(7) 生活型(Lifestyle)：生活型的人喜欢允许他们平衡并结合个人的需要、家庭的需要和职业的需要的工作环境，他们希望将生活的各个主要方面整合为一个整体。正因为如此，他们需要一个能够提供足够的弹性让他们实现这一目标的职业环境。为此，甚至可以牺牲他们职业的一些方面，如提升带来的职业转换。他们将成功定义得比职业成功更广泛。他们认为自己该如何去生活，在哪里居住，如何处理家庭琐事，以及在组织中的发展道路是与众不同的。

(8) 服务型(Service Dedication to a Cause)：服务型的人一直追求他们认可的核心价值，例如，帮助他人，改善人们的安全，通过新的产品消除疾病，等等。他们一直追寻这种机会，这意味着即使变换公司，他们也不会接受不允许他们实现这种价值的工作变换或工作提升。

经过 40 多年的发展，职业锚已成为许多个人职业生涯规划的必选工具和公司人力资源管理的重要工具，职业锚测试量表也成为国外职业测评中运用最广泛、最有效的工具之一，是一种职业生涯规划咨询、自我了解的工具，能够协助组织或个人进行更理想的职业生涯发展规划。

个人在进行职业规划和定位时，可以运用职业锚思考自己具有的能力，确定自己的发展方向，审视自己的价值观是否与当前的工作相匹配。只有个人的定位和其所从事的职业相匹配，才能在工作中发挥自己的长处，实现自己的价值。尝试各种具有挑战性的工作，在不同的专业和领域中进行工作轮换，对自己的资质、能力、偏好进行客观的评价，是使个人的职业锚具体化的有效途径。

对于企业而言，通过员工在不同的工作岗位之间的轮换，了解员工的职业兴趣爱好、技能和价值观，将他们放到最合适的职业轨道上，可以实现企业和个人发展的双赢。

企业案例

职业锚的应用

丰田对于岗位一线工人采用工作轮调的方式来培养和训练多功能作业员，这样既提高了工人的全面操作能力，又使一些生产骨干的经验得以传授。员工还能在此过程中发现自己的优势在哪里，从而进行准确定位，找到真正适合自己的岗位。一旦员工确立了自己的职业锚，工作起来将会更具积极性和主动性，效率将会有很大的提高。

丰田采取 5 年调换一次工作的方式对各级管理人员进行重点培养。丰田每年 1 月 1 日进行组织变更，一般以本单位相关部门为调换目标，调换幅度在 5 %左右。短期来看，转岗需要有熟悉操作的适应过程，可能导致生产效率的降低，但从企业长久发展来看则是利大于弊。经常的有序换岗还能给员工带来适度的压力，促使员工不断学习，使企业始终保持一种生机勃勃的氛围。

二、职业发展理论

每个人的职业生涯都是一个连续长期的过程，可分为不同的阶段。了解职业发展不同阶段的特点才能更好地促进个人的职业生涯发展。这里主要介绍两种职业发展理论。

（一）金斯伯格的职业发展理论

美国著名职业指导专家、职业生涯发展理论的先驱和典型代表人物金斯伯格(Eli Ginzberg)对职业生涯的发展进行了长期研究。他研究的重点是从童年到青少年阶段的职业心理发展过程，通过比较美国富裕家庭的人从童年期到成年早期的成熟过程中有关职业选择的想法和行动的研究，将职业生涯发展分为幻想期、尝试期和现实期三个阶段。

1. 幻想期

幻想期指的是 11 岁前的儿童期。对于这一时期的儿童而言，外面的世界充满了新奇，在日常生活中可能经常看到或接触到各类职业工作者，但对其也仅仅是一种新鲜和好玩的感觉。在这个时期，个体对职业完全是单纯凭自己的主观印象、兴趣爱好来想象，根本没有考虑自身的实际条件、能力水平和社会需要。

2. 尝试期

尝试期指的是 11～17 岁少儿向青年的过渡期，是个体心理和生理迅速发育和成长的时期，此时的人开始形成自己的价值观念，有了独立的意识，知识不断增长的同时能力也得到显著增强，对社会生产和生活的经验开始有了初步的了解。在该阶段，个体开始有职业性向，在审视自身条件和能力时更加客观，对职业角色的社会地位、社会意义及社会需要开始加以关注。

3. 现实期

现实期指的是 17 岁以后的青年期，此时的个体面临着步入社会和参与劳动，能够通过分析自己的职业愿望和要求，并对自己的主观条件和能力进行客观的评价，同时紧密联系社会现实的职业需要，使三者之间相协调。此时的个体已有具体现实的职业目标，其最大特点是职业选择更为客观，更加现实，讲求实际。

金斯伯格的职业发展理论主要研究的是前期职业生涯发展的不同阶段，也就是说，该理论揭示了初次就业前人们的职业意识或职业追求的发展变化过程，但是对进入职业角色后如何调整与发展职业生涯研究得不够。

(二) 萨柏的职业发展理论

在 1953 年，著名的职业生涯规划大师萨柏(Donald E.Super)以美国人作为自己的研究对象，依照年龄将每个人的生涯阶段与职业发展配合，将生涯发展分为成长、探索、确立、维持和衰退五个阶段。

1. 成长阶段(14 岁以前)

成长阶段属于认知阶段。一个人通过对家庭成员、朋友、老师的认同以及与他们之间的相互作用，逐渐建立自我概念，并经历对职业从好奇、幻想到兴趣，再到有意识地培养职业能力的逐步成长的过程。成长阶段又可分为三个时期。

(1) 幻想期(4～10 岁)：儿童从外界获得各种有关职业的知识，对于自己觉得好玩和喜爱的职业充满幻想，并进行模仿。

(2) 兴趣期(11～12 岁)：儿童以兴趣为中心，理解和评价职业，并做出职业选择。

(3) 能力期(13～14 岁)：儿童开始考虑自身条件是否与喜爱的职业相符，有意识地进行能力培养。

2. 探索阶段(15～24 岁)

探索阶段属于学习打基础阶段。个人将认真地探索各种可能的职业选择，并对自己的能力和天资进行现实性评价，试图根据自己的职业选择做出相应的教育选择。在这一阶段，个体常常会结合自己的兴趣和社会需要，做出一些带有试验性的和较为宽泛的职业选择。随着个人对所选职业以及自我的进一步了解，这种最初选择可能会被重新选择所替代。探索阶段由下面三个时期组成。

(1) 试探期(15～17 岁)：综合认识和考虑自己的兴趣、能力与职业社会价值、就业机会，开始对未来职业进行尝试性选择，此时的选择范围会逐渐缩小。

(2) 转变期(18～21 岁)：正式进入劳动力市场，或者进行专门的职业培训，由一般性的职业选择转变为特定目标的选择。

(3) 尝试期(22～24 岁)：选定工作领域，开始从事某种职业，对职业发展目标的可行性进行实验。

3. 确立阶段(25～44 岁)

确立阶段属于选择、安置和发展阶段，是大多数人职业生命周期的核心部分。这一阶段是个体经过早期的试探与尝试后，最终确立稳定职业，并谋求发展的阶段。确立阶段一般也包括三个时期。

(1) 尝试期(25～30 岁)：对初就业所选定的职业和目标进行检讨，思考其选择的领域是否合适，如有问题则需重新选择和变换职业，重点是寻求职业及生活上的稳定。

(2) 稳定期(31～40 岁)：有了一段时间的职业经历以后，人们将最终确定稳定的职业目标，并致力于实现这些目标。

(3) 危机期(41～44 岁的某一时期)：在结合现实的情况下，若人们发现自己并没有朝着自己的职业目标靠近或者发现了新的目标，此时他们需对自己最初的理想、抱负和目标进行再次评估，并第一次不得不面对一个艰难的抉择。

4. 维持阶段(45～64 岁)

维持阶段属于升迁和专精阶段，是职业生涯发展的后期阶段。这一阶段的劳动者长时间内在某一职业岗位上工作，在该领域已具有一席之地，一般达到了常言所说的“功成名就”层面，已不再考虑变换职业，只力求保住这一位置，维持已取得的成就和社会地位。

5. 衰退阶段(65 岁以上)

衰退阶段是职业生涯的尾声阶段。临近退休时，人们的健康状况和工作能力逐步衰退，即将退出工作岗位，结束职业生涯。因此，在这一阶段，人们要学会接受权利和责任的减少，学习接受一种新的角色，适应退休后的生活，以延缓身心的衰退，维持生命力。

第三节　组织职业生涯管理

职业生涯管理包括个人和组织两个层面。本节从组织的角度，探讨如何对员工实施有效的职业生涯管理，吸引和留住人才，通过员工个体职业生涯目标的实现来提高组织的绩效，真正达到组织和员工的协调发展、互利共赢。

一、组织职业生涯管理的内容

职业生涯是指一个人一生中所有与工作职位相联系的行为和活动以及相关的态度、价值观、愿望等连续性经历的过程，它是个体一生的工作经历。在企业中，员工既是职业生涯管理的对象，又是职业生涯管理的主体，员工的自我管理是职业生涯管理成败的关键；同时，个人职业生涯管理又离不开组织，个人的职业发展离不开组织提供的培训、经费、时间、机会、制度保障等条件。因此，员工的职业发展应服务于组织的发展战略，组织应成为员工职业生涯管理的主导。员工的职业发展与企业招聘选拔、绩效评估、工作分析、人力资源计划等关系密切。因此，组织职业生涯管理的内容包括以下几个方面：

(一) 组织目标与个人目标的协调

员工的个人价值在组织中得到实现，企业的经营发展依靠员工的努力来达成。要想实现组织目标和个人目标的协调统一，应做好以下工作：

(1) 树立人力资源开发思想。人力资源管理强调组织不仅要用人，更要培养人。职业生涯管理正是培养人的重要途径，组织只有牢固树立了人力资源开发的思想，才能真正实施员工的职业生涯管理。

(2) 了解员工需求。员工的需求是多样化的，不同的员工有不同的主导需求，组织只有准确把握员工的主导需求，才能有针对性地帮助其制订职业生涯发展规划，满足其主导需求。特别是组织的骨干员工，他们个人的发展愿望更迫切，职业目标更为高远，组织尤其应该重点了解和把握。

(3) 组织与员工结为利益共同体。实现组织目标和员工个人目标的融合，必须通过有效的沟通，让员工了解组织目标，使组织与员工结为利益共同体，在组织目标实现的同时也兑现对员工个人利益的承诺。

(二) 指导员工制订职业发展规划

组织为员工职业规划的制订提供指导有三种途径：一是通过人力资源管理者或外聘专家进行职业发展规划咨询，为员工职业发展规划的制订提供理论和政策指导；二是向员工提供有关的自测工具，帮助员工进行能力及个人特质方面的测试，让员工更好地了解自己，认清自我；三是在全面了解员工需求、个性、能力和专长的基础上，为员工提供有价值的职业发展建议，帮助员工分析晋升和调动等方面的可能性。

(三) 创造员工实现职业发展目标的条件

人力资源管理者应转变观念，创建以职业生涯为导向的人力资源管理思维，通过职业生涯管理这根“红线”，贯穿人力资源管理几乎全部的传统内容。换言之，职业生涯管理带来了人力资源管理方法上的巨大变革。

(1) 在员工招聘阶段，重视应聘者的职业兴趣和职业愿望、职业锚，为合格的应聘者提供较为合理的、有利于员工职业生涯发展的岗位。

(2) 提供阶段性的工作轮换，一方面可以使员工在一次次的尝试中了解自己的职业性向和职业锚，更准确地评价自己的长处和短处；另一方面可以使员工经手多方面的锻炼，拓宽视野，培养多方面的技能，从而为将来承担更重要的工作打下基础。

(3) 进行多样化、多层次的培训。在职业生涯导向的人力资源管理中，培训不仅是根据当前时期岗位对现职者要求、也是下一时期岗位对未来任职者的要求来进行，重视员工个人生涯发展的需要。这种“生涯导向”的培训也称为“发展性培训”，它强调根据员工的发展需要来进行培训的系统安排。针对处于职业发展不同时期的员工，安排不同的培训内容，可以提高培训的内容有效性；通过有针对性的教育与培训促进其职业生涯规划的实现，促进员工的职业发展，满足员工自我实现的心理需求，可以实现培训的激励有效性。

(4) 以职业发展为导向的绩效考核。在职业生涯导向的人力资源管理中，绩效考核的结果既是帮助员工改进绩效，也是修正生涯发展中可能出现的偏差、修改或调整生涯计划的重要依据。从职业生涯管理角度看，绩效考核是进行职业生涯管理的重要手段，绩效考核的结果是员工职业的发展如晋升、岗位轮换和培训的依据；对于个人来说，绩效考核的结果是自我认识的重要途径，也是个人制订职业生涯发展目标的基础。发展性绩效评估针对开发和指导，而把重点放在员工未来发展，试图去确定被评价者可以改进的知识和技能，从而达到开发其潜能的目的。

(5) 生涯导向的薪酬管理。职业生涯导向的薪酬管理，要求奖酬、福利系统和制度具有更多的灵活性。员工在职业生涯发展的不同时期，将有不同的价值观和需要，企业应创造更多的选择机会，让员工自己来选择，满足其个性化的需求，从而最大限度地激励员工。如对年轻工程师来说，带薪参加工程学术会议可能对其是一个很大的激励；对处于职业生涯中期的双职工员工来说，他们最需要的可能是带薪假期和一些涉及老人、孩子的福利政策；而对于资深经理来说，股权可能是他的需求偏好；等等。

(6) 晋升与调动。晋升与调动是员工职业发展的直接表现和主要途径，组织有必要建立合理的晋升和调动管理机制，建立合理的职业发展通道，保证员工得到公平竞争的机会和不断发展进步的可能。

二、组织职业生涯规划

(一) 组织职业生涯规划的含义和内容

组织职业生涯规划(Organizational Career Planning)是指组织根据组织目标和人力资源规划的需要，结合员工的能力、兴趣、价值观等，确定双方共同接受的职业生涯目标，制订与组织战略发展相适应的职业发展规划，为员工提供适当的教育、培训、轮岗和提升等机会，协助员工实现职业生涯发展目标。因此，组织职业生涯规划的实质就是把员工职业生涯规划的制订和实施与企业组织的人力资源需求和规划相联系、相协调、相匹配，为员工提供不断成长和发展的机会，最大限度地调动员工的工作积极性，在实现员工个人职业生涯目标的同时，实现企业的经营目标和持续发展。

组织职业生涯规划的内容，大体包括以下四个方面：

(1) 帮助员工进行职业环境分析。

这一阶段的主要任务是开展员工个人的评估、组织对员工的评估和环境分析等工作。

① 员工个人的评估。职业生涯规划的过程是从员工对自己的能力、兴趣、职业生涯需要及其目标的评估开始的。员工个人评估的重点是，分析自身的条件，特别是性格、兴趣、特长与需求等。性格是职业选择的前提，兴趣是最好的激励，特长是胜任的关键，需求是职业的动力，不同的工作要求由不同性格的人来适应，否则职业生涯难以成功。

② 组织对员工的评估。组织对员工的评估是为了确定员工的职业生涯目标是否能够现实。组织可以通过以下渠道对员工进行评估：其一，利用招聘筛选时获得的信息进行评估，包括能力测试、兴趣爱好、受教育情况及工作经历等；其二，利用当前的工作情况，包括绩效评估结果、晋升记录或晋升提名、提薪及参加各种培训的情况等；其三，利用员工个人评估的结果。为了评估员工的潜力，许多著名的跨国公司都建立或使用评估中心来测评员工将来要从事某种职业的能力。评估中心的评估可以帮助组织确定员工可能的发展道路，同时也帮助员工了解自己的优势与劣势，以便设定自己的职业发展目标。

③ 环境分析。环境分析主要是通过对组织环境、社会环境、经济环境等的分析与探讨，弄清环境对职业发展的作用、影响及要求，以便更好地进行职业选择与职业规划。

(2) 帮助员工确定职业生涯目标。

帮助员工确定职业生涯目标，主要包括职业选择和通道选择两方面内容。

职业选择是职业发展的起点，选择正确与否，直接关系到职业生涯的成败。组织应开展必要的职业指导活动，通过对员工和岗位的分析，为员工选择合适的职业岗位，设定合理的职业通道，达到适人适岗，实现企业和员工的共同发展。

(3) 帮助员工制订职业生涯策略。

职业生涯策略是指为职业目标的实现而积极采取的各种行动和措施。在积极实施员工职业生涯规划的同时，根据员工的不同情况采取不同的职业生涯策略，对组织和员工的发展具有十分重要的意义。一般来说，在人生的不同年龄阶段，员工的志趣、价值取向等都会有所转变。因此，应采取的职业管理策略和方法也有所不同。

(4) 帮助员工进行生涯规划修正。

通过对职业生涯规划的评估与修正，架设组织发展战略与员工职业目标之间的桥梁是实现组织规划目标的重要手段。组织在了解了员工的自我评价与职业目标后，就可以结合组织的发展战略来全盘规划与调整其人力资源。当组织的未来人力资源需求与某些员工的职业目标和个人条件大体一致时，组织就可以事先安排这些员工熟悉相关工作，也可以根据未来职位的要求有的放矢地安排有关员工进行相关培训，以便做好承担此项工作的任职准备。

(二) 组织职业生涯规划的方法

职业生涯规划的常用方法有 SWOT 法、生涯愿景模型法、PPDF 法等，在这里主要介绍组织职业生涯规划常用的 PPDF 法。

PPDF(Personal Performance Development File)即个人职业生涯发展文件，通过 PPDF，可使员工和他的主管领导更加直观地了解该员工取得的成就，以及该员工将来要完成的工作。它既指出员工现在的目标，也指出员工将来的目标及可能达到的目标，并标示出要达到这些目标，员工应具备的能力、技术及其他条件。通过使用 PPDF，可以帮助员工在实施行动时认真思考其是否目标明确，检验其是否具备了相应的能力和条件。PPDF 的主要内容如表 6-2 所示。

表 6-2　PPDF 的主要内容

模 块	项目内容	解　　释
个人基本情况	个人简历	包括个人的生日、出生地、部门、职务、现住址等
	文化教育情况	初中以上的校名、地点、入学时间、主修专题及课题等；所修课程是否拿到学历，在学校负责过何种社会活动等
	学历情况	填入所有的学历、取得的时间、考试时间、课题以及分数等
	受训经历	曾受过何种与工作有关的培训(如在校、业余还是在职培训)、课题、形式、开始时间等
	工作经历	以前工作过的单位名称、工种、工作地点等
	有成果的工作经历	个人认为以前有成绩的工作
	以前的行为管理论述	个人对工作进行的评价，以及关于行为管理的事情
	评估小结	对档案里所列的情况进行自我评估

续表

模 块	项目内容	解 释
现在的行为	现实工作情况	应填写你现在的工作岗位、岗位职责等
	现时行为管理文档	个人现在的行为管理文档记录
	现时目标行为计划	设计一个目标，同时列出和此目标有关的专业、经历等
	现时目标	符合 SMART 原则的具体目标
	时间期限	通过与主管领导沟通，为每一个目标设定具体的期限
今后的发展	职业目标	在今后的 3～5 年里，个人期望在企业里达到什么职位
	所需要的能力、知识	为了达到上述目标，应该拥有哪些新的技术、技巧、能力和经验等
	发展行动计划	为了获得这些能力、知识等，准备采用哪些方法和实际行动，其中哪一种是最好、最有效的，谁对执行这些行动负责，什么时间能完成等
	发展行动日志	发展行动计划的具体活动安排，所选用的培训方法，如听课、自学、所需日期、开始的时间、取得的成果等

员工将 PPDF 的所有项目填写完成后，主管领导应会同员工一起研究分析 PPDF 中的每一项，确定最终职业生涯发展计划。例如，主管领导可以指出员工哪一个目标设计得太远，应该再近一点儿；哪一个目标设计得太近，可以将它往远处推一推。主管领导也可以对员工发展计划提出具体的意见。例如，员工在什么时候应该和电大、网校等业余培训单位联系，或为员工设计一个更适合的方案。

通过 PPDF，员工与主管领导对员工的职业生涯规划进行详细的双向沟通，在融洽上下级关系的同时，明确员工的职业生涯发展目标和计划，使员工的发展目标与企业的发展目标保持一致，提升员工的信心和积极性，增加团队的凝聚力。PPDF 作为一种简单易行又非常有效的职业生涯规划方法，越来越受到企业的关注和使用。

三、组织职业发展通道管理

（一）职业发展通道的类型

职业发展通道是职业发展的一种主要途径，是对前后相继的工作岗位和经验所做的客观描述，表明在一种职业中个人发展的一般路线或理想路线。它建立在将职业角色放在一个不断变化和发展状态的基础上，为员工合理使用和拓展能力提供各种发展机会。对企业来说，它可以让企业更加了解员工的潜能；对员工来说，它可以让员工更加清晰地了解自身未来的职业发展方向，并在职业发展通道上努力奋斗。

在传统思维中，员工只有不断实现职位晋升才能体现其职业生涯的成功。因而在企业里，大多数员工都希望到管理岗位上，但企业的管理岗位总是有限的，得不到晋升的员工的自信心会受到打击，工作积极性会下降甚至消极怠工，这是很多企业的人力资源管理中存在的问题。职业发展的多重通道为这一问题提供了一个可供选择的解决方案。企业通过设立不同的职业发展序列，如管理序列、技术序列等，使每一个员工都能根据自己的特点选择适合自身发展的道路，避免千军万马过独木桥的恶性竞争。

职业发展通道主要有四种类型：纵向职业发展通道、横向职业发展通道、网状职业发展通道与双重职业发展通道。

1. 纵向职业发展通道

纵向职业发展通道是传统的职业发展通道，是职务等级由低级到高级的提升，从而获得自身发展所需的经历。它的优点是直线向上，让员工清楚地了解自己必须向上发展的特定工作序列。但在组织结构趋于扁平化的今天，传统职业发展通道所提供的晋升职位已大大减少，不能满足员工进步发展的需要。

2. 横向职业发展通道

横向职业发展通道即横向发展，指在同一层次不同职务之间的调动。这种横向发展可以发现自身才能与工作的最佳结合点，同时又可以积累各方面的经验，从而获得新的发展机会，尤其对处于职业中期的员工来讲，是一条行之有效的职业道路。横向职业发展通道的建立，有利于企业发现具体岗位所需要的员工，也有利于员工找到自己满意的岗位，通过不断地比较、磨合、双向选择，实现员工与岗位匹配度的合理化，实现员工职业生涯管理的理想化，并最终实现“合适的员工在合适的岗位上”的人力资源管理的重要目标。

3. 网状职业发展通道

网状职业发展通道是纵向职业发展的职务序列与横向发展的职务机会的综合交叉，它更现实地代表了员工在组织中的发展机会，减少了职业通道堵塞的可能性，可使员工晋升到较高职务之前获得丰富的经历和经验。

4. 双重职业发展通道

双重职业发展通道主要是为了解决某一领域中具有专业技能，但并不期望或者不适合正常升迁程序后调到管理部门的员工的职业发展问题建立起来的岗位技术与管理职务的双通道发展体系。双重职业发展通道的目的在于激励工程、技术、财务等领域中有突出贡献的员工，保证组织不仅能聘请到具有高技能的管理者，还能够留住和吸纳具有高技能的专业技术人员。

双重职业发展通道设计的基本理念是职业技术人员没有必要因为其专业技能的提升从事管理工作，技术专家的贡献是组织需要的，而且应该得到组织的承认。专业技术人员实行个人职业生涯发展可以不必走从管理层晋升的道路，避免从优秀的技术专家中培养出不称职的管理者这种现象，且有助于专业技术人员在专业技术方面取得更大的成绩，保证了员工在适合自己的岗位上的发展。承认职业技术人员组织贡献的方式，不必是被提拔到管理岗位，而是要体现在薪酬的变更和地位的提升方面。该职业发展通道已经在微软、福特汽车、波音等著名的跨国公司进行了较长时间的成功实践，这种通道模式在技术导向的行业如制药、化学、计算机及电子行业应用最为普遍。

企业案例

微软公司的员工职业发展模型

为了更好地进行员工职业生涯管理，微软公司推出了员工职业发展模型，所有的员工可以在网上查到和自己现在所做的职位相关的所有信息，包括对能力、结果和经验方面的要求。微软所有职位都可以点进去。如果一个现在做技术支持的员工想做财务，就可以去查看财务的职位，了解需要掌握哪些技能、积累哪些经验，需要参加什么样的培训才能胜任该财务职位。这些信息对所有的员工都是公开的，能帮助员工针对自己下一步的职业方向制订系统的行动方案。

每年3月份，微软所有员二都会做MYCD(Mid-year Career Discussion，年中职业讨论)。在这个时间段内，员工会和经理讨论自己的职业发展，并得到经理的指导和资源上的支持，如让员工参加与下一个工作相关的一些项目、培训，帮他找一个相关领域的导师等。

因此，在微软很多人都经历过跨度很大的职业变化，该公司的CSS部门的一个员工加入微软时是技术支持工程师，后来成为财务总监；也有从HR转做业务经理的。

在微软，员工可以根据自己的能力和职业兴趣选择技术或管理两条职业发展轨迹。针对那些一时不能确定自己是否适合管理岗位的员工，微软还专门有一个MPP项目(Manager Preparation Program)，帮助员工了解管理岗位的职责和能力要求，增进自我了解，明确自己的职业取向。即便那些走上管理岗位的员工，如觉得不适合，可以再返回到技术岗位。

(二) 职业发展通道设计

1. 通道设计原则

(1) 层次原则。通道设计层次原则是指在设计职业发展通道时，不仅要避免层次过多使员工晋升的激励不够，还要设计一定的层级，为员工提供较多的职业发展机会。一般来说，职业发展的层次以5～15层较为合适。

(2) 宽度原则。通道宽度是指设计的通道总的数量，它和管理幅度很相似。管理幅度要求每个岗位的管理幅度必须适当，不能太多也不能太少。如果职业发展通道过宽，会导致工作烦琐，效率降低；如果过少，则会导致岗位任务繁重。一般而言，企业内部的员工职业发展序列，以3～5种为宜，最多不能超过8种。

(3) 不破坏直线职权原则。员工得到晋升，说明员工对企业的贡献增大，为企业创造的价值增大，但并不表明员工在企业中的指挥与被指挥关系发生变化。在设计过程中，应杜绝多头领导、政出多门的命令和指挥关系。

2. 设计要点

(1) 合理设计职类、职等和职级。职类也被称为职业发展系列，它可以被分为行政辅助类、生产类、管理类等。一般会把每个职类先划分为3～4个职等，如初、中、高级，然后内部再划分职级。职级的划分根据职业发展序列和企业的不同而不同。

(2) 设计每一职等相应的内部任职资格。当员工的能力得到很大提高，我们便认为其可以晋升一个职等，但是如果进步比较小，可以晋升一个职级。设计职业发展通道时，应该表明每一职等和职级的任职资格，方便以后能对晋升的员工进行审查。

(3) 设计晋升速度适中的职业发展晋升办法。员工年度综合考核结果可以被作为员工晋升的依据。例如，年度考核结果为“称职”的占75%，累计三年晋升一级；年度考核为“优秀”的占15%，晋升一级；年度考核为“卓越”的占5%，晋升两级；等等。

(4) 设计出员工跨序列发展的管理办法。员工初进公司时就应该确定自己的发展序列，有时企业为了培养员工的综合素质，也会让员工进行跨序列锻炼。如果员工想跨序列，企业也必须制订相应的方法。非管理序列间的跨序列发展，公司应该在资格符合的前提下，尊重员工的个人意愿，允许员工进入新的序列中发展。

四、组织职业生涯过程管理

按照员工的职业历程，可以把职业生涯分为早期、中期和后期三个阶段。在不同的阶段，员工具有不同的特征，企业应针对每个阶段的特点，对员工进行管理。

(一) 职业生涯早期的组织管理

职业生涯早期阶段是个体由学校进入组织的阶段，是个人角色和身份的一次巨大转变。处在这一时期的员工会受到来自外部环境和其内心的各种冲击，在这一阶段员工共同的发展需求是渴望快速融入组织，工作绩效得到组织的认可。因此，他们非常看重绩效评价和职位晋升，而并不太看重工作的稳定性，如果自己的意愿迟迟得不到满足，往往会产生较高的离职意愿。所以，建立职业生涯早期员工对组织的认同感，帮助他们快速融入企业是这一阶段员工开发的重要目的。

1. 尽快熟悉新员工

由于缺乏实际工作经验，新员工对工作的内容和方法都不熟悉，管理者应尽快熟悉新员工，及时给予鼓励和指导，帮助下属熟悉工作并获得认可。

(1) 对新员工进行心理测试。利用心理学工具对新员工进行性格、气质、兴趣和爱好等方面的测试，然后根据其心理特征开展职业生涯设计和规划。

(2) 对新员工进行岗位配置。岗位配置即具体介绍部门纪律、岗位责任、技能要求，甚至具体事情的处理方式和方法，这一工作主要由新员工所属部门的直接主管来完成。

(3) 对新员工进行上岗引导。给新员工提供有关组织的基本情况，包括与哪些同事合作、工作时间以及工资发放等。在多数组织中，上岗引导活动的第一步由人力资源专员来完成，主要介绍组织的基本情况，从而有助于减少新员工上岗初期的紧张不安，以及可能的现实冲击。

(4) 向新员工介绍组织文化。帮助新员工理解组织文化，接受组织正确的价值观等。这一环节可以通过多种形式实现，如入职特训营、入职欢迎会等。

2. 促进员工的社会化

新员工进入公司后，会面临许多问题和困惑，企业要真诚热情地去接纳每一位新员工，及时化解员工的困惑，从而有利于其快速适应新工作，增强企业忠诚度，降低跳槽率。员工的社会化离不开自身和组织的共同努力，除了员工自身努力以外，组织也应提供相应的帮助来促进员工的社会化，最有效的方式就是为新员工提供相应的培训。如入职培训介绍组织的概况、现状与发展历史、发展宗旨和目标，以及劳动纪律、劳动待遇等；实行师徒制，导师可以有效地向徒弟传递组织的价值观、行为准则等；适时表彰先进，让员工更好地了解组织的经营理念和价值观，从而使员工将自身价值观与组织保持一致。

3. 指导员工进行职业生涯规划

很多先进企业的成功经验表明，企业实现人才战略目标的重要手段之一就是帮助员工规划未来职业生涯，使员工走上通往未来的“康庄大道”。因此，为员工规划职业生涯是企业留住人才和发展的必要途径。职业生涯规划可以提高员工自身素质，使他们看到未来发展的希望从而增强归属感，同时也使企业的竞争力得到提升。职业生涯规划不仅是员工谋求自我发展的个人设计，而且企业也应参与员工早期职业生涯规划，并通过文化、制度体系等辅助性措施给予指导，及时把握员工的职业发展动机，从而加强个体管理；在此基础上制订培训发展计划，挖掘员工的潜力和特长，开发员工的兴趣爱好，为企业与员工的持续发展创造良好氛围与条件，使员工真正安心于企业工作并发挥最大潜能。

企业指导员工早期职业生涯规划，其起点就是了解员工的职业发展规划，找到个人职业发展规划与企业理念、目标的最佳切入点。员工和企业是相互依存、紧密联系的利益共同体，每个员工的追求可能不同，也许是财富，也许是权力，抑或是工作的安全感，不管最终目标是什么，都会有自己的职业生涯规划。企业可以使用一些专业的测评工具去发现员工的个人特长，评估职业技能及了解职业倾向；同时可以建立职业发展辅导制度。

4. 开展职业发展绩效评价

企业应以职业发展为导向开展工作绩效评价，为员工提供阶段性工作轮换和职业通道。当员工发现企业重视职业发展时，会增强知觉上的认识，明白企业为了使自己有长期职业的考虑、有职业连续发展的意识，而帮助他们开展职业规划与管理等。从长期来看，主管人员向上级提供员工工作绩效评价的有效信息是十分重要的，意图提供不真实的信息而去保护直接下属的短期利益都是有害的。因此，员工通过工作轮换熟悉不同专业领域，能够更好地评价自己的资质和偏好，从而为未来职业发展奠定良好基础。

5. 承诺员工契约兑现

企业开展生涯管理是一种建立心理契约的行为，意味着企业和员工彼此向对方做出在一定时期内合作的承诺，具备了一定程度的心理契约。企业对员工的承诺要综合考虑各方面因素，包括企业内外部因素及员工自身的因素，在企业能力范围内对员工适当承诺，尤其是在员工职业生涯的早期。不同的员工在晋升、轮岗、培训、平衡家庭生活与工作生活等方面有不同的期望，企业在选择时应有所侧重，对不同的员工选择不同承诺项目的组合。对于企业来说，应根据不同发展阶段管理模式的差异，适时采取不同程度的承诺，如果企业现阶段的管理模式与生涯导向的人力资源管理模式差距太大，在转变初期往往要采取低承诺决策；如果企业处于成熟的发展阶段、治理结构比较完善，属于风险小、稳定性大的行业，则可以做出较高程度的承诺。对于员工来说，如果员工受教育程度越高，越接近自我实现人，企业可以对其做出的承诺程度越高。

（二）职业生涯中期的组织管理

职业生涯中期是一个时间周期长(年龄跨度一般是从 25～50 岁)、富于变化的阶段，是生命周期最重要的阶段，也是个人职业生涯最重要的时期。这一阶段极有可能获得职业生涯成功，又有可能出现职业生涯危机。由于这一时期的员工工作任务繁、责任重、冲突多、压力大、易倦怠，并且职业高原现象多发于这一阶段，易让员工产生心理危机，所以如何减轻他们的职业倦怠感，帮助他们更好地发展，实现组织与个人的双赢，是组织对处于这一阶段员工职业生涯管理的重中之重。

知识拓展

职业高原

职业高原是由于组织或个人的原因，在职业阶梯上向上移动发展的可能性变得很小的情况。巴德维克 1986 年提出职业高原一般包括三种类型：结构型，由外部原因造成，如组织因素；内容型，由个人原因造成，如技能或素质缺乏；生活型，由个人原因造成，如个人压力过大导致焦崩状态。在组织“扁平化”趋势越来越普遍的情况下，职业高原现象变得越来越多，它会挫伤员工的工作热情和士气，对组织的人力资源管理产生了挑战。

(1) 建立内部晋升计划，畅通职业生涯通道。

这一措施主要适用于有培养前途、有作为、能获得晋升的员工。对于许多员工来说，在企业中实现职业生涯发展的实质就是能够发挥潜能并获得成功。因此，许多企业已经制订了具有综合性的职业生涯管理以及内部晋升计划，其中包括制订内部晋升政策、人力开发活动和以职业发展为导向的工作绩效评价等，这些计划的综合实施是保证员工不断向上发展的关键。

(2) 实施工作轮换，防止工作“疲顿倾向”。

美国学者伊莱休•卡茨(Elihu Katz)等人的研究发现，个人的工作满足程度会随着自身从事一项给定工作的时间长度而发生变化。在个人从事某项职业的最初几年，工作的丰富化、工作再设计以及涉及职业本身的其他变化都会对其产生很大的吸引力和刺激力，个人对工作的变化与改进也会感到兴奋，并不遗余力地做出自己的贡献。这被伊莱休•卡茨称为“反应期”。然而，当个人工作资历达到 5 年以上的长久时间，他对工作再设计便可能失去反应，对工作本身产生了“疲顿倾向”，出现失去进取心和创新精神的潜在危险。为防止或预防这种“疲顿倾向”现象的产生，组织可以制订明确合理的工作轮换计划，即将一个人安排到另一个工作岗位，他所承担的职责会有所不同，但差异性不大。这种措施能使员工获取新知识和新技能，增强对企业工作流程的认识，为今后的晋升和发展奠定基础。

(3) 进行工作丰富化，提升管理能力。

工作丰富化是指在工作中赋予员工更多的责任、自主权和控制权。它不是水平地增加员工工作的内容，而是垂直地增加工作内容。这样员工会承担更多重的任务、更大的责任，员工有更大的自主权和更高程度的自我管理，还有对工作绩效的反馈。通过扩大员工的工作自主权、增加责任感，从而让工作更有吸引力，减轻高原期员工的心理压力，缓解员工对工作的倦怠感和晋升压力。

(4) 宽带薪酬，多样化奖励。

宽带薪酬是指为了使薪酬达到相对较少的等级和较宽的变动范围而对多个薪酬等级和薪酬变动范围进行重新组合。这种薪酬体系对打破等级观念有很大帮助，从而推动工作绩效，同时使员工薪酬取决于绩效工资和技能工资，这有利于员工将注意力转移到自身技能的提高和业绩的改善上，从而淡化对职位晋升的需求。这种薪酬体系削弱了员工薪酬和岗位的关联，有利于员工避免职业高原的阻碍。对于大多数企业而言，职位晋升和金钱奖励往往是认可员工绩效的有效手段。然而，采用多种方式进行表彰或许是一个不错的手段。灵活地运用奖励措施不但能达到激励员工的效果，同时还能使员工的工作成就感、自我认同感得到相应的提升，进而逐渐淡化对职业晋升的关注。

(5) 鼓励经验丰富的员工成为年轻员工的导师。

对于部分年龄较大且处于职业高原期的员工，他们工作经验丰富，同时专业技能熟练且熟悉企业文化。针对这类员工，企业应采取适当的引导措施使其成为年轻员工的导师。这样他们丰富的知识和经验就传授给了年轻员工，同时又帮助年轻员工熟悉了企业文化，使有效资源不至于流走。此外，他们在指导新员工的过程中满足感和被尊重感都能得到提升，且在教导的过程中对自己的创造力也有一定的激发作用。

此外，企业还要营造和谐氛围，培养良好的人际关系。良好的企业文化氛围能增强员工的忠诚度，激发员工的工作热情和奉献精神，并留住优秀人才。而良好的人际关系会使人心情愉快，乐于在企业工作，从而有利于工作中的沟通合作。

(三) 职业生涯后期的组织管理

职业生涯后期阶段，员工一般处在 50 岁至退休年龄之间，这时员工已进入职业生命的最后阶段。这一阶段员工的人生需求变化很大，而职业生命尚有 10 年左右时间。如何发挥员工的潜能和余热，并帮助员工顺利度过这段时间，是组织义不容辞的责任。所以，在职业生涯后期，组织仍肩负着很重的职业生涯管理任务。其主要工作包括以下几方面：

(1) 理解员工感受并给予充分尊重。

在计划经济向市场经济转轨的条件下，由于种种因素，许多曾为集体、国家做出贡献的员工没有得到应有回报。在论资排辈的年代，他们的资历不够，不能得到回报；当他们终于获得了足够的资历时，社会分配又强调效率优先。过去，为了组织的发展，他们全心全意地工作，甘当一颗螺丝钉，在奉献自己知识和技能的同时，忽视自身的发展和建设；当尊重知识的时代到来时，他们人生获取知识的大好时光已经过去了。可以说，他们目前的一些问题除了自身因素的影响外，组织和社会也是有责任的。如果设身处地地想一想，他们有不满情绪也是正常的，组织和社会应该给以充分的理解和关心。如果在物质利益没有保证的情况下，精神上也得不到补偿，就会导致冲突。也许有一些员工知识技能老化，但是掌握着组织的很多权力和资源，客观上造成了对组织发展的消极影响，但只要给这些员工以充分的尊重，晓之以理，动之以情，从大局出发，切实以制度的形式保障这些员工的利益，相信能建立起新老员工之间的相互信任，最终说服这些员工逐步退出重要的岗位。

(2) 退休待遇制度化与差别化相结合。

针对退休的问题，组织应该根据实际情况制订相应的政策和措施。例如，什么时候退休，哪些人员可以延聘，哪些人员可以提前退休；退休金如何发放，退休保险金如何安排，社会保险费如何落实；退休后的医疗费用如何支付，退休后的生活如何保障等，都应该有相应的组织制度。当然，由于整个国家处于变革期，许多规章制度都在制订和完善中，组织可根据自己的实际，制订配套的方案。

一般情况下，应该严格按组织规定的相关制度对待退休职工，但也要考虑企业或组织实际，做一些符合市场变化和特殊情况的差别化处理。僵死的制度不适合当今变革的社会，但凡事凭长官意志，又不利于管理的透明、公平、公正。

员工有各自的情况和类型，多数员工的贡献能力不会随着正式退休而结束，组织如果需要相关的人员，可以采取兼职、顾问或其他方式优先考虑聘用他们。不同的员工，由于其能力、经历、社会声望、身体状况、兴趣爱好等不同，应该对其实行有差别的管理。对于事业上有成就的员工，如果身体允许，应该采取适当的措施，提供其发挥余热的机会，比如指导年轻员工，继续退休前尚未完成的研究，协助审查新的立项项目等，将员工的智慧充分利用起来。

(3) 做好退休安排，丰富关心形式。

许多人为组织工作了一辈子，心里总是惦记着组织。组织可以在工作中逐渐减少他们的活动，特别是有些会议、重要工作可以适当地减少，给他们一些时间，逐步适应半工作、半退休的状态。此外，有些员工如果项目没有完成，可以继续工作，但对他们的要求可以逐步降低，给他们更大的自主权，比如不一定非要按时上班，只要能按计划完成工作即可。

组织要以多种形式关心退休员工。生涯后期的员工更希望从组织中寻求稳定和温暖。例如，鼓励退休员工进入老年大学，发展多种兴趣爱好；参加社会公益活动和老年群体的集体活动；加强与老员工的沟通与交流，互通信息，如经常召开退休员工座谈会，向退休者通报企业发展情况，征求退休员工对企业发展的意见和建议，增进退休员工与企业的互动；为退休员工办好养老保险和医疗保险，举办老年人医疗保健活动；关心退休者的疾苦，切实解决其实际困难和问题；等等。另外，如果退休员工个人身体和家庭情况允许，尚可继续参加工作，组织可以采取兼职、顾问或其他方式聘用他们，使其发挥余热。

(4) 发挥余热，做好新老交替工作。

根据马斯洛的需要层次理论，人有尊重的需要，特别是年纪大的人，对晚辈的尊重更加在意，这涉及年长员工对自己一生价值的评价。特别是当这些员工逐步从重要的岗位退下来之后，本身就有一些失落，如果不对他们的贡献以适当的形式予以认可，会让他们心理不平衡。

处于职业生涯后期的员工，工作了一辈子，拥有丰富的经验、熟练的业务、广泛的社会阅历，这些经验或教训都是宝贵的财富，如果将这些传授给年轻的员工，让这些年轻的员工吸取成功的经验，避免失败的教训，无疑有利于员工的顺利成长，从而为组织培养优秀的员工创造条件。此时，企业应安排他们做一些咨询和指导性工作，也是对他们价值的一种认同。例如，为新员工安排讲座，介绍职业生涯规划的经验和一些业务知识；为生涯发展中的员工提供心理咨询，帮助他们缓解压力并解决生涯低谷中遇到的问题。

在退休前夕，首先应做好新老接替工作；其次还应该有计划地组织一些活动，帮助即将退休的员工了解退休后的生活，尝试性地适应这种生活，做好退休之际的工作衔接。组织要有计划地分期分批安排人员退休，及早进行岗位接替人的选拔和培养工作；帮助退休员工与其接替者做好具体的交接工作，在新老员工职业更替之时，确保工作的正常进行。

五、组织职业生涯管理的成功保障

(一) 人员保障体系

1. 高层支持

职业生涯管理是要最大限度地开发员工的潜能，为其设计合理的职业发展通道，实现员工个人和企业的共同发展。这项管理工作需要企业提供足够的资源保障、制度保障和信息保障。为了能更好地落实职业生涯管理，企业必须将员工的培养计划提升到企业的战略管理层面，使其得到企业高层的重视，由企业高层来监督和推动，才能保证职业生涯管理工作的顺利开展。

2. 人员配备

企业应配备高素质人力资源管理人员。人力资源管理人员需熟悉现代职业管理的方法、工作和理念，适当的培训是少不了的，这就需要相应的机构和人员配备。

（二）资源保障体系

1. 组织机构保障

企业应加强人力资源管理机构的建设，建立健全相应的职业生涯管理机构，设定明确的目标，及时沟通信息，协调整个管理过程，并明晰职权。

2. 时间物质保障

企业进行职业生涯管理，仅仅依靠人力资源部门是不够的，必须要企业全体部门共同协助才能完成。为了企业成功和员工发展，从高层管理者到基层员工，都应通过有计划的晋升、职务设计和必要培训等，早日实现目标。企业可以通过榜样示范作用激励员工，对全程参与职业生涯管理并取得进步的员工给予必要奖励，再将其事迹编制成册，下发给公司员工，以鞭策他人。

3. 组织制度保障

企业应对那些能对职业生涯管理起支持作用的辅助性活动给予足够的重视。职业生涯管理是现代人力资源管理重要的组成部分，它必须与人力资源其他的职能活动一起才能发挥最佳作用。人力资源的每一个模块都跟职业生涯管理息息相关。如果能把人力资源各职能与职业生涯管理结合起来，形成一个完整的体系，并将其有机地整理运营才能使员工与组织共同发展，从而实现双赢。

（三）制度保障体系

人力资源管理制度在外部环境的影响下，更容易被社会文化因素影响，因而制度创新是突破的关键。

(1) 树立以人为本、与时俱进的观念。

它包含两种含义：一是企业树立以人为本的观念。人力资源战略是组织战略的重要组成部分，它可以使企业更好地实现人岗匹配，使企业在最需要的岗位得到最需要的人。对员工而言，他可以根据自己的能力、兴趣、特长等来工作，将自己的热情带到工作中，给公司带来更多的效益。二是员工应该更新职业发展观念。职业发展是员工在不断实现目标之后，制订下一目标的过程。职业发展是企业和员工共同进步的过程，它们的外在表现是影响力的提升和薪酬的增加。

(2) 建立职业生涯管理反馈制度。

职业发展的目标并非一成不变，制订好职业生涯规划后，企业仍需加强对员工职业生涯规划实施的跟踪与辅导，允许员工随着岗位、层次和能力的变化及企业组织内外部环境的变化，对职业发展方向和路径做出调整，定期或不定期地对其工作进行反馈和评点，帮助其克服不足，最终实现职业发展目标。

(四) 信息保障体系

员工对企业的不认同在某种程度上是由企业管理者与员工之间信息不对称造成的：企业内的员工辞职，可能是缺乏沟通的缘故。因此，企业需要建立完善的沟通机制，加强组织内部交流。

(1) 建立开放的组织职位信息系统。

企业的职位信息系统应公布一些必要的组织发展战略信息以方便员工了解企业的发展情况，人力资源部应制订相应的人力资源战略来配合企业总体发展战略，这关系到员工对企业前景和发展的判断。如果企业内出现职位空缺信息，员工可以在第一时间了解，并做好相应的准备。

(2) 建立员工电子档案系统。

员工电子档案系统的建立是职业生涯管理的基础工作。员工个人信息系统包括个人气质、性格、能力、工作愿望和职业属性等，工作愿望是建立在工作素质上的理想。

技能训练

实训目标：

撰写企业职业生涯规划方案。

实训内容与要求：

选取一家中等以上规模的企业为调查对象，对该企业的员工管理制度进行调查。通过调查，分析其员工管理制度中存在的问题以及问题存在的原因，然后结合企业的战略目标、组织结构和员工的实际境况，为该企业设计更合理的员工职业生涯规划方案。

成果检测：

(1) 学生以小组为单位进行调查，并形成文字、图片和视频资料。

(2) 分小组进行课堂成果展示，教师对其调查过程和职业生涯规划方案的合理性进行评价。

案例分析

华为公司的五级双通道

在华为公司，除了管理层以外，采购、制造、技术、营销、财务等方面的专业人才也会随着企业的进一步发展逐渐涌现出来。公司时常会设置一些诸如正科级业务员、副处级绩效主管、正部级设计师等职位，从而可以很清楚地了解公司员工待遇和地位的级别。华为在 1998 年以前运用的就是这种头衔称呼模式。规定参加会议人员的级别，如正处级以上或正科级以上，是公司开会之前需要首先做的事。在这种规定下，只要满足其级别要求，无论你是管理层还是其他方面的专业人员，都必须参加此项会议。叠加式的头衔承认了专业人士的基本地位，和单一的行政称谓比起来进步了许多，但还是没有跳出“官本位”思想的束缚。

职业生涯的发展既像是在走迷宫，又像是在登山。走迷宫是指可以选择许多条不同的道路，但会经常出现走错路或回到起点的情况，因此很难搞清楚究竟哪条路是正确的；而登山指的是在层级式的组织结构当中，随着职位高度的增加，相应的职位会越来越少，在这个过程中还需要注意随时可能摔下去的危险。

员工薪酬待遇问题的解决主要依靠传统的职位价值评估，但是员工是否拥有一个明确的身份和专业发展方向来匹配其自身的能力也是相当重要的。企业要想培养和留住有助于其自身发展的各类杰出专业人才，就需要妥善解决上述问题。而让员工明确了解自己职业发展的正确通道首先要做的事是鼓励他们提高专业技能。华为著名的“五级双通道”模式就是在借鉴英国模式的基础上设计出来的。“五级双通道”模式首先要将企业的职业通道分为管理和技术两个基本类别，接着将专业通道横向划分为采购、技术、生产、营销、财务、服务与支持、人力资源等子通道，最后再将这些细分出来的子通道纵向划分为五种不同职业能力的等级。技术通道包括助理工程师、工程师、高级工程师、技术专家、资深技术专家五大阶梯，而管理通道则从三级的监督者开始，接着依次是四级的管理者和五级的领导者。

对于技术人员来说，在获得工程师资格认证之后，可以根据自身的能力和对未来的职业规划情况，在技术通道和管理通道中选择一个适合自己长远发展的职业通道。因此在“五级双通道”模式中，企业每个员工都有两个职业发展通道。技术通道和管理通道对员工的能力要求是不一样的，如果员工的管理能力比较欠缺而技术能力相对突出的话，就可以选择在技术通道方面进一步发展。倘若最终成为技术通道中的资深技术专家，就算没有担任管理通道中的相关职位，也能够享受企业副总裁级别的薪酬和待遇，这样也可以使企业充分保留一批经验丰富的专业技术人才。此外，也有许多员工选择分别对两个通道进行认证，企业根据认证结果，采取“就高不就低”的原则来确定相应的薪酬待遇。

华为当时的常务副总裁李一男等技术领导就同时具有管理和技术两个通道的等级资格。对于一名技术部门的管理者来说，如果其失去了管理者的职位，他还可以凭借其技术等级资格在技术通道上继续发展，这就使得管理队伍新老接替中“下岗干部”无法安置的问题得到了妥善的解决。

(案例来源：赵富强.职业生涯管理：理论与实务[M]．北京：科学出版社，2015.)

通过阅读案例，请回答如下问题：

(1) 华为的职业发展通道设计解决了员工的哪些问题？

(2) 华为的职业发展通道对组织职业生涯管理的启示是什么？

本章小结

(1) 职业是个人在社会中所从事的以获得物质报酬为自己主要生活来源并能满足自己精神需要的、在社会分工中具有专门技能的工作。

(2) 职业生涯又称为职业发展，是指一个人一生中所有与工作职位相联系的行为和活动，以及相关的态度、价值观、愿望等全部历程。影响职业生涯的各种因素可以分为个人、组织和环境三个方面。

(3) 职业生涯管理是指企业和员工对个体的职业生涯进行设计、规划、执行、评估、反馈和修正的一个综合性过程。

(4) 职业性向理论也称为人格类型理论，该理论强调个人与环境之间的匹配，对人才测评的发展产生了重要的影响。霍兰德认为，职业选择是个人人格的反映和延伸，职业选择取决于人格与职业的相互作用。

(5) 人职匹配理论最早由美国波士顿大学的帕森斯教授提出。人职匹配分为两种类型：条件匹配和特长匹配。

(6) 职业锚是指人们在选择和发展自己的职业时，所坚持而不放弃的职业中那些至关重要的东西或价值观。施恩提出的职业锚理论包括五种类型：技术 / 职能型职业锚、管理型职业锚、自主 / 独立型职业锚、创业型职业锚、挑战型职业锚、安全 / 稳定型职业锚、生活型职业锚和服务型职业锚。

(7) 职业生涯发展阶段的划分：金斯伯格将职业生涯发展分为幻想期、尝试期和现实期三个阶段；萨柏将职业生涯发展分为成长、探索、确立、维持和衰退五个阶段。

(8) 组织职业生涯管理的内容主要包括：组织目标与个人目标的协调、指导员工制订职业发展规划、创造员工实现职业发展目标的条件。

(9) 组织职业生涯规划是组织根据组织目标和人力资源规划的需要，结合员工的能力、兴趣、价值观等，确定双方共同接受的职业生涯目标，制订与组织战略发展相适应的职业发展规划，为员工提供适当的教育、培训、轮岗和提升等机会，协助员工实现职业生涯发展目标。

(10) 职业发展通道是职业发展的一种主要途径，是对前后相继的工作岗位和经验所做的客观描述，表明在一种职业中个人发展的一般路线或理想路线。职业发展通道主要有四种类型：纵向职业发展通道、横向职业发展通道、网状职业发展通道与双重职业发展通道。

(11) 按照员工的职业历程，可以把职业生涯分为早期、中期和后期三个阶段。

(12) 要顺利实施组织职业生涯管理，应建立人员保障体系、组织保障体系、制度保障体系和信息保障体系。

复习与思考

1. 什么是职业生涯？它受到哪些因素的影响？
2. 要深入理解职业生涯管理的内涵，必须注意哪些问题？
3. 施恩提出的职业锚理论包括哪些类型的职业锚？
4. 组织职业生涯规划的内容有哪些？
5. 职业发展通道有哪些类型？
6. 在进行组织职业生涯早期、中期和后期管理时，应分别注重哪些方面的工作？

第七章

绩效管理

学习目标

(1) 理解并掌握绩效考核与绩效管理的含义。
(2) 理解并掌握绩效管理的流程。
(3) 掌握制订绩效计划的步骤。
(4) 掌握常用的绩效管理工具。
(5) 掌握绩效反馈的技巧。
(6) 掌握绩效考核的常用方法。

关键词

绩效管理(Performance Management)
绩效计划(Performance Plan)
绩效考核(Performance Assessment)
绩效反馈(Performance Feedback)
平衡记分卡(Balanced Score Card)
目标管理法(Management by Objectives，MBO)
关键绩效指标考核法(Key Performance Indicator，KPI)

导入案例

阿里巴巴的绩效管理体系

1999 年 9 月，阿里巴巴正式成立后，瑞典银瑞达公司的副总裁蔡崇信飞赴杭州洽谈投资。和马云谈了 4 天后，蔡崇信说："马云，那边我不干了，我要加入阿里巴巴!"马云求之不得："好!你来帮我管钱。我不会管钱，我最多管过 200 万元人民币。"

1999 年 10 月 29 日，由高盛公司牵头，瑞典银瑞达公司等联合向阿里巴巴投资 500 万美元。随后，阿里巴巴又从软银孙正义手中获得了 2000 万美元的投资。在注入了强大的资金血液之后，阿里巴巴开始打造现代企业管理体系，其中就包括了绩效管理体系。

1. 借鉴通用电气

一开始，阿里巴巴绩效管理体系的基本理念和框架借鉴自美国通用公司。2001 年，为通用服务 25 年的关明生加盟阿里巴巴，帮助阿里巴巴打造了一套与国际接轨的绩效管理体系，奠定了阿里巴巴绩效管理的基础。比如，借鉴和进一步强化了通用公司对价值观的推崇，阿里巴巴也用了“活力曲线”法则，以及基于这个方法的淘汰和激励制度。

“活力曲线”在阿里巴巴指用“271”排名的方式来考察员工的相对业绩，各部门主管按“271”原则对员工的工作表现进行评估：20%超出期望，70%符合期望，10%低于期望。阿里巴巴集团员工绩效评估体系采用了非常有趣的动物式排列，但阿里巴巴对 10%的淘汰没有像通用公司那么严厉。在阿里巴巴，员工通过考核被分成三种：

一是有业绩，但价值观不符合的，被称为“野狗”；二是事事老好人，但没有业绩的，被称为“小白兔”；三是有业绩，也有团队精神的，被称为“猎犬”。对价值观表现好，但业务弱的“小白兔”型员工，阿里巴巴会给予考察、培训、转岗的机会，除了弄虚作假、行贿等触犯道德底线的“野狗”型员工，阿里巴巴也很少因为价值观考核而直接开除员工。

2. 形成阿里巴巴自己的特色

阿里巴巴的绩效管理体系基本上借鉴的是通用公司，建立之初就有比较健康的基础。在此基础上，阿里巴巴绩效管理形成了自己的特点。

(1) 制订高目标。

在阿里巴巴创立之初，马云总是提出一些在当时看来非常“疯狂”的业绩指标。例如，2003 年，每天收入 100 万；2004 年，每天利润 100 万；2007 年，每天交税 100 万。这让公司上下都觉得匪夷所思。但是，“疯狂”的目标最后都实现了。这些“疯狂”的组织业绩目标也是建立在个人业绩目标基础上的。阿里巴巴的个人业务指标设计，也同样体现了目标的高难度取向。在个人绩效考核方面，阿里巴巴采用 5 分制的打分方式，每个季度、每年对个人进行绩效评估。大概只有 10%的员工能在绩效考核中拿到 4 分。拿到 4 分不仅意味着 12 分的努力，还要发挥创造性。按照常规的方式、方法工作，基本上达不到 4 分。拿到 4 分需要突破常规进行创新。

(2) 将价值观纳入考核。

阿里巴巴的高绩效秘诀就是：不管目标多疯狂，都要向着目标跑。能够做到这一点，阿里巴巴独特的价值观考核至关重要。价值观考核就像“定海神针”，让阿里巴巴的队伍向前狂奔的同时保持凝聚力。在阿里巴巴，价值观考核与业务考核各占 50%的比重。阿里巴巴驰名的价值观考核就是“六脉神剑”，也就是要强调六个方面：客户第一、团队合作、拥抱变化、诚信、激情和敬业。这六个方面被细分成了 30 条指标，包括具体的行为和精神层面的要求，大部分是对行为的要求，也有精神层面的要求。在细分的 30 条考核指标中，也突出了业绩导向的取向。

(3) 构建“政委体系”。

“政委体系”的创意来自马云，他一直在想如何保证在企业层级增多、跨区域发展成为趋势的情况下，在一线员工中保证价值观的传承，同时在业务和人力资源培养方面提供更快捷的支持。2005 年的两部军事题材连续剧《历史的天空》和《亮剑》引起了马云的极大兴趣。这两部电视剧给了马云很大启发。马云专门买了几十张 DVD 发给总监一级的管理层，要求他们仔细学习。2004 年年底，阿里巴巴的人力资源部门正在做一件类似的事情，打算在 B2B 部门的销售团队中派出既懂业务又代表公司政策和担负价值观宣传的人力资源专员。这套做法实际上就是电视剧里政委的作用，所以干脆就把这套人力资源管理系统改名为“政委体系”。

在阿里巴巴，政委们对价值观考核发挥软力量有重要的作用。阿里巴巴的人力资源工作分为两块：一块叫作政委体系，另一块叫作职能体系。有超过一半的人力资源经理从事“政委”工作，资历深、职位高的被称为“大政委”，年轻的经理被称为“小政委”，但再小的政委，也必须是在阿里巴巴工作 3 年以上的人才有资格担任。

政委主要做“人”的工作，在价值观考核过程中也发挥着重要作用——政委直接介入考核过程，起到维护考核公正客观和协调分歧的作用。就像某个政委说的那样：“我们像部队里的政委，但是我们更多的就是第三方的角色，去倾听员工的心声是什么。对员工来讲，会有一个第三方在听他讲什么。我们的立场是非常公正的，要去帮他解决困惑。”政委每周都会参加所对应业务部门的例会或者阅读周报，以跟进和了解业务部门的工作；每个季度都参加所负责部门的考核沟通会，与被考核员工、直接上级三方一起讨论并最终评定被考核员工的业绩。在考核过程中，员工的自评分数往往与上级打分不一致，在这种情况下，就需要政委、上级和下属三方通过沟通协调达成一致，政委对企业价值观的把握和客观公正的态度就很重要。阿里巴巴的政委成为价值观考核推行的润滑剂。

阿里巴巴一开始打造的绩效管理体系引自西方大企业。但是管理不等同于技术和资本。因为管理的核心是对人的管理，不同社会背景、不同文化环境成长起来的人在性格、价值观、道德观念上存在着极大的不同。源自西方的那套管理办法引入中国企业，一定要进行改良，才能符合国人的特点。就像阿里巴巴的价值观考核和政委体系一样，通过建设开放透明的氛围和有效沟通，阿里巴巴的绩效管理才能在企业发展道路上成为强有力的推进剂。

无论是大企业还是小企业、营利性组织还是非营利性组织、本土化企业还是全球化企业，也无论企业所处的行业是什么，绩效管理对它们来说都是至关重要的。

第一节　绩效管理概述

一、绩效

（一）绩效的含义

绩效一词源于英文单词 performance，其一般含义是工作的效果和效率，也有人采用“业绩”“实绩”“效绩”等相近或相似的词汇来表述。对于员工个人绩效的含义，学者们提出了许多不同的观点。总体来看主要有三类观点，分别把绩效看作结果、行为或素质。

综合众多学者的研究成果，本书认为绩效是指个体或群体的工作表现、直接成绩和最终效益的统一体。对组织而言，绩效就是任务在数量、质量及效率等方面的完成情况；对员工个人来说，则是上级和同事对自己工作状况的评价。

（二）绩效的特性

1. 多因性

绩效的优劣并不取决于单一的因素，而受制于主、客观的多种因素，如员工能力水平、技能高低、性格、意愿等主观因素，还受到工作性质、工作内容、工作责任等工作相关因素以及企业管理制度、企业文化、职位晋升、绩效管理、薪酬管理等企业因素的影响。另外，员工绩效好坏可能还受到来自企业外部环境因素(如政治、经济、社会、技术等)的制约。绩效和影响绩效的因素之间的关系可以用一个公式加以表示：

$$P = f(K, A, M, E)$$

式中，f 表示一种函数关系；P(performance)是指绩效；K(knowledge)是知识，指与工作相关的知识；A(ability)是能力，指员工自身所具备的能力；M(motivation)是激励，指员工在工作过程中所受的激励；E(environment)是环境，指工作的设备、工作的场所等。

因此，员工绩效结果是多种因素综合形成的结果。管理者面对某一员工绩效结果时，不能片面地推测其成因，进而盲目采取干预措施，而应对绩效结果的成因进行深入调查，然后有针对性地采取相应对策。

2. 多维性

尽管工作绩效是工作结果的总称，但它表现在多个维度上。因此需从多个维度、多个方面去分析与考评。例如，一名工人的绩效，除了产量指标完成情况外，质量、原材料消耗、能耗、出勤，甚至团结、服从、纪律等方面，都需综合考虑，逐一评估，而且各个维度可能权重不等，考评侧重点有所不同。

3. 动态性

由于工作绩效只是一段时间内工作情况的反映，因此，员工的绩效是会变化的。随着时间的推移，绩效差的可能改进转好，绩效好的也可能退步变差，所以管理者切不可凭一时印象，以僵化的观点看待下级的绩效。

（三）绩效的类型

1. 组织绩效

组织绩效是指组织在某一时期内组织任务完成的数量、质量、效率及盈利情况。组织绩效的实现应在个人绩效实现的基础上，但是个人绩效的实现并不一定保证组织是有绩效的。如果组织的绩效按一定的逻辑关系被层层分解到每一个工作岗位以及每一个人，则只要每一个人达成了组织的要求，组织的绩效就实现了。组织绩效面向整个企业的任务和目标。企业的使命在企业制订战略计划时被确定或者被修改，一般来讲，企业的使命是要向外部客户提供一定的产品或者服务，这些成果一般使用数量、质量、时间和成本这样一些词汇来描述。例如，年销售环比增长 20%，利润率提升 30%，市场占有率比上一年度提高 15%，成本下降 10%等。组织绩效反映的是企业组织最终的经营管理成果。

2. 部门绩效(团队绩效)

部门绩效(团队绩效)是指团队实现预定目标的实际结果，主要包括三个方面：团队生产的产量(数量、质量、速度、顾客满意度等)；团队对其成员的影响(结果)；提高团队工作能力，以便将来更有效地工作。团队绩效反映了部门(团队)工作项目的完成情况。

3. 个人绩效

个人绩效管理是最受关注的一个领域，一般包括个人绩效计划、绩效指导、绩效评估、结果运用(培训、发展和激励)等方面的内容。个人绩效管理集中于怎样促使员工努力工作以达到其工作岗位的要求。个人绩效反映了企业员工个人行为、态度及工作业绩。

二、绩效考核

(一) 绩效考核的含义

绩效考核(Performance Assessment，PA)是指应用科学的方法、程序和一定的指标体系，定期对企业员工的行为过程和行为结果进行考核和评价，是测定员工有效工作程度的一种行为。

在许多企业中，往往存在着非正式的和正式的绩效考核。非正式的绩效考核是由个人(管理者或员工)思考评定的，只能用于引导员工的行为。正式的绩效考核是由组织制订一整套规范、系统评价体系，并由组织定期进行考核，用来规范员工的行为。

知识拓展

绩效考核的起源

绩效考核起源于西方国家文官(公务员)制度。

最早的考核起源于英国。1854—1870 年，英国文官制度改革，注重表现、看才能的考核制度开始建立。文官实行按年度逐人逐项进行考核的方法，根据考核结果实施奖励与升降。这充分地调动了文官的积极性，大大提高了政府行政管理的科学性，增强了政府的廉洁与效能。美国于 1887 年也正式建立了考核制度。此后，其他国家纷纷借鉴与效仿。

这种制度有一个共同的特征，即把工作实绩作为考核的最重要的内容，同时对德、能、勤、绩进行全面考察，根据工作实绩的优劣决定对公务员的奖惩。

(二) 绩效考核的分类

1. 按绩效考核的性质分类

按绩效考核的性质，绩效考核可分为主观考核和客观考核。主观考核是指主要由考核者的主观判断对被考核者进行的考核评价，具有经济省时的优点，缺点是随意性较大。客观考核是指以客观标准对员工进行的考核评价。此种方法不受考核者主观因素的影响，客观性强，但也有重视工作成果、忽视工作行为的局限性。

2. 按绩效考核的指标导向分类

按绩效考核的指标导向，绩效考核可分为员工特征导向型、行为导向型、结果导向型。员工特征导向型将员工的行为素质、员工偏好等作为考核的指标，被广泛应用于职业的安排以及岗位的调整，如纵向的晋升或横向的调岗；行为导向型将员工的行为标准作为指标进行考核，有利于改善员工工作行为，制订行为流程；结果导向型将员工的工作结果或效果作为考核指标，作为薪酬调整、奖金发放等关系员工实质性利益的依据。

当企业进行绩效考核时，可以将其中的一种指标作为主要考核要素，也可三者同时体现在考评表中，依据不同的权重来获取不同的信息。

3. 按绩效考核的主体分类

按绩效考核的主体，绩效考核可分为上级考核、专业机构人员考核、专门小组、下级考核、自我评价、相互评估、外部评价等。传统的绩效考核只有上级考核一种方式，这就使得考核结果极具主观性。现代企业多采取360度考核方式，并采取匿名制形式进行考核，避免了员工考核中常出现的主观因素。

4. 按绩效考核的形式分类

按绩效考核的形式，绩效考核可分为口头考核与书面考核、直接考核与间接考核、个别考核与集体考核。

5. 按绩效考核的时间分类

按绩效考核的时间，绩效考核可分为日常考核与定期考核。日常考核是指对被考评者的出勤情况、产量和质量实绩、平时的工作行为所做的经常性考评。定期考核是指按照一定的固定周期所进行的考评，如年度考评、季度考评等。

（三）绩效考核的内容

1. 业绩考核

通常我们可以从数量、质量、成本和效率四个方面对员工的工作业绩进行考核。但仅仅从这些方面考核业绩本身并不能很好地控制员工的绩效，达到绩效管理的目的。

2. 能力考核

绩效管理的目的是实现组织更加长远的目标。这就有必要考核员工完成业绩过程中所表现出来的能力。一般来说，能力由常识和相关的专业知识，技能、技术或技巧，工作经验，体力四部分组成。

3. 态度考核

在实际工作中，常常存在这样的情况：个人能力很强但工作不够认真的员工，其对企业的贡献远远不如那些能力一般但工作兢兢业业的人。所以，员工的绩效考核还要包括对工作态度的考核。工作态度包括工作积极性、工作热情、责任感、自我开发等。由于这些因素较为抽象，因此通常只能通过主观性评价来考核。也就是说，工作态度通常只能由直接上级根据平时的观察予以评价。

4. 潜力考核

相对于在工作中发挥出来的能力而言，潜力是在工作中没有发挥出来的能力。在企业中，人力资源部门除了要了解员工在责任职务上具有何种能力以外，还要关注员工未来的发展空间。也就是说，要关注员工是否具有担任高一级职务或其他类型职务的潜质。对员工潜力的开发是企业人力资源开发的重要内容，有助于实现“人事相符”，使企业的人力资源配置达到最优。对工作潜力的考核可以求助于专业咨询机构，以便对企业的人员进行素质测评。

(四) 绩效考核的主体

绩效考核的主体是指对员工的绩效进行考核的人员。由于企业中岗位的复杂性，很多时候仅凭一个人的观察和评价进行绩效考核往往是不全面的，有时甚至会导致错误的结果，因此还应引入其他考核主体。一般来说，在绩效考核中，考核主体可包括五类人员：员工、上级、同事、下级和客户。

(五) 绩效考核的对象

在企业中，绩效考核的对象一般有组织、部门和员工三个层次。在企业绩效管理的过程中，应该优先考虑组织层面的考核，然后关注部门层面的考核，最后关注员工层面的考核。从另一方面来说，组织层面的考核结果会影响部门层面的考核结果。如果组织层面考核的结果为“优秀”，则部门层面考核的结果中“优秀”“良好”等级的比例可以适当提高；相反，如果组织层面考核的结果不太理想，则部门层面考核的结果中“优秀”“良好”等级的比例理应适当降低，否则会出现组织业绩考核的成绩较差、部门业绩考核却成绩突出的现象。同理，部门业绩考核的结果也会影响员工个人业绩考核的结果。

(六) 绩效考核的时间和周期

绩效考核的时间是指考核的时间安排和进度表。一般来说，绩效考核在绩效考核周期结束时或者结束之前的一两周内展开，而考核结果要到考核周期结束后的下个月才能确定。考核的周期是指多长时间进行一次考核。通常情况下，级别越高，周期越长；级别越低，周期越短。一般高层经理为年度考核，总经理、CEO 考核周期更长，中层管理者为季度或半年考核，基层员工可以实行月度考核。具体情况可视企业需要而定。

三、绩效管理

绩效管理的思想来自贝尔实验室的舒哈特(Shewhart)于 20 世纪 30 年代提出的品质持续改进循环圈，即众所周知的 P-D-C-A。绩效管理过程就是建立战略目标，实施目标，将结果与目标相比较(即绩效评价)以及分析结果，改进绩效。绩效管理已成为一种重要的管理职能，它不仅有利于员工的能力开发与职业发展，也是企业实现公司战略目标的重要手段与途径。绩效管理是一个现代人力资源管理的概念，它与传统意义上的绩效评价有一定的差异。从管理理念上看，绩效管理是传统的员工绩效考核的升华。

(一) 绩效管理的含义

如何有效地调动员工的积极性和创造潜能，持续地提高他们的绩效水平，是人力资源管理的核心目标。西方曾经出现过许多针对绩效管理(Performance Management)的研究，特别是在20世纪80年代后期和90年代产生了许多关于绩效管理的不同观点。

本书认为绩效管理是指制订员工的绩效目标并收集与绩效有关的信息，定期对员工的绩效目标完成情况做出评价和反馈，以改善员工工作绩效并最终提高企业整体绩效的制度化过程。

对于绩效管理的概念，人们往往存在着许多片面甚至错误的看法，最典型的错误是把绩效管理当成了绩效考核。实际上绩效考核仅仅是绩效管理的一个环节，而绩效管理是一个完整的管理过程(见表7-1)，包含绩效计划、绩效实施与管理、绩效考核、绩效反馈与改进四个完整的程序。

表7-1　绩效管理和绩效考核的区别

比较项目	绩效管理	绩效考核
完整性	一个完整的管理过程	管理过程中的局部环节和手段
侧重点	侧重于信息沟通与绩效提高	侧重于判断和评估
出现阶段	伴随管理活动的全过程	只出现在特定的时期
沟通形式	事先的沟通与承诺	事后的评价

(二) 绩效管理的目的

组织的一切绩效管理活动都是围绕绩效管理目的展开的，偏离了目的，绩效管理就失去了存在的价值和意义。总结起来，绩效管理的目的包括战略目的、管理目的和开发目的。只有三个目的同时实现，才能够确保组织绩效管理活动的科学性、有效性和合理性。

1. 战略目的

绩效管理与企业战略密切相关。绩效管理系统能够将员工的具体工作活动与企业的战略目标联系起来，通过采用先进的绩效管理工具，如平衡计分卡、关键绩效指标等，将企业、部门和员工个人的绩效紧密地联系在一起，使员工个人绩效提高的同时促进组织整体绩效的提升，从而确保组织战略目标的实现。所以，应该将组织的战略目标逐层落实到部门和员工个人，并在此基础上制订相应的绩效评价指标体系，设计相应的绩效评价和反馈系统。管理者可以通过绩效评价指标体系来引导员工的行为，帮助员工正确认识自己和提高自己，使员工的努力方向与组织战略保持高度一致。

2. 管理目的

绩效管理的目的主要是指要以绩效评价结果为依据做出各项管理决策，从而激励和引导员工不断提高自身的工作绩效，最大限度地实现组织目标。企业在多项管理决策(如薪资管理决策、晋升决策、保留或解雇决策、对个人绩效的肯定等)中都要使用到绩效管理信息，尤其是绩效评价的信息。绩效管理的绩效评价环节，其结果是组织进行人力资源规划、人员配备、员工培训、平调、晋升，以及员工进行职业生涯规划等的重要依据。绩效考核的反馈结果能够反映管理系统的潜在问题，使管理者知道员工的优势和不足，为下一阶段的工作提供参考，同时还为协调各部门之间的关系提供了制度依据。

3. 开发目的

绩效管理的开发目的主要是指管理者通过绩效管理过程发现员工的不足，以便对员工进行有针对性的培训，从而使员工能够更加有效地完成工作。通过绩效评价，管理者可以发现员工绩效不佳的原因，这就为绩效反馈环节分析绩效差距、制订绩效改进计划提供了依据。通过绩效反馈环节，管理者不仅要指出下属绩效不佳的表现，也应帮助下属找出造成绩效不佳的原因，制订相应的绩效改进计划。只有这样，才能更有效地帮助员工提高自己的工作能力和素质，促进员工个人的发展和企业的发展。

管理案例

威海实施预算绩效管理新模式

近年来，威海市把全面实施预算绩效管理作为推动预算管理科学、规范、高效发展，应对财政收支矛盾的重要抓手，以绩效结果为导向，切实抓好事前、事中、事后绩效管控，积极构建“全方位、全过程、全覆盖”的预算绩效管理体系，使得财政资金统筹调控能力进一步增强，预算管理水平和政策实施效果进一步提升，有力推动了全市经济社会的高质量发展。

(1) 强化事前源头控制，为科学编制预算提供可靠依据。

一方面，威海市对拟出台的重大支出政策和项目，开展事前绩效评估。威海市财政部门运用科学合理的评估方法，围绕立项必要性、投入经济性、绩效目标合理性、实施方案可行性和筹资合规性等进行客观公正的评估，从源头避免无效、低效的政策和项目；将评估结果作为项目入库的先决条件，对应开展却未开展事前绩效评估，未通过财政可承受能力或债务风险评估的政策和项目，一律不准纳入项目库，不得安排年度预算。

另一方面，威海市实施绩效目标管理。威海市财政部门在编制年度预算的同时，同步编制绩效目标；把绩效目标作为审核预算和后期实施绩效管理的重要依据，借助引导部门科学设定目标，带动部门更加严肃审慎地申请预算，安排项目，努力实现既定目标。目前，市本级已将 91 个部门的 498 个项目支出绩效目标纳入指标库。

(2) 实行事中绩效跟踪，把好预算执行关。

进入预算执行和项目实施阶段，威海市财政部门组织各单位对部门重大支出项目绩效目标的实现程度和预算执行进度实行“双监控”，及时调整预算执行过程中的偏差，并对项目支出进度实行专项考核，针对项目逾期无法实施的情形，建立主动报备制度，督导部门和单位加快项目实施。2020 年实现了市本级所有项目支出绩效跟踪全覆盖。

(3) 做好事后绩效评价，突出绩效导向优化资源配置。

预算执行完毕或项目完成后，威海市财政部门每年选取部分预算金额大、社会关注度高、代表性较强的重点支出政策和项目实施重点评价，形成了独具特色的绩效评价“威海模式”，更加科学、准确地衡量财政支出的实际产出和效益，并提出优化完善政策、调整资金安排、提高使用效益的意见和建议。

(4) 以成本效益为抓手，提高绩效管理的科学性。

对公用事业财政补助政策的绩效管理，成本把控是关键。为了更科学精准地实施绩效管理，在预算编制阶段，威海市财政部门先后组织对公共交通、民用航空补贴、生活垃圾焚烧处理财政补助政策相关企业，从政策和行业监管、企业成本控制和成本运营费用计算等方面进行成本分析研究，进一步厘清政策性亏损和经营性亏损的边界，使财政政策依据更充分，标准更科学。

(三) 绩效管理的意义

作为人力资源管理的一项核心职能，绩效管理具有非常重要的意义，主要表现在以下几个方面：

(1) 绩效管理有助于提升企业的绩效。

企业绩效是以员工个人绩效为基础而形成的，有效的绩效管理系统可以改善员工的工作绩效，进而有助于提高企业的整体绩效。目前在西方发达国家，很多企业纷纷强化员工绩效管理，把它作为增强公司竞争力的重要途径。根据翰威特公司(Hewitt)对美国所有上市公司的调查，具有绩效管理系统的公司在企业绩效的各方面明显优于没有绩效管理系统的公司，表 7-2 是该项调查的结果。

表 7-2　绩效管理对企业绩效的影响

指　　标	没有绩效管理系统	有绩效管理系统
全面股东收益率	0	7.9%
股票收益率	4.4%	10.2%
资产收益率	4.6%	8%
投资现金流收益率	4.7%	6.6%
销售实际增长率	1.1%	2.2%
人均销售额	126 100 美元	169 900 美元

(2) 绩效管理有助于保证员工行为和企业目标的一致。

企业绩效的实现依赖于员工的努力工作，人们对此早已形成共识，但是近年来的研究表明，两者的关系并不像人们想象的那么简单，而是非常复杂的，如图 7-1 所示。可以看出，在员工努力程度和企业绩效之间有一个关键的中间变量，即努力方向与企业目标的一致性。如果员工的努力程度比较高，但方向与企业的目标相反，那么不仅不会增进企业的绩效，相反还会产生负面作用。

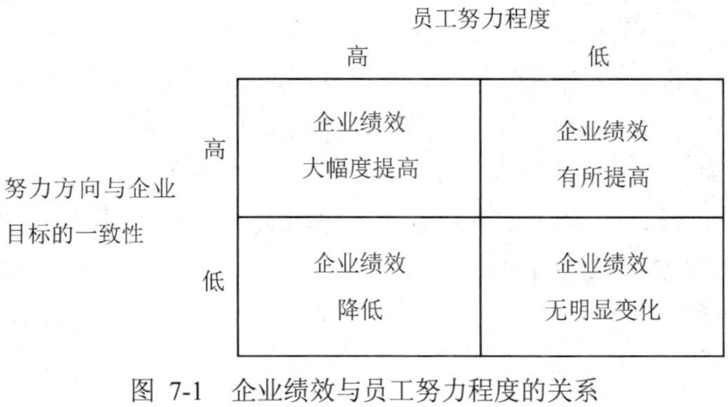

图 7-1　企业绩效与员工努力程度的关系

保证员工行为与企业目标一致的一个重要途径就是借助绩效管理。由于绩效考核指标对员工的行为具有导向作用，因此通过设定与企业目标一致的考核指标，就可以将员工的行为引导到企业目标上来。例如，企业的目标是提高产品质量，如果设定的考核指标只有数量而没有质量，那么员工就会忽视质量，甚至影响到企业目标的实现。

(3) 绩效管理有助于提高员工的满意度。

提高员工的满意度对于企业来说具有重要的意义，而满意度是和员工需要的满足程度联系在一起的。在基本的生活得到保障以后，按照马斯洛的需求层次理论，每个员工都会内在地具有尊重和自我实现需要，绩效管理则从两个方面满足了这种需要，从而有助于提高员工的满意度。首先，通过有效的绩效管理，员工的工作绩效能够不断地得到改善，这可以提高他们的成就感，从而满足自我实现需要；其次，通过完善的绩效管理，员工不仅可以参与到管理过程中，还可以得到绩效的反馈信息，这能够使他们感到自己在企业中受到了重视，从而可以满足尊重需要。

(4) 绩效管理有助于实现人力资源管理的其他决策的科学合理。

绩效管理还可以为人力资源管理的其他职能活动提供准确可靠的信息，从而提高决策的科学性和合理化程度。

① 绩效管理对人力资源规划的影响主要表现在人力资源质量的预测方面。借助绩效管理，人力资源部门能够对员工目前的知识和技能水平做出准确的评价，这可以为人力资源供给质量的预测和人力资源需求质量的预测提供有效的信息。

② 绩效管理对招聘录用的科学性提供依据。首先，通过对员工的绩效进行评价，人力资源部门能够对不同的招聘渠道的质量做出比较，从而可以实现对招聘渠道的优化。此外，对员工绩效的评价也是检测甄选录用效果的一个有效手段。

③ 绩效管理对培训开发的最初环节(也就是培训需求分析工作)提供信息。人力资源部门通过对企业整体绩效的评价来确定目前的培训需求。用企业目前的绩效和设定的目标或者以前的绩效进行比较，当绩效水平低于标准或下降时就形成了培训需求。例如，通过对企业绩效的评价，发现产品的合格率较低，就要对产生这一问题的原因进行分析：如果是由于员工的操作不规范而引起的，就要对员工重点进行操作规范的培训；如果是由于员工的质量意识不够而引起的，那么相应地就要重点进行质量意识的培训。

④ 绩效管理为薪酬的公平性提供保障。按照赫茨伯格的双因素理论，如果将员工的薪酬与他们的绩效挂钩，使薪酬成为工作绩效的一种反应，就可以将薪酬从保健因素转变为激励因素，从而可以使薪酬发挥更大的激励作用。此外，按照公平理论的解释，支付给员工的薪酬应当具有公平性，才可以更好地调动他们的积极性，为此就要对员工的绩效做出准确的评价：一方面，使他们的付出能够得到相应的回报，实现薪酬的自我公平；另一方面，也使绩效不同的员工得到不同的报酬，实现薪酬的内部公平。

⑤ 绩效管理为员工关系管理提供依据，避免劳动纠纷。在西方发达国家，解雇员工时必须要给出充分的理由，否则可能会引起法律纠纷，绩效管理就是一种有效的手段。如果连续几年某员工的绩效考核结果都不合格，就证明该员工无法胜任这一职位，企业就有足够的理由来解雇他。随着全球一体化进程的加快和员工法律意识的增强，这个问题应当引起国内企业的重视。

第二节　绩效管理流程

为了有效发挥绩效管理的功效，企业必须建立一个高效的、公平客观的、以员工工作业绩为核心的绩效管理流程。绩效管理流程通常被看作一个循环，这个循环周期一般分为四个阶段，包括绩效计划、绩效实施、绩效考核和绩效反馈(见图 7-2)。

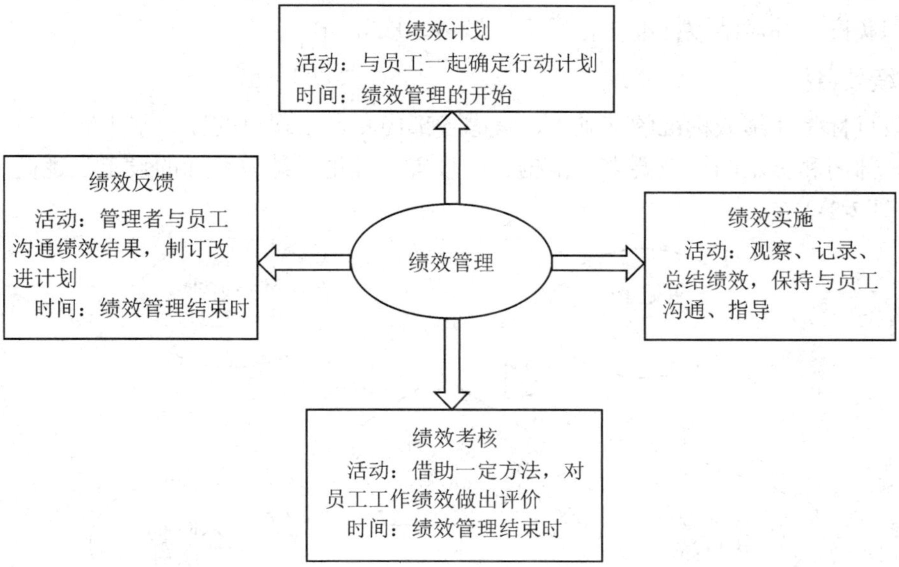

图 7-2　绩效管理流程图

一、绩效计划

(一) 绩效计划的含义

绩效计划(Performance Plan)是指由管理者与员工根据既定的绩效标准，共同制订并修正绩效目标及实现目标的过程，是主管和员工共同沟通，对员工的工作标准和目标达成一致意见，并形成协议的过程。

绩效计划是绩效管理中的第一个环节，也是绩效管理的关键。该阶段的主要任务是：依据企业的战略和工作的岗位职责制订绩效计划。在绩效计划阶段，管理者和被管理者之间需要在被管理者绩效期望问题上达成共识，在达成共识的基础上使各层次人员都明白自己努力的目标，并要求员工对自己的工作目标做出承诺。

(二) 绩效计划的内容

绩效计划包括四个方面的内容，即绩效标准、绩效目标、绩效权重和绩效协议。

1. 绩效标准

绩效标准实际上是针对特定的岗位工作而言的，是员工在工作中应达到的各种基本要求。绩效标准反映了岗位本身对员工的要求，是以岗位工作为基础制订的一项客观标准，该标准与岗位工作对应的人无关。

制订绩效标准，首先，要收集与工作有关的背景信息，确定岗位工作说明书。其次，要确定工作规范，即每个岗位所需要的知识、技能、经验、资格(文凭、资格证书)等，全面反映工作对员工的品质、特点及工作背景或经历等方面的要求，尽可能具体，并划分出相应的等级。再次，根据工作说明书与工作规范确定岗位的工作量、主要工作事项，并根据每位员工的工作内容，确定相应的绩效标准。最后，主管与员工就所确定的绩效标准进行沟通和磋商，并对绩效标准进行修正，最后达成共识。

2. 绩效目标

绩效目标是在绩效标准的基础上，考虑各部门和员工现有的绩效水平制订的，体现了管理者对部门和员工的绩效要求。根据目标设置的理论，绩效目标的设定应遵循 SMART 原则(见图 7-3)。

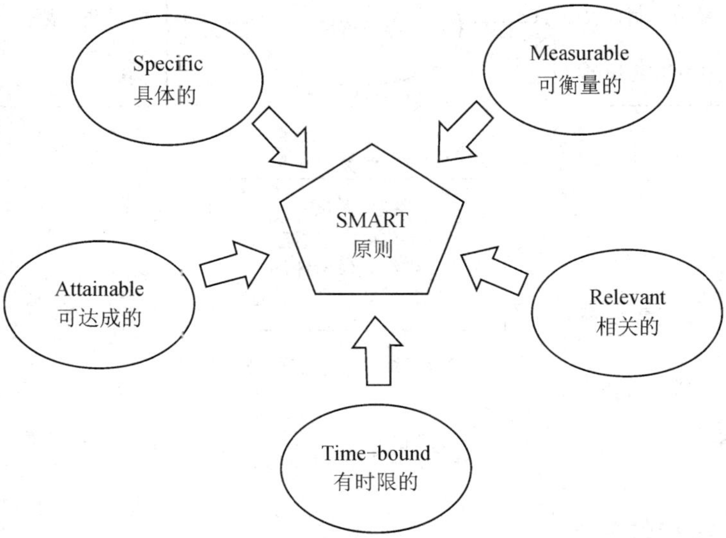

图 7-3　绩效目标遵循 SMART 原则

S(Specific)，指明确具体的、特定的，即各项绩效目标要明确描述出员工在每个工作职责下所需完成的具体任务，应避免模糊不清的目标。

M(Measurable)，指可衡量的，即各项绩效目标应尽可能地量化，要有定量数据，比如数量、质量、时间等，从而可以客观地衡量。

A(Attainable)，指可达成或可实现的。它包含两方面的含义：一是任务量适度、合理，并且是在上下级之间协商一致的前提下，在员工可控制的范围之内下达的任务目标；二是必须是“要经过一定努力”能够实现的，过高、过低的目标都是不合理的。

R(Relevant)，指相关性，绩效目标必须与组织战略相关。它也有两层含义：一是上级目标必须在下级目标之前制订，上下级目标保持一致性，避免目标重复或断层；二是员工的绩效目标要与所在团队尤其是与个人的主要工作职责相联系。

T(Time-bound)，指有时间限制，绩效目标要设定具体的时间节点和考核周期，没有时限要求的目标几乎跟没有制订目标没什么区别。

企业案例

IBM 的绩效管理变革

2016 年年底，IBM 对其全球的绩效管理方式进行变革。它使用了一个新的绩效管理系统“checkpoints”，将旧的个人业务承诺 PBC 绩效系统取而代之，即对原有的绩效管理进行了变革。IBM 的绩效管理变革主要表现在三个方面。

首先，在目标设定中，IBM 借鉴平衡计分卡中的思想，从以下五个维度来设立目标：

第一个维度是可衡量的业务成果，business results。

第二个维度是对客户成功的影响，impact on client success。

第三个维度是创新，innovation。

第四个维度是个人对他人的责任，personal responsibility to others。

第五个维度是技能，skills。

在 IBM 旧的系统里面，员工只有一个评分，而如今有五项评分，而且这五项评分最终不会进行合并。

其次，从反馈频率来说，新的系统要求每个部门的经理每个月都要向员工至少征求一次反馈意见，而每年当中经理和员工至少要进行四次关于目标的讨论和改变。为了保证高频率反馈有效地开展和运行，IBM 专门开发了一个叫作“ACE”的 APP 程序，ACE 在这里还有特定的含义，分别代表：感激 Appreciation、教练 Coaching、评价 Evaluation。这实际上也点出了 IBM 新的反馈制度所包含的作用，用感激来认可激励员工，用教练和评估来帮助员工提升。

这个 ACE 程序中，除了经理之外，他们还可以随时向其他人征求反馈意见，包括下属或同事，而且反馈时必须实名，不能匿名。比如员工可以提交一个开放性的问题，“请告诉我一件我可以做得更好的事情”，让你的经理或同事进行回答。

新的系统将关注短期目标和员工满意度。员工现在可以在他们认为有必要的时候给予和接受反馈。今后，经理们将不得不在员工的职业发展中发挥更积极的作用。而定期的检查反馈能确保团队走在正确的轨道上，团队目标可以更快、更持续地实现。

最后，IBM 将原来五档的考核等级变成了三档，分别是优秀、合格和待改善。这三档情况分别代表对员工工作情况的判断和说明，来自刚才提到的五个维度目标完成的情况。

IBM 作为拥有 100 多年历史，业务遍及世界 170 多个国家的 IT 蓝色巨人，其为了更好的发展进行的绩效管理变革，值得思考和学习。

3. 绩效权重

绩效权重是各项指标的相对重要程度，不同权重对员工行为具有不同的引导作用。由于不是所有的绩效目标对岗位或组织都是同等重要的，可以通过工作职责的重要程度与绩效权重的大小对应起来，使得被考核的员工清楚工作任务主次。绩效权重起到了引导员工向哪个方向努力工作的作用，权重大的绩效目标也就是要引导员工花费较多时间和精力去完成的工作。影响指标权重的因素很多，其中最主要的因素包括三类：

(1) 绩效评价的目的。绩效评价的目的是影响指标权重的最重要的因素。绩效评价的结果往往运用于不同的人力资源管理目的。针对不同的评价目的，绩效评价中各个评价指标应被赋予不同的权重。很多时候，组织并不需要明确每个绩效指标的权重，仅将绩效指标分为工作业绩指标和工作态度指标这两个维度，然后根据不同的评价目的，规定这两个评价维度分别占多大的比重。

(2) 评价对象的特征。评价对象的特征决定了某个评价指标对于该对象整体工作绩效的影响程度。例如，责任感是评价员工工作态度的一个常用指标。该指标对于不同的员工的重要程度各不相同。对于一个保安人员来说，责任感可能是工作态度指标中权重最大的指标，而对于其他类型的员工，责任感的权重可能就不那么大。

(3) 组织文化。组织文化倡导的行为或特征也会反映在绩效评价指标的选择和权重上。例如，以客户为中心的组织较为重视运营绩效和短期绩效，而创新型文化组织更为关注战略绩效和长期绩效，因此在指标选择和权重分配上两者会各有侧重。

4. 绩效协议

绩效协议也称绩效契约(Performance Contract)，是绩效计划的表现形式。绩效协议要在上下级之间充分沟通的基础上才能签订，签订绩效协议时往往遵从“从上而下”的原则，即公司高层领导根据组织战略目标的分解，先和各部门主管或经理签订部门级绩效计划，各个部门主管或经理根据本部门承担的任务和分解的目标与员工协商制订员工级的绩效计划。绩效协议的签订是绩效计划制订完成的标志。表 7-3 为某客户部经理的绩效计划表示例。

表 7-3　绩效计划实施——某客户部经理的绩效计划表示例

受约人	×××		职位	客户部经理	
直接主管	市场部总经理				
绩效期间	2021 年 1 月 31 日至 2021 年 6 月 30 日				
工作目标	主要产出	完成期限	衡量标准	评估来源	权重/%
完善《大客户管理规范》	修订《大客户管理规范》	3 月 1 日	大客户管理责任明确 大客户管理流程清晰 大客户需求得以明确	主管评估	20
调整部门内部组织结构	新的团队组织结构	4 月 15 日	能够以小组形式面对大客户 团队成员优势能互补和发挥	主观评估 下属评估	10
完成对大客户的销售目标	大客户数量、销售额、客户保持率	5 月 30 日	大客户数达到 30 个 销售额达到 2.5 亿元 客户保持率不低于 80%	销售记录	50
建立大客户数据库	大客户数据库	6 月 15 日	准确反应大客户信息 该数据库和公司能整合信息管理系统的接口对接良好 保证数据安全 便于数据统计分析	主管评估	20
受约人签字：××× 主管签字：××× 签字时间：2021 年 1 月 28 日					

注：本绩效计划在实施过程中如果发生改变，应该填写绩效计划变更表，最终的绩效评价以变更后的绩效计划为主。

二、绩效实施

制订绩效计划以后，员工就开始按照计划开展工作。这个阶段称为绩效实施阶段，需要管理者对员工的工作进行指导和监督，及时解决所发现的问题，并根据实际情况及时对绩效计划进行调整。需要注意的是，管理者应始终与员工进行持续的绩效沟通，不断地对员工进行指导和反馈。通过持续的绩效沟通，管理者与员工一起追踪计划进展情况，找到影响绩效的障碍，提出解决方案。

绩效实施阶段在整个绩效管理过程中处于中间环节，是绩效管理循环中耗时最长的最关键的一个环节，也是体现管理者和员工之间通力合作、共同实现绩效目标的环节，这一过程的顺利与否直接影响着绩效管理的成败。绩效管理强调员工和管理者的共同参与，共同完成绩效的过程。具体来说，绩效实施阶段的主要工作就是持续不断的绩效沟通以及对绩效信息的收集和分析，最终形成绩效考核的依据。

（一）持续的绩效沟通

持续的绩效沟通就是管理者和员工共同合作，分享有关信息的过程。这些信息包括工作进展情况、潜在的问题和障碍、可能的解决措施以及管理者如何才能给予员工帮助，它是连接绩效计划和绩效考核的中间环节。

(1) 绩效沟通贯穿绩效管理整个过程，各阶段重点有所区别。

在绩效计划阶段，沟通的主要目的是管理者和员工对工作目标和标准达成一致契约。契约达成后，这些工作和标准就成为绩效管理中考核员工绩效的依据。在绩效实施阶段，沟通主要是达到两个目的：第一，员工汇报工作进展或就工作中遇到的障碍向管理者寻求帮助和解决办法；第二，管理者对员工的工作和目标计划之间存在的偏差进行及时的修正。在绩效考核和绩效反馈阶段，沟通主要是为了对员工在绩效管理周期内的工作进行合理客观地评价，并根据员工出现的问题与其进行沟通分析，共同确定下一期改进和提高的重点。

(2) 持续绩效沟通的方法。

持续绩效沟通的方法有很多种，每种方法都有其优缺点，关键在于如何根据不同的情境选择适当的沟通方式。沟通方式分为正式沟通和非正式沟通两大类，正式沟通的方式主要有书面报告、会议沟通、面谈沟通等，非正式沟通的方式主要有走动式沟通、开放式沟通、工作间歇沟通、非正式的会议等。

（二）对绩效信息的收集和分析

绩效实施阶段除了持续不断的绩效沟通外，还有一项重要的工作就是进行绩效信息的收集和记录，为下一阶段公正地评价员工的绩效水平提供依据。绩效信息的收集和分析是一项长期、复杂的工作，为了保证绩效考核的正确性，管理者必须注重数据的收集工作，随时收集员工绩效的相关数据，使数据收集工作常规化、制度化。

三、绩效考核

绩效考核也叫绩效评价，是指在绩效周期快结束时，企业根据绩效计划对员工的绩效目标实际完成情况进行评价，或者说对员工进行考核。绩效考核的依据是在绩效计划阶段制订的绩效指标，以及在绩效实施阶段收集的能够说明被考核者绩效表现的事件和数据。图 7-4 为绩效考核过程模型。

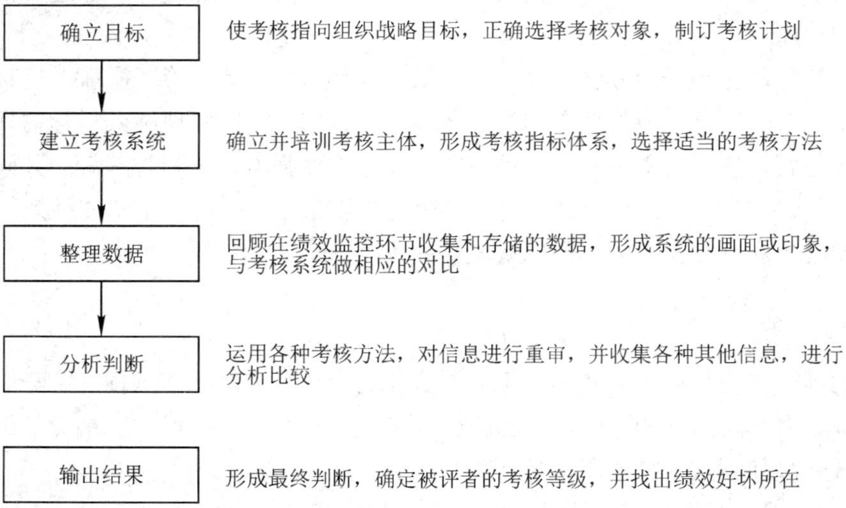

图 7-4　绩效考核过程模型

四、绩效反馈

多数企业的绩效管理到绩效考核就结束了，考核的结果常常没有及时反馈给员工，导致问题依旧存在，绩效依然不高，沟通依旧不顺畅。这也为绩效管理的工作造成了障碍。

绩效反馈是指绩效周期结束时在上级和员工之间进行绩效考核面谈，由上级将考核结果告知员工，指出员工在工作中存在的不足并和员工一起制订绩效改进的计划。绩效反馈的过程在很大程度上决定了组织实现绩效管理目的的程度。因此，绩效考核结束后，管理者还需要与员工进行一次甚至多次面谈，使得员工了解管理者对自己绩效的看法，认识到自己待改进的方面并在管理者的指导下完成绩效改进计划。

绩效反馈环节中绩效面谈必不可少，这是管理者将绩效考核结果传达给员工的重要手段。面谈的重点是那些考核结果不理想的员工。根据员工的绩效评价结果，可以将员工分为四大类，针对每种类型的员工应采取不同的面谈策略(见表 7-4)。

表 7-4　绩效面谈策略

员工类型	绩效考核	结果分析	面谈策略
贡献型	好的工作业绩 好的工作态度	企业创造良好业绩的主力军，是最需要维持和保留的	在了解公司激励政策的前提下给予奖励；提出更高的目标和要求
安分型	差的工作业绩 好的工作态度	工作认真，对上司和公司的认同感高，可就是业绩不高	以制订严格的绩效改进计划为重点，严格绩效考核，不能用工作态度好取代工作业绩好

续表

员工类型	绩效考核	结果分析	面谈策略
冲锋型	好的工作业绩 差的工作态度	不足之处在于工作忽冷忽热，态度时好时坏；一般是由性格造成或者沟通不畅导致的	加强沟通，建立信任，不要遗留问题，及时辅导，以改善其工作态度
堕落型	差的工作业绩 差的工作态度	会想尽一切办法为自己辩解，或者找外界因素，或者直接承认工作没有做好	通过面谈，要求员工制订一定时期内的改进计划，通常包括：需要改进的方面、改进和发展的原因、目前状况和期望达到的水平，确定改进措施和责任人，最后确定改进的期限

以上四个环节构成了绩效管理的流程，也可以说绩效管理形成了完整的循环系统。

管理案例

绩效国考“A+”：这六家医院是如何炼成的？

2020年7月，三级医院绩效“国考”第一次公布考评成绩单。全国将近2 400家三级公立医院参与其中，获得A及A以上评级的医院数量为230多家，仅占10%。这一次绩效国考，是国内第一次大规模进行类似的考核，也是第一次公布类似的结果，将“绩效国考”的话题热度进一步推高。

未来，绩效国考或将会成为医院年度必答题，业界知识共享、共识凝聚将是持续循环改进的必需。在第十四届中国医院院长年会上，六家获得A+以上评级的三甲医院来到厦门，在9月26日举办的“绩效国考A＋的背后”分论坛上分享自身经验。

北京友谊医院副院长谢苗荣：多层次绩效考核评价体系的协调

“医院管理离不开绩效管理工具，绩效管理在很大程度上引导着医院发展的方向。”首都医科大学附属北京友谊医院常务副院长谢苗荣指出。

以北京友谊医院为例，他首先介绍当前公立医院多层次绩效考核评价体系，国家卫健委主导的三级公立医院绩效考核体系；北京市卫健委主导的住院医疗服务DRG评价体系和提质增效控费关键绩效评价体系，以及北京市医管中心主导的市属医院年度绩效考核与评价体系。

除此之外，北京友谊医院内部运行的绩效管理体系，包括医疗服务产出绩效考核体系，关注工作量、工作质量评价；综合目标管理考核评价体系，基于上级部门要求、结合医院发展规划制订；成本控制管理考核体系，强调成本费用控制。

实际上，绩效分配始终是医院和科室两级的问题，管理最终落地到院科两级的考核和分配制度。因此，谢苗荣指出，院内一次分配要细化考核单元，实现对不同类别人员的精准考核和分层激励；科室核算细化为门诊、住院、医技和护理四个单元；门诊细化至出诊医师个人，住院细化至主诊医师组。

同时，医院还要规范科室二次分配，分别制订医生、护士、技师等类别人员的二次分配方案。在实现路径上，医院综合目标考核、成本管控考核结果直接修正月度基础绩效，实现全过程绩效考核与分配。在绩效管理实践中，谢苗荣强调“注重制订方案、签订责任书、全员培训、定期考核、结果兑现”的过程循环。

同时，谢苗荣指出，医院以绩效考核为导向，实现医疗质量安全持续提升；提升多院区同质化服务水平；激发人才活力，创新驱动发展；推进精细化管理，实现运行效率提升；持续提升患者满意度，将不同管理目标融入。

第三节　绩效考核的方法

无论是哪类员工都希望自己的努力和工作表现能够被承认，得到企业的认可和尊重。对员工进行客观的绩效考核是留住人才的有效方法之一。以下介绍几种常用的绩效考核的方法。

管理故事

绩效考核小故事

A 公司是一家刚刚创业成立的民营企业，公司领导一再强调奉行节约，降本增效，因此公司人力资源部把成本节约纳入了绩效考核的范围之内，并且出台了相应的管理制度。对于公司的打印室，提出的考核要求就是：节约打印用纸，正式文件正反打印，非正式文件不能用空白纸打印，一律用废纸。

打印室按章办事，一向太平。可有一天，打印室的小王要打印一张非正式的表格，实在找不到废纸了，只好使用了一张空白纸。人力资源部经理一看，脸色一变，对着小王劈头盖脸地说道：“为什么不用废纸打印这个表格？打印室不是有明文规定，不许用空白纸打印这种非正式的文件吗？”

小王解释道：“没有废纸了。”

经理说：“我不信。打印室每天打印这么多东西，会没有一张废纸？”

小王继续申辩：“我真的找了，确实没有废纸。”经理只好作罢。后来，小王又有几次使用空白纸打印非正式文件，给的理由还是找不到废纸。人力资源部经理直接到打印室里翻箱倒柜，还真的找出了几张废纸来。

在月末例行考核会议上，人力资源部经理对小王进行了严厉的批评，并扣发了他的当月奖金。小王都快气昏了，但是也非常着急。要是真没有废纸，打印那些非正式的文件该怎么办啊?

这时，有同事给小王支招：“你是不是傻呀，你把空白纸随便打点内容，它不就变成废纸了。然后再翻过来打印你想要的，不就行了。”

小王一听，猛拍大腿，“我怎么没想到!”

从此，小王依计行事，这样就有了永远用不完的废纸!从此，他再也没有挨过人力资源部经理的批评，反而在一次月度会议上，经理还对他提出了公开的表扬，发了 100 元的奖金。

一、比较法

比较法是一种相对考核的方法，通过员工之间的相互比较从而得出考核结果。它具体包括简单排序法和配对比较法。

（一）简单排序法

简单排序法(Simple Comparison Method)是指把员工简单按照从好到坏的顺序进行排列。该方法适合人数较少的组织(销售人员，生产工人)。简单排序法的一个变形是交替排序法。交替排序法是根据绩效考评要素，将员工从绩效最好到最差进行交替排序，最后根据序列值来计算得分的一种考评方法。交替排序法的具体操作方法如下：列举出所有需要进行评价人员的名单，然后去掉不是很熟悉因而无法对其进行评价的人的名字；选择一个被评价要素，并列出在该被评价要素上，看哪位员工的表现是最好的，哪位员工的表现又是最差的；在剩下的员工中挑出最好的和最差的；以此类推，直到所有必须被评价的员工都被列出。

排序法的优点是简单实用，其考评结果也一目了然，适合用于评价一些无法用量化指标表达的工作质量和效率，在西方企业员工绩效评价中运用得很广泛。它的缺点是容易对员工造成心理压力，在感情上也不易被接受。

（二）配对比较法

配对比较法(Paired Comparison Method)也称为成对比较法、对偶比较法、两两比较法等，是指将每个被考核对象按照评价要素与其他被考核者一一配对，分别进行比较。这种方法要求按照某种绩效标准，把员工进行两两比较，每一次比较时，给表现好的员工记“+”，另一个员工就记“-”，“0”表示两个人的绩效水平一致。它的具体操作程序如下：将一个评价对象按照所有的评价要素与其他评价对象一一进行比较，根据比较结果排出名次，即两两比较，然后排序。所有员工都比较完后，计算每个人“+”的个数，以此对员工做出考评：将每个人得到的“+”的次数纵向相加，谁得到的“+”的个数多，谁的名次就排在前面。配对比较法示例见表 7-5。

表 7-5　配对比较法示例

员　工	员工 A	员工 B	员工 C	员工 D	员工 E	“+”的个数
员工 A		-	-	+	+	2
员工 B	+		+	+	+	4
员工 C	+	-		+	+	3
员工 D	-	-	-		-	0
员工 E	-	-	-	+		1

表 7-5 中，A 在该考核要素方面比 D 强，就在对应的栏目中记“+”；不如 C，就在对应的栏目中记“-”。那么这 5 个员工在这个方面的优劣顺序很容易就能看出来，依次为 B、

C、A、E、D。配对比较法的一个缺点是，一旦下级人数过多(大于 5 人)，工作量就比较大。因为配对的次数将是按“[n(n−1)]/2”的公式增长的，其中 n 为人数。5 个下级的配比需要 10 次，10 个下级就要配比 45 次，如有 50 个下级就要配比 1 225 次。而且，这种方法只能评比出下级人员的名次，不能反映出他们之间的差距有多大，也不能反映出他们的工作能力和品质。一般来说，这种方法在人力资源管理中经常用于对职位的评价，可选取几个指标，如职位的重要性、影响程度、风险等。

二、强制分布法

强制分布法(Forced Distribution Method)也称为强迫比例法、强制配置法等，使用这种方法需要评估者将被评估者按照绩效考核结果分配到一种类似于正态分布的标准中去。这种方法基于这样一个有争议的假设，即所有小组中都有同样优秀、一般、较差表现的员工。强制分布法的等级一般是五级，从最优到最差的具体百分比可根据需要确定，既可以是 10%，20%，40%，20%，10%，也可以是 5%，20%，50%，20%，5%。强制分布法示例见表 7-6。

表 7-6　强制分布法示例

等　级	对应的绩效状况	比例分布/%	人数/人
A	绩效最高的	5	5
B	绩效较高的	20	20
C	绩效一般的	50	50
D	绩效低于要求的	20	20
E	绩效很低的	5	5

这种方法的优点是有利于管理控制，特别是在引入员工淘汰机制的企业，它能明确筛选出淘汰对象，具有强制激励和鞭策的功能。它的缺点是如果一个部门中的所有员工的确绩效表现良好，那么强制进行正态分布划分等级，可能会打击员工工作积极性，引发工作满意度下降等问题。

企业案例

通用电气公司强制分布法的变迁

每当说起采用强制分布法的相对评价体系时，通用电气公司就是最常被提及的公司之一。通用电气公司位于康涅狄格州的费尔菲尔德市，该公司向全球客户提供包括金融服务、媒体娱乐、医疗保健、能源技术，以及器械和塑胶制品在内的多种产品和服务。

最近几年，通用电气公司原本严格的绩效管理体系也变得灵活起来，即不再强制要求经理人员必须把手下的员工分成三个等级(前 20%的人为绩效优等，中间 70%的人为绩效中等，末尾 10%的人为绩效差等)，而是赋予经理人员更多的决策灵活性。尽管在绩效评价时仍然要参照正态分布曲线，不过已经取消了原来那种一定要把员工以 20∶70∶10 的比例分成三个等级的要求，工作团队中可以有更多的人得到“优秀”的评价或者不会有人再得到“差”的评价。公司并没有把过去的那种强制分布法当作一种为了营造更具创新精神的文化而开展的内部竞赛，在这种创新文化中，承担风险和失败是企业氛围的一部分。因此，公司会根据员工的几个特定方面的特征来对他们予以评价，其中包括以革新的方式采取行动的能力，或对企业外部因素的关注能力等。

总之，通用电气公司原有的绩效管理体系及其修正后的体系都为绩效衡量决策提供了很好的范例，即在衡量绩效时，既要考虑到细枝末节，同时也要考虑到各种企业期望或不期望看到的结果。而且，在决定如何衡量绩效时，对文化和企业整体战略的考虑同样至关重要。

(资料来源：赫尔曼·阿吉斯. 绩效管理. 3 版. 刘昕，柴茂昌，孙瑶，译. 北京：中国人民大学出版社，2013.)

三、量表评定法

量表评定法(Rating Scale Method，RSM)是指将绩效考核的指标和标准制作成量表，依此对员工的绩效进行考核。这种方法要在量表中列出需要考核的绩效指标，将每个指标的标准区分成不同等级，每个等级都对应一个分数。考核时考核主体根据员工的表现给每个指标选择一个等级，汇总所有等级的分数就可以得出员工的考核结果。无论被评价者的人数多少都适用，评价的定性定量考核较全面，故多为各类企事业单位所选用。量表评定法的优点是实用且开发成本小，人力资源经理们也能够很快地开发出这种考评表，因此许多组织都使用这种方法。它的缺点是不能指明员工的努力方向，员工并不能了解企业期望的行为是什么。表 7-7 为某公司秘书岗位评价量表示例。

表 7-7　某公司秘书岗位评价量表示例

考核指标	权　重	评　定					评　分
打字速度	30	A	B	C	D	E	
		6	12	18	24	30	
接待	30	A	B	C	D	E	
		6	12	18	24	30	
计划安排	20	A	B	C	D	E	
		4	8	12	16	20	
文件与资料管理	15	A	B	C	D	E	
		3	6	9	12	15	
办公室一般服务	5	A	B	C	D	E	
		1	2	3	4	5	
评定标准： A：不满足要求 B：略有不足 C：基本满足要求 D：优秀；满足要求 E：非常优秀，理想状态		考核等级： 优：90 分(含)以上 良：70(含)～90 分 及格：60(含)～70 分 不及格：60 分以下			合计： 考核结果：		

四、行为观察量表法

行为观察量表法(Behavior Observation Scale，BOS)是对各项评估指标给出一系列有关的有效行为，将观察到的员工的每一项工作行为同评价标准进行比较并评分，考评者通过指出员工表现各种行为的频率来考核他的工作绩效。考核者通过将员工在每一种行为上的得分相加，得到各个考核项目上的得分，最后根据各个项目的权重得出员工的总得分。这种方法的优点是有一个比较有效的行为标准，缺点是观察到的工作行为可能带有一定的主观性。

我们在开发行为观察量表时需要收集关键事件并对其按维度分类。在使用行为观察量表时，考核者通过指出员工表现各种行为的频率来评定员工的工作绩效。一个 5 分制的行为观察量表被分为从“极少或从不是 1”到“总是 5”的 5 个分数段，考核者通过将员工在每种行为项目上的得分相加计算出员工绩效评估的总评分，高分意味着员工经常表现出合乎希望的行为。图 7-5 为某主管的 BOS 示例。

使用下列数字来对每种列举行为进行打分： 5 代表 95%～100%的频率 4 代表 85%～94%的频率 3 代表 75%～84%的频率 2 代表 50%～74%的频率 1 代表 0～49%的频率
为“约翰逊项目”成员准备了精确的成本报告 几乎从来没有 1 2 3 4 5 几乎总是这样
在监控项目成员时的实践听起来是保留了余力的 几乎从来没有 1 2 3 4 5 几乎总是这样
当需要时是可获得技术咨询的 几乎从来没有 1 2 3 4 5 几乎总是这样
开发了平等的和公正的工作规划 几乎从来没有 1 2 3 4 5 几乎总是这样
总分：

图 7-5 某主管的 BOS 示例

行为观察量表法的优点如下：

第一，能够将高绩效者和低绩效者区分开来，在一定程度上可以进行量化。

第二，便于向员工提供绩效评估反馈，指导员工如何得到高的绩效评分。

第三，管理人员可以利用量表中的信息有效地监控员工的行为，并使用具体的行为描述提供反馈。

但是用这种方法考核时，不同考核者对各个级别的理解有差异，容易导致考核结果的偏差。

五、行为锚定等级评价法

行为锚定等级评价法 (Behaviorally Anchored Rating Scale，BARS)由史密斯和肯德尔(Smith&Kendall，1963)提出，给考评者直接提供了具体行为等级与考评标准的量表，如优秀、满意、较差与不可接受等。他们主张用具体行为特征的描述来表示每种行为标准的程度差异。在这里对每种具体行为特征的说明被称为尺度。

行为锚定等级评价法是传统业绩评定表和关键事件法的结合。使用这种方法，可以对源于关键事件中有效和非有效的工作行为进行更客观的描述。它的目的在于：通过一个等级评价表，将关于特别优良或特别劣等绩效的叙述加以等级性量化，从而将关键事件法和量化等级评价法的优点结合起来。图 7-8 为某大学讲师的绩效考核示例。

表 7-8　某大学讲师的绩效考核示例(考核指标：讲课内容)

等　级	等 级 描 述
7	能够向学生介绍国际前沿的知识，并给予清楚的讲解
6	能够使用适当的例子辅助自己讲解
5	能够生动地传授知识，但是缺乏新意
4	能够传授知识
3	讲课缺乏新知识，照本宣科
2	对传授的知识缺乏理解
1	讲课有知识性错误

行为锚定等级评价法的优点是考核尺度更加精确，可以通过提供一种精确、完整的绩效维度定义来提高评估的信度；具有良好的反馈功能，有利于员工明确自己工作中存在的问题从而加以改进；能够将企业战略和它所期望的行为有效地结合起来，向员工提供指导和信息反馈，指出行为缺点，有助于实现绩效考核的行为导向目的；在设计过程中，设计人员将众多的关键事件归纳为 5～8 种绩效指标，使得各绩效指标之间的相对独立性较强。

它的缺点是有时一个员工的行为表现可能出现在量表的两端，以至于无法评级。而且，典型行为的描述文字数量总是有限的，不可能涵盖被评价者实际工作中的每种行为表现，文字描述也常常不能和现实行为表现完全吻合。因此，在实际评价时，评价者可能对既定的行为锚定等级评价量表持有异议，而不严格按照既定的评分标准进行评价，影响量表的可信度。此外，这种方法设计费用高，费时费力，经常需要聘请人力资源管理专家，而且在实施前要进行多次测试和修改，因此需要花费许多时间和金钱。

六、目标管理法

目标管理法最早由彼得•德鲁克提出(1954)，该方法为依据组织的预定目标，对组织领导人及其员工的绩效进行检查、考核和评估。它是一种以人为中心的综合的系统管理方法，使得组织中上级和下级一起协商，根据组织使命确定一定时期内组织的总目标，进而决定上下级的责任和分目标，并且把这些目标作为评价组织绩效和评价每个部门和个人绩效产出对组织贡献的标准。目标管理法的目标分解实施步骤：确定企业目标；确定部门目标；讨论部门目标；确定个人目标；工作绩效评估；提供反馈。

应用目标管理法评价员工绩效时，关注的不再仅仅是员工的工作态度，而是工作业绩和工作结果；要求员工参与组织计划目标的确定，并参与讨论部门的目标，确立员工个人目标。通过这种方法，员工能够了解努力工作和业绩之间，以及业绩和奖励之间的关系。这样可以加强员工的责任感，部分地实现“自我管理”。在绩效管理中使用目标管理时，管理者必须和每位员工共同制订一套便于衡量的工作目标，并定期与员工讨论目标完成情况。表 7-9 为目标管理法示例。图 7-6 为目标管理法的实施流程。

表 7-9　目标管理法示例

目标序号	目标名称	计划目标	重要性	完成日期	截至 5 月 1 日目标进展情况	截至 10 月 1 日目标进展情况	年度考核		困难及不可控因素说明	考核分数
							完成数	完成率/%		
1	销售电话拨打次数/次	100	3	12—20						
2	接触新顾客/人	20	4	12—20						
3	批发 3 号产品数/个	30	5	12—20						
4	销售 1 号产品数/个	10 000	5	12—20						
5	销售 2 号产品数/个	17 000	5	12—20						
6	客户投诉电话/个	35	4	12—20						
7	成功完成销售函授课程/次	4	2	12—20						
8	月底完成销售报告次数/次	12	2	12—20						
目标考核基数		30		考核等级		目标整体完成率			考核总分数	

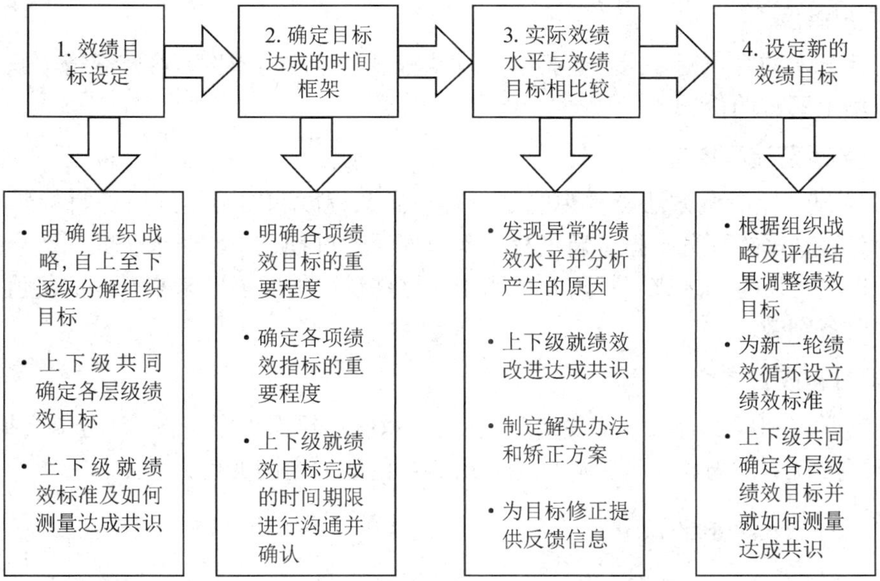

图 7-6　目标管理法的实施流程

七、平衡记分卡法

平衡计分卡(Balanced Score Card，BSC)是 1992 年由哈佛商学院的罗伯特·卡普兰和诺朗诺顿研究所所长、美国复兴全球战略集团创始人兼总裁大卫·诺顿发展出的一种全新的绩效考核方法。该方法被《哈佛商业评论》评为 75 年来最具影响力的 10 项管理工具。它最突出的特点：将企业的愿景、使命和发展战略与企业的业绩评价系统联系起来，把企业的使命和战略转变为具体的目标和评测指标，以实现战略和绩效的有机结合。

平衡计分卡的研究课题首先是从公司绩效考核开始的。1990 年美国的复兴全球战略集团 Nolan-Norton 专门设立了一个为期一年的新的公司绩效考核模式开发，Nolan-Norton 的执行总裁 David P. Norton 任该项目的项目经理，Robert S. Kaplan 担任学术顾问，参加此次项目开发的还有通用电气公司、杜邦、惠普等 12 家著名的公司。

项目小组重点对 ADI 公司的计分卡进行了深入研究并将其在公司绩效考核方面扩展、深化，将研究出的成果命名为“平衡计分卡”。该小组的最终研究报告详细地阐述了平衡计分卡对公司绩效考核的重大贡献意义，并建立了平衡计分卡的四个考核维度：财务、客户、内部运营流程以及学习和成长。

(一) 平衡计分卡的主要内容

1. 财务维度

财务维度的目标是解决“我们可以怎样满足股东”这一类问题，告诉企业管理者他们的努力是否对企业的经济效益产生了积极作用。财务维度是其他三个维度的出发点和归宿。常见的财务指标包括资产负债率、流动比率、速动比率、应收账款周转率、存货周转率、资本金利润率、销售利税率等。

2. 客户维度

平衡计分卡的客户衡量指标包括客户满意程度、客户忠诚度、客户获得、获利能力和在目标市场上所占的份额。

3. 内部运营流程维度

内部经营过程衡量方法所重视的是对客户满意程度和实现组织财务目标影响最大的那些内部过程。平衡计分卡把革新过程引入内部经营过程之中，要求企业创造全新的产品和服务，以满足现有和未来目标客户的需求。这些过程能够创造未来企业的价值，提高未来企业的财务绩效。

4. 学习和成长维度

组织的学习和成长有三个主要来源：人才、系统和组织程序。平衡计分卡会揭示人才、系统和程序的现有能力和实现突破性绩效所必需的能力之间的巨大差距。

(二) 平衡计分卡的优点

平衡计分卡的优点表现在以下几个方面：

(1) 平衡计分卡强调了绩效管理与组织战略之间的紧密关系，能够将部门绩效与组织整体绩效很好地联系起来，使各部门工作努力方向同组织的战略目标实现联系起来。

(2) 平衡计分卡符合财务评价和非财务评价并重的业绩评价体系的设置原则。传统的业绩评价系统主要是对财务评价指标的评价。在日益复杂激烈的竞争环境下，单一的财务指标评价不能全面反映组织的实力。平衡计分卡为了弥补单一财务指标在客户、员工、供应商、业务程序、技术创新等方面的不足，增加了客户、内部运营、学习和成长三个层面的非财务指标，很好地实现了财务指标与非财务指标的结合，在此基础上形成一套完整的指标体系。

(3) 平衡计分卡能够避免企业的短期行为。财务评价指标往往以过去的信息为依据，无法评价组织未来成长的潜力。非财务评价指标能很好地衡量组织未来的财务业绩。例如，对客户满意度的投资能够增加收入，培养客户对组织的忠诚度，吸引新的客户，减少交易成本，从而提高组织未来的业绩。平衡计分卡从战略目标和竞争需要的角度出发，实现了公司长期战略与短期行动有效结合。

(三) 平衡计分卡的缺点

平衡计分卡的缺点表现在以下几个方面：

(1) 实施难度大，对管理者水平要求高。平衡计分卡的实施不仅要求组织有明确的组织战略，而且高层管理者具备分解和沟通战略的能力和意愿，中高层管理者应具有创新指标的能力和意愿。因此，管理基础差的组织不可以直接引入平衡计分卡，必须先提高自己的管理水平，才能循序渐进地引入平衡计分卡。

(2) 指标体系的建立较困难。平衡计分卡如何建立非财务指标体系，如何确立非财务指标的标准以及如何评价非财务指标，这些非财务指标比较难以收集，需要组织长期探索和总结。

(3) 平衡计分卡对组织战略的贯彻基于各个指标间明确、真实的因果关系，但贯穿平衡计分卡的因果关系链很难做到真实、可靠，因为难以用足够的数据去证明平衡计分卡各指标之间存在显著的相关关系和因果关系，这会增加实践中的操作难度。在短期内管理人员对战略影响的评价，不得不依靠主观的定性判断。而且，如果竞争环境发生了剧烈的变化，原来的战略及与之相适应的评价指标可能会丧失有效性，从而需要重新修订。表 7-10 为某公司的平衡计分卡考核表。

表 7-10 某公司平衡计分卡考核表

类 别	衡量指标	权重 / %
财务(60%)	利润与竞争者比较	18
	投资者报酬率与竞争者比较	18
	成本降低与计划比较	18
	新市场销售成长	3
	现有市场销售成长	3
客户(10%)	市场占有率	2.5
	顾客满意度调查	2.5
	经销商满意度调查	2.5
	经销商利润	2.5
内部业务流程(10%)	社区/环保指数	10
学习和发展(20%)	员工工作环境与满意度调查	10
	策略性信息提供情况	10

八、关键绩效指标考核法

关键绩效指标(Key Performance Indicator，KPI)是通过对组织内部流程的输入端、输出端的关键参数进行设置、取样、计算、分析，衡量流程绩效的一种目标式量化管理指标，是把企业的战略目标分解为可操作的工作目标的工具，是企业绩效管理的基础。KPI 可以使部门主管明确部门的主要责任，并以此为基础，明确部门人员的业绩衡量指标，建立明确的、切实可行的 KPI 体系，做好绩效管理。关键绩效指标法将绩效考核与组织战略有机结合在一起，使绩效考核更好地为组织服务。

关键绩效指标考核法是一种检测并执行企业发展战略的绩效考评方法。它首先将企业的长远发展战略目标层层分解，提炼出可操作的战术目标，再将其转化为若干个具体的考评指标，依据这些绩效评价指标，从事前、事中、事后多个维度，全面跟踪、监测和反馈企业或员工个人的绩效。关键绩效指标是基于企业经营管理绩效的系统考核体系，适用于考核管理被考核者绩效的可量化或可行为化的标准体系；关键绩效指标是对企业战略目标有增值作用的指标；通过在关键绩效指标上达成的承诺，员工与管理者可以就工作期望、工作表现、未来发展进行良好的沟通。

关键绩效指标考核法所衡量的内容最终取决于组织的战略目标，是对组织战略目标的进一步细化和发展，并随着组织战略目标的发展而调整。总体上看，该方法是从组织战略出发，以事实为基础，从最高目标向下层层分解，建立团队和个人的绩效衡量指标体系，以制订并检查绩效计划，促进行动过程，实现绩效结果，使各个绩效链条向预期方向发展，促进组织目标达成的一项绩效管理工具。所以，关键绩效指标考核法不仅使绩效管理体系成为一种激励约束的手段，更成为一种战略实施的工具。

关键绩效指标考核法的操作步骤包括：

(1) 明确企业的战略目标，并找出企业的业务重点，用头脑风暴法找出这些关键业务领域的 KPI，即企业级 KPI。

(2) 各部门的主管需要依据企业级 KPI，建立部门 KPI，确定相关的要素目标，分析绩效驱动因素，确定实现目标的工作流程。

(3) 各部门主管和部门的 KPI 人员一起进一步细分 KPI 及各职位的绩效衡量指标。

(4) 设定评价标准。即“被评价者怎样做，做多少”。

(5) 对关键绩效指标进行审核。

关键绩效指标考核法的优点是考核重点突出，有助于战略实施和目标实现；客观性强且便于操作，有利于绩效管理和上下级沟通。它的缺点是关键指标的选取和定量化难度较大。它的适用范围是管理基础好的规模比较大的外企，大中型国企和管理基础薄弱的企业。它适用于生产、销售部门。

九、360 度绩效考核法

360 度绩效考核法又称全方位考核法，最早由英特尔公司提出。该方法是扩大考核者人数与类型，使各类考核者优势互补，结论公正而全面，由被考核者的上级、同级、下级、自己和相关客户分别对其进行考核。

360 度绩效考核法的考核占比如下：

1. 上级考核

上级考核一般以上级主管的考核为主，其考核分数对被考核者的结果影响很大，约占 60%～70%。

2. 同级考核

被考核者的同事比上级更清楚地了解被考核者。在绩效管理中，同级的考核占有一定的份额，一般控制在 10%左右，不宜过大，以防员工之间拉帮结派，排除异己。

3. 下级考核

作为被考核者的下属，对被考核者工作作风、行为方式、实际成果有比较深入的了解，对其一言一行有亲身的感受。但下级对被考核者容易心存顾虑，致使考核的结果缺乏客观公正性，所以其评定结果在总体评价中，一般控制在 10%左右。

4. 自我考核

进行自我考核，能充分调动被考核者的积极性。在绩效管理中，由于自我考核涉及个人的切身利益，容易受到个人多种因素的影响，使其有一定的局限性，所以其评定在总体评价中，一般控制在 10% 左右。

5. 客户考核

在实际运用时，客户评价的主观性很强，且不容易得到客户的支持，因此占比应低于 10%。

360 度考核法较之传统的上级考核，具有较多的优点：首先，打破了由上级考核下属的传统考核制度，可以避免传统考核中考核者极容易发生的“光环效应”“居中趋势”“偏紧或偏松”“个人偏见”“考核盲点”等现象。其次，一个员工的意见想要影响多个人是困难的，管理层获得的信息更准确。第三，可以反映出不同考核者对于同一被考核者不同的看法。第四，防止被考核者急功近利的行为(如仅仅致力于与薪金密切相关的业绩指标)。第五，较为全面的反馈信息有助于被考核者多方面能力的提升。

360 度考核法实际上是员工参与管理的方式，在一定程度上增加他们的自主性和对工作的控制，员工的积极性会更高，对组织会更忠诚，提高了员工的工作满意度。360 度考核也存在一定的缺点：第一，考核成本高。当一个人要对多个同伴进行考核时，时间耗费多，由多人来共同考核导致的成本上升可能会超过考核所带来的价值。第二，成为某些员工发泄私愤的途径。某些员工不正视上级及同事的批评与建议，将工作上的问题上升为个人情绪，利用考核机会“公报私仇”。第三，考核培训工作难度大。组织要对所有的员工进行考核制度的培训，因为所有的员工既是考核者又是被考核者。

企业案例

Facebook 的 360 度绩效评估

现如今，能登上《财富》杂志世界 500 强榜单中的一些国外企业已经放弃了年度的员工绩效考核与评比，比如微软公司，它们取而代之的是用一套更新的绩效管理系统去重点关注团队和员工的成长以及对于员工绩效的及时反馈。然而，作为社交媒体巨头的 Facebook，却还坚持每半年一次采用传统的 360 度绩效评估的方式对员工进行评价。你是不是觉得 Facebook 这样太 low，还在采用这种“落伍”的绩效工具?

按照 Facebook 的绩效管理方式，每半年一次举行的 360 度评估，要求员工在两周时间内征集 3~5 个“亲密”同事的反馈，然后自己再写一份自我评价，经理们将结合这些反馈、自我评价和员工平时的表现，来对员工半年内的工作进行评估，决定员工是否会得到奖励或晋升。这些所有信息的收集、反馈、跟踪都在 Facebook 内部软件中得到实现。每个员工在被评估之前，通过平时软件及时的反馈，实际上大家已经非常了解彼此的工作表现，这可以消除采用 360 度绩效评估所带来的不确定性和模糊性。

Facebook 采用这种绩效管理的手段并不是为了去解雇那些表现欠佳的员工，而是把它作为一种检查工作成效的手段，从而及时发现问题；同时 Facebook 也将它作为一种激励员工的手段，那些表现优异的员工经过评估后能获得奖励(只有 2%或更少的员工获得最高的评价)。Facebook 在其绩效管理战略中提出了三个核心价值观：公平、透明和发展。这些和 Facebook 高层致力打造的企业文化有关，马克·扎克伯格和谢里尔·桑德伯格愿意倾听员工们的心声，对待他们非常谦和，秉持开放、透明的文化理念。因此，虽然一年两次的绩效评比让员工们感觉有点“压力山大”，但他们中间还是有多达 87%的员工表示希望公司能保留这种绩效管理方式，这样能让员工们更容易获得认可和关注；再加上 Facebook 的评估程序是公开透明的，员工们都能知道彼此的表现、立场和自己的目标，通过这种正式的评价，也能让员工们知道自己对于企业的影响和贡献，增加对于管理层的信任。而经理们也能从评估中更容易地识别和奖励表现最好的员工，以打造高绩效的团队。

然而，世界上没有十全十美的事物，绩效管理也是如此。Facebook 的这种管理方式受到了部分员工的质疑，虽然声音不大，但却很刺耳。有的员工说，虽然 Facebook 及时地向员工提供、接收反馈，但这种方式仍不可避免地创造出了一个充满竞争和敌意的工作氛围。也有人认为 Facebook 这种评估方式完全是在竞选“最佳人气奖”，只要谁的人缘好，能和经理们处好关系，投其所好，那他(她)一定能获得高分，而且员工们往往只挑选那些彼此喜欢的人一起共事。

如果从 360 度考核这个工具来说，Facebook 似乎只选择“亲密”同事、本人、经理这三个角度进行，感觉还不够全面，应该还可以包括“跨职能”同事或临时项目团队中来自不同部门的同事，还有用户、供应商、合作伙伴等。Facebook 选择角度偏少是不是基于效率和组织特点的考虑就不得而知了，每个企业都可以选择合适自己的绩效管理方式。

技能训练

实训目标：

掌握绩效管理的流程。

实训内容与要求：

选取一家现实中的企业，通过查阅资料，实地调研等方法，选取该企业的某类员工，编制绩效管理方案。

成果检测：

(1) 学生以小组为单位进行调查，并形成文字、图片和视频资料。

(2) 分小组进行课堂成果展示，教师对其调查过程和结果进行评价。

案例分析

案例一：张力的辞职

张力大学毕业后，被一家大型民营公司招为业务员。他很满意这份工作，因为工资比较高，还是固定的。随着业务能力的提升和与客户的关系越来越熟悉，张力的销售额也渐渐上升了。到了第三年年末，张力已列入全公司百余名业务员中的前 10 名了。下一年，他很有信心冲击业务冠军。不过根据公司的政策，是不公布每个业务员的销售额的，也不鼓励互相比较，所以他还不能很有把握自己一定会坐上第一把交椅。去年，张力干得特别出色，尽管定额比前年提高了 25%，到了 9 月初他就完成了这个销售定额。根据他的观察，同事中间还没有人完成定额。

10 月中旬，销售经理通知张力去汇报工作。听完他汇报后，销售经理对他格外客气，祝贺他已取得的成绩。在他要离开时，销售经理对他说：“咱公司要是再有几个像你一样的明星就好了。”张力微微一笑，没说什么，不过他心中思忖，这不就意味着承认他在业务员队伍中出类拔萃吗？今年，公司又把张力的销售定额提高了 25%，尽管一开始不如去年顺利，他仍是一马当先，比预计干得要好。张力根据经验估计，10 月中旬前他准能完成自己的定额。可是张力觉得自己的心情并不舒畅。最令他烦恼的事，莫过于公司不告诉大家干得好坏。张力决定向销售经理辞职。

通过阅读案例，请回答如下问题：

(1) 归纳总结张力想辞职的原因。

(2) 假如你是销售经理，应如何挽留张力?

(3) 试拟订一份可行的绩效管理实施方案，有利于企业留住人才。

案例二：烦恼的小王

在大明公司，小王是公认的销售状元。进入公司仅 5 年，除前两年打基础外，第 3 年他荣获“三连冠”。也正因为如此，小王从一般的销售工程师发展到客户经理、三级客户经理、办事处副主任，最后坐上了办事处主任这个宝座。小王的发展同他的销售绩效一样，成了大明公司不灭的神话。

小王担任大明公司办事处主任后，深感责任重大。上任伊始，他身先士卒，决心再创佳绩。他把最困难的片区留给自己，经常给下属传授经验。但事与愿违，一年下来，绩效令小王非常失望，全公司 33 个办事处，其他办事处的销售绩效全面提升，唯独自己办事处不但没升，反而有所下降。烦心的事还真多。临近年末，除了要做好销售总冲刺外，公司年终才开始推行的“绩效管理”还要做。小王叹了一口气，自言自语道：“天天讲管理和考核，办事处哪有精力去抓市场。考来考去，考得主管精疲力竭，考得员工垂头丧气，销售怎么可能不下滑。不过，还得要应付。否则，公司一个大帽子扣过来，自己吃不了还得兜着走。”好在绩效管理也是轻车熟路了，通过内部电子沟通系统，小王给每位员工发送了一份考核表，要求他们尽快完成自评工作，同时，他根据员工一年来的总体表现，利用排序法将所有员工进行了排序。排序是一件非常伤脑筋的工作，时间过去那么久了，下属又那么多，自己不可能都那么了解，谁好谁差确实有些难以区分。不过，好在公司没有什么特别的比例控制，特别好与特别差的，自己还是可以把握的。

通过阅读案例，请回答如下问题：

(1) 大明公司应怎样树立企业的绩效管理理念?

(2) 小王主管的办事处绩效最低，问题出在哪里?

(3) 假设你是小王，应如何展开绩效管理?

本 章 小 结

(1) 绩效是指个体或群体的工作表现、直接成绩和最终效益的统一体。对组织而言，绩效就是任务在数量、质量及效率等方面完成的情况；对员工个人来说，则是上级和同事对自己工作状况的评价。

(2) 绩效的特性包括多因性、多维性和动态性。

(3) 绩效的类型包括组织绩效、部门绩效(团队绩效)和个人绩效。

(4) 绩效考核是指应用科学的方法、程序和一定的指标体系，定期对企业员工的行为过程和行为结果进行考核和评价，是测定员工有效工作程度的一种行为。

(5) 绩效考核的内容包括业绩考核、能力考核、态度考核和潜力考核。

(6) 一般来说，在绩效考核中，考核主体可包括五类人员：员工、上级、同事、下级和客户。

(7) 在企业中，绩效考核的对象一般有组织、部门和员工三个层次。

(8) 绩效管理是指制订员工的绩效目标并收集与绩效有关的信息，定期对员工的绩效目标完成情况做出评价和反馈，以改善员工工作绩效并最终提高企业整体绩效的制度化过程。

(9) 实际上绩效考核仅仅是绩效管理的一个环节，而绩效管理是一个完整的管理过程，包含绩效计划、绩效实施与管理、绩效考核、绩效反馈与改进四个完整的程序。

(10) 绩效计划是指由管理者与员工根据既定的绩效标准，共同制订并修正绩效目标及实现目标的过程，是主管和员工共同沟通，对员工的工作标准和目标达成一致意见，并形成协议的过程。

(11) 绩效计划包括四个方面的内容，即绩效标准、绩效目标、绩效权重和绩效协议。

(12) 制订绩效计划以后，员工就开始按照计划开展工作。这个阶段称为绩效实施阶段，需要管理者对员工的工作进行指导和监督，及时解决所发现的问题，并根据实际情况及时对绩效计划进行调整。

(13) 绩效考核也叫绩效评价，是指在绩效周期快结束时，企业根据绩效计划对员工的绩效目标实际完成情况进行评价，或者说对员工进行考核。绩效考核的依据是在绩效计划阶段制订的绩效指标，以及在绩效实施阶段收集的能够说明被考核者绩效表现的事件和数据。

(14) 绩效考核的常用方法包括：比较法、强制分布法、量表评定法、行为观察量表法、行为锚定等级评价法、目标管理法、平衡记分卡法和关键绩效指标考核法。

复习与思考

1. 绩效的含义及特性是什么？
2. 绩效考核的含义、内容、主体、对象分别是什么？
3. 绩效管理与绩效考核的区别是什么？
4. 绩效管理的目的和意义是什么？
5. 绩效管理的流程包括哪些内容？
6. 常用的绩效考核方法都有哪些？优缺点分别是什么？

第八章

薪酬管理

学习目标

(1) 掌握薪酬的概念。
(2) 掌握薪酬结构的类型。
(3) 了解薪酬管理的内容。
(4) 掌握薪酬制度设计的程序。
(5) 了解宽带薪酬设计的程序。
(6) 掌握员工福利制度设计的程序。

关键词

薪酬(Compensation)
薪酬结构(Compensation Structure)
薪酬管理(Compensation Management)
薪酬制度(Compensation System)
宽带薪酬(Broad-band Compensation)
员工福利(Benefit)

导入案例

重要的小姜

上海某 IT 企业的董事长兼总经理周鹏面对竞争日益惨烈的市场，正在思考一项事关公司生死存亡的重大决策：公司刚刚制订的市场开拓计划由谁来负责。

周鹏突然想到了公司市场部的姜留。姜留虽然来公司时间不长，但她销售能力很强，业绩突出，尤其在市场开拓方面获得了公司上下的一致认可，现在已经是销售部的副经理了。这项重要的市场开拓计划由姜留来负责的话……周董紧锁的眉头顿时舒展，心情随之舒畅。他甚至已经想到两年之后，公司的新产品成为上海乃至全国同类产品市场领导者的美妙局面。

他还没来得及将这项任命提到董事会上讨论，秘书就将姜留的辞职报告送到了他的办公桌上。周董一下就慌了神，急忙叫来人力资源部经理何荣了解情况。下面是周董和何经理的对话。

周董："姜留要辞职，你知道吗?"

何荣："知道，小姜找我谈过，您看到她的辞职报告了？"

还没来得及看辞职报告的周董："她为什么要辞职？公司待她不薄啊!"

何荣："周董，虽然小姜工资在咱们公司算是很高的，但比上海其他企业的销售经理差上一大截。上个月她超额完成了销售定额，却没有得到任何奖励，我想这是她辞职的主要原因……"

虽然何荣没说出为什么公司没有给姜留超额奖励，但周鹏立刻想起本月初的高层例会上自己说过的要节约人力成本、增加科研支出的发言。

周董："你赶快把小姜找来，工资和奖金的事都好商量，现在公司有重要任务要交给她!"

当企业中的骨干员工要辞职，这对企业来说是巨大的损失，对领导者来说无疑会有一种被砍去臂膀的感觉。在人力资源管理中，企业管理者应认真考虑本公司的薪酬制度能否留住人才，企业内的员工之间薪酬是否公平，与其他企业相比本公司的薪酬是否具备竞争性等关键问题。

第一节　薪酬管理概述

一、薪酬

(一) 薪酬的含义和内容

1. 薪酬的含义

从字面来理解，"薪"指薪水，又称薪金、薪资，所有可以用现金、物质来衡量的个人回报都可以称为薪，也就是说薪是可以数据化的，企业发给员工的工资、保险、实物福利、奖金、提成等都是薪；"酬"指报酬、报答、酬谢，是着眼于精神层面的酬劳。在人力资源管理中，薪酬的含义存在广义和狭义两个层面的理解。

从广义角度来说，薪酬是一个比较宽泛的概念。广义层面的薪酬等同于报酬，是指员工因被雇佣而从企业那里获得的各种类型的酬劳，可以分为经济性薪酬和非经济性薪酬两大部分，如图 8-1 所示。经济性薪酬和非经济性薪酬之间的界限是：某种薪酬是不是以金钱形式提供的，或者能否以货币为单位来加以衡量。经济性薪酬通常包括各种形式的薪酬和福利；非经济性薪酬则包括与工作本身、工作环境或组织特征相关的各种能让员工感受到的酬劳。

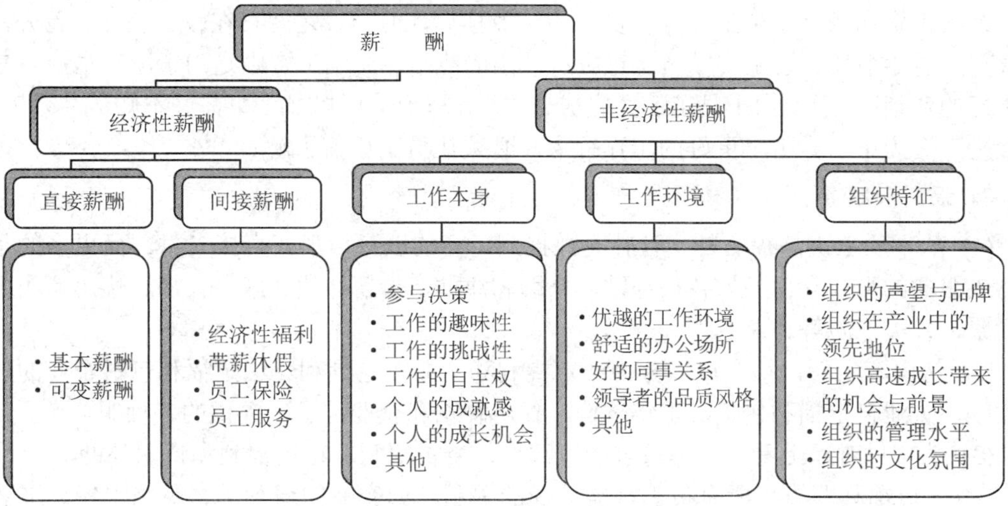

图 8-1　广义的薪酬

“薪”即经济性薪酬，“酬”即非经济性薪酬，它们就像硬币的两面，必须同时存在，同时考虑。不少组织给员工的经济性薪酬不低，员工对组织的满意度却不高，就是该组织在付“酬”上出了问题。当组织没有精神，没有情感时，员工感觉没有梦想，没有前途，没有安全感，就只能跟组织谈钱，员工跟组织之间变成单纯的交换关系，这样单纯的“薪”的给付关系是很难让员工产生归属感的。

狭义层面的薪酬是报酬的一部分，是员工作为雇佣关系中的一方所得到的各种货币收入，以及各种具体的福利和服务之和。狭义层面的薪酬是广义层面薪酬的“薪”的部分，即图 8-1 中的经济性薪酬。相对而言，广义层面的薪酬在现实中较少使用，本章所指的薪酬也是狭义层面的薪酬。

2. 薪酬的内容

薪酬主要由直接薪酬和间接薪酬构成，直接薪酬包括基本薪酬和可变薪酬，间接薪酬即各种福利和服务。

1) 基本薪酬

基本薪酬是组织根据员工所承担或所完成的工作，或者所具备的完成工作的技能或能力而向员工支付的稳定性报酬，是员工只要在组织中工作，就能定期拿到的固定数额的劳动报酬。基本薪酬多以时薪、月薪、年薪等形式出现，在我国企业里常被称为基本工资、岗位工资或职务工资等。

2) 可变薪酬

可变薪酬是与员工绩效直接挂钩，随员工实际工作绩效变化而上下浮动的薪酬。可变薪酬可以是短期的，也可以是长期的，可以与员工个人绩效挂钩，也可以与团队甚至整个组织的绩效挂钩。可变薪酬在我国很多企业里常被称为奖金、佣金等。

根据奖励的侧重点和目的不同，可变薪酬又可分为绩效工资和激励工资。绩效工资是对员工过去工作行为和已取得成就的认可，常常与员工的绩效考评结果挂钩。激励工资往往针对的是员工未来的业绩，通过支付工资的方式影响员工将来的行为。衡量业绩的标准有成本节约、产品数量、产品质量、投资收益、利润增加等。

绩效工资和激励工资虽然都与员工的绩效挂钩，但二者之间存在较大差异。首先，从着眼点来看，绩效工资是奖励员工过去所做出的成绩，激励工资则是为了激励员工将来做出更好的业绩；其次，由于员工已经完成了过去的工作，所以员工事前并不知道绩效工资，而激励工资为了引导员工更好的工作行为，必须让员工事前了解。

3) 福利和服务

(1) 从本质上讲，福利是一种补充性报酬，有的以货币形式直接支付，而更多的是以实物或服务的形式支付，如各种补贴、补助和津贴、带薪休假、廉价住房、优惠购买本企业股票、各类保险等。

(2) 从内容上看，福利可以分为法定福利和企业自定福利。法定福利包括企业的五险一金等，企业自定福利包括员工年休假、住房补贴和企业为员工提供的各种服务等。

(3) 从支付对象上看，福利可分为三部分：全员福利、特种福利和特困补助。

① 全员福利即组织所有员工都能享受的福利，如企业的通勤车、免费午餐、节假日发放的礼品等。

② 特种福利是针对组织中的特殊人才(如高层管理人员或具有专门技能的高级专业人员等)设计的福利，是对特殊人才为组织所做出的卓越贡献的回报。常见的特种福利有高档轿车服务、出差时的高档住宿条件、企业股票优惠购买权、高级住宅津贴等。

③ 特困补助即为有特殊困难的员工提供的福利，如工伤残疾、重病补助等。

企业在制订薪酬制度时，会根据内外部条件和自身的战略，制订本公司的员工薪酬应由哪几部分组成，即构成该企业的员工薪酬体系。

(二) 与薪酬有关的概念

1. 报酬

报酬(Reward)是一个宽泛的概念，指的是作为个人劳动的回报而得到的各种类型的酬劳。就所涵盖的内容来说，报酬与前面提到的广义层面的薪酬相同，但报酬和薪酬是不同的两个概念，报酬是从个人所获收益的角度而言的，强调权利，而薪酬则强调权责对等。

我们可以用两种不同的方式来对报酬进行分类：一种方法是将报酬划分为经济性报酬和非经济性报酬(可参考图 8-1)；另一种方法是将报酬分为内在报酬和外在报酬。内在报酬和外在报酬的区别在于某种报酬对劳动者所产生的激励是一种外在刺激还是一种发自内心的心理激励。内在报酬是针对员工由工作本身所获得的满足感而言的，如参与决策、有趣的工作、挑战性的任务、多样化的活动、个人成长的机会、工作的自主权等。外在报酬则是组织或他人所给予的各种类型的报酬，包括直接薪酬、间接薪酬、非财务性薪酬(赞扬与认可、地位与身份、雇佣保障等)。

2. 工资

工资(Wage)与薪酬的概念最为相关，二者的含义较为混乱。工资在我国使用最为普遍，甚至在很多情况下工资与薪酬经常被混用。工资有时特指基本工资，有时又泛指货币报酬的所有形式。

国际劳动组织对工资的界定是：由一位雇主对一位受雇者，为其已经完成或将要完成的工作或服务，由共同协议或国家法律条例予以确定，凭借书面或口头雇佣合同支付的保护或收入，可以货币结算。国内关于“工资”定义的权威说法有两个：一是商务印书馆《现代汉语词典》的“工资”，指作为劳动报酬按期付给劳动者的货币或实物；二是《工资支付暂行规定》中的“工资”，指用人单位依据劳动合同的规定，以各种形式支付给劳动者的工资报酬。

3. 薪金

薪金(Salary)又称为薪水，指白领雇员或公务员的货币工资。

4. 薪资

薪资(Pay)主要指货币薪酬，不仅包括劳动报酬，也包括其他货币收入，如补贴、工作津贴、奖金、分红和股票收益等。

(三) 薪酬结构

薪酬结构(Compensation Structure)有广义和狭义之分。广义的薪酬结构是指薪酬各组成部分的构成项目及各自所占的比例，如货币薪酬与非货币薪酬的构成、直接薪酬与间接薪酬的构成比例等；狭义的薪酬结构指员工薪酬体系的构成项目及其所占的比例。薪酬结构可以分为以下五个类型：

1. 岗位薪酬制

岗位薪酬制也称为职务薪酬制，是以工作为导向的薪酬结构，其特点是员工的薪酬主要根据其所担任岗位的重要程度、任职要求的高低以及劳动环境对员工的影响等来决定，薪酬随着岗位的变化而变化。

以工作为导向的薪酬结构有利于激发员工的工作热忱和责任心，缺点是无法反映在同一岗位(或职位)上工作的员工因技术、能力和责任心不同而引起的贡献差别。这种薪酬结构比较适用于各工作之间的责、权、利明确的企业。

2. 绩效薪酬制

绩效薪酬制是以绩效为导向的薪酬结构，其特点是员工的薪酬主要根据其近期绩效来决定。员工的薪酬随绩效的不同而变化，并不是处于同一岗位或者技能等级的员工都能拿到相同数额的薪酬。计件薪酬、销售提成制(佣金制)、效益薪酬等都属于这种薪酬结构。

以绩效为导向的薪酬结构，其显著优点是激励效果好，但也存在一定的缺陷：首先，使员工只重视眼前效益，不重视长期发展，没有学习新知识、技能的动力；其次，只重视自己的绩效，不重视与人合作、交流。以绩效为导向的薪酬结构比较适用于以下类型的企业或部门：工作任务饱满，有超负荷工作的必要；绩效能够自我控制，员工可以通过主观努力改变绩效；等等。

3. 技能薪酬制

技能薪酬制是以技能为导向的薪酬结构，其特点是员工的薪酬主要根据员工所具备的工作能力与潜力来确定。技术薪酬制、能力薪酬制等都属于此类薪酬结构，如我国企业过去曾实行过的工人技术等级工资制就属于技能薪酬制。

以技能为导向的薪酬结构的优点是有利于激励员工提高技术、能力，但也存在忽略工作绩效及能力的实际发挥程度，企业薪酬成本较高等不足。技能薪酬制适用范围窄，只适用于技术复杂程度高、劳动熟练程度差别大的企业，或者是处在艰难期，急需提高企业核心能力的企业。

4. 市场薪酬制

市场薪酬制是以市场为导向的薪酬结构，主要特点是具有较强的外部公平性。市场薪酬制以调查竞争对手的薪酬水平作为基础，根据市场上本企业竞争对手的薪酬水平来确定本企业薪酬标准，根据地区及行业人才市场的薪酬调查结果以及人才的稀缺程度来确定同岗位的具体薪酬标准。在考虑企业的盈利状况、人才紧缺程度及人力资源策略的前提下，企业可以选择采取高于、等于或低于市场水平的薪酬策略。

市场薪酬制的主要优点是企业可以通过薪酬策略吸引和留住关键人才，缺点主要是人力资源成本可能较高，也会影响薪酬的内部公平性。这种薪酬制一般适用于企业的核心人员。

5. 组合薪酬制

组合薪酬制的特点就是将薪酬分解成几个组成部分，分别依据绩效、技术和培训水平、岗位(或职位)、年龄和工龄等因素确定薪酬额。组合薪酬结构使员工在各个方面的劳动付出都有与之对应的薪酬，员工只要在某一个因素上比别人出色，都能在薪酬上反映出来。岗位技能薪酬、薪点工资制、岗位效益薪酬等都属于这种薪酬结构。

组合薪酬制的优点是全面考虑了员工对企业的投入。在企业实际薪酬管理中，单纯采用以绩效为导向的薪酬结构、以工作为导向的薪酬结构、以能力为导向的薪酬结构的情况并不多，通常做法是把几种体系结合起来，扬长避短(表 8-1 是前四种薪酬结构的特征比较)。一个合理的组合薪酬结构应该是既有固定薪酬部分，如基本工资、岗位工资、技能或能力工资、工龄工资等，又有浮动薪酬部分，如业绩薪酬、奖金等。因此，组合薪酬结构适用范围最广，各种类型的企业多采用组合薪酬结构。

表 8-1　四类薪酬结构的特征比较

对比项目	岗位薪酬制	绩效薪酬制	技能薪酬制	市场薪酬制
假设前提	岗位高，贡献大	绩效高，贡献大	能力强，贡献大	越稀缺，贡献越大
付酬依据	岗位的相对价值	员工工作绩效	员工个人能力	人才的稀缺程度
行为导向	职位晋升	绩效提高	技能提高	努力成为稀缺人才
内部公平性	强	强	弱	弱
外部公平性	弱	一般	一般	强
团队凝聚力	一般	强	强	弱
薪酬灵活性	低	高	高	高
工作变动效果	薪酬变化	薪酬可能变化	薪酬不变	薪酬可能变化
技术瓶颈	工作分析和岗位评价	绩效评价	能力评价	薪酬市场调查

(四) 薪酬的功能

1. 薪酬对企业的功能

对企业或雇主而言，薪酬具有以下七种功能：

(1) 增值功能。薪酬是能够为企业和投资者带来预期收益的资本。

(2) 控制企业成本。由于企业所支付的薪酬水平会直接影响到企业在劳动力市场上的竞争力，因此企业保持一种相对较高的薪酬水平对于吸引和保留员工来说无疑是有利的。但较高的薪酬水平又会对企业产生成本上的压力，对企业在产品市场上的竞争产生不利影响。因此，有效地控制薪酬成本支出对于大多数企业的经营来说具有重大意义。

(3) 改善经营绩效。薪酬对于员工的工作行为、工作态度以及工作业绩具有直接影响，薪酬不仅决定了企业可以招募到的员工数量和质量，决定了企业中的人力资源存量，同时还决定了现有员工受到激励的状况，影响到他们的工作效率、缺勤率、对组织的归属感以及组织承诺度，从而直接影响到企业的生产能力和生产效率。薪酬实际上是企业向员工传递的一种特别强烈的信息，即什么样的行为和态度是受到鼓励的，什么样的业绩是对企业有贡献的，从而引导员工的工作行为和工作态度以及最终的绩效朝着企业期望的方向发展。

(4) 塑造企业文化。薪酬会对员工的工作行为和态度产生很强的引导作用。因此，合理和富有激励性的薪酬制度有助于企业塑造良好的企业文化，或者对已经存在的企业文化起到积极的强化作用。

(5) 支持企业变革。薪酬可以通过作用于员工个人、工作团队和企业整体来创造出与变革相适应的内部和外部环境，从而有效推动企业变革。作为一种强有力的激励工具和沟通手段，薪酬如果能够得到有效的运用，则能够起到沟通和强化新的价值观和行为、支持对结果负责的精神作用，同时还直接成为对新绩效目标的达成提供报酬的重要工具。

(6) 配置功能。薪酬是企业合理配置劳动力并提高企业效率的杠杆。企业通过报酬机制，可以将组织目标和管理者的意图传递给员工，促使员工个人行为与组织行为的融合，也可以通过薪酬结构的变动，调节各生产和经营环节的人力资源流动，实现企业内部各种资源的有效配置。

(7) 导向功能。企业可以将战略目标、目标和计划，通过薪酬战略和薪酬计划表达出来。薪酬不仅是企业当前管理的有效工具，也是未来管理的导向器。所谓企业薪酬的战略管理，其实质就在于此。换言之，现代企业的薪酬管理已经成为企业战略管理的一个有机组成部分，战略管理赋予了企业薪酬管理以新的内涵。

2. 薪酬对员工的功能

对企业员工来讲，传统的工资主要有两种功能：满足基本物质需求和满足安全保障需求。现代薪酬不仅具有这两种功能，而且日益体现出满足员工精神需求的作用。它的具体功能如下：

(1) 保障功能。在市场经济条件下，员工通过在企业的生产和劳动行为，换取劳动收入，以满足个人及其家庭的生活需求。在市场经济条件下，薪酬仍是企业员工获取本人及其家庭生活费用，满足物质生活需要的主要来源。

(2) 激励功能。从人力资源管理的角度看，薪酬应主要体现和发挥其激励功能。所谓激励功能，是指企业用来激励员工按照其意志行事而又能加以控制的功能。在现实生活中，员工一方面要追求自身的价值，获得主人翁感和认同感；另一方面更重视追求实在的利益，而劳动则是员工获取收入以提高自己生活水平的基本手段。在这种情况下，企业通过各种具体工资(包括奖金)形式，把员工收入与对企业提供的劳动贡献联系起来，劳动收入(包括工资收入)就能发挥激励功能。

(3) 社会信号功能。在现代社会中，由于人员在企业之间甚至在地区之间频繁流动，因此在相对稳定的传统社会中用来确定一个人的社会地位的那些信号，如年龄、家族势力等，逐渐变得衰弱，而薪酬作为流动社会中的一种市场信号则很好地说明了一个人在社会上所处的位置。人们可以根据这种信号来判定员工的家庭、朋友、职业、受教育程度、生活状况甚至宗教信仰以及价值取向等。不仅如此，在一个企业内部，员工的相对薪酬水平高低往往也代表了员工在企业内部的地位和层次，从而成为对员工的个人价值进行识别的一种信号。因此，员工对这种信号的关注实际上反映了员工对于自身在社会以及企业内部的价值的关注，从这方面说，薪酬的社会信号功能也是不可忽视的。

3. 薪酬对社会的功能

薪酬对社会的功能体现在对劳动力资源的再配置上。薪酬作为劳动力价格的信号，调节着劳动力的供求和劳动力的流向。当某一地区、部门和某一职业及工种的劳动力供不应求时，薪酬会上涨，促使劳动力从其他地区、部门和行业向紧缺的领域流动，进而趋向平衡；反之也一样。通过薪酬的调节，可以实现劳动力资源的优化配置。此外，薪酬也调节着人们对职业和工种的评价，协调着人们择业的愿望和就业的流向。

二、薪酬管理

（一）薪酬管理的含义

薪酬管理是在组织发展战略指导下，对员工薪酬支付原则、薪酬策略、薪酬水平、薪酬结构、薪酬构成进行确定、分配和调整的动态管理过程。薪酬管理要为实现组织目标服务，薪酬管理目标是基于人力资源战略设立的，而人力资源战略服从于企业发展战略。

概括来说，薪酬管理包括薪酬制度设计、薪酬日常管理两个方面。薪酬制度设计主要是薪酬水平设计、薪酬结构设计和薪酬构成设计；薪酬日常管理是由薪酬预算、薪酬支付、薪酬调整组成的循环，这个循环可以被称为薪酬成本管理循环。

薪酬制度设计是薪酬管理最基础的工作，如果薪酬水平、薪酬结构、薪酬构成等方面有问题，则企业薪酬管理不可能达到预定目标。薪酬预算、薪酬支付、薪酬调整工作是薪酬管理的重点工作，企业应加强薪酬日常管理工作，以便实现薪酬管理目标。薪酬体系建立起来后，企业应密切关注薪酬日常管理中存在的问题，及时调整企业薪酬策略，调整薪酬水平、薪酬结构以及薪酬构成以实现效率、公平、合法的薪酬目标，从而保证企业发展战略的实现。

（二）薪酬管理的目的

薪酬管理的目的是建立科学合理的薪酬制度，在保障员工的基本生活的同时，充分激励、发挥员工的能力，实现组织战略发展所需的核心竞争力。具体而言，就是达到以下目标：

(1) 吸引和留住组织需要的优秀人才。薪酬水平不仅反映职位在组织的价值，还体现个人的价值。有竞争力的薪酬最能吸引并且留住人才，尤其是那些出类拔萃的员工。

(2) 鼓励员工高效率地工作。薪酬管理的目的是不仅让员工获得一定的经济收入，使他们能够维持并不断提高自身的生活水平，还要引导员工的工作行为，激发员工的工作热情，不断提高他们的工作绩效。

(3) 控制薪酬管理预算。人工的费用往往占运行成本的很大比例，因此，薪酬管理的有效与否，会影响企业的产品或服务在市场上的竞争力，进而影响获利。

(4) 维持薪酬在员工之间的公平。

(5) 协调企业目标与员工个人发展目标。

(6) 减少不必要的人员流动，创造留住优秀人才、有利于员工成长的公平竞争环境。

(三) 薪酬管理的原则

为了实现薪酬管理的目的，在实际操作中，必须坚持以下原则：

1. 公平性原则

公平性原则是薪酬管理要考虑的首要原则。薪酬的公平性可以分为三个层次：

(1) 外部公平性。外部公平是与外部同行业其他类似企业(或类似岗位)相比较产生的感受。同一行业或同一地区或同等规模的不同企业中类似职务的薪酬应当基本持平，因为这些类似职务对员工的知识、技能与经验的要求相似。外部公平性强调的是本企业的薪酬水平与其他组织的薪酬水平比较时的竞争力，关注的是企业之间薪酬水平的相对高低。在考虑企业的薪酬制度时，无论如何都应考虑企业本身的环境和经营目标及企业文化的影响，其目的是吸引和留住最优秀的员工。

(2) 内部公平性。内部公平是指同一企业中不同职务的薪酬应正比于各自的贡献。内部公平性强调一个企业内部不同工作之间、不同技能水平之间的薪酬水平应相互协调，这意味着组织内的报酬水平相对高低应以工作的内容为基础，或以工作所需要的技能复杂程度为基础，或以工作对组织整体目标实现的相对贡献为基础，职位层级越高，对企业的贡献价值越高，薪酬水平越高。

(3) 个人公平性。个人公平性是指同一企业中从事相同工作的人获得的薪酬间的比较。员工在相同职务上，做出相同的业绩，就应获得相同的报酬。

知识拓展

公平理论

公平理论是美国行为科学家斯塔西·亚当斯(J. S. Adams)提出的一种激励理论。该理论侧重于研究工资报酬分配的合理性、公平性及其对员工生产积极性的影响。该理论认为：员工对收入的满意程度能够影响员工工作的积极性，而员工对收入的满意程度取决于一个社会比较过程，一个人不仅关心自己的绝对收入，而且关心自己的相对收入。每个人会把自己付出的劳动和所得的报酬与他人付出的劳动和所得的报酬进行社会比较，也会把自己现在付出的劳动和所得的报酬与自己过去所付出的劳动和所得的报酬进行历史比较，员工个人需要保持一种分配上的公平感。当他发现自己的收支比例与他人的收支比例相等，或现在的收支比例与过去的收支比例相等时，他就会认为公平、合理，从而心情舒畅，努力工作。当他发现自己的收支比例与他人的收支比例不相等，或自己现在的收支比例与过去的收支比例不相等时，会产生不公平感，内心不满，工作积极性随之降低。企业应依据公平理论的基本观点，采取各种措施努力使员工产生一种主观上的公平感，从而调动员工的积极性。

2. 合法性原则

企业的薪酬制度必须符合国家的政策和法规。企业在制订自己的薪酬制度时必须理解并掌握劳动法规和有关最低工资标准、薪酬支付行为规范等方面的规定。

3. 竞争性原则

企业在设计薪酬时必须考虑到同行业薪酬市场的薪酬水平和竞争对手的薪酬水平，保证企业的薪酬水平在市场上具有一定的竞争力，能充分地吸引和留住企业发展所需的战略、关键性人才。需要注意的是，企业的薪酬水平处于市场价格范围的哪一段，应根据企业的经营战略、财力、所需人才可获得性高低等条件而定。具有竞争力的高薪可以吸引和留住人才，但是高薪会提高企业的人力成本，从而直接影响企业的产品价格。因此，实现富有特色和吸引力且成本可控的有效的薪酬管理，才是真正把握了竞争性原则。

4. 激励性原则

在制订企业内部各类、各级职务的薪酬制度时，应根据职务对企业的重要性程度和员工个人绩效适当拉开差距，实现按劳分配，避免平均主义。

5. 经济性原则

薪酬系统要具有竞争性和激励性，使员工感到安全、受到激励，进而提高工作积极性，但也应该在成本许可的范围内制订薪酬标准，所以它不能不受经济性的制约。

上述的五项原则中，公平性原则、竞争性原则、激励性原则和经济性原则之间存在着紧密相连的关系，它们之间不是互补关系，而且在一定程度上相互排斥，薪酬水平竞争性越强，激励效果就会较强，但外部公平就会受到影响，企业成本也会越高，经济性也越差。但需要注意的是，这四大薪酬目标实际上也是制约统一的。当四个原则同时作用于企业的薪酬系统时，竞争性原则和激励性原则会受到经济性原则的制约。这时企业管理者所考虑的因素就不仅仅是吸引力和激励性了，还要考虑企业承受能力的大小，利润的合理累积等问题，这时我们并非每个目标都要同时达到，而是在不同阶段满足不同目标，找到其间最佳的平衡点。从这一角度来看，企业在确定员工薪酬的合理水平时，应该遵循最优化的原则。

第二节　薪酬制度设计

薪酬管理制度属于企业规章制度的范畴。企业规章制度是企业制订的组织劳动过程和进行劳动管理的规则和制度的总和，也称为内部劳动规则，是企业内部的“法律”。薪酬管理制度的实质是薪酬体系的制度化产物，它是让员工和雇主都满意的有关薪酬体系的设计理念、设计方法、薪酬水平、薪酬支付方式、支付方法等内容的规定性说明，其内容不仅包括薪酬的组成要素和结构，还包括薪酬理念、薪酬结构、薪酬等级等。

具体地说，薪酬制度体现为企业对薪酬管理运行的目标、任务和手段的选择，包括企业对员工薪酬所采取的竞争策略、公平原则、薪酬成本与预算控制方式等内容。基于以上定义，薪酬制度是一个比较宽泛的概念，它涉及企业的薪酬战略、薪酬体系、薪酬结构、薪酬政策、薪酬水平以及薪酬管理等方方面面的内容。薪酬制度中必须明确的内容有：工资分配政策及原则、工资支付方式、工资标准、工资结构、工资等级及级差、奖金、津贴、过渡办法和其他规定等。

制订健全、合理的薪酬制度是人力资源管理中的一项重大的决策。制订薪酬制度的基本程序如图 8-2 所示。

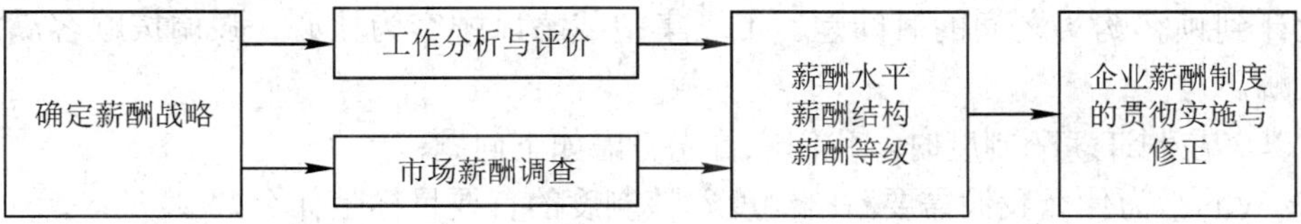

图 8-2　企业薪酬制度设计程序图

一、确定薪酬战略

薪酬是人力资源管理中最受关注的一个模块，但人们对它的理解和重视大多停留在设计技巧等技术层面。其实，“为什么要采用这种薪酬结构”“它对达到企业目标有什么帮助”等战略层次的问题，才是企业薪酬制度设计时应该首先考虑的问题，因为薪酬制度能否满足人力资源管理战略的需求，直接关系到人力资源的竞争力，进而影响组织经营战略的实现。

设计成功的薪酬制度，可支持组织的经营战略，能承受周围环境中来自社会、竞争以及法律法规等方面的压力。它的最终目标是使组织赢得和保持竞争优势。所以在进行薪酬制度设计时，企业应重点思考薪酬制度如何支撑企业经营战略目标，企业选择的经营战略不同，企业的薪酬制度选择也就不同，图 8-3 是企业在选择不同的竞争战略时，应匹配的薪酬制度。

竞争战略	商业反馈	人力资源方面的配合	薪酬制度
成本领先战略： ·注重效率 ·以低成本取胜	·操作精确 ·寻求节省成本的方法	·少用人，多办事	·重视竞争对手的劳动成本 ·提高可变工资 ·重视生产力 ·重视系统控制和工作分工
差异化战略： ·提高产品的独特性	·产品的领导地位 ·产品更新速度快	·灵敏、有冒险精神、富有创新意识的人	·奖励对产品创新和生产过程的改革 ·薪酬以市场为基础 ·灵活的工作描述
市场集中战略： ·关注顾客 ·提高顾客期望	·与顾客关系密切 ·售后服务 ·对市场反应迅速	·满足顾客需求，超过顾客期望	·以顾客满意为基础的激励工资 ·以与顾客的交往为依据评价工作和技能

图 8-3　薪酬制度与企业战略的匹配

不同的经营战略对薪酬制度提出了不同的要求。成本领先战略以效率为中心，强调少用人，多办事，其方式是降低成本、鼓励提高劳动生产率、详细而精确地规定工作量。差异化战略强调创新，以风格迥异的产品满足顾客需求，其方式是不再过多地重视评价和衡量各种技能和职位，而是把重点放在激励工资上，以此鼓励员工大胆创新，缩短从产品设计到顾客购买之间的时间差。市场集中战略以顾客为核心，强调按顾客满意度给员工付酬。

所以，在制订薪酬制度时，我们应首先考虑如下问题：

(1) Why：为什么我们需要薪酬制度？该制度的首要目标是什么？

(2) What：我们支付什么？付酬的因素是什么？

通常，薪酬支付有以下原因：职位、绩效(贡献)、技能。在更多的时候薪酬支付的原因是这三者的组合。

(3) How：我们如何支付？用什么样的支付方式？

(4) Who：哪些人适合该薪酬制度？合格的标准是什么？

二、工作分析与评价

工作分析是薪酬制度建立的依据。工作分析是采用一定的技术方法，全面调查和分析组织中各种工作任务、职责责任等情况，并在此基础上对各种工作性质及其特征进行描述，并对担任工作所需具备的资格条件进行规定，形成所有职务的说明与规定等文件(本书第三章的内容)。

工作评价也常常称为职位评价或岗位评价，这是薪酬制度设计过程中保证内部公平性的关键一步，是岗位工资制度设计的关键与核心内容。工作评价的目的是通过一定的评价方法，对企业所设职位的难易程度、责任大小及相对价值的多少(即付酬因素)进行评价，以具体的金额来表示每一工作职务对本企业的相对价值，这种价值反映了企业对该职务任职者的要求。

工作评价涉及分类与评价两个方面。在工作与工作之间存在的差异中，将其种类、属性与关系分别组合起来就是分类；在同一类工作中，虽然大部分相似，但是完成工作所需知识却有不同，必须区分其程度的高低，这就是评价，在本节主要针对后者进行论述。

企业在进行工作评价时，应注意以下四点内容：

(1) 在进行工作评价时，必须以工作分析为基础。工作评价是工作分析的延续，与工作分析既有联系又有区别，工作分析的结果是工作评价的前提和基础。

(2) 工作评价必须由总经理、各部门经理与人力资源经理共同完成，参与工作评价的工作人员应避免偏见，不能在评价过程中掺杂个人利益，不能含有政治考虑。

(3) 工作评价中所评价的工作及事项要有代表性，信息要准确。

(4) 工作评价的结果要具有可变更性，企业应建立相应的评价机制，当员工对工作评价的结果不满意时，可以进行上诉。

工作评价的方法主要有排序法、套级法、因素比较法和点数法，这四种方法的特点和使用范围如表 8-2 所示。

表 8-2　四种工作评价方法的比较

方法	特点	出发点	比较方法	使用范围
排序法	非量化评价	考虑岗位整体	岗位与评价制度之间的比较	结构简单、稳定的小企业
套级法	非量化评价	考虑岗位整体	岗位与评价制度之间的比较	工作岗位比较多，工作职责、技能与环境差别比较大的企业
因素比较法	量化评价	考虑岗位要素	岗位之间的比较	侧重比较企业中多种要素对工作岗位带来的影响
点数法	量化评价	考虑岗位要素	岗位之间的比较	侧重比较企业中各种要素在多大程度上影响工作

（一）排序法

排序法是将被评价职位以职位所需知识技能水平、职责和所负责任大小对职位进行总体排序的一种最简单的职位评价方法，可以分为直接排序法、交替排序法、配对比较法。

直接排序法是一种相对比较的方法，是指简单地对职位进行总体上的排队，可以从高到低，也可以从低到高排列。直接排序法需要将所有的被评价职位进行比较，因而其评价结果有效性受评价职位数量和评价者主观意愿的限制。

交替排序法是依次从被评价职位中选出职位价值最高和最低的职位的比较方法。人们总是对最好和最差的有突出差异性的事物印象最为深刻，而容易忽略表现一般没有明显不同的事物。在一般情况下，从员工中挑选出最好的和最差的，比对他们绝对的绩效的好坏差异并进行评分评价要容易得多。交替排序法的评价结果也受评价者主观意愿的制约。

配对比较法也称相互比较法、两两比较法、成对比较法或相对比较法。首先将每一个需要被评价的职位都与其他所有职位分别加以比较，然后根据职位在所有比较中的最终得分来划分职位的等级顺序。

表 8-3 是配对比较法的例子。首先，做出所需比较的所有职位两两对比矩阵表。其次，用每一行所有职位依次与每一列中的所有职位进行两两对比，如行中职位相比列中职位重要，记“+”，反之则记“-”，“/”表示不需要进行比较。对职位两两对比后，加总所有行职位中“+”的数量，每个“+”计 1 分，将所有职位按总计分数对职位价值进行排序。

表 8-3　配对比较法示例

	CEO	副总裁	高级技师	技师	秘书	评估师	设计师	总计
CEO	/	+	+	+	+	+	+	6
副总裁	-	/	+	+	+	+	+	5
高级技师	-	-	/	+	+	+	-	3
技师	-	-	-	/	+	-	-	1
秘书	-	-	-	-	/	-	-	0
评估师	-	-	-	-	+	/	-	1
设计师	-	-	+	+	+	+	/	4

排序法的优点是操作简单、方便快捷、费用较低，缺点是过于主观笼统，缺乏客观的评价标准，信度较低。排序法只适用于岗位少、管理层次简单的企业。

（二）套级法

套级法也属于比较简单易行的一种方法，但它比排序法要精确。该方法以职责轻重、要掌握的技能繁简等方面的要求为依据，将企业的各类职务分别定级，然后将各种级别排列成为一个体系，具体程序如下：

(1) 按照工作岗位性质将企业所有岗位大体划分若干类型，如管理类、技术类、销售类、文秘办事员类等。

(2) 将各大类中的各岗位分成若干等级，等级数的多少取决于工作的复杂性，越复杂，分级越多。

(3) 确定每一个等级岗位的工作内容、责任程度、技能要求，包括学历要求、专业工龄和实际能力等。

(4) 在每类每级岗位中，挑选出一个有典型性的关键岗位，构成套级的标准。

(5) 可确定不同类型、不同等级岗位之间的相对价值关系，将各特定级的岗位与关键岗位进行“套级”比较，从而确定该岗位的相应级别。例如，管理类的 5 级相当于技术类的 4 级。

假设某企业要为打孔操作员确定合适的等级。首先，查阅工作描述，明确规定：“需要适当训练和技能水平，但工作简单，错误容易被检测；直接由高级打孔操作员监督。”然后，查阅表 8-4 可发现，表中对非专业和管理人员划分的套级标准中的 C-2 与打孔操作员工作描述的说明最接近，所以可以将此职位放入 C-2 级。

表 8-4　某企业非专业和管理人员岗位评价标准

等级	描　述
C-1	在直接监管下工作；工作简单，重复且需要较少的主动性；错误或误差容易被检测且成本不高；对受教育和训练的要求很低
C-2	在直接监管下工作；工作一般简单且重复，但需要一些训练；有一些主动性；错误或误差容易被检测，但有时候费用较高
C-3	通常是，但不一直是在直接监管下工作；虽然多数的工作是按程序来进行，但有一部分需要判断力；错误或误差不易被检测，且检测成本高；最低需要中学毕业且/或者受过扎实的训练；可能和顾客直接接触
C-4	经常不需要在直接监督下工作；一些任务复杂而且需要相当的学历和训练；大量需要独立的判断；误差所带来的后果将很严重或成本高；可能需要昂贵的设备或材料来执行工作；可能涉及对其他工作的监管
C-5	不在直接的监管下工作，但是有监管其他工作的职能；任务多变，需要独立的判断力；需要有较高的受教育程度，受过良好的训练，有一定的经验；有检测下属错误的责任；检测下属的错误可能比较困难，并且结果可能非常严重

套级法操作简单，容易解释，执行起来速度较快，对评价者的培训要求较少，但需要明确的等级定义界定，不适用于职位多样化的复杂组织。

(三) 因素比较法

因素比较法又称要素比较法，是一种量化的工作评价技术，是依据不同的付酬因素对基准职位进行排序比较的量化的方法。因素比较法有两个主要特征：第一，需要选取比较多的付酬因素来完成职位价值的评价。第二，职位评价的对象是基准职位。进行职位评价比较的目的就是通过基准职位价值及其工资率的排序比较来推算非基准职位的工资率。

因素比较法的具体操作步骤如下：

(1) 进行职位分析，确定付酬要素。首先，企业需要进行详细工作分析，编写标准、规范的工作说明书，为付酬因素和基准职位的选取做好充分的准备工作。因素比较法重中之重的工作是付酬因素的选取，以作为职位间相互比较的依据。企业应根据自身情况选取适宜的付酬因素。常用的付酬因素包括工作技能、智力、体力、责任和工作环境等。

(2) 选择基准职位并确定其基本工资。首先，选取基准职位。经过工作分析后，从全部职位中将满足基本职位特征的职位选取出来，即需要具有大多数职位的代表性、众多组织中广泛存在性、工作内容相对稳定性和市场工资率公开性。其次，确定基准职位的工资。在基准职位选取出来之后，再结合获取外部市场和企业自身的情况，确定基准职位的工资水平。例如，我们选取A、B、C、D四个职位，其基本小时工资(单位为元)分别为12.5、10、9.5、8.3。

(3) 依据付酬因素的重要性对基准职位进行分别排序。将每一个主要岗位的每个影响因素分别加以比较，按程度的高低进行排序。排序过程以职位描述和职位说明书为基础，通常由评价者分别将职位排序，然后再开会合议每个职位的序列值。表8-5中，A、B、C、D四个职位分别就工作技能等五个报酬要素进行重要性比较排序，数字1代表在该项付酬因素中，该岗位排序第一，以此类推。如表中排序所示，职位A对智力、工作技能要求最高，同时也承担最大的工作责任；职位D要求具有更高的体力条件；职位C的工作环境最好。

表8-5　依据付酬因素重要性的基准值为排序示例

职位	智　力	体　力	技　能	责　任	工作环境
职位A	1	3	1	1	2
职位B	4	2	3	2	3
职位C	3	4	4	3	1
职位D	2	1	2	4	4

(4) 确定基准职位各付酬因素的基本工资。这个步骤细分为两步来操作。首先，需要选取评价者为各付酬因素在每一个基本职位的重要性进行打分，即确定每个付酬因素相对于每个职位的权重百分比；其次，将每个职位的工资与每个付酬因素的权重百分比相乘，计算出每个职位的每一个报酬要素的工资。表8-6中，三位评价者分别就职位A分别打出了每个付酬因素的权重百分比，由此可以计算得出各付酬因素的工资，将三位评价者的工资加以平均，最终得出职位A每个付酬因素的工资数。

表 8-6　基准职位 A 付酬因素工资计算示例

评价者	智　力	体　力	技　能	责　任	工作环境	合　计
评价者 1	20% 2.5	15% 1.875	20% 2.5	30% 3.75	15% 1.875	100% 12.5
评价者 2	25% 3.125	10% 1.25	20% 2.5	35% 4.375	10% 1.25	100% 12.5
评价者 3	15% 1.875	20% 2.5	15% 1.875	35% 4.375	15% 1.875	100% 12.5
均　值	2.5	1.875	2.291	4.167	1.667	12.5

(5) 根据每个典型职位内部的每一付酬因素的价值来分别对职位进行多次排序。按照表 8-7 的算法，首先，赋予职位 A、B、C、D 各付酬因素的权重；然后，用各自小时工资与各付酬因素权重相乘，计算出付酬因素的小时工资率；最后，依据工资将四个职位在各付酬因素上再次排序。

表 8-7　依据付酬因素工资的基准职位排序

职　位	小时工资	智　力	体　力	技　能	责　任	工作环境
职位 A	12.5	2.5(1)	1.875(3)	2.5(1)	3.75(1)	1.875(2)
职位 B	10	1(4)	3(2)	1.5(3)	3(2)	1.5(3)
职位 C	9.5	1.9(3)	1.425(4)	1.425(4)	1.9(3)	2.85(1)
职位 D	9.13	2.075(2)	2.49(1)	2.075(2)	1.245(4)	1.245(4)

(6) 建立典型职位付酬因素的等级基准表。经过步骤(4)，已经计算出每个基准职位各付酬因素的工资。现在构建付酬因素等级基准表。付酬因素等级基准表是以小时工资率为列，各付酬因素为行，凸显各基准职位付酬因素特定工资地位的表格，如表 8-8 所示。

表 8-8　付酬因素等级基准表

工　资	智　力	体　力	技　能	责　任	工作环境
1	基职 B	非基职 1			基职 D
1.5	非基职 1	基职 C	基职 B　基职 C		基职 B
2	基职 C　基职 D	基职 D	基职 D	基职 C	基职 A
2.5	基职 A	基职 A	基职 A	基职 D	基职 F
3		基职 B		基职 B	基职 C
3.5	基职 G	基职 F	基职 G	基职 A	
4		基职 E	基职 E　非基职 1	基职 F　非基职 1	基职 E
4.5	基职 E			基职 E	非基职 1
5		基职 G	基职 F		基职 G
5.5	基职 F			基职 G	
6					

(7) 使用基准职位付酬因素等级基准表确定其他非基准职位的工资。首先，对比非基准职位的付酬因素重要性程度与哪个基准职位相同或介于哪两个基准职位之间，在付酬因素等级基准表中确定该非基准职位在每个付酬因素下的具体位置。然后，确定非基准职位每个付酬因素的工资。判定了非基准职位的付酬因素特定位置后，就确定了所对应的工资。最后，加总该非基准职位全部付酬因素所对应的工资，就可以得出该基准职位的总工资。例如，表 8-8 中，显示了非基准职位 1 在各付酬因素上的具体位置，可以判断出该职位在各付酬因素方面的工资分别为 1.5、1、4、4、4.5，加总为 15，故非基准职位 1 的小时工资为 15 元。

因素比较法灵活，各因素无上限下限的限制，还可由职位内容直接求得具体的价值金额，具有较高的可靠性。但是，各影响因素的相对价值在总价值中的百分比完全靠评价者直接判断，而且对比的基准职位薪资额只是过去或现行的标准。因此，在运用时必须注意以下问题：一是付酬因素的确定一定要注意，各因素对性质不同的企业的影响程度不同；二是用最简捷的方法将各因素的内涵表述清楚，以保证评定标准的统一和公平；三是确定各因素的影响等级及其在总因素中的比重时，要注意结合企业的性质和特点。

(四) 点数法

点数法(Point System)也常被称为评分法。点数法和因素比较法类似，都是以付酬因素来确定职位薪金结构，只是计算方法不同。

点数法的具体操作步骤如下：

(1) 选择并确定付酬因素。通常选择工作的困难程度、责任大小、管理或工作的层次和范围、所需技术专业水平和工作条件优劣等因素，再细分所选定的因素为二级指标，总细分数目宜在 6～16 个，太少不够客观，太多则会令评价过程过于复杂，如表 8-9 中的第一列所示。表 8-9 中列出的因素是某企业中某一类特定工作评价因素，需要注意的是，不同类型的工作会有不同的付酬因素。在选取付酬因素时，应注意付酬因素要真实反映工作分析的内容，符合组织的战略和价值观，利益相关者可接受，因素之间不出现重叠和交叉。

表 8-9　付酬因素评分价值表

因　素	权重 / %	等　级				
		Ⅰ	Ⅱ	Ⅲ	Ⅳ	Ⅴ
一、所需技能	50					
工作知识	14	14	28	42	56	70
经验	22	22	44	66	88	110
独创性	14	14	28	42	56	70
二、工作难度	15					
健康要求	10	10	20	30	40	50
智力和视力要求	5	5	10	15	20	25
三、所承担的责任	20					
设备或过程	5	5	10	15	20	25

续表

因　素	权重 / %	等　级				
		Ⅰ	Ⅱ	Ⅲ	Ⅳ	Ⅴ
材料或产品	5	5	10	15	20	25
对别人的安全	5	5	10	15	20	25
对别人的工作	5	5	10	15	20	25
四、工作条件	15					
工作环境	10	10	20	30	40	50
危险性	5	5	10	15	20	25

(2) 确定因素等级并给出定义。因素等级代表了与某一特定因素相关的不同层次的数量。每一个因素需要的等级数量取决于工作要求，如表 8-10 中将各付酬因素分为 5 个等级。同时，应对评价要素进行清晰、简明的定义，定义越清楚、具体，分级的偏差越小，评价越准确；每一等级间的分级界限也要清楚划一；在界定各等级差异度时，要保持相邻等级差异程度一致。表 8-10 是某企业对管理类岗位“自主性”这一付酬因素的不同等级所进行的界定。

表 8-10　“自主性”等级划分

等级	等 级 定 义
Ⅴ	◆ 为公司确定战略定位，并且为下属实现这一战略而制订范围广泛的目标 ◆ 确定管理路线，并且对职能单位的总体结果负责
Ⅳ	◆ 在公司战略导向范围内制订总体公司政策 ◆ 就下属所提出的例外问题解决建议进行决策 ◆ 所负责的公司总体目标达成情况每年接受审查
Ⅲ	◆ 在公司总体政策和程序范围内履行职责 ◆ 协助制订公司政策和程序 ◆ 在出现例外时，频繁地解释公司政策并且就行为方案提出建议 ◆ 职位需要阶段性地接受检查 ◆ 所做出的大多数决策不需要接受审查
Ⅱ	◆ 根据公司的具体政策和程序执行任务 ◆ 可能需要根据例外情况做出适应性调整 ◆ 职位需要接受定期的检查，可随时向管理人员求助
Ⅰ	◆ 运用非常具体的公司政策和程序在有限的监督下执行任务和职位安排 ◆ 工作经常要接受上级管理人员的检查，管理人员会随时应其要求而为其提供帮助

(3) 为各付酬因素确定权重，代表了不同的付酬因素对于总体岗位评价结果的贡献程度或者是所扮演的角色，要素在工作中越重要，权重越大。权重的确定通常采用经验法，由岗位评价小组共同商讨确定。如表 8-9 中“权重”一列所示，该类工作中最重要的因素是所需技能，比重达到 50%。

(4) 确定所采用的总分值，并为评价因素等级分配分值。工作评价所采用的总分数可根据具体情况而定，通常是 400、500 或 1 000 点，如表 8-9 就是 500 分值系统，每个因素的最高分可以很容易地通过系统中的总分值乘以相应的权重计算出来。例如表 8-9 中，技能的最高分为 250 分(500 × 50%)，技能中的“工作知识”这一因素的最高分为 70 分(500 × 14%)。每一项付酬因素的等级点数则由企业竞争者根据企业的薪酬策略，以等差法或倍差法来计算。如果经营者认为付酬因素差异程度的影响是非常重要的，其点数应选取倍差法来计算，否则用等差法。计算点数时，应从最高等级的分数算起，以此类推，最后计算最低等级的点数。

(5) 编制工作评价手册。它通常包括：序言、因素和等级以及工作说明等。

(6) 工作评价者通过该项工作的工作说明书与工作评价手册中的各因素进行比较，对每项工作进行评价，得出每项工作的总评分值。

点数法考虑的因素较多，需要利用定量技术来为每一因素划分等级和分配分数，成本高，过程复杂，但只要标准制订好后，工作评价即评级的操作却较简单而容易。因此，从操作过程看其准确性高，也容易被人理解和接受。因此，点数法在企业中应用广泛。目前企业使用较多的职务评价系统有海氏工作评价系统、美世国际职位评估系统、翰威特职位评估系统、安达信岗位价值评估系统等。

三、市场薪酬调查

市场薪酬调查就是通过各种调查手段，来获取相关企业和本企业各职位的薪酬水平和薪酬结构的信息，并进行必要处理分析的过程。薪酬的市场调查旨在考察某一行业或地区中，某一岗位在其他企业中的薪酬水平，即考察该岗位的市场环境，使本企业的薪酬具有外部竞争性；了解和掌握本地区或本行业的薪酬状况，并参照这些及时制订和调整本企业对应职位的薪酬水平和结构，确保本企业薪酬制度的外在公平性的实现。市场薪酬调查的基本程序如下：

(一) 确定调查目的

在薪酬调查时，首先应当明确调查的目的和调查结果的用途，然后再开始组织薪酬调查。一般而言，调查的目的有以下几点：第一，整体薪酬水平的调整；第二，薪酬差距的调整；第三，薪酬晋升政策的调整；第四，具体岗位薪酬水平的调整；等等。

(二) 确定调查范围

1. 确定调查的企业

在选择薪酬调查的具体对象时，一定要坚持可比性原则，即在选择被调查的具体企业时，要选择其雇用的人员与本企业具有可比性的企业。一般来说，有以下几类企业可供调查时选择：一是同行业中同类型的其他企业；二是其他行业中有相似相近工作岗位的企业；三是与本企业雇用同一类的劳动力，可构成人力资源竞争对象的企业；四是在本地区同一劳动力市场上招聘员工的企业；五是经营策略、信誉、报酬水平和工作环境均合乎一般标准的企业。

薪酬调查的本意是了解与企业在同一劳动力市场上争夺劳动力的其他企业的薪酬状

况，因此，企业首先需要确定自己所在的劳动力市场的范围到底有多大。从覆盖范围来看，劳动力市场可以划分为地方性劳动力市场、地区性劳动力市场、全国性劳动力市场以及国际性劳动力市场。这种劳动力市场的划分，主要是根据企业是在一个多大范围内的市场上去与其他企业展开竞争。对于不同类型岗位人员的招聘，企业内的某些基础岗位可能是从地方性劳动力市场来补充，而有些关键管理或技术岗位可能需要从全国甚至国际劳动力市场来招聘。因此，在考虑该把什么样的企业纳入调查范围时，企业应考虑如下问题：企业的员工都流失到哪里去了；员工主要是通过何种渠道，采用何种方法招聘的；等等。

2. 确定调查的岗位

确定调查的岗位时，应注意以下两点：

第一，调查的岗位因调查的目的不同而不同。如果薪酬调查的关注点是企业管理类岗位人员的薪酬，那么就要将公司高层和部门经理一级的岗位作为调查的对象；如果企业想通过调查掌握专业技术类岗位人员的薪酬情况，就要将相关职能领域中整个岗位族都纳入调查的范围，因为这类岗位之间的薪酬差异往往不是体现在工作本身，而是所应具备的专业或任职资格在层次上的差异性。然而在实际操作中，企业即使确定了被调查岗位的范围，但因为薪酬调查时间和费用等方面条件的限制，也必须选择典型性的岗位作为调查的对象。对所有的岗位都展开调查几乎是不可能的，调查者应针对典型性、代表性的岗位进行调查，然后再将调查数据推广运用到其他的非典型岗位上。

第二，应当遵循可比性原则。确定被调查的岗位，应在工作性质、难易复杂程度、岗位职责、工作权限、任职资格、能力要求、劳动强度、环境条件等方面，与本企业需调查的岗位具有可比性。由于目前我国企业各类工作岗位的名称极不规范和统一，即使岗位的名称相同，在不同的企业也有可能存在很大的差异。所以，在组织薪酬调查时，首先要对被调查岗位的各种相关信息做出必要的筛选和确认。因此，在选定被调查岗位时，调查者必须掌握最新的工作岗位说明书，只有这样，才能确保所调查企业提供的岗位数据与本企业的岗位相匹配、相一致。

3. 确定需要调查的薪酬信息

在企业中，同样的岗位在不同的组织中所获得的职务评价价值是不同的，获得的报酬方式也不尽相同。例如，有些企业某个岗位的基本工资可能不是很高，但是奖励性浮动工资或者福利却可能很高。因此，薪酬调查中如果仅仅采集员工的基本工资收入状况，调查所获得的最终薪酬数据，将无法反映劳动力市场全部情况。所以，在初步选定了调查的范围和对象之后，调查者还应确定需要将哪些项目作为薪酬调查的组成部分。

通常情况下，薪酬调查应当涉及以下信息：

(1) 与员工基本工资相关的信息。除了基本工资的具体数值和形式(年薪、月薪、日薪、时薪等)外，还应调查被调查岗位的工资浮动范围，即工资跨度的最低值、最高值以及中间值。

(2) 与奖金有关的信息。在调查中，调查者应咨询被调查者过去的一个财务年度内，对某类岗位人员所实际支付的奖金数额、奖金占该岗位薪酬的百分比。对于实行利润分享制度的企业，在调查中应最大限度地将可能出现的各种年度现金支付形式都涵盖进去，否则会影响调查数据的准确性。

(3) 股票期权或影子股票计划、员工持股计划等长期激励计划的信息。股票期权等长期激励手段在不少企业已成为管理人员、高级技术人员的一种重要薪酬激励的方式；对于一些普通的岗位，员工持股计划也将影响员工的薪酬。因此，在薪酬调查中决不能忽视这类报酬信息的采集。

(4) 与企业各种福利计划相关的信息。许多企业在国家法定的福利项目之外，为员工举办各种补充福利，比如企业年金、健康保险、人寿保险以及休假福利等。福利较为优厚的企业与福利较少的企业相比，员工的基本工资可能存在一定的差异。在福利开支方面的信息，对于全面掌握企业的薪酬水平，具有十分重要的意义。

(5) 与薪酬政策诸方面有关的信息。其中包括被调查企业在加薪时的百分比；公司的加班与工作轮换方面的政策；试用期长短，新毕业的学生的起薪点；薪酬水平差异的控制；员工异地调配时薪酬的处理方式；兼职员工的薪酬管理；等等。

4. 确定调查的时间段

调查者要明确收集的薪酬数据的开始和截止时间。

(三) 选择调查方式

由于市场薪酬调查的目标、对象、信息不同，企业所选择的采集信息的调查方式也就会有所不同。常用的调查方式主要有企业之间相互调查、委托中介机构调查、采集社会公开的信息、企业自主调查四种方式。

1. 企业之间相互调查

企业之间相互调查是通过不同企业之间以及其员工之间的联系进行薪酬调查。那些有着良好的对外关系的企业比较适合采用这种方式。如果它们与同行之间保持着较为紧密的长期合作关系，那么就可以较为轻松地获得所需的薪酬信息。

一些企业为了实现信息资源共享还以非正式组织的形式，构建同行业人力资源管理联盟，凭借自身的信用和承诺，定期交换有关的人力资源统计信息，从而实现了信息互通和共享。这类薪酬信息采集的方式对某些企业来说，不失为一种简便易行、省时省力的调查方式。

2. 委托中介机构调查

委托中介机构调查是指委托商业性、专业性的人力资源咨询公司进行调查。随着我国的管理咨询公司或人才服务公司的不断涌现，企业可委托给第三方专业调查机构调查，以减少本企业人力资源管理部门的工作量。这种渠道可以满足企业的特殊要求，简单易行，结果较客观公正，范围可大可小，但必须支付较高的费用。

3. 采集社会公开的信息

采集社会公开的信息是指采集各级政府部门公布的数据资料，有关的行业协会、专业学会或学术团体提供的薪酬调查数据，以及见诸报纸、杂志、互联网等各类媒体上公开发表的统计数据，作为衡量企业员工薪酬水平和确定薪酬制度的重要依据和参考。例如，我国企业可从劳动人事部门、统计局以及各种全国性行业协会等机构获得有关工作和企业的全国性调查资料。采集社会公开信息所得数据的特点是针对性不强，只能用于对宏观的把握和参考。

4. 企业自主调查

对企业来说，前三种方式是比较简便易行的调查方法，对少数规范性岗位的薪酬调查是切实可行的，但是对于大量的、复杂性的岗位就不太适合了，这时就要由企业人力资源部进行自主市场薪酬调查。这种调查方式耗时费力，而且对企业人力资源部门工作人员的专业能力要求较高。

(四) 薪酬调查数据的统计分析

得到全面、真实的薪酬调查数据后，需要对调查数据进行整理汇总、统计分析，企业可根据实际情况选取所需的统计分析方法，如数据排列法、频率分析法、趋中趋势法、离散分析和回归分析等，这里不再对这些统计方法进行一一介绍。

(五) 撰写薪酬调查报告

薪酬调查报告应该包括薪酬调查的组织实施情况分析、薪酬数据分析、政策分析、趋势分析、企业薪酬状况与市场状况对比分析以及薪酬水平或制度的调整建议等。

四、确定薪酬水平

薪酬水平是指企业内部各职位和人员平均薪酬水平的高低状况，它反映了企业薪酬的外部竞争性。薪酬水平是一个相对的概念，管理者可以计算出企业之间的薪酬水平，也可以计算出企业内各部门之间的薪酬水平，甚至是企业内部某一岗位的薪酬水平，从而可以在不同的企业间、不同的层次上比较薪酬水平。影响薪酬水平的因素可以分为内外两类，内部因素主要是企业自身的特征和企业决策层的薪酬态度；外部因素主要包括市场因素、地域因素、生活费用和物价水平、政府的法律和法规。

(一) 薪酬水平的市场定位策略

薪酬水平的市场定位是企业确定薪酬政策的重要一步。通过市场薪酬调查结果，利用数据排列法可以将市场薪酬调查的同一类数据由高到低排列，可以分别标出 25 分位、50 分位、75 分位的薪酬水平，表 8-11 所示为会计岗位薪酬调查数据的排列。其含义是：若调查了 100 家企业，将这 100 家企业的薪酬水平从低到高排列，它们分别代表第 25 位排名值(低位值)、第 50 位排名值(中位值)、第 75 位排名值(高位值)。薪酬水平处于领先地位的企业应关注 75 分位处的薪酬水平，薪酬水平低的企业应关注处于 25 分位处的薪酬水平，薪酬水平一般的企业应关注处于 50 分位的薪酬水平。这里运用了统计学中“百分位”的概念，75 分位是较高水平的基准值，意味着薪酬水平比市场上 75%的企业要高，比 25%的企业要低；50 分位是市场的中位值，即薪酬水平比市场上一半的企业水平高，比一半企业的水平低，正好处于中间线，50 分位的水平是大多数企业瞄准的一种基准线；25 分位与 75 分位正好相反，就是市场上 75%的企业比这个薪酬水平高，25%的企业比这个薪酬水平低，它往往作为较低水平的基准值。

表 8-11 会计岗位薪酬调查数据

企业名称	平均月薪	排 列
A	3 000	1
B	2 700	2 90%处=2 700 元
C	2 700	3
D	2 400	4 75%处=2 400 元
E	2 200	5
F	2 150	6
G	2 150	7
H	2 150	8 50%处=2 150 元
I	2 100	9
J	2 100	10
K	2 050	11
L	2 000	12 25%处=2 000 元
M	2 000	13
N	2 000	14
O	1 800	15

因此，企业可以根据实际情况选择下列四种薪酬水平的市场定位策略：

1. 市场领先策略

市场领先策略是指企业提供给员工的薪酬水平高于市场上大多数的竞争者，从而使企业更具有竞争优势。采取市场领先策略的企业薪酬水平在市场工资线的上方，向 75 分位甚至 90 分位看齐，如表 8-11 所示。采取市场领先策略的企业通常具有这样的特征：投资回报率较高、薪酬成本在企业经营总成本中所占的比率较低、产品市场上的竞争者少。

采取市场领先策略的优势在于：首先，能够很快为企业吸引来大批可供甄选的求职者；其次，较高的薪酬水平提高了员工离职的机会成本，有助于改进员工的工作绩效，从而降低员工的离职率以及减少对员工工作过程进行监督而产生的费用；再次，较高的薪酬水平使得企业不必跟随市场薪酬水平经常性地为员工加薪，从而节省薪酬管理的成本；最后，较高的薪酬有利于提高企业的形象和知名度。市场领先策略适合于采取差异化战略的企业，如世界 500 强企业华为公司运用市场领先策略，通过为员工提供有竞争性的薪酬，吸纳了大量优秀的人才。

2. 市场跟随策略

市场跟随策略是指企业根据市场工资线来确定工资水平，其薪酬水平刚好处于市场的平均水平上，向 50 分位看齐。这些公司往往既希望确保自己的薪酬成本与产品竞争对手的成本保持基本一致，从而不至于在产品市场上陷入不利地位，又希望自己能够吸引和保留员工，不至于在劳动力市场上输给竞争对手。

市场跟随策略对企业来说是一种安全的、风险可能是最小的办法。它能够吸引到足够数量的员工为其工作，只不过在吸引那些非常优秀的求职者方面没有优势。但是企业可以用节约的资金来满足其昂贵的经营资本如研究设备和实验室等的需要。采用这种薪酬水平策略的企业需要注意随时根据外部市场的变化调整薪酬水平，以保证与市场薪酬水平的一致性。

3. 市场滞后策略

市场滞后策略是指企业提供的薪酬水平低于其他竞争者，如向 25 分位处看齐。采取市场滞后策略的企业大多处于竞争性产品市场上，边际利润率比较低，成本承受能力很弱。企业受产品市场上较低的利润率所限，没有能力为员工提供高水平的薪酬，是企业实施滞后策略的一个主要原因。不过有些滞后型薪酬策略的实施者并非真的没有支付能力，而是将员工视作成本负担，没有支付更高薪酬的意愿。

实施市场滞后策略的企业可能很难招到和保留高素质员工，而且过于频繁的人员流失会降低企业有效经营和及时向市场提供产品和服务的能力。尽管滞后策略会削弱企业吸引和保留潜在员工的能力，但是如果采用滞后策略是以提高未来收益作为补偿的，则这种策略反而有助于提高员工对企业的组织承诺度，培养他们的团队意识，进而改善绩效。例如，在一些高科技企业中，企业支付给员工的基本薪酬可能会低于市场水平，但是员工可以获得企业的股票或者股票期权，这种将滞后薪酬水平策略和未来的较高收入结合在一起的薪酬组合不但不会影响企业吸引和保留员工的能力，反而有助于增强员工的工作积极性和责任感。

4. 混合型策略

混合型策略是指企业在确定薪酬水平时，根据职位类型或员工类型来分别制订不同的薪酬水平策略，而不是对所有的职位和员工均采用相同的薪酬水平定位。例如，有些企业针对其关键人员如高级管理人员、技术人员，采取市场领先策略，而对普通员工实施市场跟随策略，对那些在劳动力市场上随时可以找到替代者的员工采取市场滞后策略。此外，有些公司还在不同的薪酬构成部分之间实行不同的薪酬策略。

(二) 确定企业薪酬水平的方法

关于薪酬水平的确定，不同的企业有不同的方法。一般而言，常用的方法有两种。

(1) 将薪酬水平完全建立在市场薪酬调查数据的基础上。

这种方法的做法是，根据表 8-12 列出的企业薪酬水平调查的数据，将企业的岗位评价数据(此处以点数法为例)与薪酬调查数据进行结合，以岗位评价数据为横轴，以市场薪酬调查数据为纵轴建立平面直角坐标系，在坐标系中标出企业内各岗位的薪酬评价与市场薪酬调查数据，用最简捷的直线将这些散点连接起来，得到一条薪酬曲线，如图 8-4 所示。这条薪酬曲线是根据内部岗位评价和外部薪酬调查后该企业选择的薪酬水平策略而确定的，它表示企业内受到良好培训的员工在其工作岗位上达到规定标准时应得到的薪酬。

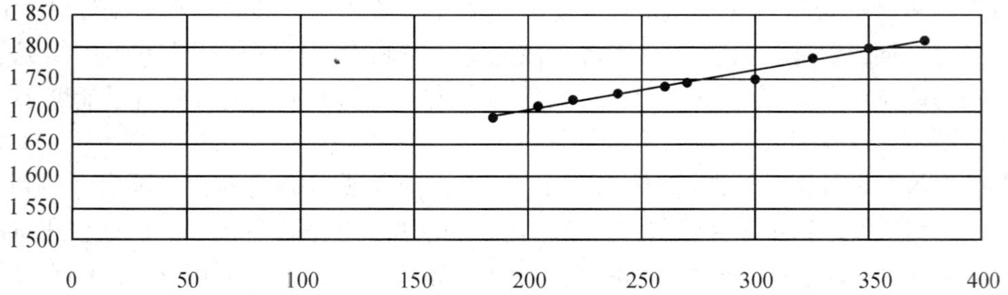

图 8-4　薪酬曲线

企业的岗位可以分为一般岗位和特殊岗位，企业内典型性、代表性的岗位薪酬水平可以由薪酬调查数据得到；而非典型岗位的薪酬水平可以通过薪酬曲线得到，即将非典型岗位的岗位评价数据代入薪酬曲线方程中即可得出。如在表 8-12 的数据中，可以根据第二列的岗位评价结果和第三列的市场调查数据得出薪酬曲线的方程式：

$$y = 1574.81+0.631\ x$$

式中，y 为薪酬水平，x 为岗位评价结果。通过上述方程式，可以得出第四列的关于薪酬水平 I 的数据。在这一列的薪酬数据中，岗位 A～J 都是企业的典型岗位，它们的薪酬水平是按照市场调查的数据直接给出的；而岗位 K 和 L 是企业的非典型岗位，它们的薪酬数据只能根据薪酬曲线得出：将 K 和 L 的岗位评价得分作为 x 值代入薪酬曲线方程式，求得 y 值，即为其薪酬水平，见表 8-12 中的薪酬水平 I。

表 8-12　薪酬水平的确定

岗　位	岗位评价结果	市场调查/元	薪酬水平 I/元	薪酬水平Ⅱ/元
A	185	1 680	1 680	1 691.36
B	205	1 713	1 713	1 703.96
C	220	1 723	1 723	1 713.41
D	240	1 733	1 733	1 726.01
E	260	1 732	1 732	1 738.61
F	270	1 740	1 740	1 744.91
G	300	1 750	1 750	1 763.81
H	325	1 784	1 784	1 779.56
I	350	1 803	1 803	1 795.31
J	375	1 809	1 809	1 811.06
K	236		1 723.49	1 723.49
L	392		1 821.77	1 821.77

(2) 根据薪酬曲线确定薪酬水平。

根据薪酬曲线确定薪酬水平的一个重要特点就是将所有岗位的薪酬水平完全按照薪酬曲线确定，这样就将市场调查的外部信息与岗位评价的内部信息结合了起来，充分考虑了薪酬制度的内部公平性。它的具体做法是，在得出了薪酬曲线方程式后，将所有岗位(包括典型岗位和非典型岗位)的岗位评价得分代入薪酬曲线方程式，得出各个岗位的薪酬水平(见表 8-12 中的薪酬水平Ⅱ)。

需要注意的是，薪酬曲线是一个企业薪酬结构的直观表现形式，它清晰显示出企业内各岗位的相对价值与对应的薪酬之间的关系，理论上一家企业的薪酬曲线可以呈现任何一种曲线形式，但实际上它多呈现直线或由若干直线构成的折现形式。这是因为薪酬结构首先要求具有内部公平性，这是指企业内各岗位的薪酬是按某种一致的分配原则确定的，是可以清晰地加以说明的。在市场经济运行中这种原则便是等价交换，也就是岗位对企业的贡献越大，其岗位评价值也就越高，所获得的报酬就应该越多。因为报酬正比于贡献，正比的关系即线性关系，如图 8-5 中的直线 a。

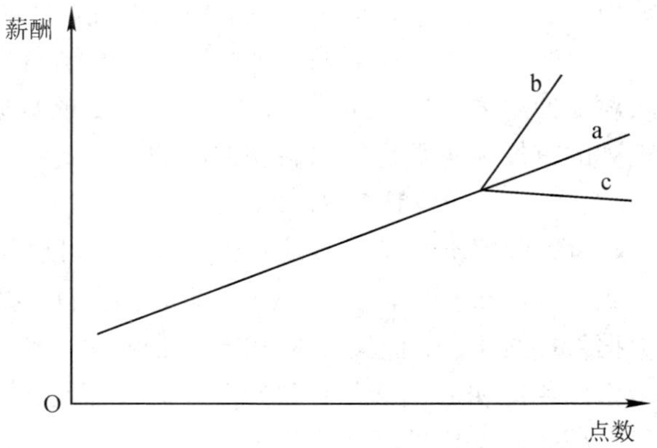

图 8-5　典型的薪酬曲线

图 8-5 中的薪酬线 a 是单一的直线，说明实行该薪酬线的企业中所有岗位都按某个统一的原则定薪，薪酬严格正比于岗位评价的相对值。薪酬线 b 和 c 都是折线，表明该企业内的岗位薪酬与点数在不同点数之后出现斜率变化，这种折线形式可能是企业采用混合型薪酬策略导致的。

b 是达到某点后薪酬线尾端向上翘，即后段斜率增大，采用这种折线形式的企业可能是认为自某一级别以上员工均属骨干与精英，对企业成败影响很大，是企业最宝贵的人力资源，所以应重赏以激励这部分员工。c 则正与 b 相反，达到某点后薪酬线尾端向下垂，后段斜率变小，采用这种折现形式的企业可能是着眼于不使高层骨干太脱离普通员工，以平息中、下层员工的不平感与抱怨，至于那些高层骨干，则可通过加强内在报酬和精神激励来补偿。

各企业还可能有其各自不同的特殊考虑，因而设计出独具特征的薪酬曲线，薪酬曲线因企业的内外条件的不同而不同。企业不同性质的岗位系列，可根据其性质差异及市场供需状况采用不同的薪酬策略，只是为了维持内外部的公平性和员工的薪酬满意度，应对每种薪酬策略制订出合理的“说法”。

五、确定薪酬结构

企业确定薪酬结构，即确定不同员工的薪酬构成项目及其所占的比例。

1. 确定薪酬构成项目

同一企业内从事不同性质工作的员工薪酬构成项目可以有所不同，如对研发人员可以实行能力薪酬制，薪酬构成项目主要是能力薪酬；对销售人员可以实行绩效薪酬制，薪酬构成项目主要是提成薪酬；生产工人的薪酬构成中可能主要是计件薪酬。同一企业内不同薪酬水平的员工薪酬构成项目也可以有所不同，如高级管理人员和企业骨干人员可能除了有基本薪酬、岗位薪酬、奖金等薪酬项目以外还有职务津贴、股票期权等项目，普通员工可能就没有这些薪酬项目。

2. 确定薪酬构成项目的比例

薪酬构成项目的比例应视从事不同性质工作的员工比例有所不同，如销售人员应重激励，浮动薪酬(或奖金)应占较大比重；管理部门的人员由于其劳动不直接影响企业的经济效益，所以应重保障，浮动薪酬(或奖金)占的比重要小一些。不同薪酬水平的员工薪酬结构比例也应有所不同，如高级管理人员由于其工作的成果对企业影响较大，其劳动绩效基本可以自己控制，所以在其薪酬结构中浮动薪酬应占较大比重；而位于企业执行层的员工(除了实行计件薪酬或提成薪酬的员工)由于工作的成果对企业影响较小，其劳动绩效无法控制，并不能通过自己努力就能提高，所以在其薪酬结构中浮动薪酬应占较小比重。各种薪酬制度的结构可参见表 8-13 的分配比例。

表 8-13　四种薪酬结构比例分配表示例

<table>
<tr><th>薪酬结构</th><th>薪酬项目</th><th>项目比例</th></tr>
<tr><td rowspan="4">岗位薪酬制</td><td>年龄与工龄</td><td>工龄工资及其他(11.1%)</td></tr>
<tr><td>技术与培训水平</td><td rowspan="2">岗位薪酬(86.9%)</td></tr>
<tr><td>岗位价值</td></tr>
<tr><td>绩效值</td><td>能力薪酬(2%)</td></tr>
<tr><td rowspan="4">绩效薪酬制</td><td>年龄与工龄</td><td rowspan="3">基本薪酬 20%</td></tr>
<tr><td>技术与培训水平</td></tr>
<tr><td>岗位价值</td></tr>
<tr><td>绩效值</td><td>绩效薪酬(80%)</td></tr>
<tr><td rowspan="4">技能薪酬制</td><td>年龄与工龄</td><td rowspan="2">技术等级薪酬(90%)</td></tr>
<tr><td>技术与培训水平</td></tr>
<tr><td>岗位价值</td><td>岗位津贴(5%)</td></tr>
<tr><td>绩效值</td><td>生产津贴(5%)</td></tr>
<tr><td rowspan="4">组合薪酬制</td><td>年龄与工龄</td><td>工龄工资(14%)</td></tr>
<tr><td>技术与培训水平</td><td>基础薪酬(33%)</td></tr>
<tr><td>岗位价值</td><td>岗位薪酬(24%)</td></tr>
<tr><td>绩效值</td><td>绩效薪酬(29%)</td></tr>
</table>

六、确定薪酬等级

1. 薪酬等级类型的选择

综合考虑了企业内外条件后所得的薪酬曲线，不同的岗位评价点数就对应着不同的薪酬(如表 8-13 所示)，即一岗一薪。这在理论上是合理的，但在实际操作中会给薪酬的发放与管理带来困难与混乱，所以在实际操作中企业总是把多种类型的薪酬归并组合成若干等级，形成薪酬等级序列。

在具体操作中，先将岗位评价而得到的相对价值相近的一组岗位编入同一薪酬等级，图 8-6 是将点数法所评出的分数，以 50 分为一个岗位等级而得到的薪酬等级系列。同一等级中的岗位得到相同的报酬，虽然同一等级内岗位评价值高的相对吃亏，评价值低的占便宜，但因差别不大，而且这种分级的做法大大简化了日常薪酬管理，所以是切实可行的。

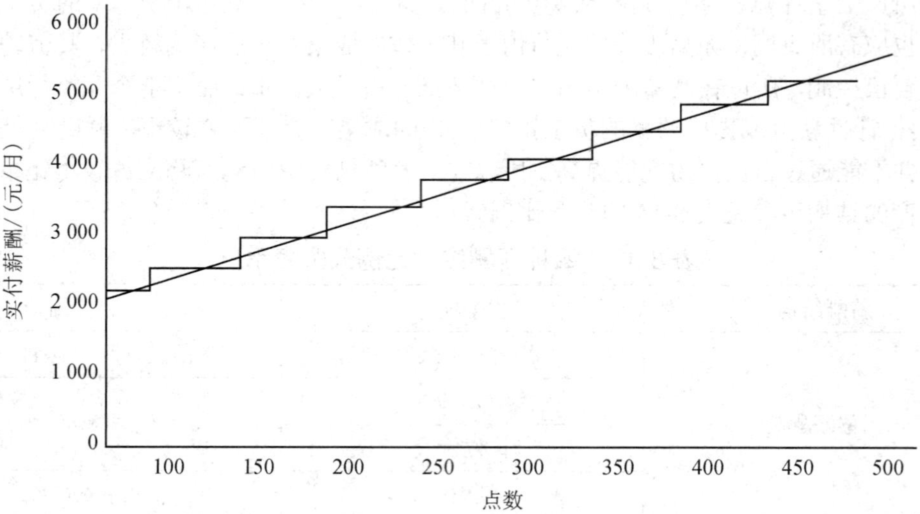

图 8-6　薪酬等级系列的设置

职级划分的区间宽窄及职级数的多少并不确定，这将取决于诸如结构线的斜率、职务总数的多少及企业的工资管理政策和晋升政策等因素。总的原则是，等级的数目不能少到相对价值相差甚大的职务都处于同一职级而无区别，也不能多到价值稍有不同便处于不同职级而需做区分的程度。此外，级数太少，难以晋升，不利士气；太多则晋升过频而刺激不强，只会增加管理成本和工作复杂程度。实践中，有的企业的工资等级系列只有 4～5 级，也有的级数为它的几倍，平均在 10～15 级。按照等级数的多少，可以将薪酬等级分为两种类型：分层式薪酬等级和宽带薪酬等级。

1) 分层式薪酬等级

分层式薪酬等级的特点是企业包括的薪酬等级比较多，员工薪酬水平的提高是随着个人岗位级别向上发展而提高的。这种等级类型在成熟的等级型企业中常见。

2) 宽带薪酬等级

宽带薪酬等级的特点是企业包括的薪酬等级少，呈扁平状，员工薪酬水平的提高既可以是因为个人岗位级别向上发展而提高的，也可以是因为横向工作调整而提高的。这种等级类型除了在不成熟的、业务灵活性强的企业中常见外，也是薪酬管理的一种趋势，在越来越多注重员工工作能力和绩效的企业中得到应用。这种薪酬等级类型体现了一种新的薪酬策略，即让员工明白：借助各种不同的岗位去发展自己比岗位升迁更重要，企业是对人而不是岗位提供薪酬，本章第四节将对宽带薪酬的设计进行专门阐述。

2. 薪酬档次的划分

图 8-6 中每一个薪酬等级只有一个单一的薪酬值，但在实际操作中则是给每个等级都规定一个薪酬浮动范围(也称为薪幅，其下限为该等级的起薪点，上限为顶薪点)，在这个浮动范围内，企业可以将其划分为不同的薪酬档次。各等级的薪幅可以是一样大的，不过更常见的是薪幅随着薪酬等级上升而逐级扩大，各等级内划分的薪酬档次数也依据各企业岗位的实际情况不同而有所不同。图 8-7 中，该企业依据薪酬曲线 a 和企业内的薪酬等级划分，设定了六个薪酬等级，每个薪酬等级内又根据实际需要划分出不同的薪酬档次。每

个薪酬等级的薪幅随着薪酬等级的提高而增加，呈现在图中就是该企业的由不同等级的顶薪沿线构成的最高薪酬线 b 和最低薪酬线 c 之间的距离，越来越大。

在确定了员工所在岗位对应的薪酬等级和档次后，可以根据员工个人能力水平高低的不同进入该薪酬等级的不同档次，并可以根据绩效考核结果进行调整。但是员工的薪酬变动范围一般不超过该薪酬等级的上、下限，除非员工的岗位发生变动。由于企业的岗位等级一般都是呈金字塔形，即岗位级别越高，可提供的岗位越少，员工的升迁机会越少。为了弥补由于岗位数量少而给员工在薪酬方面带来的损失，薪酬等级之间的薪酬标准可以重叠，即每一层薪酬等级的起薪点低于其相邻下一层薪酬等级的顶薪点。在实际薪酬管理工作中，薪酬重叠难以避免，而且适当的重叠也是必要和有益的，如图 8-7 中每两个相邻薪酬等级之间都存在薪酬重叠。相邻薪酬等级重叠程度与薪酬曲线的斜率有关(斜率越小，薪酬重叠越多)，更取决于薪酬等级的薪幅。

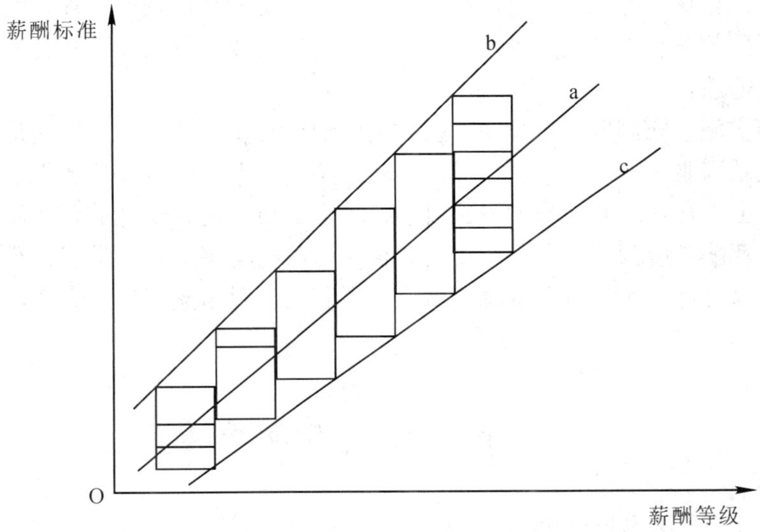

图 8-7　薪酬等级及档次

3. 可变薪酬的设计

员工的可变薪酬(奖金或绩效薪酬)不仅要与企业经济效益、部门业绩考核结果挂钩浮动，还必须与个人业绩考核结果挂钩。可变薪酬分配的合理性取决于绩效考核系统的科学性和与员工考核结果挂钩的程度。员工可变薪酬在计算时一般以员工的薪酬等级对应的固定薪酬水平为基数，即两个不同薪酬等级的员工(如部门经理与部门副经理)同在一个部门，考核结果相同，但二人的浮动薪酬会有差别。下面以销售人员的浮动薪酬设计为例，对浮动薪酬的设计方法进行介绍。本书下一节中将会对可变薪酬制度设计进行详细介绍。

(1) 确定浮动薪酬总额。确定方法是先以薪酬计划已经确定的薪酬总额除以销售收入的比值，乘以实际销售收入得出薪酬总额，再测算一下采用该薪酬总额是否影响企业预计利润的实现。如果影响，则适当减少薪酬总额；如果不影响，则采用该薪酬总额。将此薪酬总额减去所有员工全年固定薪酬部分和福利部分，剩下的就是浮动薪酬总额。

(2) 确定个人浮动薪酬份额。大量的研究表明，以奖励为主要方式的可变薪酬制度有助于提高员工的绩效，广为企业所采用。

七、企业薪酬制度的实施与修正

薪酬制度一经建立，就应该严格执行，发挥其保障、激励功能。在保持相对稳定的前提下，企业还应随着经营状况和市场薪酬水平的变化对薪酬制度做相应的调整。从调整内容来看，薪酬调整主要有奖励性调整、生活指数调整、效益调整和工龄调整四种类型。

奖励性调整是因员工取得优良工作绩效，而对员工进行论功行赏；生活指数调整是为了补偿员工因通货膨胀而导致的实际收入无形减少的损失，这显示出企业对员工的关怀；效益调整是当企业盈利增加时，对全员薪酬进行的普遍调高，虽可能是浮动式、非永久式的，可能会因为效益欠佳而调回，但惠及全体员工；工龄调整是指薪酬随着工龄的变化而进行调整。

在确定薪酬调整的比例时，要对总体薪酬水平做出准确的预算。目前，大多数企业是财务部门在做此预算，为准确起见，最好同时由人力资源部门做此预算，因为财务部门并不清楚具体薪酬数据和人员的变动情况。人力资源部门要建好薪酬账目，并设计出一套比较合理的预算方法。

在制订和实施薪酬制度的过程中，及时的沟通、必要的宣传或者培训是保证薪酬制度顺利实施的成功因素之一。从本质上讲，劳动报酬是对人工成本和员工需求之间进行权衡的结果。世界上不存在绝对公平的薪酬制度，只存在员工是否满意的薪酬制度。人力资源部门可以采用薪酬制度问答、员工座谈会、企业内部刊物等形式向员工介绍企业的薪酬制度；企业也可以对员工实施薪酬满意度调查，了解员工对薪酬工作的态度，以此为基础对薪酬制度做出相应的调整。

第三节　可变薪酬制度

可变薪酬又被称为激励薪酬、浮动薪酬，是以工作绩效为依据而支付的一种报酬形式。可变薪酬是对员工工作绩效的奖励，与员工的工作成果挂钩，随着员工工作绩效的不同而上下浮动。相比于基本薪酬，可变薪酬具有较强的针对性和灵活性，关注员工工作在特定绩效目标上的努力，可以将员工个人发展与企业目标结合起来，所以可变薪酬更具有激励作用，是企业留住核心人才、构建企业竞争优势、实现企业战略目标的重要手段。

在设计可变薪酬制度时，考虑到受奖励的对象不同，可以分为个人层面的可变薪酬、团体层面的可变薪酬和企业层面的可变薪酬三种类型。

可变薪酬制度设计要依据企业需要来确定具体的目的或目标，这就涉及两个方面的问题。一是涉及评估员工绩效的过程和方法。如果可变薪酬以绩效为基础，那么员工必须能感受到其业绩被正确与公正地评估。显然，衡量绩效标准是奖励制度设计成功的关键，它向员工传达了企业既定目标的重要性。二是可变薪酬必须以绩效为基础。员工必须确信他们的劳动付出与所得报酬之间的关系。个体激励方案要求员工能够感受到他们的业绩与报酬之间的直接关系；群体激励方案要求员工能够感受到小组的业绩与组员报酬之间的关系，进而使组员认识到他们个人的业绩对小组群体业绩的影响；组织整体激励方案的基本要求与群体激励方案相似，员工必须认识到组织整体业绩与他们的个人报酬之间的关系，以及个人业绩对组织整体业绩的影响。

一、个人层面的可变薪酬制度

个体奖励计划有多种类型，但都与员工个体绩效紧密相关。该计划是被现代企业最广泛使用的可变薪酬制度，这种可变薪酬制度有助于员工不断地提高自己的绩效水平，但是由于它支付的基础是个人，所以不利于团队相互合作。个人层面的可变薪酬制度有以下几种形式：

（一）计件制

计件制是最古老也是使用最广泛的激励形式，它是将员工个人的薪酬建立在其劳动的最终成果表现——产品数量与质量的基础之上的。按照单件产品的报酬率是否固定，计件制可以分为简单计件制和差别计件制。

1. 简单计件制

简单计件制指员工所得的工资是单件产品的报酬率和生产数量的乘积，不管员工生产多少，每一件所得到的报酬不变。

2. 差别计件制

差别计件制指员工所得的可变薪酬在规定标准内按某一报酬率支付，而超出标准的则按不同的报酬率支付。差别计件制在企业中的运用较为灵活，形式也多变，常用的有递增差别计件制和递减差别计件制。

现举例说明不同计件制下，员工所得报酬的差异。假设某生产型企业员工的标准劳动定额为每月生产 200 件，每件的报酬率是 20 元，员工甲本月产量为 320 件。

若该企业采用简单计件制，则该员工本月所得的可变薪酬为

$$320 \times 20 = 6\,400(\text{元})$$

若该企业采用依次递增的差别计件制——产量每增加一百件则报酬率增加 10%，则该员工本月所得的可变薪酬为

$$200 \times 20 + 100 \times 20 \times 110\% + 20 \times 20 \times 120\% = 6\,680(\text{元})$$

若该企业采用依次递减的差别计件制——产量每增加一百件则报酬率减少 10%，则该员工本月所得的可变薪酬为

$$200 \times 20 + 100 \times 20 \times 90\% + 20 \times 20 \times 80\% = 6\,120(\text{元})$$

当企业鼓励员工多生产，则可采用递增的差别计件制；如果鼓励员工适度生产，则宜采用递减的差别计件制。

计件制便于计算，易于为员工所理解，计量原则公平，报酬直接同工作量挂钩，有利于提高产量。该奖励制度比较适用于产出数量容易计量、质量标准明晰的工作，如生产加工人员等。

（二）佣金制

佣金制又被称为提成制，是主要用于营销人员的可变薪酬支付制度。它直接按照营销人员营销额的一定比例确定其薪酬，是一种典型的绩效薪酬形式。佣金制的主要形式有单

纯佣金制、混合佣金制和超额佣金制。

1. 单纯佣金制

单纯佣金制的计算公式为

$$收入 = 每件产品单价 \times 提成比率 \times 销售件数$$

对销售人员而言，单纯佣金制是一种风险较大且极具挑战性的薪酬制度。

2. 混合佣金制

混合佣金制的计算公式为

$$收入 = 底薪 + 每件产品单价 \times 提成比率 \times 销售件数$$

3. 超额佣金制

超额佣金制的计算公式为

$$收入 = 每件产品单价 \times 提成比率 \times (销售件数 - 定额产品件数)$$

上述提成比率可以是固定的，也可以是累计递进或累计递减的。由此可见，决定营销人员的可变薪酬量的变量主要有两个：一是营销人员在一定时期的销售量。这一销售量可以是销售产出量，可以是销售收入量，也可以是实现的利润量。二是提成比例。提成比例的确定需要考虑的因素较多，主要有：一定的销量或一定的销售收入中包含的利润、企业产品销售的主要门路(主要靠营销人员的工作还是依靠企业强有力的广告效应)、企业产品与相关企业产品的竞争程度等。

佣金制较易理解，可以充分调动营销人员的销售积极性，但是它也使营销人员与企业之间产生较大的离心力。营销人员与企业的关系十分特殊：营销人员似乎成了企业与客户之间的中间商。营销人员为了追求自己利益的最大化，他们可以将订单给企业甲，也可以将订单给企业乙，还可以将自己到手的订单转给其他企业。由于在市场竞争中订单对企业的生存与发展有着特殊的重要意义，营销人员的上述做法会造成以下两种对企业极为不利的后果：一是企业创造的收入过多地依赖营销人员的工作，从而造成了企业生存和发展潜力的弱化；二是增大了企业生存和发展的不可控制性。

二、团体层面的可变薪酬制度

团体或集体奖励制度是在达到或超过生产或服务标准时，所有的小组成员都会获得奖金的激励制度。团体奖励制度有收益分享计划和团队绩效奖金两种主要形式。

（一）收益分享计划

收益分享计划是一种使企业与员工分享生产率收益的方法。它与利润分享制的关键性区别是：收益分享计划并不使用组织层次上的绩效衡量因素(利润)，而是对某一群体或者某一企业的绩效进行衡量；收益分享计划下的报酬支付频繁，且不是延期支付；员工的努力与绩效和奖励的联系是很紧密的；对员工的激励具有像个体奖励那样的效果。与利润分享计划相同的是，收益分享计划也鼓励员工在个人绩效导向的报酬制下追求范围更大一些的目标。目前较常使用的收益分享计划有斯坎伦(Scanlon)计划和拉克(Rucker)计划。

1. 斯坎伦计划

斯坎伦计划由美国曼斯菲尔德钢铁厂的工会主席约瑟夫·斯坎伦(Joseph Scanlon)在1937年创立，现在仍然是集体奖励的一种成功方法，也称为生产率奖励、小组奖励和业绩分享奖励。该计划旨在削减生产成本。

企业实施斯坎伦计划的步骤为：首先，确定生产成本已减少的标准。企业计算在一个典型年度所期望的产品生产成本与产品销售价值之间的比率，通常由3～5年的基期里年生产成本的平均值来确定。其次，确定降低这些成本的手段。最后，确定收益分配方法。典型的斯坎伦计划分配红利的方式是：75%发放，25%用于在没有红利的期间发放。在被发放的红利中，25%给企业，75%在员工之间分配。每位员工可收到相等的红利，也可以按照员工总收入的百分比分配。斯坎伦计划和其他利润分享计划的不同之处在于，强调员工的权利，包括下列五个基本要素：合作理念、认知、技能、参与制度和分享利润。

2. 拉克计划

与斯坎伦计划一样，拉克计划旨在通过员工建议削减生产成本，实现财务收益并与员工分享这一收益。在拉克计划中，关键要素是“通过劳动增加的价值”。它由下列因素确定：生产一件产品的成本(除劳动之外)，该产品的销售价值，生产一件产品的劳动成本。首先计算前两者的差异，然后确定这种差异的多大比例是由劳动成本造成的。企业要使用拉克计划，必须确定对某基期而言，劳动产生的价值增加的百分比。可用库存的总销售价值和其生产成本之差来确定价值增加，然后用这个价值增加数来除劳动成本。如果劳动成本相对于按基年数值期望值的成本有所减少，那么在未来年度里就会支付红利。

除确定红利额的公式之外，斯坎伦计划和拉克计划完全一样。企业要成功地利用收益分享计划，首先，管理机构必须使企业文化成为尊重、合作、公开沟通的文化：与员工共享信息；倾听并支持员工的建议；与员工交谈、沟通。其次，收益分配所依赖的因素必须是员工可以控制的。最后，定期与员工分享信息和想法并收集建议，构建一个促进合作、参与和收益分享的新型劳资关系氛围。

(二) 团队绩效奖金

与个体奖励制度相同，团队绩效奖励制度也倾向于根据实物产出来衡量绩效。首先，设定以团队绩效标准为奖金基础，效率和产品质量的提高或原料与劳动力成本的节约是通常的标准。其次，奖金的多少，一般取决于团队的总体绩效和企业一年来的绩效。最后，确定奖金支付的形式，并向员工解释清楚。团队绩效奖金可以在团队成员间平均分配，或根据他们的基本工资按比例分配，或根据他们在团队中的相对贡献进行分配。

团队绩效奖金制度的优点在于：支持团队的计划与问题的解决，有利于构建团队文化；单个员工的贡献依赖于团队的合作，团队奖励可以通过激励扩大贡献的范围，不同于仅以产出为基础的奖励计划；团队奖金倾向于减少员工的嫉妒和关于绩效标准“松”或“紧”的抱怨；团队奖励鼓励交叉培训和使员工获得新的能力。但是，它也存在不足：单个团队成员可能认为自己的努力对于团队成功和所获得的奖金的贡献很多，从而影响其积极性的发挥，限制团队绩效的进步，以及出现个人努力比别人低但获得与队员同样多奖金的“搭便车”现象；而且团队成员可能在奖金的支付方式上难以达成一致，从而影响队员的团结与合作。

三、企业层面的可变薪酬制度

企业层面的可变薪酬是参照整个组织的业绩给予组织内所有员工的奖励，常见的有利润分享计划、员工持股计划和股票期权三种形式。

（一）利润分享计划

利润分享(Profit Sharing)计划是由企业支付的，全员都能获得的以组织利润为基础的即期和延迟支付金额的报酬方法。它是基于企业利润一定比例的现金奖励，也是正常薪酬外的利润分配，旨在鼓励努力的员工，帮助企业追求利润，加强员工对企业的投入感和提高他们继续留在企业工作的可能性。利润分享通常取决于员工的基本工资和工作级别，另外，也存在平均分配、按资历分配和按个人绩效分配等多种形式。利润分享计划有以下三种类型：一是延期支付计划，即个人的利润分享所得在退休时发放；二是分配计划，即一旦利润分享额度被计算出来，企业就发放每期的利润分享全部所得；三是组合计划，即员工收到每期收入的一部分，其余部分用于将来分配。

利润分享计划的优点与收益分享计划相似，通过使员工的利益和企业的目标相一致而改进企业的生产率，使企业和员工共同发展；能使员工获得更大的所有权的感觉，帮助员工更密切地认同组织，并更努力地工作以实现企业目标。利润分享计划的不足之处是普通员工可能无法认清个人业绩与组织整体业绩之间的直接关系，即努力、绩效、奖励之间的关联度较小，而且只能一年一次和延期支付的事实可能降低其激励价值。利润分享计划适合在劳资关系良好的企业、小型企业或使用在行政管理人员身上。

（二）员工持股计划

员工持股计划(ESOP)是指员工购买本企业的股票，企业将其股票投入一个已建立的“员工持股信托”(ESOT)的信托机构账户中。在该计划下，企业每年会给予该计划一定的股权或现金，用于购买应购买的股票。员工持股计划将为员工掌管这些股票，并经常通知员工其账户的价值。股权的分配可根据员工的服务期、工资级别以及企业的利润情况进行。当员工退休或离开公司时，他们可以将股票出售给企业；如果股票公开交易，他们可以在公开市场上出售这些股票。员工持股计划在上市公司比在非上市公司或私人持股企业更能实现其应有的作用和目的。然而，员工持股计划的激励作用也是非常有限的，其原因是，该计划的激励作用主要体现在促使员工以企业所有者的态度去对待企业的经营情况。由于普通员工所持的股份是微不足道的，所以该计划追求的目的往往不能得以实现，而且股票价格还有下跌的可能。于是有些观点认为，员工持股更接近于一种福利。

企业案例

华为公司的员工持股

华为公司成立于1987年,是全球领先的ICT基础设施和智能终端提供商。发展至2018年,华为公司分布在170多个国家和地区,服务全球30多亿人口,2018年销售收入为7 212亿元,同比增长19.5%,共有员工188 000名。这样一家接触面庞大的公司是100%由员工持有的民营企业,华为通过工会实行员工持股计划,参与人数为96 768人(截止到2018年12月31日),参与人仅为公司员工,没有任何政府部门、机构持有华为股权,且任一持股员工的出资额均不超出公司总股本的5%。员工持股计划将公司的长远发展和员工的个人贡献及发展有机地结合在一起,形成了长远的共同奋斗、分享机制。

华为公司的股票激励采用的是虚拟受限股方式,其目的就是让员工能够享有企业的分红权,员工并不真正意义上持有该等股份,一旦员工离开企业或触及违约条款,企业有权按照事先约定的价格收回该等股份。

(三) 股票期权

股票期权是企业给予其核心人才在一定期限内以一种事先约定的价格购买一定数量的企业股票的权利。需要注意的是,企业给予其核心人才的不是现实的股票也不是现金,而是一种"权利"。凭借这种权利,企业的核心人才可以在达到解锁条件后,以某种优惠条件来购买企业的股票。可以说,股票期权是一种不同于员工持股的激励方式,它能有效地把企业高级人才与其自身利益很好地结合起来。

企业的股票期权计划具有三个方面的基本特征:一是自愿性,股票期权只是一种权利,并不是义务;二是无偿性,股票期权作为一种权利是无偿地由企业赠予其核心人才的,不需要权利获得者任何财务支付;三是后续性,股票期权计划作为长期薪酬管理的激励作用,不仅仅体现在一次性的计划实施过程中。

1. 认股权的股份来源

企业通过把股权赠予或配予经理阶层和优秀员工的方法,以增加他们的归属感及对企业的忠诚,进而提高员工的生产积极性。

企业一般通过以下三种方法让员工持有该企业的股权:第一种是由原股东把其股权出让给员工,当实行股票期权激励的企业由单一大股东组成且股份属于私人股份时较适宜采用这种方式;第二种是由公司增发新股给员工,我国大部分企业采用这种方式,具体做法是通过一个专门的"员工购股权计划"来进行;第三种是企业自二级市场上回购股票来支付认股期权、可转换证券等的需求,值得注意的是多数国家原则上是禁止企业回购的。

2. 设定认股期权的行权价

设定认股期权的行权价时,通常有两种做法。

第一种是行权价大于或等于股票现行价。这种做法对公众公司而言没有多大吸引力,但对于创业技术公司、还未上市公司而言,被激励人员在行权时虽然没有价格折扣,但给予其适当比例的企业股份奖励仍具有较大的吸引力。

第二种是行权价可以低于公平市场价格,如比市场价格低5%等。这种折扣增加了员工购股的吸引力，当然这样不可避免地稀释了原有股东股权。

3. 股票期权的行权标准

凭借股票期权，企业的核心人才可以在达到解锁条件后，以某种优惠条件来购买企业的股票。常用的“解锁条件”有如下两个标准：一是绝对标准，即每股盈利增长或五年内股东回报上升多少；二是相对标准，即地位相当的同业股份市值平均上升水平。股东回报或每股盈利的基准制订后，如果管理层未来几年能达到或超出上述标准，则获得股份奖励；否则，不获得奖励。

4. 股票期权的有效期

在我国，股权激励计划有效期自股东大会通过之日起计算，期限一般不超过 10 年。鉴于股票期权的执行通常都是分阶段实施，其实施可能会遇到政策变动带来的负面影响，因而实际上上市公司多倾向于 3～6 年的股票期权有效期。

企 业 案 例

通化东宝的股票期权激励计划

为了进一步建立、健全公司长效激励机制，吸引和留住优秀人才，充分调动核心员工的积极性，有效地将股东利益、公司利益和核心团队个人利益结合在一起，使各方共同关注公司的长远发展，通化东宝药业股份有限公司于 2020 年制订并公布其股权激励计划，拟向激励对象授予 5 328.5 万份股票期权。每份股票期权在满足行权条件的情况下，激励对象获授的每一份股票期权拥有在有效期内以行权价格每份 14.31 元(激励计划公布时该公司每股股价为 13.46 元)购买 1 股公司股票的权利。

此次激励计划的有效期为自股票期权授予登记完成之日起至所有股票期权行权或注销完毕之日止，最长不超过 60 个月。此次激励计划授予的股票期权在各激励对象间的分配情况如表 8-14 所示。

表 8-14　股权激励对象和股权分配情况

人　　员	获授的股票期权数量 / 万份	占授予期权总数的比例
冷春生(董事长兼总经理)	700	13.14%
张国栋(董事、副总经理)	100	1.88%
张文海(董事、副总经理)	100	1.88%
迟军玉(总会计师)	50	0.94%
苏璠(副总经理、董事会秘书)	50	0.94%
陈红(副总经理)	30	0.56%
核心技术(业务)骨干(373 人)	4 298.5	80.67%
合计(379 人)	5 328.5	100%

该激励计划授予的股票斯权等待期为自授予日起 18 个月、30 个月、42 个月。等待期内，激励对象获授的股票期权不得转让、用于担保或偿还债务。在可行权日内，若达到该激励计划规定的行权条件，激励对象可根据表 8-15 所规定的行权安排行权。

表 8-15　行 权 安 排

行权安排	行 权 时 间	行权比例
第一个行权期	自授予日起 18 个月后的首个交易日起至授予日起 30 个月内的最后一个交易日当日止	40%
第二个行权期	自授予日起 30 个月后的首个交易日起至授予日起 42 个月内的最后一个交易日当日止	30%
第三个行权期	自授予日起 42 个月后的首个交易日起至授予日起 54 个月内的最后一个交易日当日止	30%

该激励计划股票期权的行权考核年度为 2021—2023 年 3 个会计年度，每个会计年度考核一次，股票期权各年度业绩考核目标如表 8-16 所示。

表 8-16　股票期权各年度业绩考核目标

行权期	业绩考核目标授予的股票期权
第一个行权期	公司 2021 年归属于母公司股东的净利润不低于 10.5 亿元
第二个行权期	公司 2022 年归属于母公司股东的净利润不低于 12 亿元
第三个行权期	公司 2023 年归属于母公司股东的净利润不低于 14 亿元

公司未满足表 8-17 中业绩考核目标的，所有激励对象对应考核当年计划行权的股票期权均不得行权，由公司注销。达到上述业绩考核目标后，激励对象还需达到个人层面绩效考核要求。激励对象的个人层面的考核按照通化东宝公司现行薪酬与考核的相关规定组织实施。薪酬与考核委员会将对激励对象每个考核年度的综合考评进行打分，并依照激励对象的个人绩效考核结果确定其行权/解锁比例，个人当年实际行权额度＝标准系数×个人当年计划行权额度。

原则上绩效评价结果划分为 A、B 和 C 三个档次，考核评价表适用于所有考核对象，届时根据表 8-17 中确定激励对象的行权比例。

表 8-17　激励对象考核评价表

考评结果(S)	S≥80	80＞S≥60	S＜60
评价标准	A	B	C
标准系数	1	0.8	0

若激励对象上一年度个人绩效考核结果为 A/B，则上一年度激励对象个人绩效考核“达标”；若激励对象上一年度个人绩效考核结果为 C，则上一年度激励对象个人绩效考核“不达标”。若激励对象考核“达标”，则激励对象可按照本计划规定的比例分批次行权；若激励对象考核“不达标”，则公司将按照本计划的规定，取消该激励对象当期行权额度，股权由公司统一回收。

第四节　宽 带 薪 酬

一、宽带薪酬的含义

宽带(Broadbanding)这个概念来源于广播术语，而宽带薪酬开始于20世纪80年代末到90年代初，作为一种与企业组织扁平化、流程再造、团队导向、能力导向等新的管理战略相配合的新型薪酬结构设计方式出现，并被不少著名公司采用。例如，IBM公司在20世纪90年代以前的薪酬等级一共有24个，后来被合并为11个范围更大的等级。宽带薪酬实际上是一种新型的薪酬结构设计方式，它是对传统上那种带有大量等级层次的垂直型薪酬结构的一种改进或替代。根据美国薪酬管理学会的定义，宽带薪酬就是指对多个薪酬等级以及薪酬变动范围进行重新组合，从而变成只有相对较少的薪酬等级以及相应的较宽薪酬变动范围。两者之间的差别可通过图8-8和图8-9直观看出，典型的宽带薪酬结构可能只有不超过 4 个等级的薪酬级别，每个薪酬等级的最高值和最低值的变动比率可能达到200%～300%，而在传统薪酬结构中，这种薪酬区间的变动比率通常只有 40%～50%。宽带薪酬的实施者基于这样一个思想，即认为员工的薪酬水平应该取决于其在工作上的表现、承担的责任和其技能水平，而不是员工在组织内的行政级别。

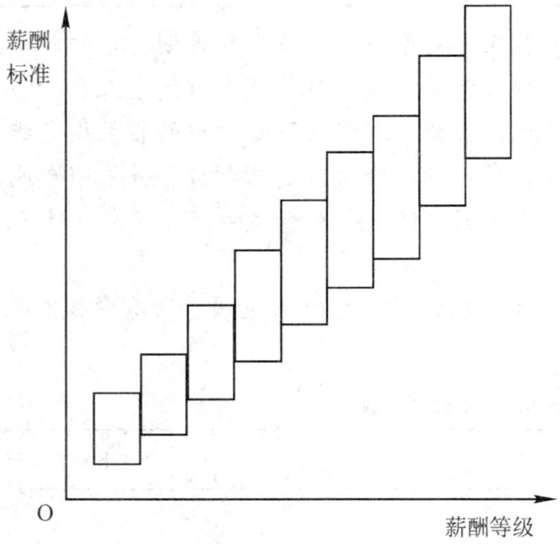

图 8-8　传统薪酬结构

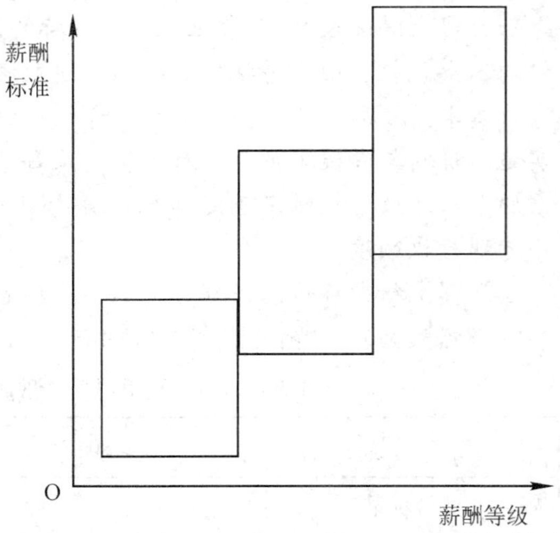

图 8-9　宽带薪酬结构

二、宽带薪酬的特征

宽带薪酬的特征如下：

(1) 支持扁平型组织结构。

宽带薪酬可以说是为配合扁平型组织结构而量身定做的，它的最大特点就是打破了传统薪酬结构所维护和强化的那种严格的等级制，有利于企业提高效率以及创造参与型和学习型的企业文化。由于等级森严的行政职位级别往往会导致较低的管理效率，不适应日益激烈的竞争，许多企业倾向于采用更扁平化的组织结构，尤其是那些强调公平、协作、沟通文化的公司。在这种情况下，行政级别的减少带来了员工晋升机会的减少，传统薪酬结构体系下只有升职才能涨薪的方式，会严重打击员工的积极性，而宽带薪酬正是为了解决此问题而出现的。

(2) 能引导员工重视个人技能的增长和能力的提高。

宽带薪酬设计下，即使是在同一个薪酬宽带内，企业为员工所提供的薪酬变动范围比员工在原来的一个甚至更多薪酬等级的薪酬范围还要大。员工只要专注自身，具备企业所需要的那些技术和能力，专注于做好企业着重强调的那些有价值的行为或绩效，如满足客户需要、以市场为导向、注重效率等就可以得到更高的薪酬。

(3) 有利于岗位的轮换。

由于宽带薪酬减少了薪酬等级数量，将过去处于不同薪酬等级之中的大量岗位纳入到现在的同薪酬等级当中，甚至上级监督者和他们的下属也常常会被放到同一个薪酬宽带当中。这样，在对员工进行横向甚至向下调动时所遇到的阻力就小多了。此外，企业可因此减少过去因员工岗位的细微变动而必须做的大量行政工作，如职务称呼变动、相应的薪酬调整、更新系统、调整社会保险投保基数、更新档案等。

(4) 能密切配合劳动力市场上的供求变化。

宽带薪酬是以市场为导向的，它使员工从注重内部公平转为更加注重个人发展以及自身在外部劳动力市场上的价值。在宽带型的薪酬结构中，薪酬水平是以市场薪酬调查的数据以及企业的薪酬定位为基础确定的，因此，薪酬水平的定期调整使企业更能把握其在市场上的竞争力，同时有利于企业相应地做好薪酬成本控制工作。

(5) 有利于管理人员以及人力资源专业人员的角色转变。

实行宽带薪酬设计，即使是在同一薪酬宽带当中，由于薪酬区间的最高值和最低值之间的变动比率较大，这对于员工薪酬水平的界定留有很大空间。在这种情况下，部门经理就可以在薪酬决策方面拥有更多的权力和责任，可以对下属的薪酬定位提出更多的意见和建议。这种做法不仅充分体现了大人力资源管理的思想，有利于促使直线部门的经理人员切实承担起自己的人力资源管理职责；同时也有利于人力资源专业人员从一些附加价值不高的事务性工作中脱身，转而更多地关注对企业更有价值的其他一些高级管理活动，充分扮演好直线部门的战略伙伴和咨询顾问的角色。

(6) 有利于推动良好的工作绩效。

宽带薪酬通过将薪酬与员工的能力和绩效表现紧密结合起来，更为灵活地对员工进行激励。在宽带薪酬中，上级对有稳定突出业绩表现的下级员工可以拥有较大的加薪影响力，而不像在传统的薪酬体制下，直线管理人员即使知道哪些员工的能力强、业绩好，也无法向这些员工提供薪酬方面的倾斜，因为加薪主要是通过晋升来实现的，而晋升的机会和实践却不会那么灵活。

三、宽带薪酬的设计流程

宽带薪酬的设计流程与本章第二节论述的传统的薪酬设计大致相同，但是在各具体步骤中有自身的特点，在实际操作中应注重以下内容：

（一）确认宽带薪酬是否适合本企业

在宽带薪酬设计时，应注重三个原则，即战略匹配原则、文化适应原则和全面激励原则。在考虑本企业是否采用宽带薪酬时，应先调查分析宽带薪酬是否与战略和文化相匹配。只有具备扁平化的组织结构，对个人能力以及其对组织贡献的差异性充分尊重的企业，才适合采用宽带薪酬体系。

（二）整合岗位评价

公正地确定岗位或职位的相对价值是保持内部公平性的重要前提。在进行岗位评价时，企业应坚持公正性，避免先入为主的偏见，充分了解岗位信息是对正常水平而非特殊绩效的判断等原则的前提下，开发符合企业实际的岗位评价量表，进行岗位分类和分级。

（三）进行市场薪酬调查

薪酬调查的目的是保持薪酬的外部公平性，以提高企业在人力资源市场上的竞争力。企业若要采用宽带薪酬，应格外关注市场上同行业或与本企业在用人上存在竞争关系且同样采用宽带薪酬的企业的薪酬制度，对其进行详细调查分析。

（四）构建薪酬结构

1. 确定宽带的数量

企业应考虑自身和行业的特点，根据本企业岗位或员工带给企业附加值的贡献等级来设计薪酬宽带的数量。大多数企业设计 4～8 个薪酬宽带；有些规模庞大的企业可能设计 10 个以上的宽带；而有些规模较小的技术集中型企业甚至可能只设计两个宽带，一个是给管理人员用的，一个是给技术人员用的。

2. 薪酬宽带的定价

在岗位评价的基础上，结合薪酬调查的结果，为企业所设的每个宽带进行定价，确定每个宽带的浮动范围和不同宽带之间的级差。需要注意的是，在宽带薪酬体系设计中，每个宽带中可能存在多种岗位，如何为这些处在同一宽带之中但是职能各不相同的员工支付薪酬，是一个难度非常高又非常重要的工作。一个可行的做法是，参照市场薪酬水平和薪酬变动区间，在存在外部市场差异的情况下，对同一宽带中的不同职能或职位族的薪酬分别定价，确定其起薪点和顶薪点。

例如，某企业的某等级宽带中存在生产、财务和产品设计岗位，该等级宽带的薪幅为 2 000～5 500 元，其中生产人员的薪酬浮动范围为 2 000～4 000 元；财务人员的薪酬浮动范围为 2 600～5 100 元；产品设计人员的薪酬浮动范围为 2 700～5 500 元。

3. 员工宽带薪酬的定位

在薪酬宽带设计完成之后，需要解决的一个重要问题是如何将员工放入薪酬宽带中的不同位置上。企业通常可以采取三种方法：

(1) 绩效法。对于着重强调绩效的企业，可以根据员工个人的绩效来将员工放入薪酬宽带中的某个位置上。

(2) 技能法。强调新技能的获取的企业，则可以严格按照员工的新技能获取情况来确定他们在薪酬宽带中的位置。员工是否具备组织所要求的这些新技能，则是由培训、资格证书或者员工在工作中的表现来决定的。

(3) 能力法。强调员工能力的企业，可以先确定某一明确的市场薪酬水平，然后在同一薪酬宽带内部，对于低于该市场薪酬水平的部分，采用根据员工的工作知识和绩效定位的方式；而对于高于该市场薪酬水平的部分，则根据员工的关键能力开发情况来确定他们在薪酬宽带中的位置。

(五) 加强控制调整

宽带薪酬的灵活性增强了企业对环境变化的反应能力，但这种特点也具有一定的副作用，因为灵活性中也潜藏了一些随意性，一旦问题爆发将给企业带来致命的打击。这就需要企业在宽带薪酬的实施过程中重视对细微环节的反馈，收集来自行业、市场、员工与管理等各方面的信息，根据变化及时控制，采取合理措施化解危机。

四、宽带薪酬的实施

由于宽带薪酬制度相对于原有的薪酬制度的改变显著，这必然会带来员工行为上和心理上的巨大转变，如对升职的期待，对付酬因素的重新认知，对薪酬变化的心理反应以及对如何获得更高薪酬的讨论和期许等。企业推行宽带薪酬制度，是为了更好地适应环境的变化，提高员工的工作积极性，而不是降低员工的薪酬满意度。在实际操作中，应注意以下几点内容：

(1) 树立宽带薪酬的理念。

由于薪酬宽带本身并非仅仅是用来削减薪酬层级的一种工具，它实际上涉及企业的文化、价值观以及经营战略，因此，企业在决定实施宽带薪酬设计的时候，必须首先理解、审视并密切关注企业的文化、价值观以及经营战略，看它们与宽带薪酬设计的基本理念是否一致。企业首先必须提升“人力资源”的理念，只有如此，方可形成思想上的触动、观念上的冲突和理念上的认同。其次，企业要重点导入宽带薪酬理念。在人事、分配制度改革咨询的整个阶段，选择并导入“宽带薪酬理念”，企业应向广大员工宣传、灌输“公平不是平均主义、平均主义并不公平”“岗位讲价值、工作讲绩效、上岗讲竞争”等思想观念和管理意识。

(2) 注重加强非人力资源部门的人力资源管理能力。

宽带薪酬的一个很重要的特点是，非人力资源部门的管理者将有更大的空间参与其下属员工的薪酬决策。这就要求非人力资源管理人员在人力资源管理方面必须有足够的成熟度，能与人力资源部门一起做出对员工的行为、态度以及工作业绩可能产生直接影响的关键性决策。如果没有一支成熟的管理人员队伍，在实行宽带薪酬的过程中必然会遭遇重重困难。例如，部门经理或部长不能客观地对员工进行能力和绩效评价，破坏内部公平；部门经理不重视员工的能力提升和个人发展；部门经理不能理解采用宽带薪酬的优势，难以将这一薪酬制度的优点传达给本部门员工，使得员工对宽带薪酬产生抵制等。

(3) 要有配套的员工培训和开发计划。

宽带薪酬为员工的成长以及个人职业生涯的发展提供了更大的弹性，其重要特点之一就是鼓励员工努力提高自身的能力，掌握更多的技能，以增强企业的竞争力和适应外部环境的灵活性，鼓励员工的创新性。为达到这一目的，企业必须在实施宽带薪酬的同时，就各职位或各职级需要具备的能力以及配套的培训制订完善的培训开发体系，并积极推行。只有这样，才能帮助员工充分利用宽带薪酬所提供的薪酬增长空间，使其不断获取新的技能，从而达到建设有强大竞争力的员工队伍的目的。

第五节　福利管理

一、福利的含义与特征

(一) 福利的含义

福利(Benefit)又称职业福利或劳动福利，是为了满足员工的生活需要，在工资之外，企业向员工本人及其家属提供的货币、实物以及其他服务形式。员工福利也可分为社会性福利和企业内部福利。

社会性福利通常指国家政府和法律法规所规定的、强制性的基本福利制度，即法定福利，如社会保险(包括养老保险、医疗保险、失业保险、生育保险、工伤保险等)、法定假期(包括法定节假日、公休假日、带薪年休假、婚丧假等)、住房公积金等。

企业内部福利是指企业根据自身的条件与能力在内部设定的附加福利，以满足员工更高层次的生活需求。企业内部福利主要包括企业补充养老保险、医疗保险、人寿保险、住房或购房支持计划、员工服务福利和其他补充福利等。

(二) 福利的特征

福利涵盖面很广，形式多样，且成本也高。相对于其他薪酬形式，福利具有如下特征：

1. 针对性

企业为员工提供的福利都具有明显的针对性。一项福利往往是针对员工的某项需要而设立的，如集体宿舍、员工午餐、通勤车等；有些福利会有很强的时间性，如员工的夏季防暑费、冬季取暖费等。

2. 补偿性

企业提供的福利只起到满足员工生活有限需求的作用，不像直接薪酬那样满足的是员工的基本需要，只是对员工为企业提供劳动的一种物质补偿，也是员工薪酬收入的补充分配形式。

3. 均等性

福利的均等性是指企业所提供的福利是针对所有的履行劳动义务的本企业员工，它不以员工的业绩为准，只要是符合享受条件的企业员工，不管是谁都可以享受。

4. 强制性

企业的法定福利是国家依法强制实施的对员工的社会保护政策，被保险人必须参加，承保人(企业)必须接受，没有讨价还价的余地。

二、福利的类型

福利的内容丰富多样，分类的方法也很多。按照享受对象，可以把福利分为集体福利和个人福利；按照表现形式，可以把福利分为经济型福利和非经济型福利；按照是否为国家或政府统一规定，可以把福利分为国家法定福利和企业自主福利。在这里，我们主要介绍最后一种分类方式。

(一) 法定福利

1. 社会保险

社会保险是国家通过立法手段建立的，为保障劳动者在遭遇年老、疾病、失业、生育、伤残及死亡等风险和事故，暂时或永久性地失去劳动能力或劳动机会，从而全部或部分丧失生活来源的情况下，能够享受到社会给予的物质帮助，维持其基本生活水平的社会保障制度。它主要包括以下五大险种：

1) 养老保险

养老保险是国家为劳动者或全体社会成员依法建立的老年收入保障制度。当劳动者或社会成员达到法定退休年龄时，由国家或社会提供养老金，保障退休者的基本生活。目前世界各国的养老保险制度大体可以分为三种模式：普遍保障模式、收入关联模式和强制储蓄模式。我国经过多年的改革实践，终于形成了新型的社会养老保险制度，其标志是 1997 年国务院颁发的《国务院关于建立统一的企业职工基本养老保险制度的决定》。该决定按照社会统筹与个人账户相结合的原则，统一了企业职工基本养老保险制度。2005 年 12 月 3 日国务院又发布了《关于完善企业职工基本养老保险制度的决定》，对企业职工基本养老保险制度做了进一步的修订与完善。

2) 医疗保险

医疗保险是由国家立法，按照强制性社会保险原则，由国家、用人单位和个人集资(缴保险费)建立的医疗保险基金，当个人因病接受医疗服务时，由社会医疗保险机构提供医疗费用补偿的社会保险制度。狭义的医疗保险只负责医疗费的补偿。广义的医疗保险，则除了补偿医疗费用以外，还包括：补偿因疾病引起的误工费；对分娩、残疾及死亡给予经济补偿；用于预防和维持健康的费用。目前我国的医疗保险制度属于狭义的概念，即只按规定负责补偿医疗费用的开支。

3) 失业保险

失业保险是国家以立法形式，集中建立失业保险基金，对因失业而暂时中断收入的劳动者在一定期间提供基本生活保障的社会保险制度。

4) 生育保险

生育保险是国家通过立法，筹集保险基金，对生育子女期间暂时丧失劳动能力的职业妇女给予一定的经济补偿、医疗服务和生育休假的社会保险制度。它一般包括产假、生育津贴、生育医疗服务等。

5) 工伤保险

工伤保险是指劳动者在工作中或在规定的特殊情况下，遭受意外伤害或患职业病导致暂时或永久丧失劳动能力以及死亡时，劳动者或其遗属从国家和社会获得物质帮助的一种社会保险制度。在世界范围内，工伤保险是产生最早、实施国家最多、制度设计最严密的社会保障制度，这是因为工伤保险关系到职工的生命安全和家庭幸福。

2. 法定假期

法定假期是企业职工依法享有的休息时间。在法定休息时间内，职工仍可获得与工作时间相同的工资报酬。我国《劳动法》规定的法定假期主要包括三个方面：

1) 法定节假日

法定节假日又称为法定休假日，是国家依法统一规定的休息时间。我国目前的法定节假日包括：① 元旦，放假 1 天；② 春节，放假 3 天；③ 劳动节，放假 1 天；④ 国庆节，放假 3 天；⑤ 清明、端午、中秋各放假 1 天。共计 11 天。

2) 公休假日

公休假日是劳动者工作满一个工作周后的休息时间。按《劳动法》第三十八条规定，用工单位应当保证劳动者每周至少休息一天。根据国务院 1995 年发布的《国务院关于职工工作时间的规定》，规定每周休假日为星期六和星期天。

3) 带薪年休假

带薪年休假又叫探亲假，是职工分居两地，又不能在公休日同配偶或父母团聚的带薪假期。我国《劳动法》第四十五条规定，国家实行带薪年休假制度，劳动者连续工作 1 年及以上的，享受带薪年休假。《国务院关于职工探亲待遇的规定》(1981 年)第三条规定：① 职工探望配偶的，每年给予配偶方探亲假 1 次，假期为 30 天；② 未婚职工探望父母的，原则上每年给假 1 次，假期为 20 天；③ 已婚职工探望父母的，每 4 年给假 1 次，假期为 20 天。

3. 住房公积金

1999 年 4 月 3 日，国务院颁布了《住房公积金管理条例》以后，我国实行住房公积金制度，并于 2002 年和 2019 年先后进行了两次修订，按照国家规定，雇主和员工都按照员工工资的一定比例(5%～12%之间)缴纳住房公积金，存入职工的公积金账户。职工个人缴存的住房公积金和职工所在单位为职工缴存的住房公积金属于职工个人所有。住房公积金应当用于职工购买、建造、翻建、大修自住住房，支付租赁房房租，治疗重大疾病等符合条例规定的使用范畴。没有动用的公积金或公积金账户余额在员工退休时按规定返还给职工。

(二) 企业自主福利

企业自主福利种类繁多，在这里只介绍较为常见的几种形式。

1. 企业补充养老保险

企业补充养老保险是指由企业根据自身经济实力，在国家规定的实施政策和实施条件下为本企业职工所建立的一种辅助性养老保险。它居于多层次的养老保险体系中的第二层次，由国家宏观指导，企业内部决策执行。企业补充养老保险与基本养老保险既有区别又有联系。其区别主要体现在两种养老保险的层次和功能上的不同，其联系主要体现在两种养老保险的政策和水平相互联系、密不可分。企业补充养老保险由劳动保障部门管理，单位实行补充养老保险，应选择劳动保障行政部门认定的机构经办。企业补充养老保险的资金筹集方式有现收现付制、部分积累制和完全积累制三种。企业补充养老保险费可由企业完全承担，或由企业和员工双方共同承担，承担比例由劳资双方协议确定。

实行补充养老保险应遵循如下原则：

(1) 补充养老保险由企业根据经济效益状况自主建立。政府支持并鼓励企业为职工办理补充养老保险。

(2) 补充养老保险的方案由企业根据各自的实际情况自主制订，并经职工代表大会审议通过或与工会组织协商一致后组织实施。

(3) 实行补充养老保险的企业应该为职工建立个人补充养老保险账户。

2. 企业补充医疗保险

企业补充医疗保险是企业在参加基本医疗保险的基础上，国家给予政策鼓励，由企业自主举办或参加的一种补充性医疗保险形式。企业参加补充医疗保险的条件是，参加了基本医疗保险，足额发放职工工资和缴纳社会保险费用，有能力主办或参加企业补充医疗保险。

补充医疗保险是相对于基本医疗保险而言的一个概念。由于国家的基本医疗保险只能满足参保人的基本医疗需求，超过基本医疗保险范围的医疗需求可以其他形式的医疗保险予以补充。显然，补充医疗保险是基本医疗保险的一种补充形式，也是我国建立多层次医疗保障的重要组成部分之一。

与基本医疗保险不同，补充医疗保险不是通过国家立法强制实施的，而是由用人单位和个人自愿参加的。企业补充医疗保险的形式有如下三种：① 商业医疗保险机构举办；② 社会医疗保险机构经办；③ 大集团、大企业自办。

3. 团体人寿保险

团体人寿保险是市场经济体制国家的一些企业提供给员工的一种常见的福利。

4. 住房补贴

住房补贴是指企业为了使员工有一个较好的居住环境而提供给员工的一种福利，主要包括企业购买或建造住房后免费或低价租给员工居住；为员工的住所提供免费或低价装修；为员工购买住房提供免息或低息贷款，全额或部分报销员工租房费用。

5. 交通补贴

交通补贴的方式多种多样，如企业派专车到员工家接送上下班，企业按规定为员工报销上下班交通费等。

6. 文体旅游性福利

文体旅游性福利主要包括企业集体文体活动、企业自建文体设施、文体活动折扣票和免费票等；企业组织旅游活动。

7. 生活福利

生活福利主要包括咨询服务、法律顾问、贷款担保、幼儿园、老人护理、内部优惠商品、购物卡等。

三、福利制度的设计

同其他的薪酬制度一样，企业设计合理的福利制度，应该遵循以下步骤：

1. 建立福利目标

设计福利制度应建立特定的目标，且该目标应该考虑企业的规模、企业所处的地区经济环境、企业的赢利能力及行业竞争对手情况等。建立福利目标最重要的是要和企业经营战略相一致，既要兼顾员工的眼前需要与长远需要，还要能调动大部分员工的积极性，吸引优秀人才，并将其成本控制在企业可能的范围之内。

2. 福利调查

与基本薪酬和可变薪酬制度一样，企业要设计出具有竞争性的福利制度，一个重要的工作就是了解企业竞争对手的情况。企业可以通过各种有利的途径与方法对竞争对手的福利计划组合、福利标准等情况进行调查，来确定企业的福利制度。

3. 福利基金筹集

福利基金的筹集是企业福利制度设计中的重要内容。员工的福利基金是企业依法筹集的、专门用于员工福利支出的资金。管理者在进行福利设计时，必须确定基金的来源渠道。不同的国家与地区以及企业有不同的资金来源。企业一般有三种筹集渠道：按法规从企业资产和收入中提取，企业自筹，向员工个人征收。我国企业也必须按照国家法律的规定来提取或筹集员工福利基金。

4. 福利成本控制

企业在进行福利制度设计时，必须进行成本核算。在核算时应考虑以下几个主要因素：

(1) 一种福利项目的成本越高，则节约福利成本的机会就越大。

(2) 福利项目的增长趋势非常重要，即某些福利项目成本在当前是可以接受的，但其增长率可能会导致企业在未来承受巨大的成本。

(3) 只有当企业在选择将多少钱投入某种福利项目具有非常大的自由度时，遏制福利成本才会起作用。

福利成本控制的流程包括：

(1) 可以通过其销量或利润估算出最高的、可能支出的总福利费用以及年福利成本占工资总额的百分比。

(2) 确定主要福利项目的成本。

(3) 确定每一个员工每年的福利项目成本。

(4) 制订相应的福利项目成本计划。

5. 福利组织与实施

在组织与实施员工福利的过程中，企业应做好以下工作：

(1) 利用有效的渠道宣传各项福利，做好福利沟通工作，了解员工的福利需要。

(2) 开展福利调查，收集员工对企业各项福利项目的态度、看法与要求。

(3) 组织实施福利计划，落实每项福利计划与预算，定期检查实施情况，收集反馈信息并改进，以增强员工对企业的认同感，增强企业的凝聚力。

四、福利管理

政府法律法规的不断完善，要求企业必须做出具体的福利计划，以及对员工和组织做出承诺。福利的激励功能越来越重要，如果企业缺乏对福利的预算与管理，不仅会造成福利成本上升，企业效率低下，而且会使福利投资不利于企业业绩增加。因此，企业必须密切关注和加强福利管理。

（一）员工参与

如果企业希望福利投资能够获得收益，那么，企业首先应积极征询员工的意见，鼓励员工参与制订福利计划，并成立由管理者与员工共同组成的专门委员会来执行、解释和统筹福利政策，使福利项目尽可能满足员工需要。

（二）动态管理

为了更好地实现福利目标，员工福利计划必须适应现实社会经济环境的变化，尤其是劳动力结构以及员工生活方式等的变化。从广义上讲，劳动者年龄和性别等基本人口结构要素对员工所希望得到的福利类型有非常重要的影响。例如，一支年龄偏大的员工队伍可能会对医疗保险覆盖范围、人寿保险以及养老金等福利更关注；处于抚养孩子时期的妇女所占比例较大的员工队伍则可能会对产假更为感兴趣；年轻的未婚员工则对上述的福利项目不感兴趣，他们期望的是更高的工资和奖金。与此同时，企业还需要对员工的福利偏好进行把握和评估，然后再来决定福利项目组合。

福利组合对员工队伍的构成也会产生重要的影响。例如，一种富有吸引力的养老金计划可能是吸引愿意在企业从事长期工作的员工的重要途径。如果某企业实行了非常有利的医疗保健福利，那么它就会吸引和保留一些本身具有较高保健成本的人。因此，企业需要考虑福利组合所释放的信号的含义，以及这种信号对于员工队伍的构成会产生一种怎样的潜在影响，实施福利的动态管理。

（三）灵活福利计划

为了满足员工的个人需要，灵活性、适应性强的福利计划已成为重要的发展趋势或福利制度设计的创新。这种福利计划能使员工自己选择最合适其某些需求的福利，避免发生因设立某些员工不需要的福利而造成的浪费。这种福利计划的主要表现是：

1. “一揽子”计划

企业不再把工资和福利分开管理，而是将它们组成一个有机体，并以企业经营目标为导向。对工作的劳动报酬适合货币工资的，采用货币方式，反之则采用福利方式；而对一些奖励性报酬，也可以采用货币与福利并用的方式。

2. 弹性福利计划

弹性福利计划允许员工根据个人的需要就所参与的福利类型及福利项目数量进行选择。它具有许多优点：首先，员工对企业提供什么福利有了更清楚的认识；其次，由于允许员工选择，在福利组合和员工个人的偏好上能够进行更好的匹配；最后，企业有可能降低福利的总成本。

当然，弹性福利计划也存在不足：① 管理成本增加，尤其是在初期的设计阶段和启动阶段。企业可以通过咨询公司开发的标准化自助餐计划解决这一问题。② 员工选择的逆向选择效应，即员工自主选择其最为需要的福利项目，使企业所承担的福利有可能增加，并使企业难以预测其福利成本。

企业案例

世界最佳雇主的员工福利

《福布斯》发布了最新的 2018 年全球最佳雇主榜单，上榜公司在公司形象、工作条件和多元化等方面都得到了高度评价。此次榜单上，Google 母公司 Alphabet 连续两年蝉联榜首，而且还是唯一一家获得满分的公司。冠军 Alphabet 拥有 8 万名员工，2017 年销售额高达 1 179 亿美元，利润为 166 亿美元，总资产 2 069 亿美元，市值 7 663 亿美元。下面是这位世界最佳雇主现行的一部分福利项目。

1. 支持员工爱的人

员工的家庭对员工个人来说至关重要，对企业来说也是如此。Google 的很多福利计划和内部便利设施都是为了让员工和所爱之人快乐度过人生的不同阶段。该公司的产假政策、退休储蓄计划和死亡抚恤金等都非常慷慨、宽松。在某些办事处，员工甚至可以带上自己的宠物狗去上班。

2. 享受健康生活

所有 Google 员工都可以享受出色的医疗保健服务。在有的办事处，公司还会提供内部健康和医疗保健服务(包括医师服务、脊椎按摩服务、理疗和按摩服务)。此外，很多办事处均配备了内部健身中心并提供相关课程，既能帮员工节省时间，还能让员工保持健康活力。此外，各式各样的园区咖啡厅和微型厨房还可提供营养丰富的膳食和小吃，让员工一整天都保持健康活力。

3. 享受美好时光

每个人都需要从工作中抽身，去充电、旅行、处理个人事务或与家人和朋友共度美好时光。该公司的员工可以选择去度假、做志愿者或灵活安排工作时间，从而协调好个人需求和公司需求，让自己达到最好的状态。因为 Google 知道，可以帮助员工保持最佳状态的万能方法并不存在。

4. 帮助员工保持财务健康

Google 提供了诸多资源(如颇受好评的退休储蓄匹配计划、财务顾问和规划服务等)来帮助员工保持良好的财务状况。

技能训练

实训目标：

市场薪酬调查。

实训内容与要求：

(1) 采用本章所讲的方式，选取典型行业或典型岗位进行市场薪酬调查。

(2) 运用所学知识结合企业市场薪酬调查结果，撰写薪酬调查报告。

成果检测：

(1) 学生以小组为单位进行调查，并形成文字、图片和视频资料。

(2) 分小组进行课堂成果展示，教师对其市场调查过程和调查报告的质量进行评价。

案例分析

格力电器的薪酬管理

格力集团是珠海市国资委监管的珠海市属国有企业，格力电器是珠海格力集团有限公司的下属控股子公司。与一些民营控股企业相比，格力电器因是国有控股企业，其薪酬政策和薪酬模式有一定的限制，因此格力在薪酬制度及体系上需要更多科学而合理的安排，企业也需要使出更多招数，来稳定公司的人才队伍。

1. 科学制订薪酬政策

格力公司采用固定工资与浮动绩效工资相结合的薪酬机制，综合考虑员工的岗位性质、工作成果、工作地域、技术难度等，按时为员工核定并发放薪酬。同时，员工的薪酬政策会根据宏观经济环境、行业发展趋势、公司战略方向等做动态调整。

针对专业技术员群体，公司建立起适用于自身发展的专业技术等级评定体系，并于 2018 年正式向集团化铺开，标志着格力电器员工职业发展通道的全面打通。当前，公司共设计出 100 余条员工职业发展通道，并成功完成任职资格标准体系、培养体系、评定体系及激励体系的全流程体系搭建，实现评定工作常态化运行。2018 年，格力电器全集团获评等级员工共计 13 000 余人，并实现评定结果在薪资方面的突破应用，进一步优化基于员工能力的薪资调整机制，全方位激发员工能力提升，更为人才甄别及发展保驾护航。

公司为进一步拓宽员工职业发展通道，促进人才梯队的建设，按照不同关键领域员工群体，搭建基于员工能力、业绩双提升的职业发展通道：针对专业技术类员工，积极引导员工不断提高专业技术水平，围绕员工关键行为、绩效表现、工作能力、工作经验等内容构建专业技术等级评定体系；针对技能型员工，完备技术工种人才储备机制，建立技能工等级评定体系，不断提高技能工专业技能素质。同时，公司将评定结果应用于薪酬等各项人事决策当中，进一步优化基于员工能力的薪资调整机制，全方位激发员工能力提升，形成动态长效的激励和发展机制。

2. 提供有竞争力的薪酬

格力电器的工资水平一直高于行业的薪酬水平，早在 2010 年，格力电器一线工人年薪便达到了 5 万元，员工年终奖发放标准也随公司发展而逐年提升。2013 年，珠三角收入较高的初级工程师平均年薪仅 5 万元时，格力电器的人均薪酬已经达到 5.6 万元。根据格力 2018 年年报，公司将近 9 万名员工的平均职工薪酬(包含了短期薪酬、离职后福利、辞退福利和其他长期职工福利等内容)达到了 9.6 万元/年，虽然这并不完全都是员工到手的收入。而 2018 年广东制造业非私营单位就业人员的平均工资是 74 030 元/年。

3. 提升员工的幸福感

格力自主创新，需要有梦想、有情怀的人才。格力电器的董事长董明珠表示，“当然也不会让他们喝稀饭、住茅屋”，格力努力给员工创造良好的工作和生活环境。

公司为员工购买养老、医疗、失业、工伤、生育等法定保险，并提供丰富的诸如免费上下班车、免费午餐、节假日慰问金、中晚班津贴、工龄津贴、保健津贴、夏季高温津贴、特殊工种津贴、在职员工学历教育的费用报销和其他丰富的员工培训等各种企业自主福利。

在整个家电行业赢利能力持续下降的背景下，格力电器宣布将为员工平均加薪 10%。格力宣称，提出为员工平均加薪不低于 10%的计划并非应对通货膨胀的暂行举措，而是格力长期以来关注员工生活、让员工分享发展成果的有计划、有步骤的行动，加薪是对员工价值的尊重。

格力 2017 年加薪的通知非常简单，《关于公司全员每人每月加薪 1 000 元的通知》内容显示：“从 2016 年 12 月起，在现有月工资的基础上，格力电器将对入职满三个月的全体员工(特殊议薪人员除外)，每人每月加薪 1 000 元。”这项制度格力员工肯定是拍手称快，但有人质疑这就是一项没有明确区分绩效高低的薪酬战略制度，不利于对员工产生激励。

2019 年年初时，格力又根据不同岗位对员工给予薪资调整，总共增加薪酬在 10 亿元以内。按照格力员工人数来算，平均加薪超过 1 000 元。这次，格力加薪在具体执行方案上有了一些变化。针对不同类型的岗位，格力采取加薪的标准还不一样。例如，技术岗位按照等级评定结果来加薪，管理岗位按照绩效和工作表现来加薪等。这样的安排更能产生激励效果，其实也更加公平合理。

董明珠曾经表示，不要等员工要求涨工资，要主动加工资，超越员工的期望。一个企业的责任，是应该主动地给自己的员工与其工作付出相匹配的工资待遇，这是企业主观上就要做的一件事，不能因为企业成本上升就挤压劳动力成本，以此来实现市场竞争。

此外，格力电器还努力为员工营造舒适的生活环境，让员工无后顾之忧。例如，格力先后斥资 6 亿元建设康乐园，为员工提供稳定充裕的生活环境。2018 年 8 月，格力投资 20 亿元的“格力明珠广场”人才公寓正式奠基，力求员工与公司同进步、共发展，稳步推进“格力员工一人一套房”工程；同年 9 月，格力学校落成开学，公司积极利用政府学位政策，解决公司技术研发人员、管理骨干、双职工等群体子女入学需求，为员工解决后顾之忧，有效提升员工幸福感和满意度。

4. 高管工资从低到高

董明珠 2016 年的税前薪酬为 619 万，常务副总裁为 434 万，其他副总裁薪酬在 200 万左右。这些薪酬当然比普通大众高很多，但对一家年收入上千亿、净利润百亿的公司高管来讲，这种薪酬水平是偏低的。

但是 2017 年时，董明珠的税前薪酬上升到了 702 万，2018 年更是暴涨到了 960 万，同比增加了 36.8%，一下子就让董明珠在国内家电董事长的薪酬榜中排到了第一。

格力公司在薪酬管理上，制订科学而合理的薪酬政策，采用有竞争力的薪酬水平策略，并努力通过给予员工各种不同形式的报酬来提升他们的获得感和幸福感，这些薪酬管理措施取得了较好的激励效果。格力正在实行多元化战略，但效果似乎并不太理想，从薪酬管理的角度来讲，如何采取更为匹配的薪酬模式以促进格力战略目标的实现，应该是决策者们思考的问题。

(案例来源：HR人力资源管理案例网)

通过阅读案例，请回答如下问题：

(1) 格力电器的薪酬制度有哪些可取之处？

(2) 试从外部公平性的角度，分析格力电器的薪酬制度的吸引力。

(3) 为了推行多元化战略，你认为格力电器该如何对公司的薪酬制度进行改革？

本章小结

(1) 广义层面的薪酬等同于报酬，是指员工因被雇佣而从企业那里获得的各种类型的酬劳，可以分为经济性薪酬和非经济性薪酬两大部分；狭义层面的薪酬是报酬的一部分，是员工作为雇佣关系中的一方所得到的各种货币收入，以及各种具体的福利和服务之和。狭义层面的薪酬主要由直接薪酬和间接薪酬构成，直接薪酬包括基本薪酬和可变薪酬，间接薪酬即各种福利和服务。

(2) 报酬是一个宽泛的概念，指的是作为个人劳动的回报而得到的各种类型的酬劳。

(3) 广义的薪酬结构是指薪酬各组成部分的构成项目及各自所占的比例，如货币薪酬与非货币薪酬的构成、直接薪酬与间接薪酬的构成比例等；狭义的薪酬结构指员工薪酬体系的各构成项目及各自所占的比例。薪酬结构可以分为五个类型：岗位薪酬制、绩效薪酬制、技能薪酬制、市场薪酬制和组合薪酬制。

(4) 薪酬管理是在组织发展战略指导下，对员工薪酬支付原则、薪酬策略、薪酬水平、薪酬结构、薪酬构成进行确定、分配和调整的动态管理过程。

(5) 制订企业薪酬制度的基本程序包括：① 确定薪酬战略；② 工作分析与评价；③ 市场薪酬调查；④ 确定薪酬水平；⑤ 确定薪酬结构；⑥ 确定薪酬等级；⑦ 企业薪酬制度的实施与修正。

(6) 可变薪酬又被称为激励薪酬、浮动薪酬，是以工作绩效为依据而支付的一种报酬形式。在设计可变薪酬制度时，考虑到受奖励的对象不同，可以分为个人层面的可变薪酬、团体层面的可变薪酬和企业层面的可变薪酬三种类型。

(7) 宽带薪酬就是指对多个薪酬等级以及薪酬变动范围进行重新组合，从而变成只有相对较少的薪酬等级以及相应的较宽的薪酬变动范围。

(8) 福利又称职业福利或劳动福利，是为了满足员工的生活需要，在工资之外，企业向员工本人及其家属提供的货币、实物以及其他服务形式。福利制度设计应遵循以下步骤进行：① 建立福利目标；② 福利调查；③ 福利基金筹集；④ 福利成本控制；⑤ 福利组织与实施。

复习与思考

1. 什么是薪酬？它由哪些部分组成？
2. 薪酬结构有哪些类型？
3. 制订企业薪酬制度的基本程序是什么？
4. 制订企业可变薪酬时，可以从哪三个层面进行考虑？
5. 实施宽带薪酬制度应注意哪些问题？
6. 福利管理的要点有哪些？

第九章

员工关系管理

学习目标

(1) 了解员工关系管理的含义和主要内容。
(2) 了解劳动关系和劳动关系管理的含义。
(3) 掌握劳动合同的主要内容。
(4) 掌握劳动合同管理的程序。
(5) 掌握劳动争议的处理流程及方式。
(6) 掌握离职的分类及其管理制度。
(7) 掌握员工人际关系的分类及其原则。

关键词

员工关系管理(Employee Relationship Management)
劳动关系(Labor Relationship)
劳动合同(Labor Contract)
劳动争议(Labor Dispute)
离职管理(Turnover Management)

导入案例

知名公司的离职管理

1. 世界名企

麦肯锡建立了一个“麦肯锡校友”的花名册，这个花名册上全是从麦肯锡离职的员工。麦肯锡与这些前员工们保持联系，还邀请他们参加公司组织的一些活动，对公司的工作提出建议等。事实证明，有相当数量的离职员工成了麦肯锡的拥护者、客户或商业伙伴。

苹果公司有一项充满奇趣的人力资源制度——“离岗留职”，即员工在辞职后的两年时间内，公司仍为其保留职位，尽管他们不会得到薪酬，但是如果后悔了当初的选择，可以随时返回苹果公司工作。返岗后，他们的职位不会受任何影响。这项制度是由乔布斯创造的。他相信“好马也吃回头草”。

2011年，Google推出了官方的离职员工网站Google Alumni，邀请前员工加入，赠送礼物，与在职员工一起分享生活，离职员工甚至可以分享自己在竞争对手公司的晋升情况，也可以对Google吐槽。那些离职的员工纷纷赞赏Google的大度，为Google的雇主品牌建设添砖加瓦。

世界著名的管理咨询公司——贝恩公司，专门设立了旧雇员关系管理主管，负责跟踪离职员工的职业生涯变化情况。为记录这些变化情况，公司还建有一个前雇员关系数据库，其中存有北美地区2 000多名前雇员资料，不但包括他们职业生涯的变化信息，还包括结婚生子之类的细节。贝恩公司定期向那些曾在公司效力的前雇员发送信息，邀请他们参加公司的聚会活动。如此感情投资，也是为了有朝一日能有效利用这些“跑了”的人力资源。

亚马逊有这样一条人力资源管理政策：在亚马逊运营中心工作的全职员工工作满一年以上，如果想离职，可以发放最高额度为5 000美元的奖金。离职员工接受这个奖金的唯一条件就是：永远不能再为亚马逊工作了。这个和上面几家企业有所不同，亚马逊设置了这条政策旨在防止员工离职，当然即使员工非要辞职，也是好说好散，更别提还有奖金拿。

2. 国内名企

2018年腾讯公司在成立二十周年之际，给离职员工快递了一些值得纪念的小礼物。这样暖心的做法让公众对腾讯公司交口称赞，它离自己的目标“成为受人尊敬的互联网企业”又近了一步。

2014年阿里巴巴召开了一个让国内许多大型企业震惊的会议——离职员工大会。这个会议聚集了2 000多名曾经在阿里服务的员工，其中最远有美国赶来的。马云在这个大会上说：“你们去腾讯、京东，阿里不会生气。只希望你把阿里‘让天下没有难做的生意’的使命感带过去。阿里的工号是保留的，每个工作过的员工都有自己的工号，哪怕只工作过1天。我一直相信，会有这么一天，外面的阿里人比公司里的多。”

百度的离职员工可以申请加入“百老汇”。“百老汇”成立于2009年11月，由百度原创新发展部陈枫女士发起。“百老汇”以“大家帮助大家，大家服务大家”为愿景，持续提供有价值的服务与支持。这一平台汇集了不同领域百度人的知识和专业技能，每年得到了数以百计的企业的大力支持，为业内带来了巨大的积极影响。

思考：以上国内外知名公司的离职管理给了我们什么启示？

第一节　员工关系概述

一、员工关系的内涵

(一) 员工关系的含义

员工关系(Employee Relationship)最初源自西方的劳资关系(劳工关系)。第二次世界大战以后，劳资矛盾不断激化，工人阶级为了提高工资和改善各项福利待遇，掀起了一次又一次罢工运动，为企业的稳定带来了不良影响。后来，在劳资双方力量的博弈中，资方认识到缓和矛盾、改善企业与员工关系的重要性，逐渐开始关注劳资关系的管理，并建立专门的劳资关系管理职能来营造与维护和谐的劳资关系。随着管理理论的发展，人们对人性本质认识的不断进步，以及国家劳动法律体系的完善，企业越来越注重改善员工关系，加强内部沟通，协调员工关系。演变到后来，就形成了人力资源管理体系中的一个重要模块——员工关系管理。

员工关系又称雇员关系，与劳动关系、劳资关系、雇佣关系相近。员工关系是由组织中的雇佣行为而产生的关系，它以研究与组织雇佣行为管理有关的问题为核心内容。它的基本含义是指企业与员工个人及团体之间产生的，由双方利益引起的合作、冲突、力量和权利等关系的总和，并受到一定社会中经济、技术、政策、法律制度和社会文化背景的影响。具体来说，员工关系管理是从管理的角度来探讨企业与员工之间的关系，是指为保证企业及其利益相关者目标的实现，对涉及企业与员工、管理者与员工以及员工与员工之间的各种工作关系、社会关系和利益冲突进行协调和管理的制度、体系与行为。

员工关系强调以员工为主体和出发点的企业内部关系，注重个体层次上的关系和交流，是从人力资源管理角度提出的一个取代劳资关系的概念，注重和谐与合作是这一概念所蕴含的精神。从广义的角度来看，员工关系管理涉及企业文化和人力资源管理，包括企业核心价值观的确立、组织体系的设计和调整、工作分析、人力资源制度的制订和实施等。从狭义的角度来看，员工关系管理只从人力资源管理的角度进行分析，主要包括劳动合同管理、员工冲突管理、员工离职管理、员工沟通管理等。

（二）员工关系的特征

员工关系与其他市场合作关系不同，具有一些独有的特征。

1. 个别性和集体性

就关系的主体而言，员工关系可分为个别员工关系与集体员工关系。个别员工关系是个别员工与管理方之间的关系，其主要特点是个别员工在从属的地位上提供职业性劳动，而管理方给付报酬。集体员工关系则是员工的团体如工会为维持或提高员工劳动条件与管理方之间的互动关系。

2. 不平等性和平等性

以劳动换取报酬，处于从属地位提供职业性劳动，是员工的主要义务，员工在劳动过程中有服从管理方指示的义务，从这一点讲，员工关系有其不平等的一面。但在员工签订劳动合同之前，与管理方就劳动条件协商时并不存在从属地位关系，即使在劳动关系存续期间，就劳动条件的维持或提高与管理方协商时也无服从的义务，这是员工关系平等性的一面。

3. 对等性和非对等性

就双方应履行的义务而言，员工关系具有对等性与非对等性之别。所谓对等性义务，是指一方没有履行某一义务时，他方可以免除另一相对义务的履行。所谓非对等性义务，则是指一方即使没有履行某一相对义务，他方仍不能免除履行另一义务。例如，员工提供劳动与管理方支付劳动报酬之间具有对等性；但员工提供劳动与管理方的照顾义务，员工的忠实义务与雇主的报酬给付，以及员工的忠实义务与雇主的照顾义务之间则均无对等性。对等性属于双方利益的相互交换，而非对等性则属于伦理上的要求。

4. 经济性、法律性和社会性

员工通过提供劳动获取一定的报酬和福利，体现了员工关系的经济性，即在员工关系中含有经济性要素。同时，员工关系在法律上是通过劳动契约的形式来表现的，员工在获取经济利益的同时，还要从工作中获得作为人所拥有的体面、尊严、归属感、成就感和满足，其经济要素和身份要素同时并存于同一法律关系之中。不过在这些要素中，身份要素为员工关系中的主要部分。

二、员工关系的实质

企业与员工之间的矛盾和问题是普遍存在的。虽然员工关系非常复杂，但最终都可以归结为合作和冲突两个根本方面。要对员工关系有深层次的理解，需要对冲突的根源以及阻碍这些冲突继续发展的合作的根源有全面的了解，弄清冲突与合作的根源的相互作用方式。

1. 合作的根源

合作，是指在组织中，管理方与员工要共同生产产品和服务，并在很大程度上遵守一套既定制度和规则的行为。这些制度和规则是经过双方协商一致的，协议内容非常广泛，涵盖双方的行为规范、员工的薪酬福利体系，对员工努力程度的预期，对各种违反规定行为的惩罚，以及有关争议的解决、违纪处理和晋升提拔等的程序性规定。员工关系理论一般认为，合作的根源主要由两方面组成，即“被迫”和“获得满足”。

“被迫”是指员工迫于压力而不得不合作，即雇员如果要谋生，就得与雇主建立雇佣关系。而且如果他们与雇主利益和期望不符或作对，就会受到各种惩罚，甚至失去工作。即使雇员能够联合起来采取集体行动，但长期的罢工和其他形式的冲突，也会使雇员收入受到损失，还会引起雇主撤资不再经营，或关闭工厂，或重新择地开张，最终使雇员失去工作。事实上，员工比雇主更依赖这种雇佣关系的延续。而且从长期而言，他们非常愿意加强工作的稳定性，获得提薪和增加福利的机会。从这个角度讲，利益造成的合作与冲突同样重要。

“获得满足”主要建立在员工对雇主的信任的基础之上，这种信任来自对契约公正的理解和对当前管理权力的限制。大多数工作都有积极的一面，这是员工从工作中获得满足的更重要的原因。换言之，员工认识到工作的价值，会产生某种自我价值的满足。有研究表明，如果员工认为自己已经“融入”到工作中，并且觉得他们的工作不但有意义，而且从本质上说也是令人愉快的，则即使有时会感受到工作压力，或者工作超负荷，或者对工作缺乏指挥权，但他们仍然乐于工作。此外，具有工作责任感的员工还认为，只要雇主没有破坏心理契约，他们自己就有必要遵守这些心理契约。与此同时，管理方也应努力使员工获得满足。如有学者提出“人性化”管理方式，以及雇主出于自身利益考虑向员工做出让步，都在一定程度上提升了员工的满意度。这些措施减少了冲突的根源的影响，加强了合作的根源的影响。

2. 冲突的根源

劳资双方的利益、目标和期望不可能总是保持一致，相反经常会出现分歧，甚至背道而驰：一方面是由于员工关系的本质属性造成的冲突，另一方面可能是由那些更加可变的，取决于产业、地域、国家等因素的属性所造成的冲突。

从员工关系的本质属性来看，雇主和雇员之间产生冲突也是不可避免的。企业内不同的人有不同的职位、专长，关心不同的事，有不同的视角，对组织内的资源分配、奖励和惩罚自然会产生分歧，也就不可避免地会引发冲突。这些冲突产生的原因主要包含客观的利益分歧、价值观分歧、雇佣关系的性质三个方面。例如，雇主要控制成本，而员工要提高待遇；雇主要提高人力资源弹性，而雇员要更高的保障。又如，关于公平的价值观判断，雇主和雇员之间也可能存在分歧：企业可能认为，绩效就是最大的公平；而员工可能认为，公平必须考虑更多的因素，资历因素是一个重要的因素，应该从长期来看待。此外，员工在将自我控制权的部分让渡给雇主的过程中，也可能会产生一些日常的冲突。例如，员工不希望自己的工作行为受到监督，而雇主期望通过工作行为和绩效的监控保证企业战略目标的实现。另外，雇佣关系契约的内容不完全也会产生冲突。换言之，双方在订立劳动合同的时候无法把所有的事情都说清楚，因此在雇佣关系确定以后，还会出现许多之前没有考虑的情况，从而引发冲突。

从产业、地域、国家等因素的属性来看，企业不是运行在真空之中的，而是处于一定环境因素作用的影响之下，并且这些环境对处于同一竞争领域的企业来说往往是一致的，它主要包括国家、产业、地域和社会文化。例如，国家对最低工资的立法等政治行为就会限制用人单位的薪酬政策，在实际运行中如果企业与员工就该政策的执行产生分歧，就容易引发冲突。又如，员工之前来自一种“对抗性”的社会文化，将对管理方的敌视和挑战看作是可以理解的，而现在所处的文化氛围比较保守，提倡服从和尊敬权威，此时敌视雇主和挑战会遭到其他员工的反对，容易引发冲突，这种情况在跨国公司中比较常见。

三、员工关系的主要内容

企业与员工之间的合作和冲突是普遍存在的，这也更加突出了员工关系管理的重要性。员工关系管理的最高目标，应该是做到“让员工除了把所有精神放在工作上之外没有其他后顾之忧”。在这一目标之下，涉及员工的劳动关系管理、劳动争议管理、员工离职管理、员工沟通管理等，具体见表 9-1。从人力资源管理的角度看，本书员工关系管理包含以下内容：

1. 劳动关系管理

劳动关系管理包括员工入职、劳动合同及相关手续办理、社会保险、员工申诉、纠纷和意外事件处理等内容，其中劳动合同和劳动争议为劳动关系的重点。劳动合同管理是指根据国家法律、法规和政策的要求，对合同的订立、履行、变更和解除、终止等全过程的行为所进行的一系列管理工作。劳动纠纷是指当劳动关系的当事人之间因执行劳动法律、法规和履行劳动合同而发生纠纷后所进行的调查和调解。

2. 员工离职管理

离职是指从组织内部往外部的劳动移动，它既包括员工主动离职，也包括非自愿离职。其中，主动离职是员工自愿从企业中流出或自愿离开企业的行为；非自愿离职则是企业从自身利益出发所实施的解雇员工的行为。员工离职管理指对员工离开公司一切事务处理的管理，如填写离职单、离职面谈、核准离职申请、业务交接、办公用品及公司财产的移交、监督移交、人员退保、离职生效、资料存档、离职员工的后续管理等。

3. 员工沟通管理

员工沟通管理贯穿员工关系管理工作的全过程。企业要保证沟通渠道的畅通，应建立完善的、利于双向沟通的渠道，引导企业和员工之间、员工与员工之间进行及时的双向沟通，完善员工建议制度，并重视管理者与团队领导或主管之间、管理者与员工之间持续的非正式和正式的互动。例如，企业应及时反馈和处理员工的投诉或建议、电话和邮件，定期组织沟通会议，听取员工意见，加强与员工的联系，并致力于创造和维护更多切实有效的沟通渠道和方法。

表 9-1　员工关系管理的主要内容

主要内容	具 体 含 义
劳动关系管理	根据国家法律、法规和政策的要求，对合同的订立、履行、变更和解除、终止等全过程的行为所进行的一系列管理工作的总称
劳动争议管理	当劳动关系的当事人之间因执行劳动法律、法规和履行劳动合同而发生纠纷后，进行调查和调解，在不损害企业利益的前提下尽可能满足员工的要求，降低劳动争议给企业运作带来的负面影响
员工离职管理	从组织内部往外部的劳动移动，也指对员工离开公司一切事务处理的管理。它既包含员工自愿从企业中流出或自愿离开企业的自动离职，也包含企业从自身利益出发所实施的解雇
员工沟通管理	企业环境下人与人之间的交往与沟通行为的总和。员工沟通管理主要是引导员工建立良好的工作关系，创建有利于员工建立正式人际关系的环境，保证沟通渠道的畅通，引导公司上下及时双向沟通，完善员工建议制度

第二节　劳动关系管理

一、劳动关系概述

(一) 劳动关系的内涵

劳动关系这一概念最早可追溯到 1935 年 7 月 5 日美国制定的《国家劳动关系法》。历经几十年发展，人们对劳动关系的认识不断丰富。劳动关系的形成是以实际用工为标志的，用人单位必须与劳动者签订书面劳动合同。我国《劳动法》对劳动关系进行了界定：劳动关系是指国家机关、企事业单位、社会团体、个体经济组织和民办非企业单位与劳动者之间依照法律签订劳动合同，劳动者接受用人单位的管理，从事用人单位合理安排的工作，成为用人单位的一名成员，从用人单位领取劳动报酬和受劳动保护而产生的一种法律关系。

当前，理论界对劳动关系的理解可以分为以下三种：

(1) 在劳动过程中，劳动者既会发生人与物的关系，也会发生人与人的关系。这种相对于人与物关系的人与人之间的关系就是劳动关系，也称为广义上的劳动关系，主要包括就业关系、组合关系(由一般分工所形成的国民经济各部门或产业劳动力分配的比例与结构，由特殊分工所形成的劳动过程中的分工同协作关系)和分配关系(劳动产品如何分配)。

(2) 劳资关系通常发生在就业组织中，指由雇佣行为所产生的劳资关系或雇佣关系。它主要包括所有者与全体职工(包括经营管理人员)的关系，经营管理者与普通职工的关系，经营管理者与个人组织的关系，工会与职工的关系等。

(3) 劳动关系是雇主或雇主组织与劳动者个人及团队之间产生的合作、冲突、力量和权变等关系的总和。

本书在综合劳动关系各种理解的基础上，将劳动关系定义为：企业所有者、经营管理者、普通职工及其工会组织间在企业的生产经营活动中形成的各种权、责、利关系的总和。

(二) 劳动法律关系

劳动法律关系是指用人单位与劳动者之间，依据劳动法律规范所形成的实现劳动过程的权利和义务关系。劳动法律关系由三个要素构成：主体、内容和客体。劳动法律关系的参与者为劳动关系的主体，包括劳动者、劳动者的组织(工会、职代会)和用人单位；劳动关系的客体是指主体的劳动权利和劳动义务共同指向的事物，如劳动时间、劳动报酬、安全卫生、劳动纪律、福利保险、教育培训和劳动环境等；劳动关系的内容包括主体双方依法享有的权利与承担的义务。

《劳动法》第三条规定，劳动者享有的权利有：平等就业和选择职业的权利；取得劳动报酬的权利；休息休假的权利；获得劳动安全卫生保护的权利；接受职业技能培训的权利；享受社会保险和福利的权利；提请劳动争议处理的权利以及法律规定的其他劳动权利。相应地，劳动者承担的义务有：完成劳动任务；提高职业技能；执行劳动安全卫生规程；遵守劳动纪律和职业道德。

企业的主要权利有：依法录用、调动和辞退员工；决定企业的机构设置；任免企业的行政干部；制订工资、报酬和福利方案；依法奖罚员工。相应地，其主要义务有：依法录用、分配、安排员工的工作；保障工会和职代会行使其职权；按员工的劳动质量、数量支付劳动报酬；加强对员工思想、文化和业务的教育、培训；改善劳动条件，搞好劳动保护和环境保护。

此外，我国员工代表大会是企业实行民主管理的基本形式，是员工行使民主管理权利的机构。《企业法》规定员工代表大会的工作机构是企业工会。企业工会负责员工代表大会的日常工作。《企业法》规定员工代表大会具有审议权、同意或否决权、监督权、选举权等职权，具体包括：审议企业生产经营重大决策；审议通过企业重大改革方案；参与决定员工集体福利重大事项；民主评议和推荐、选举企业领导干部；等等。

二、劳动合同

（一）劳动合同概述

劳动合同是指劳动者与企业之间为确定劳动关系，依法协商达成的双方权利和义务的协议。劳动合同是确立劳动关系的法律形式，是维护双方合法权益的重要法律保障。根据《劳动合同法》的相关规定，劳动者加入到企业、事业机关、团体等用人组织内，在担任一定职务或从事某种工作的同时，应遵守所在单位的内部劳动规则和制度；用人方按照劳动的数量和质量支付劳动报酬，依法提供劳动条件，保障劳动者依法享有劳动保护、社会保险等合法权利。劳动关系的确立流程如图 9-1 所示。

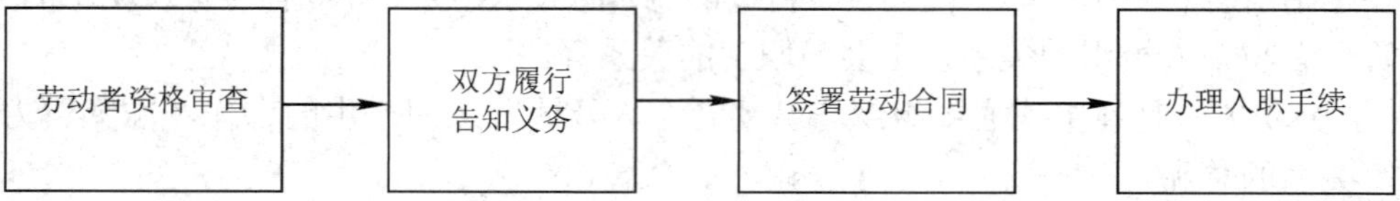

图 9-1　劳动关系的确立流程

（二）劳动合同的内容

劳动合同的内容是指劳动者与企业双方达成的劳动权利、义务的具体规定，根据《劳动法》和《劳动合同法》的相关规定，劳动合同应当以书面形式订立，具体包括法定条款和约定条款。

1. 法定条款

法定条款又称必备条款，是指根据《劳动合同法》的规定，劳动合同中必须具备的条款。根据《劳动合同法》第十七条规定，劳动合同应当具备的法定条款有：

(1) 用人单位的名称、住所和法定代表人或者主要负责人。

(2) 劳动者姓名、住址和居民身份证或其他有效证件号码。

(3) 劳动合同期限。劳动合同期限可分为固定期限、无固定期限和以完成一定工作任务为期限。劳动合同可以约定试用期，试用期最长不得超过 6 个月。劳动者在同一用人单位连续工作 10 年以上，当事人双方同意续延劳动合同的，如果劳动者提出了订立无固定期限的劳动合同，则应当订立无固定期限的劳动合同。

(4) 工作内容和工作地点。劳动合同应明确员工在企业中所从事的工作岗位、性质、工种以及完成的任务，应达到的目标等。工作地点是劳动者从事劳动合同中所规定的工作内容的地点。劳动者有权在与用人单位建立劳动关系时知悉自己的工作地点。

(5) 工作时间和休息休假指劳动者在用人单位，必须用来完成其所担负的工作任务的工作时间和休息休假的安排。这里的工作时间包括工作时间长短、工作时间方式的确定，如是 8 小时工作制还是 6 小时工作制，是日班还是夜班，是正常工时制还是不定时工时制，或者是综合计算工时制。休息休假是劳动者按规定不必进行工作而自行支配的时间。《劳动法》第三十八条规定："用人单位应当保证劳动者每周至少休息一日。"

(6) 劳动报酬。用人单位和劳动者协商约定劳动者的工资额(含试用期工资)、工资调整的权限、发放时间、报酬的构成和变更。对于生产型企业，还可以有最低工资条款。

(7) 社会保险。社会保险是政府通过立法强制实施的，由劳动者、劳动者所在的工作单位或社区及国家三方面共同筹资，使劳动者及其亲属在遭遇年老、疾病、工伤、生育、失业等风险时，防止收入的中断、减少和丧失，以保障其基本生活需求的社会保障制度。社会保险一般包括医疗保险、养老保险、失业保险、工伤保险和生育保险。

(8) 劳动保护、劳动条件和职业危害。用人单位应当为劳动者提供劳动安全卫生条件和生产资源条件。国家为了保障劳动者的身体安全和生命健康，通过制定相应的法律和行政法规、规章，规定劳动保护。用人单位也应根据自身的具体情况，规定相应的劳动保护规则，以保证劳动者的健康和安全。

(9) 法律、法规规定的应当纳入劳动合同的其他事项。有的劳动合同由于其自身的特殊性，立法特别要求除了以上规定条款外，还必须载明有关保障劳动者劳动安全、防止职业危害的事项，以及依法为劳动者办理工伤社会保险的事项。

2. 约定条款

约定条款也称可备条款，是法定条款的必要补充，法律不做强制性规定，由当事人根据意愿选择是否在合同中约定，劳动合同缺乏这种条款并不影响其效力。

约定条款包括以下内容：① 约定试用期；② 保密条款；③ 补充保险和福利待遇；④ 变更、解除劳动合同的条件；⑤ 保守商业秘密。除以上约定条款外，劳动者同当事人还可以就双方的具体情况进行其他方面的约定，但约定条款不得违反法律、法规的规定。

(三) 劳动合同的管理过程

劳动合同的管理过程主要包括以下部分：劳动合同的订立、劳动合同的履行、劳动合同的变更、劳动合同的解除、劳动合同的终止和劳动合同的续订。

1. 劳动合同的订立

《劳动法》第十七条规定：“订立和变更劳动合同，应当遵循平等自愿、协商一致的原则，不得违反法律、行政法规的规定。”具体来看，订立劳动合同应当遵循以下原则：

(1) 平等自愿原则，即劳动者和用人单位订立合同时的法律地位是平等的，订立劳动合同也是双方当事人真实意思的表达。

(2) 协商一致原则，即用人单位和劳动者对劳动合同的内容达成一致意见。

(3) 合法原则，即劳动合同的内容和形式必须符合法律规定。

(4) 公平原则，即劳动合同应当公平合理地确定双方的权利和义务。

(5) 诚实信用原则，即双方订立劳动合同要诚实守信，不得有欺诈行为。

2. 劳动合同的履行

劳动合同的履行，是指劳动合同生效后，双方当事人按照劳动合同的约定，履行各自承担的义务和实现各自享有的权利的法律行为。用人单位与劳动者应当按照劳动合同的约定，全面、正确、实际履行各自的义务。用人单位应当按劳动合同和国家规定，向劳动者及时支付劳动报酬；用人单位拖欠或者未足额支付劳动报酬的，劳动者可以依法向当地人民法院申请支付令。劳动者对危害生命安全和身体健康的劳动条件，有权对用人单位提出批评、检举和控告。

3. 劳动合同的变更

用人单位与劳动者协商一致，可以变更劳动合同约定的内容。变更劳动合同，应当采用书面的形式，变更后的劳动合同文本由用人单位和劳动者各执一份。用人单位变更名称、法定代表人、主要负责人或者投资人等事项，不影响劳动合同的履行。用人单位发生合并或者分立等情况，原劳动合同继续有效，劳动合同由承继其权利义务的用人单位继续履行。

4. 劳动合同的解除

劳动合同解除是指劳动合同在期限届满之前，由于某种原因导致劳动合同双方或单方提前终止劳动合同的法律行为。劳动合同解除一般可分为法定解除和协商解除。法定解除指法律、法规或劳动合同规定可以提前终止劳动合同的情况。协商解除是指双方经协商一致而提前终止劳动合同的情况。

5. 劳动合同的终止

劳动合同终止是指劳动期满或双方当事人约定的劳动合同终止的条件出现，以及劳动合同一方当事人因某种原因无法继续履行劳动合同时结束劳动关系的法律行为。有下列情形时，劳动合同即行终止：劳动合同期满的；劳动者开始依法享受基本养老保险待遇的；劳动者死亡，或者被人民法院宣告死亡或者宣告失踪的；用人单位被依法宣告破产的；用人单位被吊销营业执照、责令关闭、撤销或者用人单位决定提前解散的；法律、行政法规规定的其他情形。

6. 劳动合同的续订

劳动合同续订是指劳动合同期限届满，经双方协商一致，可以续订劳动合同。其具体内容包括：双方协商续订劳动合同；劳动者在同一企业连续工作满 10 年以上，当事人双方同意延续劳动合同的，企业应当与劳动者订立无固定期限劳动合同；劳动者患职业病或者因工负伤并被确认达到伤残等级，要求续订劳动合同的，企业应当续订劳动合同；劳动者在规定的医疗期内或女员工在孕期、产期、哺乳期满为止。

管理故事

从试用期员工辞退看《晏子逐高缭》

这个故事的主角是春秋时期齐国著名的宰相——晏婴，后人也把他称为晏子，因为他为齐国的强大做出了非常突出的贡献。而故事的配角——高缭，只是晏子的一名下属官员。他在晏子手下干了三年，虽然没有什么功劳，但也没犯什么错误。

可突然有一天，晏子把高缭给开除了。晏子的左右非常惊讶，他们对晏子说道："高缭跟了您三年，从未犯错。您本应该奖赏他，给他相应的爵位，可您却把他给辞了，您这样做符合道义吗?"

晏子回答道："我是一个卑微的人，通过各方支持来辅助才能稳固，才能立国。现在高缭这个人侍奉了我三年，却从来没有纠正过我的错误，这就是我辞退他的原因。"

这个故事讲到这里就完了。很多人在解读这个故事的时候，都说晏子赏罚分明，唯才是用，或者说他是个优秀的领导，不只是想听好话，而且也要听到批评的声音等。

如果我们从另一个角度来看这个故事，可能会有别的搞笑解读。晏子开除高缭，给出的理由是他从来没有纠正过晏子的错误，按现在的理解就是没有履行岗位的职责，达不到岗位的要求。这很有点像现在的企业老板在辞退员工时，找不到什么好的理由，就说员工不符合这个岗位的要求。

特别是对那些处于试用期的员工来讲更是如此。他们本以为可以如期转正，增加工资，结果企业以不符合录用条件为由将这些员工辞退，打的如意算盘其实就是想用低廉的工资来使用劳动力。幸亏，我们现代社会有《劳动合同法》保护我们的劳动者。

企业如果以员工不符合录用条件，想合法地解除员工的劳动合同，必须满足两个条件：其一，员工已经知晓岗位的录用条件；其二，员工不符合录用条件的具体情形。这都需要企业举出证据进行证实。如果以上两个条件不能同时达到，企业就形成非法解除劳动合同，是需要支付员工赔偿金的。

可上面这个故事中的高缭就没有这么幸运了。在被晏子“试用”了三年之后，高缭就以“工作没达到要求”给开除了。可在这三年的时间中，晏子有告诉过高缭“你的录用条件，你的岗位职责就是要指出晏子的缺点，纠正晏子的错误”吗？显然是没有的。

三年时间说长不长，说短不短。可怜的高缭还满心欢喜地以为自己可以“转正”获得爵位，哪曾想结果却是被开除。晏子的做法，按照现在的《劳动合同法》来看，就是构成了“非法解除劳动合同”，是要支付给高缭赔偿金加补偿金的。

三、劳动争议

（一）劳动争议的内涵

劳动争议也称劳动纠纷、人事纠纷，是劳动关系当事人之间因实现劳动权利和履行劳动义务所发生的纠纷。它具有两层含义：一是劳动争议的主体必须是劳动关系的当事人，一方是用人单位，另一方是与之建立了劳动关系的劳动者；二是劳动争议的内容涉及当事人双方的权利与义务。概言之，它是劳动者与用人单位之间，在《劳动法》调整范围内，因适用国家法律、法规和订立、履行、变更、解除和终止劳动合同所发生的纠纷。

（二）劳动争议的起因

劳动争议是市场经济和社会化大生产的必然产物。市场经济要求资源流动而形成最佳配置，这就决定了用人单位和劳动者之间不可避免地会出现因劳动关系产生、变更、终止而发生的冲突和纠纷，加之二者利益、看问题的角度不同，也增加了发生冲突和纠纷的可能性。

劳动争议的产生有外部原因和内部原因，主要的外部原因有：用人单位开除、辞退职工和自动离职过程中因执行国家有关工资、保险、福利、培训、劳动保护等规定未达成一致，劳动合同内容不完善，企业规章制度不健全等，主要的内部原因为劳动者法治观念淡薄。

（三）劳动争议的处理程序

根据《劳动争议调解仲裁法》的相关规定，劳动争议的处理途径主要有当事人协商解决、用人单位劳动争议调解委员会调解、劳动争议仲裁委员会仲裁和人民法院诉讼审判解决四种。

1. 协商

协商是指劳动者和用人单位就争议问题直接进行协商，寻找解决纠纷的具体方案。但是协商的程序不是处理劳动争议的必经程序，协商出于自愿。根据参与者的不同，协商可以分为个体协商、集体协商和三方协商，其中最常见的是个体协商，即劳动者个人在没有组成群体性组织的情形下，与用人单位就劳动报酬、工作时间、休息休假、劳动安全卫生、保险福利等争议事项进行的协商。

2. 调解

劳动争议调解是指在劳动争议发生后，由第三者介入争议当事人之间，通过疏导、劝说等方式，促进当事人互让，最终达成一致处理结果的方法。具体劳动争议调解有广义和狭义之分。广义的调解是指调解贯穿于劳动争议处理全过程，包括群众性调解组织的调解、劳动争议仲裁委员会的调解和人民法院的调解。狭义层面的调解指群众性调解组织进行的调解。根据《劳动争议调解仲裁法》第十条的规定，群众性调解组织具体包括企业劳动争议调解委员会、依法设立的基层人民调解组织，以及在乡镇、街道设立的具有劳动争议调解职能的组织。

3. 仲裁

劳动争议仲裁也称劳动仲裁，是指劳动争议仲裁机构对当事人请求解决的劳动争议，依法居中公断的行为，具体包括对劳动争议依法审理、调解、裁决的一系列活动。在我国的劳动争议处理体制中，一般将其作为诉讼前的法定必经程序。劳动争议发生后，申请人向仲裁机构提出申请，请求仲裁机构通过仲裁解决劳动争议。劳动争议申请仲裁的时效期间是一年。仲裁时效期间从当事人知道或者应当知道其权利被侵害之日起计算。

4. 诉讼

劳动争议诉讼，即劳动争议当事人向人民法院的起诉、上诉以至人民法院对劳动争议案件的终局审理等过程。劳动争议诉讼不是当事人在纠纷发生后的直接诉讼行为，而是当事人不服劳动争议仲裁机构仲裁裁决后的司法求助。劳动争议诉讼是处理劳动争议的最终程序，它通过司法程序保证了劳动争议的最终彻底解决。

第三节　员工离职管理

一、员工离职概述

离职是企业员工流出企业的过程。离职是企业内部员工关系活动的表现形式之一，在企业的经营管理过程中属于正常现象。对于企业来讲，员工离职了类似于人类的新陈代谢过程，可以促进企业保持活力、健康成长，提高企业获取更加优秀的人才的机会。与此同时，对于劳动者来讲，离职行为也是促使其实现人与职的匹配，更有效实现自身价值的手段。

对于企业而言，一方面，一支满意且敬业的队伍所提供的产品和服务，能够更好地满足客户的需求，有助于提高客户的满意度，并将其维持在较高的水平上，从而带来更高的组织绩效；另一方面，企业必须有能力和意愿去解雇那些绩效不佳，甚至对企业的生产率或其他利益产生不利影响的员工。解雇不称职的低效员工，不仅有助于企业减少损失，其恰恰也是留住高绩效员工的一个重要条件。

离职率是反映企业内部员工离职情况的指标，是指在一定的时期内，离职员工的数量占企业员工总数的比率。企业可以通过定期统计并分析离职率，了解员工的满意度和企业对员工的吸引力，从而可以间接地推测出企业的市场竞争力水平。企业应将离职率保持在正常的范围内，过高或过低的离职率都有可能给企业带来较多的消极作用。一般企业离职率的计算如下：

$$离职率 = \frac{离职人数}{期初人数 + 入职总人数} \times 100\%$$

二、离职的分类及评估

（一）离职的分类

根据员工离开企业的原因不同，离职可以分为自愿离职和非自愿离职。如果离职要求是由员工提出，而企业却希望员工能够继续留在企业中，这种离职便属于自愿离职。员工自愿离职的原因有身体健康、家庭、个人发展或退休等原因。若员工的离职是由企业提出的，这种离职就属于非自愿离职。非自愿离职可能是由于员工严重违纪，或多次绩效考核不合格且无法改进；或由于外部经济不景气等原因，企业阶段性地解雇一些员工。

裁员是非自愿离职的典型形式，是因用人单位的原因而解除劳动合同的情形，也是用人单位在法定的特定期限内依法进行的集中辞退员工的行为。根据裁员的动因不同，裁员分为经济性裁员、结构性裁员和优化性裁员。

(1) 经济性裁员是由于市场因素或企业经营不善，导致经营状况出现严重困难，盈利能力下降，此时企业为了生存和发展，降低运营成本，被迫采取裁员行为来缓解经济压力。

(2) 结构性裁员是企业的业务方向、提供的产品或服务发生变化而导致内部组织机构的重组、分立、撤销而引起的集中裁员。

(3) 优化性裁员是企业为保持人力资源的质量，根据绩效考核结果解聘那些业绩不佳的、不能满足企业发展需要的员工的行为。

（二）离职评估

无论是自愿离职还是非自愿离职，都会给企业带来较高的成本。对于企业来说，员工离职会产生企业经济利益的总流出，因为员工离职会产生一系列的直接或间接成本。具体地说，离职成本主要由离职补偿金、解雇安置费、离职前的低效成本以及空职成本等内容构成。

虽然企业对主动离职的员工可能不需要支付经济补偿，但优秀员工的流失给企业带来直接成本和间接成本可能要高于非自愿离职的员工给企业带来的成本。这主要是由于替换离职员工的成本可能会比较高，不仅是因为招聘新员工需要花费一定的时间和费用，而且新员工也需要花费一定的时间来学习完成工作和团队合作方面的技能。即使是从企业内部其他岗位调动员工来承担离职员工的工作，也需要一定的时间熟悉工作。另外，虽然裁员是企业面临经济困难或遭遇经济危机时降低企业人力资本、提高劳动生产率的重要手段，但是裁员可能会引起部分员工的不满和怨言，如果处理不当，极有可能损害企业的形象，甚至为企业带来麻烦，所以企业十分有必要做好离职管理。

三、员工离职管理制度

企业的人力资源管理部门依据公司的管理规则，制订相应的员工管理制度，以规范员工离职行为，努力将员工离职给企业带来的成本损失降至最低。

（一）主动离职的流程

对于员工的主动离职，其离职管理的工作流程主要包括辞职申请、挽留程序、辞职审批、工作交接、证件与办公用品回收、财务结算、劳动关系解除和离职员工的后续管理等。

1. 辞职申请

企业应明文规定员工提交辞职报告的时间、辞职报告的接收人和辞职报告的基本内容等。

2. 挽留程序

当员工提出辞职，员工的直接主管应与辞职员工进行沟通，对于工作称职、业绩良好的员工应予以挽留，了解其辞职的原因，并寻找解决的办法，减少企业因员工的流失而造成的损失。如果直接主管挽留无效，可由上一级的主管人员做挽留面谈，最大限度地为企业挽留人才。

3. 辞职审批

对于挽留无效，或者没有挽留必要的员工，就可以进入辞职的审批流程。此时可按照企业的相关程序进行审批，完成辞职审批后，应将有关书面的文件交由人力资源管理部门确认。

4. 工作交接

人力资源管理部门在收到书面的辞职审批文件后，应通知有关部门的主管安排辞职员工进行工作交接；交接工作完成后，应由相关人员和负责人进行书面确认。

5. 证件与办公用品回收

企业应收回离职员工的名片，检查办公桌椅是否完好，收回钥匙、相关办公用品、相关资料以及车辆等。

6. 财务结算

企业应与离职员工做好应收账款、工资、奖金、福利等的结算，以及违约金、承诺合同期未满的补偿费用结算等事宜。

7. 劳动关系解除

企业应为离职员工出具证明，办理退工手续，转调人事关系、档案、保险关系和其他相关手续等。

8. 离职员工的后续管理

最后，企业还应积极做好对已离职员工的后续安排工作。对于一些特别优秀的离职员工，企业可以安排专人与其保持长久联系，以便为企业储备一些有价值的社会资源。

（二）裁员管理的流程

1. 准备阶段

(1) 做好组织机构、制度和物资准备，全面了解拟裁员对象的情况，在裁员面谈中占据主动。

(2) 建立领导工作机构或明确各职能机构所负有的责任。

(3) 为裁员制订一系列的规章制度、组织纪律、工作规范等。

(4) 做好裁员管理费用支付的预算，如落实宣传教育开支、考核测试费用等经费；安排好裁员执行人员进行技能培训工作的费用、筹集裁员的经济补偿与安置经费。

(5) 全面了解裁员对象各方面的情况，如连续性的全面工作考核等方面的档案资料、工作岗位、劳动技能、工作年限乃至家庭状况；对特殊情况的员工给予区别对待，在裁员面谈中占据主动，做到公平公正，预防裁员纠纷的发生。

2. 告知当事人

对于非经济性裁员，宣传动员主要是提前、书面正式通知将要被裁的当事人；对于经济性裁员，主要是告知员工企业裁员的必要性、相关劳动法律法规的内容等。

3. 向劳动行政主管部门报告、备案

如果是实施经济性裁员，企业应当获得政府及有关劳动行政管理部门经济性裁员的认可。

4. 通过裁员方案

企业制订的裁员方案须提交工会或员工代表大会讨论，请代表充分发表意见，经修改后通过。

5. 公布并实施裁员方案

企业正式公布经过工会或员工代表大会讨论修改后的裁员方案并执行该方案。

知识拓展

离职“三金”

劳动纠纷案件中，许多劳动者往往要求单位支付经济补偿、赔偿金、代通知金。然而，什么情况下可以主张经济补偿，什么情况下可以主张赔偿金，相信大部分人都不甚了解。其实，《劳动合同法》中规定的“三金”指的是经济补偿、赔偿金、代通知金。

1. 经济补偿

经济补偿是指在劳动合同解除或终止后，用人单位依法一次性支付给劳动者的经济补助，是对劳动者因劳动关系终止带来的利益损失的一种补偿，旨在使劳动者在重新就业的合理时间内有一个良好的经济过渡。

关于经济补偿，《劳动合同法》规定经济补偿金计算按劳动者在本单位工作的年限，每满 1 年支付 1 个月工资的标准向劳动者支付。6 个月以上不满 1 年的，按 1 年计算；不满六个月的，向劳动者支付半个月工资的经济补偿。劳动者月工资高于用人单位所在直辖市、设区的市级人民政府公布的本地区上年度职工月平均工资 3 倍的，向其支付经济补偿的标准按职工月平均工资 3 倍的数额支付，向其支付经济补偿的年限最高不超过 12 年。此处所称月工资是指劳动者在劳动合同解除或者终止前 12 个月的平均工资。

2. 赔偿金

赔偿金一般是指用人单位因违反法律规定或者合同约定，解除劳动合同或者其他造成劳动者损失的情况下应支付劳动者的赔偿。经济赔偿金具有惩罚性，劳动者如果发现用人单位违法解除或终止劳动合同，有权请求其支付经济赔偿金。

关于赔偿金，《劳动合同法》规定用人单位违法解除或者终止劳动合同，劳动者不要求继续履行劳动合同或者劳动合同已经不能继续履行的，用人单位应当依照经济补偿标准的 2 倍向劳动者支付赔偿金。

3. 代通知金

代通知金指的是用人单位在无过失性辞退的 3 种情形下，未能提前 30 日以书面形式通知劳动者本人的则需额外支付劳动者 1 个月工资作为相应的代通知金。

关于代通知金，当出现以下 3 种情形时，用人单位可以解除合同，没有提前 30 天通知的，可以选择额外支付一个月工资替代提前通知义务：① 劳动者患病或者非因工负伤，在规定的医疗期满后不能从事原工作，也不能从事由用人单位另行安排的工作的；② 劳动者不能胜任工作，经过培训或者调整工作岗位，仍不能胜任工作的；③ 劳动合同订立时所依据的客观情况发生重大变化，致使劳动合同无法履行，经用人单位与劳动者协商，未能就变更劳动合同内容达成协议的。这三种解除方式是《劳动合同法》规定的用人单位无过失性辞退行为，属于合法解除行为。

管理故事

石某的离职纠纷

石某(化名)于 2009 年 3 月 10 日进入某集团公司担任人事专员一职，双方签订了为期两年的书面劳动合同。该劳动合同到期之后，石某与公司续签了一份为期三年的劳动合同，约定石某担任公司人事部副经理一职，期限从 2011 年 3 月 11 日至 2014 年 3 月 10 日为止。之后，石某与集团公司续签无固定期限劳动合同。

2018 年 12 月 3 日，石某与集团公司签订了协商解除劳动合同协议书。其中约定，双方协商一致解除劳动合同。石某于 2018 年 12 月 7 日之前办理完结工作交接及相关离职手续。集团公司向石某支付经济补偿金 21 万元。该协议书中还写明：“本协议签署后，双方之间不再存在其他任何劳动争议。”

石某在离职之后认为，自己离职前作为该公司的人事副经理，专门负责考勤及加班的审批，手中掌握了自己加班的证据材料。这些材料表明，其上班期间不仅工作日加班加点，休息日及法定节假日亦存在加班的事实，该集团公司一直未支付加班费。

双方签订的劳动合同协商解除协议书仅约定了解除劳动合同的经济补偿，并不涉及加班费，而且协议是集团公司胁迫自己签订的。

因此，石某诉至仲裁委，请求裁决该集团公司向其支付2011年3月至2018年11月以来的加班费。但石某在仲裁处理过程中并未举证证明集团公司有胁迫行为。集团公司则认为，双方签订的劳动合同协商解除协议书系对双方劳动关系存续期间所有劳动争议的一次性解决，虽然该公司支付给石某的款项名目为解除劳动合同的经济补偿，但实际包含了加班工资。而且，该协议也约定了该公司向石某支付该笔款项后，双方之间再无任何劳动争议。该协议是双方真实意思表示，石某再向该公司主张加班工资于法无据，应当驳回。

据查，在解除劳动合同前12个月，石某的月平均工资为11 800元。

第四节　员工人际沟通管理

一、人际沟通概述

良好的员工人际沟通对于协调员工与公司、员工与员工之间的关系，引导建立积极向上的工作环境具有重要作用。员工人际沟通管理就是引导员工建立良好的工作关系，保证沟通渠道的畅通，引导公司上下及时地双向沟通。良好的员工人际沟通管理有利于建立正式的人际关系环境，并更多采用柔性的、激励性的、非强制性的沟通方式，从而提高员工满意度，以支持组织其他管理目标的实现。

(一) 人际关系

人际关系就是人们在生产或生活过程中所建立的一种社会关系。这种关系会对人们的心理产生影响，进而在人的心理上形成某种距离感。交往双方在个性、态度、情感等方面的融洽或不融洽、相互吸引或相互排斥，必然也会导致人际关系双方的亲密或疏远。具体而言，人际关系包括三种成分：认识成分(指相互认识、相互了解)、动作成分(指交往的语言、表情、神态等)和情感成分(指积极情绪或消极情绪、爱或恨、满意或不满意)，其中情感成分是核心成分。人际关系计算公式为

$$人际关系 = 情感成分 + 认识成分 + 动作成分$$

人际关系反映了交往双方需要的满足程度。根据魏斯(R. Weiss)的社会关系律，产生人际关系的原因包含：依附的需要、社会整合的需要、价值保障的需要、可靠同盟的需要、寻求指导的需要和关心他人的需要。人际关系的变化、发展较快于双方之间需要的满足程度，如果互相间得到满足就容易发生密切关系；如果需要得不到满足，人与人之间发生的矛盾又得不到妥善的解决，人际关系就会恶化。

人际关系受到客观社会关系的制约，同时又反过来深刻影响着社会关系各方相互作用的形式。人际关系的好坏反映了人们在相互交往中的心理满足状态，以及人与人之间心理上的距离。人们所结成的大部分社会关系，可以分成使人的物质或精神需要得到满足的酬赏性关系和破坏这种满足的处罚性关系。满足与不满足程度的差异、人们愉快或不愉快的情绪体验可以形成一个连续分布的区间，制约着人际关系的亲疏情感。

同样，企业内的员工也不是作为一个孤立的个体而存在，而是工作在企业集体中的一员，他们的行为很大程度上是受到集体中其他个体的影响。在企业内，良好的人际关系对组织的生存、发展具有重要影响。首先，良好的组织内部的人际关系可以促进领导与下属以及下属间的沟通，疏通信息交流的渠道。对于上级来说，改善上下属之间的关系后，可以更好地了解员工需求，从而有针对性地激励员工更加自愿地努力工作。对于下属来说，可以有机会表达自己的想法和观点，激发自己的创造性思维，以更有效地组织工作。同时，良好的人际关系可以增强员工对管理者及员工间的信任感，促进组织内信息的有效传递，提高企业的运营效率。其次，良好的人际关系成为企业的一个社会资源网络。良好的组织内部人际关系，可以扩大企业同社会的联系面，掌握更多的社会资源，进而在必要的时候为企业的发展提供必要的支持和帮助。最后，企业内部良好的人际关系有助于企业目标的实现。在组织内部，一个良好的人际关系及关系网络，和谐有序的人际交往、适度地沟通、紧密地协作对组织稳定、绩效提升、知识学习、发明创新，以及提高员工的忠诚度与敬业度，激发员工潜力，进而实现组织目标具有重要作用。

与之相反，组织内部混乱的人际关系则会影响员工的忠诚度和敬业度。有研究表明，企业内部人际关系的恶化与员工的离职有密切关系，主要是缘于领导与下属之间糟糕的人际关系，使员工们无所适从，进而严重地影响了自己与同事的关系以及个人的工作情绪、工作效率与自我发展，员工只好选择离开这些雇主或管理者。盖洛普公司通过与来自 700 家公司的 200 万员工进行访谈研究显示，员工在一个公司工作多长时间以及他有多高的生产率，取决于与直接主管的人际关系。由此可见，有效的组织内部人际关系管理也十分必要。

(二) 沟通管理

沟通是人们分享信息、思想和情感的任何过程，是人与人之间的思想和信息的交换，是将信息由一个人传达给另一个人，以逐渐实现信息广泛传播的过程。著名组织管理学家巴纳德认为“沟通是把一个组织中的成员联系在一起，以实现共同目标的手段”。这种过程不仅包含口头语言和书面语言，也包含肢体语言(见表 9-2)、个人习性甚至处世方式、物质环境等赋予信息含义的任何东西。

表 9-2　语言沟通与肢体语言沟通

沟通方式	具 体 内 容
语言沟通	语言是一种非常有效的沟通方式。语言沟通可分为口头语言和书面语言。其中，口头语言包括面对面的谈话、开会以及随着社交网络兴起的各种微博、QQ 和微信中的图片、视频信息等。书面语言包括信函、E-mail 传真和广告等，其中也会附带一部分图片、视频。在沟通过程中，语言沟通更擅长于信息的传递
肢体语言沟通	肢体语言非常丰富，包括动作、表情、眼神等，甚至在声音里也包含着非常丰富的肢体语言，如说话的音色、抑扬顿挫的音调等，这都是肢体语言的一部分。相比较于语言沟通，肢体语言更善于人与人之间的思想和情感的沟通

企业是个有生命的有机体，而沟通则是机体内的血管，通过流动来给组织系统提供养分，实现机体的良性循环。沟通管理是企业管理的核心内容。首先，良好的沟通有助于改

进个人以及组织做出有效决策。面对企业运营中的问题，管理者都需要广泛地从企业内部沟通中获取大量的信息情报，增强了判断能力，然后进行决策，或建议有关人员做出决策，以迅速解决问题。其次，良好的沟通促使企业员工协调有效地工作。企业中各个部门和各个职务是相互依存的，依存性越大，对协调的需要越高，而协调只有通过沟通才能实现。通过适当的沟通，管理者可以充分了解下属性格、优势、潜质及工作进度等，下属也可以通过沟通对分配给他们的任务和要求进行有效理解，从而使工作任务正确圆满地完成。最后，良好的沟通有利于领导者激励下属，建立良好的人际关系和组织氛围，提高员工士气。如果领导的表扬、认可或者满意能够通过各种渠道及时传递给员工，就会成为某种工作激励。在沟通中，领导者了解员工的需要，关心员工的疾苦，进而在决策中就会考虑员工的要求，以提高他们的工作热情。同时，思想上和感情上的沟通可以增进彼此的了解，消除误解、隔阂和猜忌，即使不能达到完全理解，至少也可取得谅解，从而帮助企业构建和谐的组织氛围。

然而，在实际运行中，沟通不良几乎是每个企业都存在的问题，企业的组织机构越复杂，沟通成本越高。一方面，基层的许多建设性意见未及反馈至高层决策者，便被层层扼杀；另一方面，高层决策也无法以原貌展现在所有人员之前。这不仅会影响基层员工参与企业发展的积极性，还会影响组织的信息传达效率，增加组织运行成本，还有可能给高层决策带来误导，因此沟通管理对组织发展是十分必要的。

二、员工人际管理

(一) 员工人际管理内涵

员工人际关系是人际关系的特殊形式，是指在企业环境中人与人之间的交往关系，是企业成员在同一群体中或不同群体间相互认知、接触而形成的带有情感色彩的比较稳定的心理关系。正如戴尔·卡耐基所言，一个人的成功只有20%取决于个人能力，80%取决于人际关系。组织内人际关系的类型多种多样，本书按照人际关系参与者的不同，可分为与上级的人际关系、与同事的人际关系和与下属的人际关系三种类型。

1. 与上级的人际关系

与上级的人际关系是指下属和领导之间的工作及其社会交往等行为所反映的关系的综合，涵盖了情感依附、维护领导、生活互动等方面。其中，情感依附主要指下属对领导的人格魅力、专业技术能力和思维观念等的认可和崇拜，从而在心理上对领导形成一种依附。这一般建立在下属需要非常了解上司的人品、工作能力、工作方式、价值观和领导方式的基础上。维护领导主要是指下属员工在工作中服从上级的安排或者命令，即便双方发生不一致也会选择遵从领导的意见。与情感依附不同，维护领导时员工除了自愿服从外，还可能是出于组织政治中利益而选择妥协。生活互动主要是指与上级在日常生活中所产生的活动，尤其是随着社交网络的兴起，员工、领导都可以借助微信、微博等工具不同程度地介入彼此的生活，如朋友圈互赞、信息转发等。在与上级相处时，也要掌握一定的基本原则(见表9-3)，如适度、服从、尊重等，以避免发生不必要的矛盾或误会。

表 9-3　与上级相处的基本原则

适度原则	同领导之间的距离既不能太远也不能太近，关系要适度，尤其是一定要处理好同上司的私人关系
服从原则	每一个组织都拥有自己的团队，作为团队的一员，服从是必不可少的，必要时个人利益要服从组织利益
尊重原则	组织中每个人所处的位置不一样，所承担的压力也不一样，要多理解领导的立场，多站在他的角度思考问题，相互尊重
坚持原则	当你所做的一切与企业的目标没有偏差时，可以坚持自己的原则、信念和理想，但也要和领导及时沟通

2．与同事的人际关系

与同事的人际关系是指与在同一单位部门工作且属于相同组织级别的人发生的各种关系的总和，涵盖了合作、竞争以及生活互动等方面。其中，合作主要是指组织中员工为实现共同的目标而相互配合、协作的关系。个体的力量毕竟有限，团队的力量是无穷的。因此，员工间只有相互协作，优势互补，充分施展各自才智，产生“共振效应”“互激效应”，才能实现共进双赢。竞争主要是指员工之间对于一个共同的目标的归属而发生的争夺。企业内的资源是有限的，资源进行分配时就不可避免地产生竞争，尤其是在评职称、评奖、评优和升职过程中发生的竞争。为了防止竞争发展成为人们之间的一种直接反对关系，影响组织的稳定和发展，就必须制订一些各方都必须遵守的规则来保证竞争的公平性。除了上述工作关系外，同事之间也存在不同程度的生活互动。现在的年轻白领越来越多地把大部分闲暇时间留给了同事，不仅上班时默契配合，下了班仍“形影不离”，一起聚餐、逛街、泡吧、聊天，从而形成了一种都市交友新现象——“同事文化”。但这并不意味着与同事的相处只谈友谊，而忘记工作关系，因此同样也要把握一些基本原则(见表 9-4)，如真诚合作、同甘共苦等。

表 9-4　与同事相处的基本原则

真诚合作	员工个体的力量毕竟有限，而团队的力量是无穷的。员工间只有真诚合作，优势互补，建立和谐团结的人际关系，充分施展各自才智，才能实现共进双赢
同甘共苦	在面对任务或困难或请求同事予以帮助时，不要把自己的工作完全推给别人去做，更不能把责任全部推给别人，而是要互帮互助，共同面对。你得到他人的帮助，在别人面对困难时也要主动帮助他人
宽容待人	员工的工作方式大多具有独立性的特点，人人也都有自尊心，因此，员工间要加强交流，增进交往，即使观点不一致，也要尊重对方，求同存异，宽容待人，切勿得理不饶人
公平竞争	员工在职称评定、晋级、评奖、评优过程中不可避免由于职称荣誉竞争而引发利益冲突，最合适的方式就是彼此公平竞争，这样才能获得其他同事的认可

3．与下属的人际关系

与下属的人际关系是指领导与自己的下一级或者再下一级员工所发生的各种关系的总和。比尔·盖茨曾经说过一句话：一个主管，不管他拥有多少知识，如果他不能带动其他人完成使命，那么他也不是成功的。带动下属完成使命就离不开与下属人际关系的处理。与下属的人际关系主要发生在授权、激励以及绩效考核等方面。首先，发生在授权时关系本质上就是上级对下属的决策权力的下放过程，也是职责的再分配过程，同时这也是对员工的工作能力的一种信任。其次，发生在激励时的关系，主要体现为领导综合运用各种动机激发手段给员工带来某种心理上或生理上的满足，以充分调动员工的积极性、创造性，从而努力去完成组织的任务。最后，绩效考评时发生的关系主要是指领导采用科学的考核方式，评定员工的工作任务完成情况、员工的工作职责履行程度和员工的发展情况。它与激励时发生的关系一样，都会涉及组织利益的分配，因此与下属相处也要遵循一定的基本原则(见表 9-5)，如以身作则、信任下属等。

表 9-5　与下属相处的基本原则

以身作则	领导的一言一行、一举一动对员工都具有示范性和影响力，起着耳濡目染、潜移默化的作用，像无声的命令，具有极大的说服力，也更能获得员工的认可。如果领导确实犯错在必要时要勇于认错，公开批评自己，大家通常都会谅解，也具有亲和力
信任下属	充分地信任自己的下属，并使下属感觉到领导对自己的信任，如此就会产生一种巨大的激励力量。信任下属具体可包含：相信下属的道德品质；认可下属的工作态度；理解下属的内在欲求；明白下属的工作方法；肯定下属的工作才智；信赖下属的工作责任感；等等
平等待人	要维护公平、公正的组织原则，只有处事公正，一视同仁，才能顺应下属意愿，得到大家的认同。在具体处理与下属的关系上，要同等对待，不分彼此、亲疏，不能因外界或个人情绪的影响，产生刻板印象
关心下属	在与下属相处时也要及时给予员工一定的关心和慰问，这有助于缩短与下属的距离，增加亲和力，如记住员工“特别的日子”，或送一些让员工家人也认可的小礼物等
助人发展	在更大的范围内为员工打开机遇的大门，开发他们还未利用的能力、技巧、资质和智慧。例如，给员工一项任务，他在完成任务的过程中运用了新发现的能力、技巧，这样就帮助员工发展了自我，使其增强了自信心，以便其在今后迎接更大的挑战

(二) 影响组织员工人际的因素

如果企业内的人际关系被破坏，就有可能使员工关系失去和谐，进而影响整个组织的发展。一般而言，造成人际关系破坏的原因主要来自两个方面：员工个人品质的缺陷；组织管理的不足。虽然个人品质是员工招聘考核时的重要内容，但由于信息的不对称性，企业在招聘时很难做到面面俱到，而组织管理的不足在企业运行中也难以避免，因此有必要从这两个方面分析影响员工人际关系和谐的因素。

1. 员工个人品质的缺陷

(1) 自私——私心过重，乘人之危。相互担待，彼此多谅解，才能同舟共济。

(2) 虚伪——虚情假意，表里不一。真诚相待是一个人最好的名片。

(3) 骄傲——自我膨胀，蔑视他人。尊重彼此能力，才能取得他人的认同。

(4) 刁钻——拨弄是非，制造矛盾。加强团结、协调一致，才能实现组织目标。

2. 组织管理的不足

(1) 沟通不良。在组织的上下属之间、平行部门和同事之间沟通不良，都有可能造成互不了解，互不信任，甚至互相猜疑，互抱成见，影响员工间人际关系的和谐，也就会影响组织的工作效率。

(2) 过分竞争。任何一个组织，没有竞争则缺乏活力，容易形成不思进取、得过且过的消极文化。但内部过分竞争，则会形成“内卷化”，使同事成为对手，处处互相猜疑、互相戒备，难于互相帮助、主动协作。

(3) 非正式组织的消极作用。由于正式组织管理不善，凝聚力下降，给非正式组织很大的生存空间，员工在许多非正式组织团体压力下，往往造成帮派心理，排除异己，打击先进，庸俗关系学盛行，使员工间的人际关系遭到扭曲和破坏。

(4) 政策和领导方式不当。由于分配政策、人事升降政策不合理，造成人与人之间的不公平；或者由于领导专断，缺乏民主作风，盛气凌人，使得职工的不满情绪较大，人际关系也会遭到破坏。

(三) 改善人际关系的措施

每位员工和领导者都应该努力改善自己的人际交往素质，领导进行组织管理也要遵循正确的人际关系原则。结合企业人际关系的影响因素，可以从员工人际交往素质和组织管理两个方面有针对性地采取措施来改善人际关系。

1. 改善员工人际交往素质

(1) 求同存异。相似性因素是导致人际吸引、建立良好人际关系的重要因素。求同存异就是把双方的共同点发掘出来，作为改善关系的基础。其中，态度和价值观的相似，是最重要的相似性因素，以它为基础的人际吸引，是人际关系的稳定因素。因此，加强组织文化建设，培育共同的价值观，这是在组织内部改善人际关系的基础性工作。

(2) 以诚待人。真诚可以产生感情的交融和心理的相悦，从而增进人际吸引。要形成良好的人际关系，必须待人热情诚恳，真心实意地与同事交往。在真诚的前提下，与人交往时要注意面部的表情。要培养自己在人际交往中的共知感，即心目中有他人，设身处地为他人着想，将心比心，善于体谅别人，与别人分担忧愁，共享欢乐。

(3) 尊重他人。在与同事交往时不要以自我为中心，突出自己，夸夸其谈，而应当以他人为中心，耐心倾听对方的讲话，不要心不在焉或随便打断别人讲话。要尊重别人的劳动、尊重别人的人格。只有尊重别人，才能赢得别人的尊重。

(4) 严于律己。在与同事交往中必须谦虚谨慎、言行一致，严格要求自己。要求别人做到的，首先自己要做到。对自己的缺点要勇于自我批评，对别人的批评应当虚怀若谷，客观地做出分析判断，有则改之，无则加勉，不应形成偏见、耿耿于怀。

2. 提高组织管理工作水平

(1) 优化组织风气。一个组织的领导者，应该着力培育优良的企业文化，如华为的“狼性文化”：学习、创新、获益、团结。组织的领导者应在积极向上的价值观指引下，努力营造团结、友爱、和谐、进取的组织风气。在这种风气的熏陶感染下，员工就比较容易形成和谐与亲密的人际关系。

(2) 适当调整政策。在组织政策制订时，既不能搞完全的平均主义，也不宜过分强调拉开差距；在职务和岗位的聘任工作中，既要坚持“竞争上岗”，又要坚持公平考核、公开招聘；在工作中，既要强调优胜劣汰，又要强调员工间真诚合作，靠团队的集体力量做好工作。总而言之，政策不能走极端，既借助适度竞争焕发组织活力，又防止过度竞争破坏人际关系。

(3) 改善领导作用。领导者应该礼贤下士，尊重人才，尊重职工，平等待人，与人真诚相处。在组织内部发扬民主，让员工畅所欲言，就会避免暗中钩心斗角的现象发生，从而建立亲密和谐的上下属关系和同事关系。

(4) 及时调解帮助。组织内部一旦出现人际关系失衡或破坏的情况，作为组织的领导者应责成有关部门或干部，及时进行调解帮助，借助组织的力量，实现人际关系的再次和谐。

(5) 重视人际关系培训。组织的领导者应该关心管理者和员工的人际关系素质，并责成人力部门安排人际关系培训，以不断改善他们的人际关系素质和人际关系技巧，如可采用情感投资法、角色扮演法等对人们进行训练。

(四) 协调员工人际关系的常用方法

除了从员工人际交往素质和组织管理两个方面有针对性地采取措施外，企业在具体进行员工人际关系协调时也可以采用一些可操作的方法。常用来协调和改善员工人际关系的方法有以下几种：

1. 情感投资法

情感投资法是指对人倾注真挚、炽烈的感情，在密切感情方面投入精力下工夫，以争取获得员工认可，更好地发挥群体成员的积极性。感情投资法可以有效地激发下属潜在的能力，使下属产生强大的使命感、责任感和奉献精神。得到了管理者的感情投资的下属，在内心深处会激发出强烈的责任心，认为管理者对自己有知遇之恩，因而会产生“知恩图报”的心理，从而愿意更尽心尽力地工作。得到了管理者的感情投资的同事，则会拉近彼此间的距离，从而便于在工作中相互理解和配合，以共同完成组织任务。

2. 心理吸引法

心理吸引法是指当一个人的思想专注在某一领域的时候，跟这个领域相关的人、事、物就会被他吸引而来。领导者需要吸引高素质的人才，首先就要把自己塑造成高素质的人才，只有这样，才具备吸引高素质人才的前提条件。而这还远远不够，领导者必须要通过某种途径向外界传递自己以及企业的发展方向和价值导向，才能吸引相关的高素质人才加入到这个行列中来。

3. 角色扮演法

角色扮演法是指模拟某种现实问题的情景，让一个员工在此问题中扮演不同的角色，站在不同的角色立场上处理问题，以便体验别人的感情和需要，从而改善对待他人的态度。换言之，角色扮演法是在培训情景下给予员工角色实践的机会，使员工在真实的模拟情景中，体验某种行为，发现行为上存在的问题，及时对行为做出有效的修正，帮助员工更好地了解自己和同事，以改进提高。通常，角色扮演法适用于领导行为培训

(管理行为、职位培训、工作绩效培训等)、会议成效培训(如开会、会议讨论、会议主持等)、沟通、冲突、合作等。此外，角色扮演法还适用于培训某些可操作的能力素质，如推销员业务培训、谈判技巧培训等。

4. 会谈对话法

会谈对话法也是人际关系协调和改善的方法之一。它主题明确，效率较高。在会谈前需要注意一些问题，如会谈态度是否明朗、节奏是否适度、气氛是否融洽等。如果会谈技巧不高，主谈者谈吐水平低，处理人际关系能力不足甚至会谈礼仪不当，反而影响会谈质量，甚至导致会谈失败。由于现代员工工作节奏快，每天都有各类事务要处理，所以，会谈人物必须提前预约。会谈人物对人际关系的协调和改善，主要取决于选择的会谈人物是否有利于关系的改善。会谈人物的选择，需要事先进行商讨，如果当事人不便出面，要有双方都信任的委托方出面。

知识拓展

同事文化

同事文化是一种都市交友新现象，在白领青年中十分流行。与以往的同事之间要“互相提防”不同，现在的年轻白领越来越多地把大部分闲暇时间留给了同事，一天24小时，1/3睡觉，1/3工作，另外1/3的大半，留给同事。同事文化无疑是在合作信任上的一种进步，但同时它又容易导致各行业之间形成彼此孤立的圈子，是社会人际交往范围的缩小、程度弱化的表现。

白领青年由于处于同一年龄段，有着相似的社会观念，工作和生活中的相互影响比其他关系都来得密切。白领青年所处的环境对他们的事业和将来关系紧密，相对家人或者亲戚之间，现代的年轻人都略显得更为“独立”一些，聚在一起有说不完的话。但不同年龄段的就不行，不仅有性格上的差异，更有观念上的本质差异，所以形成所谓的同事文化势在必行。

现在，白领青年多供职于新经济行业，这些行业的特点就是知识更新快、工作压力大、技术含量高、协作能力强，而白领青年朝气蓬勃的活力及融洽的合作关系几乎成为顺利完成工作的必备条件。再抱着老一代人“互相提防”的心态去工作，不把更多的时间用来补充新知识、提高工作效率，将难胜其任。而且，由于工作压力大，同事之间利用业余时间共同消遣一番，不仅能增进友谊更能减压，这也是目前都市白领青年普遍需要的感情调剂。

由此可见，目前在白领青年中已成主流的同事文化是一种社会进步的表现。往深了说，它还是对中国传统文化的一种冲击，它将改变中国惯有的人际交往定式。

三、员工沟通管理

(一) 员工沟通管理内涵

沟通是指信息的传递和理解。良好的沟通要求双方清楚地理解对方的信息，并不要求双方对信息达成一致意见。一般而言，组织内存在正式沟通和非正式沟通两种。正式沟通是指在规定的指挥链或组织安排内发生的沟通，如某位管理者要求员工完成一项工作任务，以及员工向自己的上司汇报某个具体问题，都属于正式沟通。非正式沟通是不受限于组织层级结构的组织沟通，使员工能够满足自身的社交需求，甚至在某些特定场合成为更快速、更有效的可替代的沟通渠道。

根据组织沟通中信息流向的不同，可以将沟通分为下行沟通、上行沟通、横向沟通和斜向沟通。下行沟通是指从管理者向下属员工的沟通，常用于通知、指挥、协调和评估员工。上行沟通是指下属员工向上级管理者的沟通，一般领导借助上行沟通来收集关于如何改进工作的想法。此外，上行沟通的使用程度取决于组织文化和组织人际关系。在彼此信任、相互尊重的氛围下，使用上行沟通的程度会相对较多，而在一个高度结构化、权力更集中的环境中，其使用则相当有限。横向沟通是指组织同一层级的员工之间发生的沟通，随着信息技术的飞速发展，企业员工也越来越多借助电脑、移动设备等进行沟通，以节省时间、促进协调。斜向沟通是指跨越不同工作部门和组织层级的沟通，尤其是电子邮件的日益普及促进了斜向沟通的效率。

（二）建立组织沟通网络

沟通网络是指由横向和纵向的组织沟通组合而成的各种各样的沟通模式，组织中常见的三种沟通网络及其效果见表 9-6。在链式网络中，无论是上行沟通还是下行沟通，都是沿着正式的指挥链流动。在轮式网络中，由一位强有力的领导者与工作群体或团队中其他成员进行沟通，领导者充当中心枢纽的角色，其他所有的沟通都会经过这一中心。在全通道式网络中，沟通在部门或团队所有成员之间自由流动。在实际的沟通中，没有任何一种单一的沟通网络能够适用于所有的情况，而需要结合组织的目标来采用或者构建。图 9-2 为组织中常用的五种沟通网络。

表 9-6　组织中常用的五种沟通网络的效果

特点	链式	轮式	Y 式	圆周式	全通道式
速度	中	快	中	中	快
准确度	高	高	中	中	中
产生领导的可能性	中	高	高	无	无
员工满意度	中	低	中	高	高

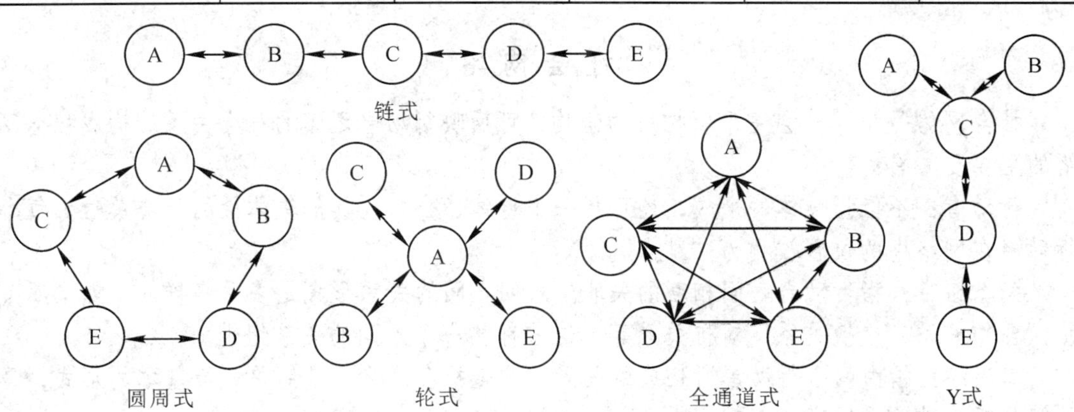

图 9-2　组织中常用的五种沟通网络

(三) 改善组织的沟通水平

有资料表明，企业管理者 70%的时间用在沟通上，开会、谈判、谈话、报告是最常见的沟通方式。与此同时，企业中 70%的问题也是由于沟通障碍引起的，无论是工作效率低，还是执行力差，还是领导力欠缺等，都与沟通水平密切相关。因此，提高管理沟通水平显得特别重要。一般可从以下几个方面改善组织的沟通水平：

(1) 意识到沟通的重要性。

沟通是管理的重要内容，许多企业管理问题多是由于沟通不畅引起的。良好的沟通可以使人际关系和谐，顺利完成工作任务，达成绩效目标。而沟通不良则会导致生产力、品质与服务不佳，使得成本增加。因此，作为管理者必须意识到沟通的重要性，主动去建立沟通关系和渠道。

(2) 公司内建立良性的沟通机制。

组织或部门的沟通应纳入制度化、轨道化，使信息更快、更顺畅，才能达到提高组织运营效率的目的。员工可能不会做你期望他去做的事，只会去做奖罚去做的事和考核去做的事，因此引入沟通机制很重要。例如，建立健全规范公司会议系统，使公司各种指令、计划信息能上传下达，相互协调；通过月会、周例会、调度会、座谈会等形式，快速地将信息进行有效地传递，使工作有条不紊地进行，步调一致，方向目标明确，提高工作效率。

(3) 以良好的心态与员工沟通。

与员工沟通必须把自己放在与员工同等的位置上，"开诚布公""推心置腹""设身处地"，否则可能就会产生心理障碍，致使沟通不成功。沟通应抱有"五心"，即尊重的心、合作的心、服务的心、赏识的心和分享的心。只有具备这"五心"，尊重员工，学会赏识员工，与员工在工作中不断地分享知识、分享经验、分享目标、分享一切值得分享的东西，才能使沟通效果更佳。

总而言之，沟通管理就是让员工参与进来，不是单一的自下而上，也不是自上而下，而是根据不同的任务和情景选择合适的沟通方式并在企业内形成良好的运行机制，与员工保持良好的沟通。

知识拓展

社会网络

社会网络是指因社会关系所构成的结构，可反映行动者之间的社会关系。构成社会网络的主要要素有：

行动者：不但指具体的个人，还可指一个群体、公司或其他集体性的社会单位。每个行动者在网络中的位置被称为"结点"。

关系纽带：指行动者之间相互的关联。人们之间的关系形式是多种多样的，如亲属关系、合作关系、交换关系、对抗关系等，这些都构成了不同的关系纽带。

二人组：指由两个行动者所构成的关系。这是社会网络的最简单或最基本的形式，是我们分析各种关系纽带的基础。

三人组：指由三个行动者所构成的关系。

子群：指行动者之间任何形式的关系。

社会网络分析是社会学领域比较成熟的分析方法，社会学家们利用该理论来解释一些社会学和管理学问题。美国社会学家格兰诺维特在研究找工作的过程中发现，提供工作信息的人往往是弱关系。他据此首次提出了关系强度的概念，将关系分为“强关系”和“弱关系”，并且认为能够充当信息桥的关系必定是“弱关系”。“强关系”维系着群体、组织内部的关系，“弱关系”在群体、组织之间建立了纽带联系。通过“强关系”获得的信息往往重复性很高，而“弱关系”比“强关系”更能跨越其社会界限去获得信息和其他资源。

技能训练

实训目标：

了解员工离职的影响和原因。

实训内容与要求：

采用调查法、访谈法等方式，选取你身边的一家企业进行数据调查，了解其人力资源的员工离职情况并分析其原因。

成果检测：

(1) 学生以小组为单位进行调查，并形成文字、图片和视频资料。

(2) 分小组进行课堂成果展示，教师对其调查过程和结果进行评价。

案例分析

李叶的离职风波

李叶于 2016 年 3 月 1 日入职某技术公司担任高级程序员一职，双方签订了为期 4 年的书面劳动合同，从 2016 年 3 月 1 日至 2020 年 2 月 29 日止。在劳动合同中还载明：李叶若需离职须至少提前 1 个月提交《离职申请书》。

2017 年 11 月 16 日，李叶因个人原因向公司递交了一份《离职申请书》。但是，公司迟迟未给他答复。过了 30 天后，李叶也没有等来公司的答复，他继续在公司上班，而且公司还正常支付了其 2017 年 12 月份的工资。可出人意料的是到了 2018 年 1 月 4 日，李叶收到了公司发出的一份《离职到期通知》，要求他办理离职手续。双方因此发生了劳动争议。李叶认为，公司未能在自己提出辞职申请的 30 日内做出答复，且公司正常支付了其 2017 年 12 月的工资，也就意味着此前自己递交的离职申请已经作废，公司此举属于违法解除劳动合同。李叶遂向当地的劳动争议仲裁委员会申请仲裁，要求公司向其支付违法解除劳动关系经济赔偿金 39 200 元，2018 年 1 月 1 日至 1 月 4 日期间的工资 1 802 元。李叶的请求被劳动仲裁委驳回，他又向当地人民法院提起诉讼。

在法院审理阶段，公司出示了李叶递交的《离职申请书》，上面载明：李叶的辞职事由为“个人原因”，预定离职日期为“预计 12 月 15 日离职正常交接”，人力资源部意见处负责人签名并落款日期为“2017.11.20”，公司总经理意见处为“同意”，落款日期为“2017.12”。对此，李叶表示，自己提交的《离职申请书》上只有姓名、部门、入职日期为其本人所写，其他均非本人所写。法院经核对认为，该《离职申请书》中预定离职日期处手写字体及用笔，与人力资源部意见处的手写字体及用笔一致，故认为该两处文字有事后制作的嫌疑。

此外，李叶向法院提交的一份公司发出的《离职到期通知》中载明:“您于2017年11月16日提交的离职已获公司批准，现批准你离职。因你工作性质及岗位的特殊性、工作交接的特殊性，限于2017年12月15日工作交接完毕。现请您接到本通知后，即日来人力资源部办理离职手续。”

李叶表示，自己递交《离职申请书》后，因公司对其进行挽留，他才决定继续留下来工作，因而该《离职申请书》已经失效。同时，李叶也向法庭提交了录音材料，以证明自己的主张。此外，李叶还提交了一份钉钉打卡记录，证明自己曾在2018年1月4日，通过钉钉软件给公司总经理发送过一份工作文件。

根据我国《劳动合同法》第三十七条的规定:“劳动者提前30日以书面形式通知用人单位，可以解除劳动合同”。法院认为，劳动者提出辞职应当提前30日以书面形式通知用人单位，无须征得单位同意。劳动者提出辞职后，用人单位在1个月后未给劳动者办理离职手续，亦未有明确答复的，辞职申请作废。劳动者继续为用人单位提供劳动，用人单位继续支付其劳动报酬的，应当视为双方继续履行原劳动合同。

法院认为，本案中，原告李叶向被告公司提出辞职申请后，被告公司应至少在原告提出辞职申请后30日内做出明确答复，至于辞职后交接时间的长短，可与原告协商确定。但公司于2018年1月4日发出的“您于2017年11月16日提交的离职已获公司批准，现批准你离职”通知来看，公司并未能在2017年12月16日前明确答复李叶，可认定公司明确告知李叶离职时间为2018年1月4日。

由此可知，公司并未在合理期限内对李叶的辞职申请做出处理。此外，从公司发出的通知内容来看，其通知的工作交接完成时间与落款时间存在矛盾。综合以上证据，并结合李叶提交的钉钉打卡记录以及录音证据，法院采信了李叶的主张，认定公司在收到李叶的《离职申请书》后，未在合理期限内进行处理。之后李叶继续为公司提供劳动，公司亦正常支付劳动报酬，应当视为辞职申请作废、双方就继续履行原劳动合同协商一致。

鉴于此，公司于2018年1月4日无正当理由解除劳动合同，构成违法解除，公司应向李叶支付违法解除劳动合同赔偿金。

李叶离职前12个月平均工资为9 800元，据此，法院判决公司向李叶支付违法解除劳动合同赔偿金39 200元，支付2018年1月1日至1月4日工资1 802元。公司不服一审法院判决，提起上诉。法院二审阶段，公司又提出了新的主张和证据。公司表示，由于李叶的职位属于公司高管，根据公司辞职的规定需要提前2个月申请，目的是找到合适替代者后工作才能顺利交接。由于时间不确定，总经理签字时间落款为“2017.12”合情合理。李叶的辞职是其真实意思表达，且其曾多次向公司提出过辞职，公司总经理对此都是知晓的。

公司认为一审法院对《离职到期通知》的认定不符合事实。2018年1月4日公司发布的《离职到期通知》是向全体公司员工发布，并不是针对李叶一个人，目的是保证公司工作的正常运行，告知重要岗位人员的更换。

此举是公司于2017年11月20日同意李叶于2017年12月15日离职的延续，两者并不冲突。一审法院单方面解读《离职到期通知》，完全抛开《离职申请书》，把两者分割、对立，本末倒置，对上诉人不公平。

此外，公司认为，《劳动法》和《劳动合同法》关于劳动者提前30日通知解除劳动合同的规定属于管理性规定，不是效力性规定。公司《员工手册》中规定，"各部门管理人员转正后，必须提前2个月书面辞职"，应当允许劳动者与用人单位自由协商，只要不损害劳动者预期解除劳动合同的期待利益就可以。

二审法院认为，本案争议的主要问题是李叶与公司的劳动关系是因劳动者行使解除权而解除还是用人单位违法解除。法院表示，用人单位不得限制劳动者依法行使劳动关系单方解除权。《劳动合同法》第三十七条、《劳动法》第三十一条均规定，劳动者有职业选择的自由，提前30日以书面形式通知用人单位，即可单方解除劳动合同。公司要求劳动者辞职需提前2个月书面提出，系对劳动者行使法律规定的单方辞职权进行限制，该规定如果未与劳动者协商一致，非劳动者自愿接受，其内容没有约束力。

本案中，没有证据证明李叶接受了公司设定的附加条件。双方持有的《劳动合同》约定，劳动者若离职需提前1个月提出。而公司单方提交的《员工手册》与上述内容不同，规定部门管理人员辞职需提前2个月提出。即使该《员工手册》是真实的，公司没有举证证明已向李叶发放了该《员工手册》，或者至少已向其明了上述要求。该公司举证不能，应认定双方并未就辞职需提前2个月申请的内容达成一致。

此外，李叶向一审法院提交的《离职到期通知》、工作交接单、录音材料、领取工资的银行交易明细、社保缴费明细表等，形成了证据链，足以证明李叶虽于2017年11月申请离职，但未获公司批准，双方继续履行原劳动合同直至2017年年末。而公司为证明其主张，向一审法院提交的主要证据，是李叶的《离职申请书》。

公司自认离职日期栏目中的"预计12月15日离职正常交接"内容，系人力资源部主管所写。该申请书由公司保存，不能排除上述内容系事后编造，也没有证据证明公司确已通知李叶同意其离职及办理离职手续的日期。另一方面，李叶完成的2017年11月、12月份工作内容也证实其仍在正常工作，并没有办理离职交接手续。

综上，二审认定，李叶于2017年11月16日提出了辞职申请，但辞职预告期限届满后，双方已就继续履行原劳动合同达成一致。公司没有正当理由于2018年1月4日通知李叶解除合同，因此应承担违法解除劳动关系的法律责任。据此，二审法院驳回了公司的上诉。

通过阅读案例，请回答如下问题：

(1) 该公司对李叶的辞职事件的处理过程是否恰当？请具体分析。

(2) 李叶和该公司发生劳务纠纷的关键原因是什么？

(3) 通过该案例，我们在处理员工关系时得到了什么启示？

本章小结

(1) 员工关系有许多称谓，也被称为劳动关系、劳资关系、雇佣关系等。它是管理方与劳动者个人及团体之间产生的，由双方利益引起的合作、冲突、力量和权利关系的总和。

员工关系管理是从管理的角度来探讨企业与员工之间的关系，是指为保证企业及其利益相关者目标的实现，对涉及企业与员工、管理者与员工以及员工之间的各种工作关系、利益冲突和社会关系进行协调和管理的制度、体系与行为。

(2) 从狭义的角度来看，员工关系管理主要包括劳动合同管理，员工冲突管理、员工离职管理、员工沟通管理等。

(3) 员工关系具有个体性和集体性，不平等性和平等性，对等性和非对等性，兼具经济性、法律性和社会性等特征。

(4) 劳动合同应当具备的法定条款有：① 用人单位的名称、住所和法定代表人或者主要负责人；② 劳动者姓名、住址和居民身份证或其他有效证件号码；③ 劳动合同期限；④ 工作内容和工作地点；⑤ 工作时间和休息休假；⑥ 劳动报酬；⑦ 社会保险；⑧ 劳动保护、劳动条件和职业危害；⑨ 法律、法规规定的应当纳入劳动合同的其他事项。

(5) 劳动合同应当具备的约定条款包括以下内容：① 约定试用期；② 保密条款；③ 补充保险和福利待遇；④ 变更、解除劳动合同的条件；⑤ 保守商业秘密。

(6) 劳动争议的处理途径主要有当事人协商解决、用人单位劳动争议调解委员会调解、劳动争议仲裁委员会仲裁和人民法院诉讼审判解决四种。

(7) 根据员工离开企业的原因不同，离职可以分为自愿离职和非自愿离职。裁员是非自愿离职的典型形式，是因用人单位的原因而解除劳动合同的情形。根据裁员的动因不同，裁员分为经济性裁员、结构性裁员和优化性裁员。

(8) 企业裁员的一般流程包括：准备阶段；告知当事人；向劳动行政主管部门报告、备案；通过裁员方案；公布并实施裁员方案。

(9) 在员工人际关系管理中，与上级相处的基本原则有适度原则、服从原则、尊重原则和坚持原则，与同事相处的基本原则有真诚合作、同甘共苦、宽容待人、公平竞争，与下属相处的基本原则有以身作则、信任下属、平等待人、关心下属和助人发展。

(10) 协调员工人际关系的常用方法有情感投资法、心理吸引法、角色扮演法和会谈对话法。

复习与思考

1. 员工关系的概念是什么？
2. 员工关系的特征有哪些？
3. 劳动合同的法定条款和约定条款包含哪些内容？
4. 劳动争议的处理途径有哪些？
5. 员工离职管理中，员工离职的分类有哪些？
6. 员工离职管理中，企业裁员的流程有哪些环节？
7. 人际关系管理过程中，与上级、同事和下属相处的原则有哪些？
8. 人际关系管理过程中，员工组织沟通的方向有哪些？各具有什么特征？

第十章

人力资源外包

学习目标

(1) 了解外包和人力资源外包的含义。
(2) 了解人力资源外包的特点和理论基础。
(3) 掌握人力资源外包的内容和模式。
(4) 掌握人力资源外包的流程。
(5) 掌握人力资源外包的风险及其控制。

关键词

外包(Outsourcing)
人力资源外包(Human Resource Outsourcing)
人力资源外包模式(Human Resource Outsourcing Model)
人力资源外包风险(Human Resource Outsourcing Risk)

导入案例

美资企业人力资源全面解决方案

某大型美资制造业企业计划在中国沿海某三线城市投资兴建工厂。针对工厂的组建，企业有多种岗位、大批量的人才招聘需求；完成人员招聘工作后，又面临人事委托、人员岗前培训、员工保险福利、薪资发放等一系列事务性工作。该美资制造企业希望能够将本公司的HR从烦琐的人员招聘、培训、管理等日常事务性工作中解脱出来，更好地把精力集中在核心业务上。该企业最后选择了FESCO Adecco提供的一套整体的人力资源服务解决方案，最终有效地提高了工作效率，减少了内部人事工作的压力，保证了工厂如期投产运营。

1. 人才招聘

该美资企业需要在不到一年的时间内招聘300多人，其中工程师和蓝领工人职位不仅数量大，还需要在短时间内找到合适人选，以便安排员工出国培训，按期投入生产；同时对候选人的素质要求较高，加之相关行业范围窄、三线城市地理位置偏僻等原因，人力资源部的招聘工作难度很大，因此决定利用有丰富的招聘渠道和资源的第三方机构来完成。FESCO Adecco 在该美资企业派驻了专业的 On-site 招聘顾问，第一时间了解需求变化，利用 FESCO Adecco 遍布全国的网络，线上、线下多种渠道相结合，从多个相关行业、产业中发掘人才，完成了从前台、行政、人事等通用类职位到高级工程师、财务总监、销售总监、IT 总监等高端职位的招聘。针对蓝领工人的大量招聘需求，FESCO Adecco 通过学校等渠道预订专业对口的应届毕业生，保证在生产线投产前有足够数量的候选人能够到位。

2. 法律服务

由于工厂低端劳务人员数量多，人员流动频率较快，在员工解聘等诸多相关事务上会大量牵涉劳动合同方面的纠纷，所以需要专业的法律咨询方面的服务。FESCO Adecco 安排专业律师担任客户公司法律顾问，提供每周 2 次、每次 1～2 小时的电话咨询服务。在遇到特殊的合同纠纷案件时，根据案件的具体情况，FESCO Adecco 提供出庭等针对性的服务。

3. 员工岗前培训

企业投产前要安排招聘到的企业管理人员和工程师分批次前往海外的工厂，完成 1～2 个月的专业培训，因此需要招聘大量外语翻译人员全程陪同；同时，还需要为蓝领工人安排相应的课程，在工厂所在地完成岗前培训。培训内容主要包括：

(1) 翻译服务：对外语培训教材进行中文翻译。

(2) 签证服务：包括出邀请函、购买保险、订购机票等，员工无须来回奔波办理各种手续。

(3) 认知培训：为将要出境的员工提供文化认知培训，帮助他们了解境外的工作、生活情况。

(4) 实习生外包：通过高校渠道在国内招聘大量外语专业实习生，让他们短期内担任翻译，全程陪同员工出境培训，全权负责实习生的招聘，签证办理，交通费用、工资和津贴发放，保险缴纳等事务，并派专人驻外管理实习生的工作和生活。

(5) 蓝领工人培训：寻找当地学校渠道，安排培训讲师，由校方根据指定的内容进行课程设计。

4. 人事外包

企业逐步实现人员招聘扩张后，存在劳动合同的签订、工资薪酬的发放、员工入/离职手续的办理等一系列人力资源事务性工作的外包需求。依托 FESCO Adecco 的全国布局，企业在工厂当地的分支机构派驻多名 On-site 顾问，第一时间处理各种需求。FESCO Adecco 承担考勤、工资发放、薪酬福利管理、员工居住证件办理等事务性工作，负责协助开展诸如工会建立等相关人事服务。

5. 财务外包

由于工厂与区域总部所在地分离，办公的远程化、异地化导致报销流程烦琐，效率下降，该美资企业希望能有专人负责解决报销单据审核这项基础的事务性工作，并结合工资进行发放。因此，该企业将报销票据合理性的审核工作交由 FESCO Adecco 代理，以此改善公司财务在报销工作上的效率。

6. 福利外包

工厂建立后，由于地理位置较为偏僻，需要有就近的医疗服务，解决员工工作现场安全性的问题；同时，也需要为员工购买医疗保险、体检等补充福利，满足员工健康方面的需求。福利外包主要包括：

(1) 医务室外包服务：FESCO Adecco 在工厂筹建急救中心，提供常用药品、急救包等专业设备，派驻专业的医护人员提供 7×12 小时的诊疗服务，对简单的突发病痛给予及时而正确的急救处理，并为员工提供医疗急救知识培训讲座。

(2) 健康福利：由 FESCO Adecco 负责全员的补充福利，包括人身意外保险、补充医疗保险、年度体检等项目；针对高管以及派驻中国的外籍员工，为其提供高端医疗服务，以及针对其子女的相关福利医疗。

第一节　人力资源外包概述

一、人力资源外包的产生及内涵

“外包”一词是由加里·哈默尔(Gary Hamel)和普拉哈拉德(C.K. Prahalade)于 1990 年在《企业核心竞争力》一文中提出的，最初运用在信息技术外包领域。“外包”(Outsourcing)直译为“外部寻源”，即企业在内部资源有限的条件下，将某项业务流程的整体或部分委托给专门从事该项活动的外部服务商来完成，而自己则专注于最具竞争优势的业务上。彼得·德鲁克曾预言：“在未来 10 年至 15 年之内，任何企业中仅做后台支持而不创造营业额的工作都应该外包出去，任何不提供向高级发展的机会、活动和业务也应该采取外包形式。”目前，在竞争日益激烈的市场环境下，外包业务在全球各个领域的发展方兴未艾。具体而言，外包一般是指企业将自己的部分业务或者全部业务委托给专门的公司来完成，其实质是将企业不太擅长的那一部分交给其他熟练的公司进行操作，进而取得更好的成果。企业外包有很多不同的类型，如制造外包、物流外包、信息技术外包、业务外包等，人力资源外包是业务外包的一种类型，同时也是发展速度最快的一种外包形式。

人力资源外包又称人力资源服务外包(Human Resource Outsourcing，HRO)，是指将企业的一部分人力资源工作流程或者人力资源的管理职能外包给专业的人力资源公司，由人力资源公司进行管理，从而降低组织的经营成本，提升组织的核心竞争力，增加组织的效益。具体而言，人力资源外包可以渗透到企业内部的人事、业务，包括人力资源规划、人员招聘、员工满意度调查、薪资调查、培训工作、劳动仲裁、员工关系和企业文化建设等各个方面。

人力资源外包的分类如下：

(1) 根据人力资源外包的范围，可分为全面人力资源管理职能外包和部分人力资源管理职能外包。

(2) 根据企业与外包服务商的合作时间长短，可分为长期外包和分时外包。

(3) 根据人力资源管理功能，可分为与企业战略实施相关的外包、与人力资源管理技术相关的外包、与人力资源管理职能相关的外包、与员工关系管理相关的外包。

二、人力资源外包行业现状

在信息化、经济全球化及顾客需求多样化的驱动下，竞争环境日益激烈。这迫使企业更加注重公司重组和业务流程再造等资源管理活动，力求增强自身的灵活性和快速反应能力，同时又注重整合企业内外资源，以增强核心竞争力。在此背景下，人力资源管理外包从最初的招聘服务、人事代理发展到包括培训服务、劳务派遣、就业指导、人力评测、管理咨询和人力资源外包等多种业务，并形成了较为完善的服务产业链。中国人力资源外包的发展前景良好，具有以下三个特点：

(1) 行业竞争激烈，发展空间大。

我国有 5 万多家各类人力资源服务商，价格战成为市场竞争的常见手段。根据相关研究，国外 HR 人员与员工的比例通常为 1∶100，而国内在 1∶30 左右。美国大概有 85%的企业人力资源工作外包出去，而我国只有不到 5%的企事业单位采取外包服务。据测算，中国未来人力资源外包年增长率在 20%以上，增长空间巨大。

(2) 形成产业链，提供全方位的服务。

我国人力资源外包已经从单一服务向全方位服务转变，涉足培训服务、管理咨询、业务外包、调查研究等领域。服务对象也从中低端向中高级人才发展，开始注重人才的培养。人力资源外包逐渐走向成熟，有的人力资源外包服务商已经形成了系统的产业链，可为客户提供一条龙服务。

(3) 信息化技术深入发展。

如今信息技术被广泛应用于人力资源管理的各个环节，如招聘流程外包，员工基本资料信息电子档案化，员工劳动合同电子档案化，绩效考核，薪酬计算、编制与发放，员工社保缴纳、增减与转移，员工技能培训管理，员工绩效管理等。信息化已经紧密融入人力资源外包，发展成为一项服务。

三、人力资源外包的理论基础

人力资源外包的产生有很深的理论根源，既有现实的原因，也有支撑其理论发展的理论基础。具有代表性的理论有以下三种：

1. 交易成本理论

交易成本理论认为企业在进行资源投入时必须对治理结构进行选择。当企业依赖外部服务商时，把市场合约作为治理结构形式；当依赖内部员工时，则把组织的等级制度作为治理结构形式；当获得相同质量的产出结果时，企业将选择资源投入最少的治理结构。交易成本理论是用来预测组织关于治理结构选择的一种描述性理论，它认为企业总是使交易成本最小化，通过外包获得人力资源服务所产生的交易成本与企业自身进行人力资源活动所产生的交易成本是不同的。根据交易成本理论，当企业部分职能外包的成本小于企业内部产生的成本的时候，企业应该选择外包；当企业内部产生的成本小于企业将部分职能外包所产生的成本的时候，企业应该选择企业内部自己解决。换言之，如果市场治理结构有效降低了交易成本，则企业应选择人力资源外包。

2. 核心竞争力理论

核心竞争力理论构成管理学的基础理论之一。该理论指出，企业拥有众多能力，同时还具有很多专门特长。然而，不一样的能力与专长其地位是有差异的，某些可以为企业的长足发展带来竞争优势以及可以为企业带来巨额利润的能力与特长，才称得上企业的核心能力。在企业中，核心能力构成一种集聚性的知识，尤其是那些可以解决企业生产技能协调与协调配合的知识。核心能力具有技能与技术的双重属性，它不是单个特征的表征。企业要想实现竞争力的提升，取得竞争的优越地位，必须注重核心能力的培养，它是一个企业能否成功同时获得持续发展的关键因素。企业通过人力资源外包将非核心的活动外包给外部的服务商，通过与外部服务商的合作，不仅可以使用自己不具有的外部服务提供商的优势，还可以使用自己有限的资源发展核心业务，以增强人力资源管理在提升企业核心竞争力方面的作用。

3. 战略管理理论

企业的战略主要指其经营范围、资源分配、竞争优势以及协同作用四方面因素。所谓经营范围，主要指企业进行生产活动的范围与领域。资源分配是指企业过去和现在在资源及技术方面进行分配的能力与方式，企业能否有效地对资源进行分配对其能否完成预期的目标具有重大影响。假如企业的资源不足或者地位不利，对企业而言其经营范围也会大大受限。竞争优势是指企业通过资源配置的模式和经营范围的决策，在市场上形成与竞争对手不同的竞争地位。协同作用是指企业从资源配置和经营决策中所能寻求到的共同努力的效果，即企业总体资源收益大于各部分资源收益之和。采用人力资源外包可以通过合理地运用外部资源，促使企业对内部资源进行最合理、有效的配置，从而发挥企业外部资源和内部资源的协同作用，建立企业的竞争优势。

四、人力资源外包的作用

人力资源外包的作用如下：

(1) 降低经营成本，提高组织效率。

企业的目的是尽可能以最小的成本追求最大的利益，因此，企业在考虑外包时可能优先考虑的是成本问题，如果选择外包的成本比雇佣员工完成工作的成本要低，则组织不必投资维护先进的人力资源体系和服务平台，也就帮助企业降低了经营成本。尤其是中小企业大多面临资源不足的问题，为了节约经营成本，人力资源管理工作由办公室监管，没有系统的人力资源管理制度，不能给雇员提供完备的福利待遇和培训机会。人力资源外包的出现使中小企业有机会通过利用外部资源弥补自身不足，提高人力资源管理水平，同时还可以节省人力资源管理的成本。例如，将人员的招聘、面试、培训、考核等工作外包给专业的人力资源管理机构，不仅可以降低内部管理成本，节约时间，还可以节省人力资源管理过程中出现的办公费用以及人力资源部门的薪酬福利等开支，提高组织的工作效率。

(2) 集中资源，增强核心能力。

在激烈的竞争形势下组织没有过多的精力来关注企业价值链上的各个环节，将人力资源管理中的重复性、程序性的事务外包给专业的人力资源管理机构，可节省组织内部管理费用和资源，将其人、财、物集中于最重要、最具优势的核心部门或核心业务上，使组织的管理人员从烦琐的事务性工作中解脱出来，集中精力于其高层次的战略规划，以增强组织的核心竞争力。

(3) 改善人力资源服务质量，提高附加值。

有效的人力资源管理可以帮助企业开发员工的潜力，激发员工的创造力，提高组织的核心能力。而优秀的人力资源外包企业通常拥有人力资源管理各方面的专家，他们能够为组织提供一整套集合多家企业的综合性专业知识、技能和经验的管理制度。在这个过程中外包企业可以了解员工需求，提高员工的综合待遇，从而增加员工的满意度，改善人力资源服务的质量。与此同时，将人力资源外包给专业的人力资源管理机构，往往可以获得更专业、素质更高的人才，使组织能够充分利用他人的资源来提升自己的能力。

第二节　人力资源外包的内容、模式、流程及数字化

一、人力资源外包的内容

由于人力资源外包是一个十分复杂的过程，因此企业在进行决策之前，必须进行深入细致的分析。在分析需不需要进行人力资源管理外包时，企业应首要考虑将自己的核心能力进行明确的定位，然后结合自身的发展战略和实际需要确定人力资源外包的内容。结合人力资源管理的模块，人力资源外包的内容主要涉及员工招聘、员工培训、绩效管理、薪酬管理、保险福利津贴管理和人力资源管理信息系统六个方面。

1. 员工招聘

招聘外包主要包括一般人才招聘和高级人才猎头服务。在实施外包时，企业将其招聘需求明确告知供应商，以便供应商制订周密的招聘计划，利用多种渠道开展招聘。猎头服务一般用于招聘特殊人才和高级人才，费用也较高，但是猎头公司一般能够提供专业的猎头顾问、完善的筛选评估程序、严格的背景调查和良好的企业信誉，能够更有效地满足用户的个性化需求。

2. 员工培训

培训外包一般包括寻求专业咨询公司或培训机构帮助企业制订培训计划、落实培训方案和进行培训评估。在培训计划的实施过程中，通过利用专业培训机构优秀的师资和专业化的培训技巧，可获得符合公司需要的培训需求，特别是一些特殊的培训，如拓展训练、情景模拟训练等。

3. 绩效管理

目前我国绩效管理外包的应用还不普遍，企业一般将绩效管理系统的设计外包给专业公司，而具体的考核操作任务则由企业内部完成。

4. 薪酬管理

薪酬是企业中比较敏感的问题，目前我国大部分企业的薪酬外包仍停留在代发工资的层面上，但是实践证明，薪酬调查外包的应用越来越普遍。薪酬政策和数据一般属于企业

的商业秘密，不愿对外公开，企业自行进行薪酬调查会受到多方面的限制，也很难保证数据的完整性和准确定，因此委托专业机构进行薪酬调查也是一种不错的选择。

5. 保险福利津贴管理

鉴于我国现行的保险福利政策，企业完全可以将国家规定的各种保险、福利外包出去，企业也可以从繁杂重复的事务性工作中解脱出来，并能获得专业化的指导和服务，从而有效地降低经营风险。

6. 人力资源管理信息系统

人力资源管理信息系统把与员工有关的信息以一种便于访问和检索的方式储存到数据库中，并通过强大的分析和报表功能，使人力资源管理工作从繁杂的事务中解放出来，这对于一些信息技术不是核心业务的企业比较适用。

二、人力资源外包的模式

目前，常用的人力资源外包模式主要有以下几种：

1. 人力资源管理职能外包模式

人资资源管理职能主要包括人力资源规划、招聘与配置、培训与开发、绩效管理、薪酬福利管理以及劳动关系管理六大模块。人力资源管理职能外包可以是部分外包，也可以是整体外包，通常情况下企业将一些非核心的、不涉及企业机密和战略性任务的人力资源管理工作外包出去。

2. 人才派遣模式

人才派遣是指派遣机构根据用人单位的需求，将符合用人单位要求的员工派遣至用人单位。员工与派遣单位之间建立劳动关系，用人单位与派遣单位之间建立劳务关系。人才派遣一般适合特殊人才和通用人才，不适用于核心人才。

3. 人力资源工作人员外包模式

有些企业保留了所有的人力资源管理职能，但雇佣一个外部服务商来提供维持企业内部人力资源管理活动的人员，企业内部员工直接对人力资源外包服务机构负责，企业将内部人员甚至是组织外包给了服务机构。

此外，部分企业也会选择同科研机构、大专院校或咨询机构合作，研究企业人力资源管理技能和战略发展，为企业整个人力资源管理的涵盖内容进行重新设计。在具体运用时，企业也可以根据具体实践情况以及面临的外部环境变化，采用多种外包形式的综合运用，充分发挥各种外包形式的协同作用，以使企业的人力资源管理工作达到最优状态。

三、人力资源外包的流程

人力资源外包的流程主要包含外包的可行性和必要性分析、外包内容的确定、外包服务商的选择、外包方式的选择、外包的实施和外包监控与评估 6 个主要环节。人力资源外包的流程如图 10-1 所示。

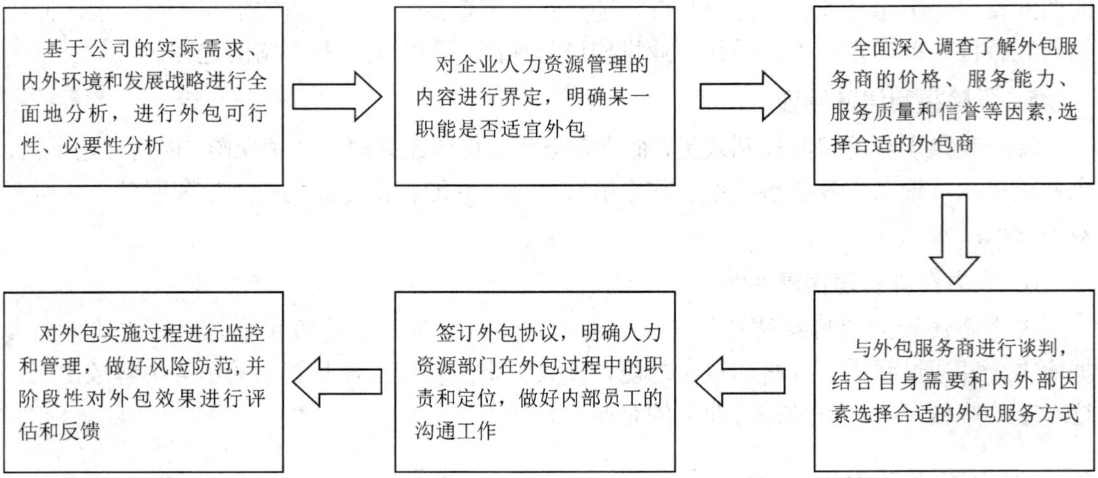

图 10-1　人力资源外包的流程

企业案例

东阿阿胶高潜人才遴选项目

东阿阿胶作为国内传统的药品和保健品制造企业，近几年面临着巨大的商业和人才挑战。东阿集团总经理秦玉峰也意识到：为了打开产品销售的多元化渠道，企业需要提高关键岗位在任者的能力以及选拔一些高潜人才担任关键岗位。培养未来接班人成为东阿阿胶高层高度重视的紧迫任务之一。近年来，东阿阿胶一直在寻找各种方法和工具来提高中高层岗位的素质和领导力，但是以往的方案未能奏效。与 DDI 接触后，东阿阿胶决定接受建议：对现有的能力模型进行完善和升级，并对现有人才进行评鉴和盘点，从而建立高潜人才库。

DDI 顾问团队在与东阿阿胶进行了全面具体的沟通后，为东阿阿胶总结出了一套科学、可行的解决方案。整个执行过程仅用了不到半年的时间，其结果在企业内受到高层和参加人员的广泛好评。

DDI 在东阿阿胶的第一项任务即为落实根本的“关键岗位能力模型”。企业里的关键岗位为什么这么重要？因为这些关键岗位决定了企业在迈向未来愿景时，“谁”以及什么样的“班子”在为企业打天下。DDI 为东阿阿胶已有的能力模型进行完善和升级，实现真正与企业战略紧密结合的关键岗位能力模型。

DDI 接着对现有人才库进行评估和盘点：首先，为 8 位高管安排 DDI《领导力加速发展中心》的评鉴与性格测试，并对其进行反馈，协助他们了解自己的优势与能力。其次，共有 127 位中层主管参加了 DDI《经理人成熟度评鉴》及领导力素质模型的测试，并透过一对一的反馈帮助他们了解自己的发展重点。最后，DDI 还分别向以秦总为核心的管理团队和各部门负责人提供了组织人才战略分析。

高潜人才的选拔仅仅是人才管理工程的第一步。DDI 呈现的高层战略人才盘点与中层团队反馈(九宫格)也赢得了东阿阿胶高管们的一致认可。东阿阿胶根据 DDI 报告所提供的结论和信息进行人员部署——从参加评鉴的候选人中挑选了 30 多人并任命为中层管理者的副职岗位。

四、数字化时代的人力资源外包

随着互联网和信息技术的迅猛发展，企业的关键性资源从资本向数据、信息、知识和智力方向转变。为在激烈的市场竞争中立于不败之地，企业需充分整合和利用现有资源，以高质量、成本低、速度快及服务完善同对手展开竞争，进而获取独特的持续发展的竞争优势。由于分工不断细化，人力资源管理逐渐演变为一种高度专业化的技能，企业把具备竞争优势的业务保留下来，而把其余业务交付给更具专业知识和成本优势的机构来完成，人力资源外包公司的出现为这一行为的进行提供了可能及必要条件。

(1) 数据化精确分析是大趋势。

在大数据时代，数据化对传统人力资源管理有颠覆性的改变，人力资源部门的工作方式已经从人们印象中的感情用事变成了大量依赖理性的数据进行分析。在此背景下，数据化人力资源管理是大势所趋，基于算法的精确匹配已全面涉及招聘、培训、绩效、薪酬、福利等各个领域，而且对企业人力资源外包和模式创新带来深远的影响。

(2) 人力资源外包工作边界越来越清晰。

数据化背景下的人力资源使人力资源外包公司和人力资源部门的角色定位发生了逆转，合作的边界愈加清晰，合作的内容却日趋紧密，战略联盟型和教练式的合作模式成为人力资源外包的基本形态。大数据时代企业经营环境的特点是以数据为决策的依据、信息系统成为数据集成的平台、数据网络化共享。基于大数据时代云计算技术的人力资源服务已经成为人力资源管理的发展趋势。实现人力资源管理的碎片化，关键在于掌握数据的全面性、准确性、权威性、动态性，并能灵活运用且转换成能够创造人才价值、提升企业利益的终端服务产品。目前，许多企业开始借助人力资源外包来实现大数据时代的人力资源管理。

(3) 人力资源管理角色转变。

大数据时代人力资源管理将由经验主义转变为更加科学规范的管理，在大数据技术的支持下人力资源的选、育、用、留都可以纳入到可量化、可测量的范畴，使人力资源管理更加高效、精准，更具话语权。人力资源部门经理的工作更多借助于先进的技术平台获取数据并进行数据分析，工作更为规范化，需要承担更多决策、审核任务。在数据化人力资源外包实施后，人力资源部门不是简单的业务伙伴，还可以是外包服务的参与者，还面临多种角色的创新和转变，可转变为人力资源战略管理专家、人力资源规划师、人力资源教练，以及与外包服务商合作的协调人，也可以转变为企业创新和变革的倡导者。

知识拓展

劳务派遣

人才派遣又称“人才租赁”，《劳动合同法》称为劳务派遣(Service Dispatching)，是人力资源外包的一种，为当今西方发达国家普遍采用，即企业将人力资源管理中非核心部分的工作全部或部分委托人才服务专业机构管(办)理，但托管人员仍隶属于委托企业。这是一种全面的高层次的人事代理服务。人才派遣的形式主要有两种：一种是按一定期限租赁人员；另一种是以完成某一个或几个工作项目为准租赁人员。派遣(租赁)人员的来源：一是单位现有的人员；二是委托人才服务机构招聘的人员。

人才服务机构与用人公司和派遣人员分别签订人才派遣协定、人才派遣合同，以规范三方在派遣期间的权利和义务，在派遣期间用人公司与派遣人员不发生人事隶属关系。用人公司与人才派遣服务机构的关系是劳务关系；被派遣人员与人才派遣机构的关系是劳动关系，与用人公司的关系是有偿使用关系。

目前，人才派遣主要有以下几种具体形式：

(1) 完全派遣。完全派遣指由派遣公司承担一整套员工派遣服务工作，包括人才招募、选拔、培训、绩效评价、报酬和福利、安全和健康等。

(2) 转移派遣。转移派遣指有人才派遣需要的企业自行招募、选拔、培训人员，再由派遣公司与员工签订劳动合同，并由派遣公司负责员工的报酬、福利、绩效评估、处理劳动纠纷等事务。

(3) 减员派遣。减员派遣指企业对自行招募或者已雇佣的员工，将其雇主身份转移至派遣公司。企业支付派遣公司员工派遣费用，由派遣公司代付所有可能发生的费用，包括工资、奖金、福利、各类社保基金以及承担所有雇主应承担的社会和法律责任。其目的是减少企业固定员工，增强企业面对风险时候的组织应变能力和人力资源的弹性。

(4) 试用派遣。试用派遣是一种新的派遣方式，用人单位在试用期间将新员工转至派遣公司，然后以派遣的形式试用，其目的是使用人单位在准确选才方面更具保障，免去了由于选拔和测试时产生的误差风险，有效降低了人事成本。

(5) 短期派遣。短期派遣指用人单位与人才派遣机构共同约定一个时间段来聘用和落实被派遣的人才。

由于应聘者是与人才派遣公司发生劳动关系，这样用人单位会给应聘者更大、更灵活的机会来展现自己，人才派遣成为一种新颖的就业形式。为维护派遣员工的自身合法利益，人才派遣公司要监督用人单位的规范用工情况，并要求用人单位提供必要的劳动安全卫生条件，帮助派遣员工索取各类社会统筹保障等合法权益；派遣员工与用人单位发生的纠纷，也可以通过派遣公司统一与用人单位协调处理，从而使每个派遣员工有一个可靠的依托。

第三节　人力资源外包的风险与控制

一、人力资源外包的风险

人力资源管理外包具有一定的优势，但是外包活动也伴随着一系列的风险，具体表现在以下几个方面：

(一) 来自服务商选择的风险

供应商选择的正确与否直接关系着整个外包活动的成败。由于存在信息的不对称，企业往往无法了解到外包服务商的全部信息和真实水平，服务商受利益驱使往往会隐藏对自己不利的信息，误导企业做出错误的决策，以致企业对筛选出合适的外包服务商感到难以判断和决策。同时，由于市场环境的复杂多变，使交易产生了多种不确定性，导致交易双方稳定性受到影响，增加了合约的风险。由于每次外包活动企业都要花费一定费用和时间与外包服务商联系沟通，如果交易频繁变化，最终有可能会导致成本的上升。另外，如果外包服务商在人力资源管理外包执行过程中破产，会导致外包活动被迫终止，企业面临着重新管理人力资源工作或是重新寻找外包服务商的局面，造成企业经济上的损失并影响企业战略的实施。

（二）来自外包合同的风险

人力资源外包是企业以合同的形式委托外包服务商从事部分或者全部的企业人力资源管理工作。合同作为约束双方权利义务的法定条款，必须制订严密，才能有效地防范风险。但是由于外部环境的不确定性，在制订合同时不可能预测到未来发生的各种情况，因此外包实施过程中也会存在风险。

（三）来自企业安全保密的风险

显而易见，人力资源管理外包活动必须向外包服务商披露大量信息，如企业战略、经营指标、人力资源管理现状等信息，这势必会带来企业客户信息或其他商业机密外泄的风险，尤其是外包涉及企业竞争力的核心技术或重要客户时风险更大。由于存在利益分歧的可能性，如果双方关系破裂会给企业带来较大的沉没成本，也会进一步加大信息泄露的风险。与此同时，外包服务商也存在和将来客户分享合作中的知识产权的可能，而目前我国对此并无明确的法律规定，一旦发生泄密事件，对企业的危害极大。

（四）来自企业员工方面的风险

企业实施人力资源外包后，必然会影响到企业内部员工的切身利益。外包将原来的人力资源管理部门从事的工作交给外部供应商完成，势必造成一部分员工被辞退或转岗，或转到外包服务商那里工作，这可能会引起员工对未来的不确定或对现状的不满造成无形的心理压力，也可能会触及或者损害部分员工的利益，这可能会导致员工工作积极性下降，进而阻碍企业的发展。此外，由于员工对人力资源外包的决策不了解，可能会对企业的经营状况产生误解。外包后一部分企业的员工的工作会有所调整，使个别优秀员工感到专长无法发挥，还有可能因此造成优秀员工的流失。

（五）来自企业监控方面的风险

企业与外包服务商企业文化的兼容性、沟通模式、企业的外包决策能力、对风险的识别能力及市场的不成熟和法律不健全等都有可能给企业人力资源外包实施带来风险。

二、人力资源外包风险的识别与评估

（一）人力资源外包风险的识别方法

人力资源外包风险的识别就是对外包过程中可能出现的各种风险进行有效的识别，了解风险发生的起因、时间、方式以及性质等过程。对风险的正确识别可以使人们认识到风

险的特征、本质，建立预警机制，提高防范能力。目前，经常采用的风险识别方法有环境分析法、专家调查法和分解分析法等。

1. 环境分析法

环境分析法主要是指企业将人力资源外包之前对所处的社会环境、市场环境进行客观的分析，评估人力资源外包后将会给企业带来哪些损失的分析方法。环境分析法是一种重要的风险分析方法，因为企业所处的社会环境和市场环境不是一成不变的，而是时刻变化的，如市场的变化、相关政策法规的出台等都会对企业的外包活动带来一定影响。因此，企业应对社会和市场环境的各个因素进行整体分析，考虑这些因素中哪些会对企业外包活动带来风险以及不同程度风险的损失。环境分析法所收集的数据将会是风险识别的重要依据。

2. 专家调查法

除常规风险外，还可能存在一些不容易发现的、潜在的风险，一般人对潜在的风险并不敏感，但专家对潜在风险具有敏锐的洞察力并可以做出定性和定量的分析，因此在国际上专家调查法一直都有着重要地位。风险控制领域的专家通过对风险的了解，研究并记录大量的风险变化数据，这些数据资料对于一般企业在风险识别方面有着重要的借鉴意义。对于初次发生的风险，一般企业将会对这类问题毫无头绪，此时专家所收集的数据就有了重要的指导作用。专家调查法主要有两种：德尔菲法和问卷调查法。

3. 分解分析法

分解分析法是将企业当作一个整体，由各个子系统组成，而这些子系统之间具有相同的性质，这样划分的目的是利于找到风险的来源。分解分析法是将企业整体依照一定的类别进行划分，先找到部分系统中所面临的风险，那么企业中一定也面临该风险。

(二) 人力资源外包风险的评估方法

人力资源外包风险的评估就是对识别风险发生的可能性、影响程度以及可能造成的损失进行定量估算，保证外包在允许的风险承受范围内顺利实施。目前，人们采用的比较常见的风险评估方法是风险矩阵评估法。风险矩阵评估法的思路如下：

(1) 识别项目风险，评估风险对项目的潜在影响。

(2) 计算风险发生的概率。

(3) 根据预定的标准评定风险等级，实施计划管理或降低风险。

此外，概率分析法、灰色模糊综合评价法等也可以用来评价人力资源外包中的风险。

三、人力资源外包的风险控制

通常而言，企业人力资源管理外包流程主要分为四个阶段：人力资源管理外包业务的初期准备；企业对服务商的适当选择；外包合同的执行；服务商为企业提供人力资源管理服务后的外包合同期满终止。因此，企业需要结合人力资源外包的特点和各个阶段性的特点进行风险控制。

(1) 做好人力资源外包规划和动态调整。

企业人力资源管理人员须清楚地认识到人力资源管理外包的优势和缺点；同时，针对为什么外包、外包什么和怎样外包进行调查，以本企业的文化、背景、战略、业务以及企业内部各部门的协调性和可控性为依据，并且对要外包的事务应该有详尽的成本分析，以确保外包的必要性；对核心事务和非核心事务应有明确的界定，防止将核心事务外包出去，使企业丧失了对该项事务的控制力，同时也增加了泄密的风险。

(2) 选择合适的人力资源外包服务商。

企业在确定了需要外包的人力资源管理事务及目标后，需要寻找一个合适的外包服务商。首先，需要确定双方的文化和背景契合度，作为本企业人力资源管理部门的外援，外部服务商应十分了解客户的价值、愿景、流程和能力，这种匹配会对人力资源管理的外包产生极强的效用，更具有可操作性。同时，企业在做出选择外包服务商的决策之前，应以所需外包的人力资源管理事务的独特性为依据进行调查，选择能满足企业独特需求的服务商，并且对其管理职能、专业水平、应对能力等进行综合评估，最终确定合适的外包服务商。业内对于人力资源外包服务商的评价要素一般可概括为服务质量、职能专长、服务记录及承诺的成本缩减。

(3) 签订完善的外包合同。

目前，我国尚无明确的关于人力资源外包的法律法规，仅有一些条文，这对人力资源外包的风险控制造成了一定的困扰。因此，企业在签订人力资源外包合同时应多一些谨慎。企业在签订人力资源外包合同前，应及时建立商业秘密管理体系，将本企业的技术信息和核心机密纳入法律保护范围。外包合同应明确企业秘密的范围和双方的权利义务，企业要与外部服务商签订保密协议，同时对其熟知本企业商业秘密的人员离职做出相应规定。人力资源外包合同应该详尽界定了所有外包活动的范围、内容及做法。在正式签订人力资源外包合同前，企业应由法律顾问进行合同审核。同时，人力资源外包合同应具有一定的灵活度，因为签订时或许存在一些被忽视的事项，通过执行过程中对人力资源外包的效果及时跟进反馈，最终可在动态基础上和外包服务商达成协议，对合同条款进行调整与完善。

(4) 加强企业内部员工协调。

人力资源外包不是企业管理层的简单决定，企业应对员工可能产生的不满或意见有所预见并进行协调。在做出外包决策前，企业应做好前期动员准备工作，通过双向沟通将企业的承诺传达给全体员工，明确外包的目的不是抛弃员工，防止员工产生较大的不满影响企业正常的运作。在外包过程中，企业应对员工针对外包项目进行再培训，同时对员工满意度进行跟踪，及时发现并处理问题，防止核心人才流失。

(5) 加强对外部服务商的监督和人力资源外包评估。

在人力资源外包合同执行过程中，企业原本的人力资源管理部门不是转入被动式的工作，而是应积极地参与人力资源管理事务，做好与外包服务商的沟通，确保其充分了解企业的目标和情况，促进外包活动的成效；还应对外包服务商的活动进行监督，企业可以采取风险控制和激励机制确保外包服务商的诚信度，防止道德风险的发生，降低由于信息不对称和市场不确定导致的风险。

技能训练

实训目标：

了解我国不同行业的人力资源外包情况。

实训内容与要求：

采用调查法、访谈法等方式，选取你身边的某一行业进行数据调查，了解该行业人力资源的外包情况。

成果检测：

(1) 学生以小组为单位进行调查，并形成文字、图片和视频资料。

(2) 分小组进行课堂成果展示，教师对其调查过程和结果进行评价。

案例分析

G银行人力资源管理困境

从行业特征而言，金融行业具有工作环境好、报酬高等特点，尽管如此，金融行业仍然经常会在某类岗位(或某个岗位)上遇到一些棘手的人力资源难题，苦于无法及时招募到合适的员工。这是因为，金融行业人才按照知识、能力和素质结构可划分为基层操作人才、技术性操作人才和业务管理人才。其中，基层操作人才从事的是劳动密集型岗位，这类金融基层服务人才难招，招聘效率低。此外，培训成本高、基层员工流动频繁、企业编制不能满足实际需求等问题都困扰着金融行业人力资源部门。

G银行是国内某知名商业银行，深圳地区在职员工近2 000人，营业网点多达100多个。该行多家支行需要大批基层员工负责大堂引导、前台服务数据扫描、录入、电话坐席等基础工作。近年来，G银行规模不断扩大，支行越来越多，因此对大堂引导、前台服务、电话坐席等基层操作员工的需求越来越大。但不少有经验的基层员工都离职了，员工流失率大，银行招工日益困难，缺工最高的时候达到了25%以上，多个支行天天找人力资源部要人，而招不到人已经影响到了银行的正常运营。人员培训成本高，培训后的淘汰率所带来的成本耗费价值不菲，可谓是钱没少花却收效不佳。G银行希望通过第三方人力资源供应商提出一个可行的人力资源解决方案。

泛亚人力专业顾问经过实地考察和分析发现G银行存在以下问题：① 招聘要求过高。虽然是基础操作岗位，但该行对人才的综合素质和服务能力要求并不低，要求此类型员工要接受过专门的服务培训课程、形象气质佳。此类型的人才由于自身条件好，在人才市场上的就业机会多。② 在员工关系管理和维护方面工作不到位。此类基础操作岗位劳动强度大，这些基层员工都属于新生代，乐于接受新鲜事物，对工作和生活有更多的诉求，而G银行在员工关系管理和维护方面的工作不到位导致员工诉求在该银行无法得到满足。

通过阅读案例，请回答如下问题：

(1) 如果你是泛亚人力专业顾问，你认为该如何通过人力资源外包解决上述问题。

(2) 你认为G银行在人力资源外包的过程中是否存在风险，如何规避。

本章小结

(1) 人力资源外包，又称人力资源服务外包，是指将企业的一部分人力资源工作流程或者人力资源的管理职能外包给专业的人力资源公司。目前，人力资源外包行业竞争激烈，发展空间大；形成产业链，提供全方位的服务；信息化技术深入发展。

(2) 人力资源外包的产生有很深的理论根源，具体包括交易成本理论、核心竞争力理论和战略管理理论。人力资源外包可以帮助企业降低经营成本，提高组织效率；集中资源，增强核心能力；改善人力资源服务质量，提高附加值。

(3) 人力资源外包的内容主要涉及员工招聘、员工培训、绩效管理、薪酬管理、保险福利津贴管理和人力资源管理信息系统外包六个方面。人力资源外包模式具体包括人力资源管理职能外包模式、人才派遣模式、人力资源工作人员外包模式。此外，部分企业也会选择同科研机构、大专院校或咨询机构合作的模式。

(4) 企业人力资源外包的流程主要包含外包的可行性和必要性分析、外包内容的确定、外包服务商的选择、外包方式的选择、外包的实施和外包监控与评估6个主要环节。

(5) 人力资源外包的风险主要来自服务商选择的风险、来自外包合同的风险、来自企业安全保密的风险、来自企业员工方面的风险和来自企业监控方面的风险。

(6) 企业人力资源外包经常采用的风险识别方法有环境分析法、专家调查法和分解分析法等。风险矩阵评估法、概率分析法、灰色模糊综合评价法等也可以用来评价人力资源外包中的风险。

(7) 企业需要结合人力资源外包的特点和各个阶段性的特点进行风险控制，具体包括：做好人力资源外包规划和动态调整；选择合适的人力资源外包服务商；签订完善的外包合同；加强企业内部员工协调；加强对外部服务商的监督和人力资源外包评估。

复习与思考

1. 人力资源外包的概念是什么？我国人力资源外包现状有哪些特征？
2. 人力资源外包的理论基础和作用是什么？
3. 人力资源外包的内容和模式有哪些？
4. 人力资源管理呈现出哪些新的变化趋势？
5. 人力资源外包的风险有哪些？
6. 人力资源外包风险的识别和评估方法有哪些？
7. 人力资源管理过程中，如何进行人力资源外包风险控制？

第十一章

国际人力资源管理

学习目标

(1) 了解国际人力资源管理的含义。
(2) 掌握国际人力资源管理的基本模式。
(3) 掌握国际人力资源管理的职能管理。
(4) 掌握国际人力资源管理的跨文化管理。
(5) 了解美国、德国等国家的人力资源管理模式。

关键词

国际人力资源管理(International Human Resource Management)
跨文化人力资源管理(Cross-cultural Human Resource Management)
母国中心模式(Ethnocentric Approach Model)
多中心模式(Polycentric Approach Model)
全球中心模式(Geocentric Approach Model)

导入案例

“宝洁”给新员工的大家庭式温暖

新员工来到宝洁公司，就可以感受到这个大家庭的亲切和温暖。不熟悉宝洁的工作没关系，宝洁公司会给新员工提供培训。在接受了公司的常规培训、企业发展介绍、企业文化和一些岗位技能的培训后，新员工会大致了解公司和工作的基本情况。此外，宝洁还会派出一些相关部门的领导、部门总监、副总监等给新员工上课，讲授本部门的主要工作、注意事项、做好工作的方法等，让新员工尽快熟悉新工作。

不了解宝洁的工作环境也没关系，新员工有什么不懂的，都可以问他的伙伴。伙伴是公司从新员工任职的部门中挑选出来的、具有丰富经验的员工，他们给新员工一对一提供帮助，会经常去看望新员工，和新员工谈心，关心新员工的生活，倾听新员工在工作和生活中遇到的困惑和苦恼。伙伴还会以自己的经验，告诉新员工在公司里应该注意哪些事情，怎么开展工作以及公司文化的细节。宝洁视员工为最宝贵的财富，尽力为员工营造一个温馨、和谐的家的氛围，而员工也把自己当成家的主人。

• **温馨的“家”**

在宝洁，员工总是能得到悉心的关怀和照顾。宝洁的激励措施同时关注员工精神层面和物质层面的需求。精神层面的激励有荣誉称号，口头、书面和大会表扬，以及邀请员工参与各种决策。物质层面的激励包括提升工资，给予住房和股票。另外，宝洁还给25%的员工设置了特殊奖励，获奖员工的上级经理会根据员工的喜好提供奖励。例如，喜欢看戏的员工，会奖励他戏票；喜爱美食的员工，公司准许他出去大吃一顿回来报销；等等。这项个性化和人性化的奖励，让员工感受到了公司和上级对自己的贴身关注。宝洁也十分重视员工的业余生活。员工拨打免费电话即可获得心理健康、理财、婚育、购房、交友等方面的服务，公司还支持组织各类业余俱乐部，开展多种文体活动，丰富员工的业余生活。

• **和谐的“家”**

在文化方面，宝洁提供了一个类似于家的让人产生极强认同感和归属感的企业氛围。所有的员工不分等级，上至最高的CEO，下至基层员工，全都直呼其名，没有等级、论资排辈的风气，同时也不存在其他企业通常存在的拉帮结派、亲疏有别的问题。在宝洁你不需要考虑其他事情，只要做好自己的工作就可以了。实际上，由于每个人都有一些自己的目标，根本无暇也不需要去顾忌别人都说了什么或做了什么。只要工作做好了，企业自然会评估，升职的机会也自然会到来。

宝洁公司的核心价值观是：领导才能、主人翁精神、诚实正直、积极求胜和信任。在主人翁精神的核心价值观之下，宝洁给予员工高度的信任与自由度，不仅让员工自行安排工作内容与优先顺序，也不必打卡考勤，一切由员工自我管理，并赋予员工自主权与决策空间。宝洁相信员工会按照对公司整体最有利的方式进行工作和职业规划，这种信任员工、尊重员工的信念，使得员工也愿意以企业的利益为重，做企业的主人翁。

第一节　国际人力资源管理概述

一、国际人力资源管理的内涵

(一) 国际人力资源管理的含义

关于国际人力资源管理的内涵，与管理或国际管理的概念一样，迄今没有一个统一的定义。

美国学者约翰·伊凡瑟维奇(1999)认为，国际人力资源管理是国际化组织中人员管理的原则和实践。约翰·B.库伦(2000)认为，当将人力资源管理的功能应用于国际环境时，就变成了国际人力资源管理。赵曙明(2001)指出，区分国内人力资源管理和国际人力资源管理的关键是后者在若干不同国家经营并招募不同国籍的员工所涉及的复杂性。

综上所述，本书认为，所谓国际人力资源管理，是指组织在国家化的过程中以及在成为跨国公司以后，加入跨文化因素和跨国际因素的经营环境下，有效利用和开发人力资源的管理活动或过程。

随着经济全球化与管理国际化的发展，各国之间以及各个国家企业之间彼此学习与借鉴的愿望日益强烈，尤其在人力资源管理领域。由于人力资源管理具有强烈的文化特质，也就是人性化与个性化的特点，所以任何一个国家的人力资源管理制度或方法都不能直接在另一国家生搬硬套，这就需要相互比较和借鉴，需要取长补短。与此同时，我国经济发展水平不断提升，企业国际化与跨国公司的发展趋势日益明显，这对我国的人力资源管理也提出了新的挑战。

具体来说，国际人力资源管理应该包含两个方面的内容：

首先，国际人力资源管理必须从理论上对一般人力资源管理补充和丰富，打通不同国家、不同制度或文化背景下人力资源管理之间的隔阂与分离，实现全球化条件下人力资源管理信息的共享和价值理念与操作技术的相互融合及促进。

其次，国际人力资源管理在实践上需要帮助企业管理者在跨国经营的条件下克服异质文化的冲突，在不同文化、不同价值观的背景下实现国际人力资源的有效管理，通过在不同的情形中设计出切实可行的组织结构和人力资源管理机制，最合理地配置国际人力资源，最大限度地挖掘和利用国际人力资源潜能，实现全球化条件下企业管理综合效益的最大化。

（二）国际人力资源管理的特点

国际人力资源管理较之传统的国内企业人力资源管理，具有以下特点：

(1) 国际人力资源管理对象具有多国籍属性。

传统人力资源管理的施行重点均为国内员工，而国际人力资源管理会随着企业涉入国际化程度的加深，所考虑的对象也有所扩展——组织的员工具有多国籍属性。除了外派人员外，对于当地与第三国的人员要如何管理，在跨国公司发展的不同阶段如何使人员的任用从以母国国籍为主转移到以东道国国籍为主，甚至到以第三国员工为主，都是国际人力资源管理探讨的重点。

(2) 国际人力资源管理具有更多职能。

传统人力资源管理的工作主要是人力资源规划、招聘、培训与开发、薪酬与绩效管理、员工福利、劳工关系、工作安全、人力资源系统及政策管理等。然而国际人力资源管理还需要考虑课税及驻外人员的重新配置问题，具体包括驻外事前训练、移民、配偶子女问题、薪资报酬问题、回任问题等。有些跨国公司设置部门向外派人员提供有关外派的咨询与服务，对员工的生活也会有较多投入，以提供必要的协助。

(3) 国际人力资源管理具有更复杂的环境。

国际人力资源管理会面临更多外在因素的影响。由于海外子公司的环境与母公司不同，尤其是当地的劳动法规与母国不同，因此为了因地制宜，母公司的人力资源管理制度必须有所调整。例如，倡导种族融合的美国对于反对歧视弱势团体的法律尤其严格，如美国《民权法》第七章规定消除性别和种族歧视，其中包括在就业和工资方面的歧视，要求雇主不得以种族或民族、肤色、宗教、性别为理由，对一个申请人员或一个雇员非法地予以歧视。因此，国际人力资源管理人员对当地政府的相关法律必须彻底了解，以避免发生法律纠纷。

(4) 国际人力资源管理进行跨文化沟通。

由于各国的文化有差异，因此不同文化背景的员工一起工作时必然会遇到彼此文化相冲突之处。此时，国际人力资源管理应该强调如何在不同文化中进行跨文化管理，以拓展员工的文化视野，建立有效的合作与沟通模式。

二、国际人力资源管理的基本模式

在跨国际的经营过程中，国际人力资源管理实施的模式有许多种，其中最具代表性的有以下三种：

(一) 母国中心模式

跨国公司国际经营发展初期，适合采用母国中心模式(Ethnocentric Approach Model)。该模式也称本国中心模式，即管理人员母国中心化策略，由母国提供管理人员、技术，控制权高度集中于国内，经营重点是赚取利润，主要由总部或母国人员担任海外分支机构的经理或主要职务。美国、日本以及欧洲国家等许多发达国家的跨国公司大多采取这种模式。

母国中心模式的一个重要特征是：公司总部进行战略性的决策，国外的子公司很少有自治权。

采用母国中心模式进行人力资源管理具有以下优势：

(1) 外派人员更清楚母公司的经营目标和发展战略，能在派遣后移植母公司的目标、政策及经营。

(2) 母国外派人员有较强的技术与管理能力。

(3) 母国外派人员能与母公司保持有效的沟通与联系。

(4) 母公司容易控制海外子公司的经营。

同时，部分学者认为该模式也有一些缺点，具体如下：

(1) 这种模式可能会妨碍母公司总部派出的经理人员的晋升，可能引起士气下降和人员的频繁流动。

(2) 母公司的管理风格和文化进入子公司后，可能会引起摩擦和冲突。

(3) 母公司外派人员的选拔、培训与额外的津贴较高，甚至还可能出现高级人才的流失。

(4) 母公司外派人员能否适应东道国的语言、文化等环境及外派人员的家人无法随行或适应国外工作、文化环境等。

(二) 多中心模式

到20世纪80年代以后，美国海外经理的人数呈下降趋势，欧洲跨国公司与日本的跨国公司也同样出现了这种现象。这是因为大多数跨国公司开始采用多中心模式(Polycentric Approach Model)，也就是采用了管理人员本土化策略。

多中心模式的一个重要特征是：由东道国人员管理子公司，公司总部的重要位置则由母国控制，各子公司有一定的选择权，子公司由当地人进行管理，但这种管理人员一般不可能被提拔到总公司任职。

这种模式有许多显著的优点，具体如下：

(1) 聘用所在国的人员可以大幅降低语言障碍与沟通成本，母公司无须投入昂贵的费用进行语言、文化方面的培训。

(2) 这些当地经理人熟知东道国的社会、经济、政治和法律环境以及商业惯例等，可以避免一些敏感的政治风险。

(3) 当地人的薪酬福利等费用可能较低，也可以利用东道国低工资的优点来吸引高质量的人才，这种情况一般在派遣至发展中或不发达国家时较常发生。

(4) 为当地员工提供了晋升的可能性，且可能使其表现比母国派来的人员更好，并在一定程度上增加了公司管理人员的相对稳定性。

然而，部分学者同时也认为，这种模式也可能带来一些问题，例如：

(1) 当地人员可能不了解母公司的国际化经营模式，而无法有效地控制子公司的运作。

(2) 由于当地人员所处的教育、业务经验和文化环境不同，因此与母公司的沟通、交流较容易产生障碍。

(3) 人员的当地化不利于总部、海外子公司的管理人员到母国之外的地方去工作，使他们难以获得国际经营的工作经验和知识，可能失去培养跨国经营人才的机会。

(4) 语言障碍和一些文化差异(如个人价值观、管理态度等方面的差别等)都会使总部与子公司产生隔阂，可能使母公司难以沟通、协调和有效地监督跨国公司的业务能力，甚至导致子公司脱离总部。

(三) 全球中心模式

全球中心模式(Geocentric Approach Model)即管理人员国际化策略，主要目的是在整个跨国公司组织中挑选合适的人担任重要职务，而不考虑个人国籍，即在全球寻找优秀的、适合的，但人力成本相对低廉的人才。在执行中通常会由第三国国民担任经理职务。

全球中心模式的重要特征是：跨国公司从世界范围内配置其人力资源，只强调能力，而不介意所聘用人员的国籍。在跨国公司任何地方的重要位置上都可以找到三种不同的人员，即母国人员、东道国人员和其他国人员。

这种模式也许是一种较好的折中方式，其优点包括：

(1) 跨国公司在全球范围内合理地利用自然、财政、技术和人力资源。

(2) 第三国国民通常是一些有丰富国际商务经验的职业经理人，其所需的费用与母国人员相比相对较低。

(3) 第三国国民可能较为熟悉东道国的社会文化、经济、政治背景，从而弥补了母国人员的不足。

(4) 培养了一批国际管理人员队伍，并创造出了强大而统一的公司文化与非正式管理系统；集合多个国家的管理经验，提升了企业通过国际人力资源管理来创造价值的能力。

(5) 对于知识密集型产业而言，通过多元文化背景的员工在一起工作能够促使员工从不同角度看待问题，推动思维创新。

而有些学者认为，这种模式仍免不了有一些缺点与限制。

(1) 东道国对经理人员的国籍有时较为敏感，特别是对那些国家或民族之间有争端的第三国国民，甚至会拒绝其入境。

(2) 这种模式需要在广大的全球地理范围内分散地进行招聘，加之语言、文化方面的培训及其家属在不同国家的流动，培训和安置成本依旧很大。

(3) 管理人员国际化会造成母公司在人力资源管理上实施较高程度的集中控制，对于公司经理用人方面限制较多，因此实施这种模式需要较长的时间。

(4) 绝大多数国家都会要求启用国外公民的公司提供复杂的书面资料，而准备这些资料可能花费较多时间与金钱。

(5) 被置于跨国公司全球“快速跑道”上的经理得到的丰厚薪酬与职权，可能会在公司内部引起其他同仁的不满或怨恨。

三、国际人力资源管理的主要内容

随着经济全球化的发展和跨国公司的涌现，国际人力资源管理越来越得到理论研究者和实践家的重视。近年来，国际人力资源管理理论和实践研究主要集中于国际人力资源管理的职能、跨文化管理、外派员工、内派员工及其职业生涯设计和国际人力资源管理流程的模式开发等内容。综合上述研究，我们可以将国际人力资源管理的内容分为以下两个方面：

(一) 关于国际人力资源管理的职能管理

1. 跨国公司人力资源的人员招聘与选拔

通常，跨国公司的人力资源来源主要有以下三个渠道，即从国内、东道国和第三国招聘人才，这三类就是母国员工(PCN)、东道国员工(HCN)及第三国员工(TCN)。

许多研究指出，跨国公司在发展初期以派遣母国员工为主，子公司主要的管理人员多半以母国人员为主。随着公司的发展，跨国公司考虑外派人员不仅薪酬高于国内就业者，再加上有海外适应、家人调适、流动率高及返国就业等因素，使得外派人员的使用成本与风险提高；另外，可能引发东道国的不满，再加上东道国政府的干预，故公司会逐渐采用人才本土化战略。

对于母公司来说，人员外派都是其国际化人力资源管理必不可少的一部分。选聘的外派人员主要包含分公司高层领导人、重要职能部门的经理、技术专家和一般职员四类。由于每类员工的工作经历、教育、文化背景及所担任工作不同，因此对于每一类员工的选拔标准也是有区别的。通常情况下，跨国公司外派人员还应考虑以下几方面的因素：

1) 环境适应能力。

个人对环境变化的适应能力是针对本国外派和第三国人员的首要的、一致的要求，在国外为本国公司工作的外派人员需要对当地的文化环境特别敏感，并进行必要的调整，以尽快适应子公司的要求和工作方式。

2) 独立工作能力

一般而言，与国内工作相比，在国外工作的管理人员要能够独当一面，有更强的独立工作能力，因为他们往往需要面对复杂多变的外部环境，并在必要时能够在不请示总部的情况下独立自主地做出决策并应对。

3) 健康及家庭状况

外派人员必须拥有良好的身体和精神状态，精力充沛并且喜欢旅行。许多国际管理人员有一半以上的时间都是在世界各地的酒店、飞机中穿梭，因此必要的身体、心理素质是十分必要的。此外，还要考虑外派人员的家庭状况，因为海外任职不仅会影响员工，还会影响到其配偶和子女，这也是外派成功的关键。

2. 跨国公司的国际人力资源培训

大多数的跨国公司会对外派人员实施国际人力资源培训，依时间顺序分类，可分为外派前、外派时、回任前和回任后的培训。培训有课堂课程、线上培训、现场指导、评估和咨询等多种方式。

1) 外派前的培训课程

由于外派人员大多没有外驻东道国的经验，故外派前的培训着重在工作技能的提升与对当地文化与环境的适应。例如，跨文化的适应、新环境调适、如何融入当地小区、当地的人际沟通等议题。又如，国际沟通训练、国际管理课程、国际公司课程、外派人员随行家属的引导训练等。

2) 外派时的培训课程

外派人员驻东道国之初，首先就是要适应当地生活，因此，外派初期所给予的协助是提供相关的生活信息，协助外派人员在当地的生活尽快步入正轨。另外，最好是能够由具有经验的外派人员或前辈在异地工作与生活当中给予适当的协助或支持，如生活信息、入职引导或师徒制等。

3) 回任前的培训课程

对于已离开一段时间且适应当地生活的外派人员而言，回到自己母国反而会有些陌生。此时，公司可就其归国后所需的新工作能力进行培训，协助他了解目前公司的情况，以及对于母国文化进行培训与说明。

4) 回任后的培训课程

完成国外任职后，跨国公司通常会将外派人员召回国，少数情况则派遣到另一个国家。对于大多数的外派人员而言，最担忧的是外派工作是否会对其职业生涯发展造成影响以及对于新工作与环境变迁的再适应。故回任后的培训应着重在回任后的工作适应与心理的调适。

3. 跨国公司人力资源的员工绩效管理

外派人员与国内人力资源管理所提到的绩效考核有其相同的部分，除此之外，由于外派人员派遣任务的特殊需要，有一些针对外派人员的特殊考核标准。一般的基础考核标准是必需的，也有针对外派人员工作任务的特殊考核标准，这些特殊的考核标准包括跨文化沟通能力、文化适应能力、海外知识移转、母公司文化移植、本土化的努力等。

外派人员对于母公司而言，是一群“看不见的员工”，了解外派人员在当地的绩效情况实在不容易。随着目前信息科技的快速发展，企业可以通过许多技术与方法帮助了解外派人员在当地的工作情况。这些方式包括：电子报告、回国报告或述职制度、跨区域视频会议等。

4. 跨国公司人力资源的员工薪酬管理

由于外派任务的特殊需求，使得国际薪酬的决定涉及许多复杂的议题。企业要结合公司整体目标与外派人员的需求，一方面使外派人员愿意接受外派给予的条件，另一方面又要考虑报酬待遇的公平性，这需要通过一种科学的方法来进行调查，取得各项参考数据，作为决定外派人员薪酬的依据。国际薪酬的决定所涉及的议题包括地域、任务与个人三项因素。

1) 地域因素

地域差异会造成薪酬的不公平。一般而言，派往地区为较落后的国家时，通常外派意愿较低。因此，为了维持外派任务的公平性，提高外派意愿，对于不同地区的派遣任务需要给予不同的报酬补贴。第一，物价水平。由于各地的物价水平不同，会对外派人员薪酬的公平性产生影响。第二，当地的物价波动。由于各国的经济状况迥异，物价波动也会对外派人员的薪酬产生影响，尤其是对那些以东道国子公司当地薪酬体系支付的外派人员影响最大。第三，派遣地区的艰辛程度，也就是相对于母国，外派地区的生活条件是否便利、安全与舒适。第四，当地所得税的考虑。有些外派员工会有境外所得收入，此时就需要考虑外派员工在这段时间的收入如何缴纳所得税，如境外所得来源地的纳税年度与我国公历年度不一致的问题。有些员工外派工作期限较短，公司多以旅游签证来派遣，不进行当地工作签证的申请，可避免缴纳部分所得税，但此种方式在许多国家视为违法。

2) 任务因素

外派任务本身的不同，也会影响外派薪酬的调整。首先，外派工作任务可能牵涉到职位或工作性质的变动，外派员工的薪酬也要随之调整。其次，外派任务的时间长短也会影响外派薪酬。外派通常可分为短、中、长期，由于时间长短不同，所适用的津贴政策也不同。较长期的外派由于新生活的适应压力大，公司给予外派员工的激励奖金也较多，或者公司可能给予外派时间较长的人员家庭辅助津贴，以补贴外派人员因外派期间未能对家庭的照顾。

3) 个人因素

根据个人因素的不同，公司也可考虑给予个别的补助。首先，因个人的职务不同，所给予的外派待遇也会不同。职务越高的外派人员，所给予的待遇等级较高，这些待遇包括住房、用车、餐饮、俱乐部等津贴福利。其次，家庭因素不同所产生的差异。已婚且有子女的员工外派意愿较弱，所以公司对其可能会给予更多生活方面的补贴，包括探亲机票或者子女的教育补助等。许多公司都倾向外派单身的员工，一方面单身员工的外派意愿较高，另一方面则减少外派后可能的失败。

5. 跨国公司人力资源的员工劳资关系

外派人员虽然常常是母公司派驻到子公司担任管理者的人员，但其性质也属于劳方。相对于国内的管理者而言，外派人员所属的受雇国不一定在同一个国家，可能是母国、东道国或是第三国，这些都会影响到外派人员发生劳资纠纷时处理最终裁决的地方，以及适用的国家法律。

1) 母国的劳资关系

母公司的外派人员仍是属于母国的劳动者，发生劳资纠纷时必须适用母国的劳动法令，此种情况适合派驻后最终还是要归国的外派人员。

2) 子公司东道国的劳资关系

虽然外派人员为母国的公司所派遣，但因为某些因素，外派人员属于子公司东道国的受雇劳动者，因此，其权利与义务适用于东道国的法律，当外派人员与公司发生纠纷时，需要到子公司东道国接受调解与仲裁。

3) 第三国的劳资关系

有些国家为争取跨国公司在该国长期投资，会提出许多关税与公司税额的优惠。一般而言，公司设于第三国的外派人员可能会属于适用该国的法律，一旦发生劳资纠纷时，就需要到该地去进行调解与仲裁。

企业案例

联合利华入榜领英顶尖公司　成为中国职场人最向往的企业之一

2019 年 4 月 3 日，LinkedIn 领英中国发布了 2019 顶尖公司排行榜。联合利华凭借多元化与包容性的企业文化、可持续发展的人才模式及成熟完善的培训体系成功入选榜单，成为中国职场人最向往的 25 家企业之一。联合利华成为全球最具吸引力的雇主之一与其高度重视人才的可持续发展，鼓励员工开拓创新，帮助员工达成职业和个人发展目标，并致力于打造多元化与包容性的企业文化等密不可分。

1. 多元化与包容性的企业文化

创造包容的环境有助于每一位员工最大化地发挥他们的潜力。联合利华相信拥有性别平衡、观点多元和热情投入的员工群体是业务长期可持续性发展的重要保证。多元化与包容性意味着无论性别、国籍、种族、信仰等，给所有的申请者及员工公平的机会和发展空间。目前，联合利华中国的女性雇佣者约占 50%。

2. 可持续发展的人才模式

联合利华的使命是“让可持续生活成为常态”。可持续的理念不仅存在于联合利华的业务经营中，也体现在人才培养上。联合利华认为，灵活的工作方式和员工的健康福祉是确保员工更长久、更高效工作的重要保障。

联合利华的文化强调绩效和结果，而非工作时间和出勤率。员工在得到直线经理的许可后，每周可以选择一天在家办公。公司深信，员工在灵活弹性的工作制中，也能把工作做好甚至做得更好。

联合利华努力为员工提供安全健康的工作环境以及良好的员工福利。例如，公司通过完善公司食堂、班车、引入公租房来帮助解决员工日常“吃住行”问题；通过开设日托班和暑托班来减轻双职工家长的育儿压力；等等。

3. 成熟完善的培训体系

联合利华的人才培养和发展计划处于行业领先地位。除了常规的为员工个人发展提供各种系统性专业化课程外，公司还与一些互联网和高科技公司组建了“人才生态圈”，进行人才跨公司轮岗。此外，公司还定期组织内部创业项目，鼓励员工秉持开拓创新精神，充分激发个人潜能和工作热情，全面推动个人职业的发展。

除了入选领英2019年度顶尖公司排行榜，联合利华最近还入围了淘宝大学"赋能+2019最具学习力企业榜"之"业务成长企业榜"。联合利华将在"使命驱动，契合未来"的指南针指引下，继续打造求职者和员工的向往之地。

（资料来源：https://www.unilever.com.cn/news/press-releases/2019/unilever-enters-the-list-of-leading- companies-in-the-uk.html）

（二）关于国际人力资源管理的跨文化管理

文化对于国际人力资源管理是相当重要的主题，因为不同国家和地区的不同文化，对于采用相同管理模式的跨国公司确实会产生不同行为，从而改变了跨国公司原来预期的员工行为和经营绩效。吉尔特·霍夫斯泰德(Geert Hofstede)将文化分为五个基本维度，分别为权力取向、不确定取向、社会取向、目标取向与时间取向，这些指标有助于我们将各国文化差异做适当的分类，并了解它国文化的差异。大量研究也表明，国家文化对员工工作价值与态度确实有影响。表 11-1 为文化差异在管理上的含义。

表 11-1　文化差异在管理上的含义

基本维度	具 体 含 义
权利距离	指人们对权利在社会或组织中不平等分配的接受程度。权力分配距离小的国家下属对上司的依靠有限，崇尚协商解决问题，下属与老板的关系是互依的。在权利距离分配大的国家，下属对上司有较大的依赖
不确定性规避	是指人们对于不确定或不明朗情况的容忍程度，一般可分为不确定性规避和不确定性接受。高不确定性规避下会通过许多规则与架构的建立来消除不确定，增加安全感并减少风险。在管理中，组织重视忠诚度，且会通过组织标准规章与制度的制订以减少不确定性。在不确定性接受的社会里，不确定性会带来刺激而使人们在新的机会里成长，故人们勇于冒险，并能容忍与自己不同的行为与意见。在管理中，组织内部层级不多，规章制度充满弹性，鼓励员工自我激励
个人主义/集体主义	指每个人以追求个人利益为优先考虑，还是以整个集体或群体的利益为优先考虑。在管理上，个人主义是以个人偏好为基础，在组织设计上则为小型组织，以期待人们能通过追求自己的利益来完成组织绩效，并以外部市场价值的个人报酬来激励员工。集体主义恰好与个人主义相反，通常具有大家庭、宗族等良好的社会网络，以紧密的社会结构为特色。在此结构中，人们期望在遇到困难时，家庭或组织中的其他成员能照顾并保护他们
男性化/女性化	人们朝不同目标努力的方式，可分为社会文化的男性倾向和女性倾向。男性独断、强硬和追求物质的成功，应在外打拼以获取事业上的成就，积极追求目标的达成，因此被社会要求应具有果断力、主见和掌控权。女性则是被期待不要在外工作，除非是以传统女性为主导的行业。社会要求她们注重家庭，个性温柔、谦逊和重视生活质量。在管理中，男性与女性工作者有不同的对待，社会对于男性会有更多的期待，并要求他们负担更多的社会责任
长期取向与短期取向	指不同文化对长期利益或短期利益的不同权衡。长期导向的文化在事物的观念价值上能接受迟来的结果，且为未来的收益愿意牺牲短期的利益，并坚持要达到的目标。在管理中，人们倾向奉献、努力和节俭，而短期导向文化中，其强调重视过去和现在，更倾向于急功近利

按照加拿大著名的跨文化管理学家南希•阿德勒的观点，组织有三种跨文化管理的策略可以选择。第一，凌越，即组织用一种文化凌驾于其他文化之上。第二，折中，即不同文化间采取妥协与退让的方式，有意忽略和回避文化差异。第三，融合，即不同文化在承认、重视彼此差异的基础上，相互尊重、相互补充、相互协调，从而形成一种相互融合的、全新的组织文化。在具体策略选择上，需要在尊重文化与认识的基础上，依据环境要求和公司需求，解决文化冲击与差异问题。常见的跨文化管理措施有：本土化策略、文化相融策略、文化创新策略、文化规避策略和文化占领策略。

1. 本土化策略

本土化策略本着“思维全球化和行动当地化”的原则来进行跨文化的管理。通常跨国企业在国外进行投资，就必须启用相当部分的当地员工。这主要是因为当地员工更熟悉当地的风俗习惯、市场动向以及政府的各项法规，而且和当地的消费者容易达成共识，启用当地员工无疑方便了跨国企业在当地拓展市场、站稳脚跟。本土化策略有利于跨国公司降低外派人员和跨国经营的高昂费用，有利于与当地社会文化融合，有利于减少当地社会对外来资本的抵触情绪。实施本土化策略，在人员招聘时主要考虑该员工的工作能力及与岗位的匹配程度，还可以考虑其在本土文化的影响力。

2. 文化相容策略

文化相容策略根据文化相容的程度可以细分为文化的平行相容策略与隐去两者主体文化的和平相容策略。前者是文化相容的最高形式，也称之为“文化互补”，就是在跨国公司的子公司中并不以母国的文化或是东道国的文化作为子公司的主体文化，母国文化和东道国文化之间存在着巨大的文化差异，但不互相排斥，反而互为补充，同时运行于公司的运作中，充分发挥跨文化的优势。美国肯德基公司在中国经营的巨大成功可谓是运用跨文化优势、实现跨文化管理成功的典范。隐去两者主体文化的和平相容策略是指虽然跨国公司中的母国文化和东道国文化之间存在着巨大的文化差异，并且很容易在子公司的日常运作中产生文化摩擦，但是管理者在经营活动中却刻意模糊这种文化差异，弱化两种文化中最容易导致冲突的主体文化，保存两种文化中比较平淡和微不足道的部分。由于失去了主体文化那种对不同国籍的人所具有的强烈影响力，使得不同文化背景的人可以在同公司中和平共处，所以即使发生意见分歧，也容易通过双方的努力得到沟通和协调。

3. 文化创新策略

文化创新策略即母公司的企业文化与国外子公司当地的文化进行有效整合，通过各种了解、适应、融合，从而在母公司和当地文化基础之上构建一种新型的子公司文化，以这种新型文化作为国外子公司管理基础。这种新型文化既保留着强烈的母国文化特点，又与当地的文化环境相适应，是两种文化的有机整合。因为要从全世界角度来衡量一个国家或一个地区文化的优劣是根本不可能的，这中间存在价值标准的问题，只有将两种文化有机地融合在一起，才能体现跨国企业竞争优势。

4. 文化规避策略

当母国的文化与东道国的文化存在很大的不同，母国的文化虽然在整个子公司运作中占了主体，可又无法忽视或冷落东道国文化存在的时候，母公司派到子公司的管理人员就必须特别注意在双方文化的显著不同之处进行规避，不要在这些敏感地带造成彼此文化的冲突，在宗教势力强大的国家更要特别注意尊重当地的信仰。

5. 文化占领策略

文化占领策略是一种比较偏激的跨文化管理策略，是全球发展企业在进行国外直接投资时，直接将母公司的企业文化强行注入国外的子公司，对国外子公司的当地文化进行消灭，国外子公司只保留母公司的企业文化。这种方式一般适用于强弱文化对比悬殊，并且当地消费者能对母公司的文化完全接受的情况下采用。从实际情况来看，这种模式采用得非常少。

第二节　国际人力资源管理的模式

由于各国政治、法律、社会、文化以及经济发展水平等诸多方面的差异，其人力资源管理具有民族性，人力资源管理模式具有鲜明的个性。美国、德国、日本等发达国家的人力资源管理在长期的市场经济环境下形成了各具特色的模式。与此同时，我国经济发展水平不断提升，企业国际化与跨国公司的发展趋势日益明显，人力资源管理的机制也处于转轨时期，需要有相关的理论予以指导。因此，对发达国家的人力资源管理做简要阐述与分析，总结别国人力资源开发和实践管理的特点和规律，可以为我国企业国际化和跨国公司有效开展人力资源管理的各项工作提供参考。

一、美国企业的人力资源管理模式

（一）企业文化

美国的企业文化带有典型的西方文化色彩，强调个人主义、自由主义，以及对经济利益和功名的追求。个人主义、英雄主义和理性主义是美国文化的三大特征，反映到企业文化中，使其别具特色。其一是开放性。美国企业中的经理和员工是社会职业，可以自由流动。美国企业普遍认为用一种统一的思想去规范全体职工的行为是违反自由原则的，所以企业领导人充分尊重员工，将员工视为最重要的资产和提高生产力的主要因素。其二是考评能力，迅速晋升。这充分体现了美国企业所奉行的能力主义，依靠规章法制，拒绝以身世、资历、年龄作为晋升的依据，从而保证了晋升的客观性和公正性，并促使人们提高和发挥自己的能力。其三是重视创造和竞争。这具体表现在它的个人主义和它的激进性，追求自由、崇尚冒险竞争和以自我为中心等。

（二）员工招聘

美国采用的是自由雇用制，在人员招录方面，美国企业实行企业和求职者“双向选择”的方式，并采用快速流动的用工制度，即职工经常地更换工作单位，企业和职工签订雇用合同期一般为两年。合同期满后，经劳资双方同意可续订合同，若有一方不愿意，可立即终止雇佣关系。据资料表明，在美国从事体力劳动和办公室工作的员工中，公司常出现 50%

的年度补缺率，甚至有时高达90%。有研究表明，美国公司人员的补缺率约为日本公司的4～8倍。美国的招工程序比较正规和复杂，包括人力资源需求的确定，人员招录需经过形式多样的各种测试和考评，其特色为大量运用心理学知识对应征者进行测试，在确定录用与否时注重实际的工作能力。

（三）考核和晋升

美国企业十分重视对员工的考核，依靠科学的测评方法对员工的工作进行严格的分析和评价。大多数企业都建立了工作绩效评价体系，首先确定各项工作的绩效标准，然后根据不同的考核对象选择不同的考核时机、考核次数以及考核项目和方法，力求做到全面、客观和及时。这种评价和考核不仅强化了员工工作的积极性，而且是对员工进行奖惩和晋升的主要依据。

（四）员工培训

美国从政府到企业都十分重视员工的培训教育，认为提高员工工作技能是保持美国公司的竞争和创造更好职业的基点。美国企业职业培训有两个特点，首先是针对性强，它的招生、运转和发展完全由市场需求所决定，企业需要何种类型和何种能力的人员，便选择相应的培训内容和培训方式。其次是员工培训内容、形式、资金渠道多样化。由于人员的流动性较大，许多中小企业往往缺乏长远和总体的培训规划，所以大量的培训工作依赖于政府行业协会、职业学校等社会人才培训渠道。对一些著名的大企业，其组织具有较强的稳定性，从而这种流动性相对较小，所以企业对培训和员工的再教育的认识非常明确。另外，美国是个移民的国家，它招纳了世界许许多多的科技人才，制定了十分完整、特殊而灵活的政策以吸引国外杰出人才为其服务。

（五）工资奖励

在美国，员工的工资收入一般由基本工资和浮动工资组成。基本工资主要采用以职务评价为基础的职务工资制度，在职务分析的基础上，排列出各职务的顺序，参考劳动力市场价格等因素决定工资标准，其工资水平由企业自定，有工会的企业需要同工会谈判后才确定。浮动工资包括刺激性工资和福利津贴。所谓刺激性工资是以高于规定水平的生产率作为基础的工资。此外，员工持股计划也是一种激励形式，它是由公司定期发出一部分资金存入按员工股份制所设置的信托基金，信托基金的受托管理人或员工股份制执行委员会负责执行，按年利用此项基金购入一定比例企业股票，再根据参加员工年薪数量将这些股票分配在每位员工的账下。当员工离职或退休时，可要求公司出资将其股票购回。美国经济学家认为，员工持股计划将有助于树立一种"生命共同体"的意识，能为员工创造更多参与管理的机会，而且能为大多数员工提供更高的收入。

（六）保险和福利

在美国，社会化保障体系非常完善。政府、企业和个人三方出资，社会承担相当一部分保险和福利，而企业负担较小，不同企业以及企业内部不同级别人员福利待遇差别较大。近年来，为了稳定员工队伍，美国企业开始注意保险福利资金的利用，企业所提供的费用逐步增大，形式也多样化，如带薪休假、免费旅行、为员工创造便利服务等。

美国人力资源管理模式具有有利的一面又有不利的一面。首先，美国企业的提拔政策、工资政策，以及培训政策等都能够充分调动人的积极性，特别是对人的潜力的挖掘以及创造性的提高都有很大的促进作用。其次，美国企业的高刺激、高奖励政策更是网罗了一批世界各地的精英。美国企业开发人力资源的综合政策和各种刺激手段，以及不惜成本地吸收人才的做法大大提高了企业员工的素质。与此同时，自由就业政策、详细的职务分工、严格的评估手段等对于提高企业的竞争力，发挥个体的竞争力和降低企业的成本起了重要作用。一般来说，美国模式在技术变化急剧的行业中更具竞争力。然而，美国企业高提拔、高奖励、高刺激的管理方式在一定程度上也带来负面影响。例如，短期行为现象甚为严重，许多年轻人工作不到一年就更换了五六次工作，这种现象打乱了公司的长期培训计划，影响了公司发展战略的实施。而且随着收入差距的不断加大，普通员工的流失率也在节节攀升，公司的经营效率必然会受到不同程度的影响。还有，自由的就业政策也给许多员工带来了严重的不安全感，降低了他们对企业的忠诚度；劳资对抗、决策权的过度集中也显示出较大的弊病。

二、德国企业的人力资源管理模式

进入 21 世纪后，德国经济一直稳健地发展，其产品质量、竞争能力、经济效益以及经济运行质量在世界上堪称佼佼者。其高质量、高效率归功于高质量的人才。德国十分重视人力资源的开发和利用，不断提高其劳动力的素质，因而企业用人少，效率高，经济增长速度快。

(一) 招录和选用

类似于美国，德国也实行“自由择业”的就业政策。在公司和员工的“双向选择”过程中，德国各级劳动局专门提供就业指导服务，并且有一整套科学方法。首先，由劳动局对全国的、地区的以及国际劳动力市场和职业流动的现状和发展趋势做科学的预测，以便向每一个人提供其感兴趣的职业培训情况，选择职业的可能性；其次，采用心理测试的方法，了解求职人员的能力、兴趣爱好、潜在意识倾向等。

德国企业在招录过程中，对人员素质要求很严，不论是员工还是管理人员，都必须完全符合岗位或职务要求的条件，并经过严格考试，合格才被录用，绝不迁就和降低标准。各企业很注意采用新技术，实行先进的生产组织和科学管理。因此，员工队伍精干，技术素质高，企业不存在“隐性失业”的问题。

(二) 考核和晋升

大多数企业建立严格的工作绩效考评体系，对经理、工程师和操作工人都要进行定期考核，不合格者，再次培训或劝其辞职，实行因事定人、定岗位、定权，根据实际情况自行解聘雇员。

德国的晋升制度介于美国的快速提升和日本的年功序列制之间，一般 35 岁以上，受过高等教育并富有经验的人才具有担任管理者的资格。德国企业内部组织机构非常严密，技术人员和管理人员界限明确。这种做法具有以下作用：其一，员工能忠于企业；其二，领导层之间容易协调；其三，能不断提高员工技术水平。

（三）培训和教育

在德国，企业已经把职业培训放在战略高度来认识，认为“职业培训是企业发展的关键和民族存在的基础”。在这种观念的指导下，德国的职业培训相当普及，投入了很大的财力和物力。经过多年的发展，德国的职业教育已形成一个多阶段、多层次、涉及面广、结构复杂的体系，在培训方式上实行“双轨制”的职业教育，即在企业里学习操作和在学校里学习理论知识平行进行，把教育体制和就业体制紧密衔接起来。在整个培训过程中，职业学校与训练企业密切配合，在伙伴式的分工合作中共同实现教育和训练任务，一般一周在学校学习两天，在企业学习三天。

另外，企业内部对职工进行内容广泛的“再教育”，包括为适应工作岗位、提高业务水平而进行的进修教育，为提高职务而进行的晋升教育，为调整岗位而进行的改行教育，为适应特殊工作而进行的特殊教育。培训的组织也多种多样，有企业办大学，跨企业的职业培训中心和市场模拟训练公司等。

（四）工资和奖励

德国企业大多数采取与美国企业类似的能力主义的职务工资制，员工工资收入由固定工资、奖励工资和津贴三部分组成，津贴一般不用交纳所得税，根据员工表现逐年增加工资。

另外，德国企业重视对员工的激励，使员工热爱企业，保持工作的高效率，推动经济的快速增长。激励机制既包含物质激励，又包含精神奖励。由于激励机制的运用，使员工的技术和才能得到了充分发挥，更加努力地为企业服务。

（五）保险和福利

德国已形成种类丰富、体系完备、法律健全、运行良好的社会保险制度，主要包括养老保险、失业保险、医疗保险、长期护理保险和事故保险。其主要内容有：

1. 养老保险

养老保险是德国社会保障体系的一大支柱，旨在员工丧失工作能力和进入老龄或死亡的情况下，为员工及其家属提供保障。根据法律，所有的工人和职员都参加法定养老保险。2004 年，雇员交纳的养老保险费为其月收入限额以下部分的 19.5% ，由雇员自己和雇主各负担一半(原西德地区雇员的月工资收入额上限为 5 150 欧元，原东德地区的上限为 4 350 欧元)。超过上限部分的月收入不再交纳养老保险费。德国的养老保险不实行个人账户积累制度，面向全国范围内实行统收统支，现收现支，领取的养老金数额按照一个特定的、公开的公式计算，每个人都可能不同，主要由投保时的工作收入决定。德国以特定的公式计算出每个人不同的分值对应的养老金金额，国家则主要根据居民的消费水平和物价上涨率，每年确定一次各个分值对应的养老金额。

2. 失业保险

在德国，原则上任何每周被雇用工作 18 小时及以上的人员都要参加失业保险，保费为雇员工资总收入的 6.5%，由雇员和雇主平均分摊。收缴的全部保费用于支付失业补助、短期工作补助和创造工作岗位的支出，所有在过去两年中交纳了 12 个月或者以上失业保险费的，享受失业保险。

3. 医疗保险

目前，德国的医疗保险由法定医疗保险和私人医疗保险两大运行系统构成。几乎在德国的所有居民，都参加医疗保险，在法定保险机构的义务投保者或者自愿投保者约占居民的 88%。

4. 长期护理保险

长期护理保险是应对当前老龄化问题突出而实行的一种社会保险项目。法律规定凡是参加法定医疗保险的人自动参加长期护理保险，长期护理保险的保费法定为雇员工资月收入限额以下部分的 1.7%，由雇主和雇员平均分摊。同医疗保险一样，当家庭中参加工作的人员投保以后，取得受保权益的子女和无收入或微收入的配偶也享受长期护理保险。

5. 事故保险

在发生工伤事故和职业病的情况下，法定的事故保险为雇员提供保护和帮助。所有雇员和农民按法律规定都参加事故保险，所有学生和日托儿童都受事故保险保护。承办事故保险的机构主要是包括行业内所有企业的各行业合作社，保费由雇主单独支付。

(六) 劳资关系

德国善于以严密的法律体系来规范劳资关系。劳动协议是德国协调劳资关系的核心。依据法律，劳资双方有权在不受国家干预的情况下就各行业雇员的劳动工资、福利待遇、劳动条件以及解约条件等缔结协议。劳动协议具有法律约束力，是劳资双方维护和发展各自利益的保障。

德国一直强调“社会伙伴”关系，企业内存在工会组织，提供员工参与管理的权利。这种权利通过代表职工权利的职工委员会行使，具体包括：① 职工委员会拥有管理参与权，如人事计划、职工解雇、企业变动、劳动保护等方面；② 职工委员会享有参与决策权，如工作时间、工资原则、职工培训、工作调动等方面。另外，德国法律禁止企业突然解雇工人，厂方应在每季度结束前 6 周宣布解雇名单，并事先与工会磋商。

在德国企业的劳资协调体制中，工会的作用不容忽视，在劳资双方充当了协调角色，帮助工人参加民主管理，从而大大提高了企业的生产率。德国企业人力资源管理模式同样有着自己的优势与劣势。

首先，德国的双轨制培训体制与模式，它的学用一致、理论与实际相结合的运行机制，较为成功地解决了培训制度与就业制度的衔接，从而使大多数的年轻人在就业前学到一门从业技能和知识，为他们今后就业创造了很好的条件，也极大地降低了德国青年人的失业率，安定了社会秩序。

其次，训练有素的新生力量源源不断地被吸收进入企业，促进了企业的发展，因此备受企业界的欢迎和推崇。同时德国是世界上社会保险制度最完善的国家之一，又是最复杂的国家之一。在德国，政府及公民都有这样一种观念：没有社会保障，心灵的安宁和个人的自由都是不可想象的。将现有制度保持下去并使其适应社会条件的变化，是大家共同的责任。

事实上，德国经济自 20 世纪 90 年代以来增长势头缓慢。因此，从另一个角度来看，高工资、高福利、高税收日益成为企业负担，造成产品成本高并严重影响了企业的国际竞争力。并且，在经济全球化和科技革命的影响下，就业的稳定性降低，劳动生产率提高，整个社会又将发生从不充分就业到部分就业的结构性转变。

另一方面，目前德国和大多数发达国家一样，人口出生率较低，人口自然增长率是负数。随着人们生活水平的提高、科技的发展、医疗条件的改善，人的预期寿命在不断增长，社会人口趋向老龄化。

企业案例

明基遇到德国工作时间和休假制的难题

德国人遵守制度，强调规范，服从法律。在长期积淀中，遵纪守法、界线分明成为德国人的性格特点。在德国，劳资双方都要严格遵守劳动法规定的工作时间。例如，根据规定，德国商店营业时间到晚上八点为止，周日和法定假日停业，违反规定会受重罚，因此德国在晚上八点以后就一片静寂。2006 年世界杯足球赛开始前，德国政府鼓励商店延长营业时间，但响应者极少。少数响应者最终发现，延时并未刺激消费，却增加了营业成本，因为长期遵纪守法式的定时购物和休闲已成为德国人的生活习惯。德国人工作和生活界线分明，工作时非常认真，下班后时间全归自己，无特殊情况决不加班。

我国台湾的“明基”电通公司董事长李焜耀曾说：“德国企业员工每天习惯了下班就是再见，让他们星期天做事情困难很大。我们现在也在努力改变这种作风，他们也在慢慢地接受明基的企业文化。”但“明基”并购西门子手机业务的失败经历表明，德国人的作风一时难以改变。二战以后，减少工时和增加休闲已成为德国社会进步的表现。德国劳动者的工时已从每周 70 小时缩减为现在的 35 小时。1899 年凡勃伦发表《有闲阶级论》时象征上流社会身份的闲暇，如今已发展成为人人都能享受的大众休闲，99%的德国就业者享有 4 周以上的休假。休闲时自己、家人与朋友便成了主角，尽情地享受生活——这正是德国人追求一种内外均衡的生活模式：人的外在的物质的追求，不应挤压、取代内在的精神追求。二战后德国新目标是：通过发展经济而不是采取军事或政治措施成为世界大国，建立劳资和谐关系、维护社会稳定是前提条件。经过努力，德国战后劳资关系一直相当和谐，与其他欧洲的主要国家的劳资关系相比，德国并未出现过严重的阶级仇视问题。德国工人的工资与福利在世界上位于领先水平，他们的生产力也是世界第一流的。而资方要求延长工时势必损害劳动者的利益，破坏劳资和谐关系，最终不利于社会稳定和经济发展。

当初，“明基”并购西门子后制订了将西门子员工每周工时延长至 40 小时的条款，同时降低员工福利待遇。对此，德国工程工会这一欧洲最大的员工权益保障组织挺身而出，强烈要求将每周工时改为 35 小时，同时恢复员工待遇。面对并购后整合的第一道难题，李焜耀专程赴德国安抚此事。但是，在工作时间和休假制度等涉及劳资关系的问题上中德的文化冲突一直存在，最终“明基”对西门子的收购案只能以失败告终。

三、日本企业的人力资源管理模式

在日本经济迅速崛起的过程中最为重要的因素便是其一直重视教育，主张“科教兴国”，十分注重人才资源的有效利用和合理开发。与此同时，日本积极学习欧美的先进管理经验，把西方的管理思想同本国的管理学相结合，形成自身独具风格的管理模式。终生雇用制、年功序列制以及企业内工会是日本企业的“三大支柱”。

(一) 招录和选用

日本企业最大的特点是终生雇用制，是指一个大企业或政府部门每年春季(适逢青年人从各类学校毕业)进行一次招录，新雇用的人员一经录用就一直工作到退休年龄55岁为止。一个员工只要不犯重大刑事罪，是不会被解雇的。而录用与否主要看其毕业的学校以及一般的智力、思想、适应性和协调性，而不看重他是否具有企业所需的某种技能。

(二) 晋升和考核

日本企业采用缓慢的评价和晋升制度，即实行年功序列制。它是和终生雇用制相适应的，晋升的标准是职工的工龄和资历，职位越高，资历越深厚。在这样的晋升和考核制度下，不鼓励人们玩弄某种短期效应、哗众取宠的手段，而是要求人们在工作中采取非常坦率的态度，从而起到稳定员工队伍、缓和劳资矛盾、增加员工对企业的向心力的作用。

考核主要包括成绩考核、情绪考核和潜能考核，具体的考核种类、项目和方法因职务不同各有侧重。但是20世纪70年代以后，日本企业也逐渐引入欧美的能力主义原则，增加了对员工专门知识、判断能力等各项能力标准及工作成绩的考核，并以此作为晋升和奖励的依据，在一定程度上弥补了年功序列制压抑人才的情况。

(三) 培训和教育

重视教育是日本企业人力资源管理的一个传统，“经济即教育”是日本企业界所奉行的信条。日本的职业培训教育分为公共职业教育和企业内部职业技术教育两条渠道。前者，政府大量增加智力投资，不断提高师资质量并建立一套教师的培养和选拔制度，从而使日本的劳动力素质成为世界一流水准，有力地促进了技术发展。

同时日本的企业内教育也非常发达，其特点是：第一，道德培养和技能培养相结合。由于儒家思想的影响，日本企业十分重视员工的人品和情操的培养，树立员工对企业的忠诚度和归属感。第二，培训的指导思想是“农业式的办法育人”，即以一个人本身拥有的成长可能性为根本，挖掘其潜能，协助其成长，企业热心于教育不仅从自身利益出发，而且兼顾员工自我实现的需要。第三，采用工作轮换制的培训方式(对员工来说则是一种非专业化的经历)，即让员工每隔3～5年就进行一次职务轮换，更换工种或工作部门，以培养能知晓企业全局的“通才”。与美国企业“专家”型人才结构相比，日本企业的员工更多的是以面向整个企业为目标而不是发展个人专业为目标，自觉地将个人目标和整体目标融为一体。

(四) 工资和奖励

当前，人多数企业实行的是一种日本式的年功序列工资制与西方的职务工资制相结合的职能资格工资制。其工资由三部分组成：

(1) 基本工资，约占总收入的 30%～50%，其中包括由工龄、学历因素决定的“个人属性工资”和由职务级别所决定的“职务工资”，其中“个人属性工资”每年增加一次。

(2) 红利，每半年发一次，每半年的红利可以达到 5～6 日的工资。发放的红利不取决于个人的表现，而取决于企业的效益。

(3) 津贴，日本企业的津贴形式多达 20 多种，如加班津贴、特殊岗位津贴等。

(五) 保险和福利

日本企业十分注重为自己的员工提供可靠的保险和福利措施。日本推行一种“爱心工程”，如经常在员工生病和生日时开展送“温情”活动等，通过这些有针对性、目的性的措施，培养员工对企业的“感情”和“效忠思想”。在员工的保险方面，日本实行社会保险，但企业承担大部分的出资，另外企业内部的福利多种多样，如住宅、公司俱乐部等长期性福利设施以及组织出游、提供便利设施等服务福利，从而为员工营造一种“大家庭”的气氛。

(六) 劳资关系

在日本劳资关系方面除了终身雇用制以外，还有两个重要的特点：集体参与管理和企业内工会。

1. 集体参与管理

日本企业强调员工参与生产经营活动，员工参与管理。有公司现行最高的“合理化建议”的奖金可高达 20 万日元，此外，对技术上的重大革新创造，另有重奖。公司还设有专人负责收集、整理合理化建议，研究其可用价值，评级发奖，并尽快采用。日本企业十分提倡员工参与管理，也许最为人所知的是日本企业的集体决策过程，即一个部门的全体成员对于需做出的决定达成一致的意见。这种决策方式的优点是更能做出富有创造性的决定，而且能得到更好的贯彻，缺点是决策周期较长。目前，日本企业实际采用的是“集体决策”和“个人决策”相结合的方式，针对不同的情况，采用不同的决策方式。另外，“集体建议制”和“质量控制小组”也是日本企业广泛采用的参与管理方式，它为日本产品的高质量低成本做出卓越的贡献。

2. 企业内工会

企业内工会在企业和员工之间起到了一种冲突缓冲带的作用，使企业和员工结成紧密的共同体。然而，它又是一个矛盾的复合体，既在某种程度上代表员工同资方交涉争取自己的利益，又跟资方合作从而共同保证企业的顺利生产。总之，它对建立和谐的劳资关系，促进公司兴旺发达起到了积极的作用。

日本企业人力资源管理模式在发展过程中也同样存在其合理和不足的地方。由于日本企业长期稳定的就业政策，他们对于员工的培训以及政策的制订都有一个长期的计划，这有利于提高日本员工的素质、技术水平，以及知识的积累。而且劳资关系的全面合作也增强了员工的安全感和归属感，提高了员工对企业的忠诚度。

然而，日本企业的就业政策同时也给企业带来沉重的包袱，它使得许多日本公司机构臃肿，人浮于事，效率低下；而且优秀人才很难脱颖而出，被压抑和浪费的现象极为普遍；

再加上激励手段的单一，特别是收入差别的缩小严重影响和压制了企业经理阶层的积极性和创造性。从目前的实际情况来看，许多日本企业也已经取消了终生雇用制，年功序列制也逐渐被打破，原有的“按部就班、内部提拔”的规则也发生了重大变化。

知识拓展

日本的终生雇用制

管理是环境的产物，终生雇用制能够存在并发挥作用是与日本特有的工业结构以及民族文化息息相关的。

1. 日本的工业结构

第二次世界大战后，日本的大企业被组成几个巨型“财团”，每个财团由几十个大企业组成。这些大企业代表国民经济的各个重要部门，因而每个财团都拥有包括轮船公司、钢铁公司、保险公司等在内的典型企业。每个大企业周围又有许多卫星公司，大企业和卫星公司之间形成一种双边垄断的关系。卫星公司的产品只有一个买主，而大企业的每个购入产品也只有一个供应者。这种工业结构保证了日本大企业组织的长期稳定性，不容易破产或被兼并，也为员工的稳定就业提供了保障。

2. 日本优秀的企业文化

日本民族传统文化来源于三个方面：本民族产生的一种自然崇拜和民族社会信仰的特殊混合物——神道，经由中国传播过去的佛教，以及儒家思想。其中儒学对日本文化有着重要的影响，日本管理制度是以儒家的人本主义、强调人与人和人与事的和谐关系、群体意识、社会责任为基础的。日本著名企业家横山亮次认为，终生雇用制以及年功序列制是由“礼”而产生的“忠”“悌”思想的体现，企业内工会则是“和为贵”思想的体现。此外，日本是一个资源短缺，自然环境恶劣的岛国，从而使日本民族产生一种强烈的忧患意识和内聚力，它对日本企业文化和人力资源管理与开发同样起着十分重要的作用。

随着知识经济的兴起，国际市场的竞争不再直接取决于资源，资本，硬件技术的数量、规模和增量，而是直接依赖于知识或有效信息的积累和应用。当今时代，企业所需人才比以往更为多样化，在这种情况下，市场配置资源的作用更加突出，而这恰恰是日本企业最薄弱的环节。因此，日本模式已逐渐改变原先那种不重视劳动力市场配置的状况，稳定的就业政策和论资排辈的晋升制度也阻挡不住变革的脚步。

企业案例

松下公司的海外培训

松下公司的海外培训，是在 1951 年松下幸之助的首次美国之行之后提出来的。当时，松下幸之助从全球角度对松下全体员工提出了“为开创新事业而提早计划”的呼吁，并强调了培养国际通用的企业员工的必要性。1958 年，松下在日本总部设置了专门负责策划对美战略的部门。次年，松下公司在纽约当地设立了负责销售的松下电器(美国)公司，开始强化对美贸易。随后，在 1964 年的企业经营战略发布会上，公布了松下公司正式分成日本国内经营局和海外经营局两个部分的决定，初步构建了拓展海外业务的整体架构。海外培训到此也进一步提上了议事日程。1964年，松下第一次将新加入公司的大学毕业生派往海外实习，迈出了海外培训的第一步。尽管由于当时日本经济不景气，松下电器也面临收益降低的局面，但为实现松下幸之助的远大计划，松下仍然实施了“国际从业人员开发制度”。

“制造产品前先制造人”，这就是松下电器最基本的思考方法。松下公司副社长、负责海外经营局的高桥荒太郎对负责松下海外业务工作的员工提出了如下四个方面的要求：

(1) 站在海外营销工作第一线，深刻了解当地市场情况。

(2) 构建在当地的人际关系网，磨炼对异域文化的适应能力。

(3) 从学习当地语言开始，提高与当地人的交流能力。

(4) 掌握松下电器海外业务拓展的方式方法。

海外培训人员的选拔工作由人事部门负责，根据文科系大学毕业员工的语言能力、健康状况和适应能力进行选拔。通常加入松下的员工都有6个月的基础培训，海外培训还要增加6个月适应当地环境的培训。这样做的目的主要是为了让新员工更好地了解松下电器海外业务的现状，掌握更多当地知识，加深对贸易实务的理解，同时培训技术性知识。就这样，松下海外培训制度被沿用至今，培训人员已达500人。

松下海外培训的具体做法如下：

首先，从具有一定语言能力的员工中选拔培训对象，这样可以减少员工在海外培训中由于语言冲突而造成的不便，提高海外培训的效率。同时，强调在培训过程中本国员工与当地员工的语言交流，这里涉及员工对所在国语言技能的适应以及对海外公司语言的了解，而这在海外培训的整个过程中通常被认为是十分必要的。

其次，松下公司强调，员工在从事海外业务的过程中，应该注意构建在当地的人际关系网，磨炼员工对异域文化的适应能力。这通常被认为是对员工的海外培训有实际意义的重要组成部分。因为员工在海外培训过程中除了要面对语言冲突问题以外，还要面临一系列包括文化意识冲突、行为方式冲突、生活范围狭小在内的一系列问题。为解决此类问题，公司一般会在员工出发前，提供一定的文化意识培训，这通常被认为是防止和解决跨文化冲突的有效途径。员工通过培训可以对所在国的风土人情、生活习性等有初步的了解，但也只限于初步的了解，因为在实际工作的过程中存在着各种各样的变数，并且文化意识培训不是一时一地的一次性的培训，而是一个过程，员工只有通过自己对两种不同文化差异的亲身体验才能去完成与异域文化的融合，最终为海外培训扫除障碍。

再次，松下指出，海外业务人员要“站在海外营销工作第一线，深刻了解当地市场情况”。这是出于积累员工实际海外工作经验的考虑提出的，这是海外培训最主要的方面，也是其培训目的所在。通过对海外市场的实地考察，可以给员工带来对海外市场更加直观与感性的认识，这有助于员工回国以后对海外贸易做出更加精准的决策！

最后，松下要求海外业务人员要“掌握松下电器海外业务拓展的方式方法”。这主要要求海外员工能够尽快融入海外公司的经营管理模式，在了解海外营销或其他一些具体工作的前提下，能够对海外公司以后的发展战略及前景有所了解和有所见地，能够积极地参与海外公司的决策制订，这种经历可以为员工回国以后或者在到其他国家的工作提供一定的海外经验。1964年，松下首批结束培训的15名员工，都成为以后活跃在海外业务中的核心人物，同时企业也因此达到了“培养国际通用人才”的目的。

技能训练

实训目标：

了解国际人力资源管理的特点及其活动内容。

实训内容与要求：

采用调查法、访谈法等方式，选取你身边的一家跨国企业进行数据调查，归纳其人力资源的特点，并尝试着设计一份国际人力资源管理方案。

成果检测：

(1) 学生以小组为单位进行讨论，并形成文字、图片和视频资料。

(2) 分小组进行课堂成果展示，教师对其调查过程和结果进行评价。

案例分析

跨国公司的新员工培训

1. Intel 的新员工培训

Intel 的新员工培训基本上不涉及技术方面的内容。在开始的课程中可能会告诉员工薪金的情况、Intel 公司的基本情况，这个过程有一个星期，是封闭式培训，也叫新员工整体培训。培训中很大部分是讲 Intel 的文化，介绍 Intel 的发展方向、发展战略等。Intel 还给员工安排了一个执行层 ESM 和员工对话，从亚太区派来两个副总裁级别的人来中国跟新员工见面对话，回答他们一些问题。一般这样的座谈会是在新员工在 Intel 工作 6 至 9 个月后。与此同时，Intel 管理新员工的经理还会从公司拿到一套资料，这套资料非常明确地告诉经理每个月教新员工干什么事情。经理对每个新员工的情况都有记录，保证每个新员工得到相同的对待。培训是每个经理重要的工作内容，在对经理行为评估时，30%看他们在管理员工方面的表现。

2. 宝洁给中国员工的早期责任

宝洁坚信，早期责任会让新人获得宝贵的实践经验，更快地成长。从加入宝洁的第一天起，新人就开始承担真正的责任。为新人设计充满挑战的工作项目会让其充分发挥才能，迅速地成长。宝洁的中方员工平均年龄大约在 25～26 岁，而公司的很多部门骨干都是这些年轻人。宝洁在 1989 年招收的第一批大学生，很多已被提升为高级经理，其中有的已被提升为部门副总监级别，接替了外方经理职务。

3. 西门子的目标协议书

在西门子，经理要在新员工到公司上班之前，根据职位和新员工的背景、经验起草目标协议书。这个协议书描述新员工的职位，列出工作任务，设定目标和帮助新员工融入的培训计划等，旨在帮助新员工清楚地了解自己的工作任务，获取新工作需要的技能培训，从而顺利起步，度过试用期。到公司上班后，新员工就会和经理一起讨论这个协议书，根据双方的期望和员工的表现可以适度调整条款，并签订协议书。此后，经理和新员工根据协议书，定期开会讨论新员工的工作表现和碰到的困难，帮助他们完成目标任务。

4. 惠普公司“不仅用你，而且培养你”

初到惠普，首先是新员工培训，来帮助个体很快熟悉并适应新环境。通过这个培训，让员工了解公司的文化，确立自己的发展目标，清楚业绩考核办法，明白如何规划自己的职业生涯。在这一阶段，课程主要是与工作紧密相关的技术类培训，比如编程、系统管理等。当员工通过公司内部招聘成为一线的经理后，这个阶段的课程主要包括沟通、谈判以及基本的管理培训。员工进一步升迁为部门负责人后，需要参加培训的内容就主要由他本人决定了。为了帮助年轻的经理人员成长，惠普有一个系统的培训方案——向日葵计划，帮助较高层的经理人员从全局把握职位要求，改善工作方式。

问题：各跨国公司的新员工培训对我国企业国际化过程有什么重要参考？

本章小结

(1) 国际人力资源管理，是指组织在国际化的过程中以及在成为跨国公司以后，加入跨文化因素和跨国际因素的经营环境下，有效利用和开发人力资源的管理活动或过程。国际人力资源管理具有对象的多国籍属性、更多的职能、更复杂的环境和跨文化沟通的特点。

(2) 国际人力资源管理最具代表性的实施模式有以下三种：母国中心模式、多中心模式和全球中心模式。

(3) 国际人力资源管理活动的主要内容有跨国公司人力资源的人员招聘与选拔、员工培训、员工绩效管理、员工薪酬管理、员工劳资关系和跨文化管理。

(4) 跨文化环境对国际人力资源管理的影响因素比较多，主要有价值观、宗教及风俗习惯、劳动力成本和法律制度等。跨文化管理的策略主要有本土化策略、文化相容策略、文化创新策略、文化规避策略和文化占领策略等。

(5) 美国的人力资源管理以美国文化的个人主义、英雄主义和理性主义为基础，反映到企业文化中为快速流动的用工制度、科学的考核和晋升、多样化的培训教育和社会化保障体系。

(6) 德国十分重视人力资源的开发和利用，主要表现为科学的招录选用人员方法，严格的绩效考评晋升体系、“双轨制”的职业教育、规范的劳资关系和健全的社会化保障体系。

(7) 日本十分注重“科教兴国”，终生雇用制、年功序列制以及企业内工会是日本企业的“三大支柱”，前两者也在时代的变迁中发生了改变。

复习与思考

1. 国际人力资源管理的概念是什么？
2. 国际人力资源管理的基本模式有哪些？
3. 国际人力资源管理的职能管理与国内人力资源相比，有哪些不同？
4. 国际人力资源管理的跨文化管理需要注意哪些内容？
5. 美国企业的人力资源管理的内容有哪些？
6. 以美、德为代表的西方国家的人力资源管理与东方国家的人力资源管理有什么不同？

参 考 文 献

[1] 陈维政，于凯成，程文文. 人力资源管理[M]. 4 版. 北京：高等教育出版社，2016.
[2] 中国就业培训技术指导中心. 企业人力资源管理师. 二级 [M]. 3 版. 北京：中国劳动社会保障出版社，2014.
[3] 彭良平. 人力资源管理[M]. 北京：清华大学出版社，2016.
[4] 陈国宏. 人力资源管理[M]. 北京：北京理工大学出版社，2017.
[5] 刘娜欣. 人力资源管理[M]. 北京：北京理工大学出版社，2018.
[6] 田辉. 员工关系管理[M]. 上海：复旦大学出版社，2015.
[7] 黄麟. 人力资源管理外包的风险控制[M]. 北京：新华出版社，2015.
[8] 薛求知，廖勇凯. 国际人力资源管理教程[M]. 上海：复旦大学出版社，2010.
[9] 牛小华，孙延敏. 人力资源管理简明教程[M]. 上海：上海交通大学出版社，2017.
[10] 程延园. 员工关系管理[M]. 2 版. 上海：复旦大学出版社，2010.
[11] 马新建，时巨涛，孙虹，等. 人力资源管理与开发[M]. 2 版. 北京：北京师范大学出版社，2008.
[12] 赵曙明，赵宜萱. 人员培训与开发：理论、方法、实务[M]. 北京：人民邮电出版社，2017.
[13] 赵富强. 职业生涯管理：理论与实务[M]. 北京：科学出版社，2015.
[14] 陈永秀，雷静华. 人力资源开发与管理[M]. 3 版. 北京：北京理工大学出版社，2010.
[15] 袁洪飞，赵晓军，吴青松. 人力资源管理[M]. 上海：上海交通大学出版社，2017.
[16] 晁伟鹏. 人力资源管理[M]. 成都：西南财经大学出版社，2016.
[17] 唐秋勇，等. 卓越 HR：世界 500 强人力资源总监高端访谈[M]. 北京：经济科学出版社，2013.
[18] 唐秋勇，等. 巨人的人才攻略：世界 500 强企业 CHO 访谈录[M]. 北京：电子工业出版社，2019.
[19] 沈曦. 大学生职业生涯设计指导的探讨[J]. 浙江工商大学学报，2004(5)：93-96.
[20] 徐敏. 浅析企业员工职业生涯开发与管理[J]. 经营管理者，2013(07)：107.
[21] 刘陆梅. 职业高原现象分析及对策：以职业生涯中期为例[J]. 经济师，2008(03)：168-169.
[22] 王林雪. 新编人力资源管理概论[M]. 西安：西安电子科技大学出版社，2016.
[23] 赫尔曼 • 阿吉斯. 绩效管理[M]. 3 版. 刘昕，柴茂昌，孙瑶，译. 北京：中国人民大学出版社，2013.
[24] 朱飞. 人力资源管理[M]. 北京：机械工业出版社，2013.
[25] 于秀芝. 人力资源管理[M]. 北京：经济管理出版社，2002.
[26] 张爱卿，钱振波. 人力资源管理理论与实践[M]. 2 版. 北京：清华大学出版社，2008.

[27] 方振邦，唐健. 战略性绩效管理[M]. 5 版. 北京：中国人民大学出版社，2018.
[28] 劳埃德 • 拜厄斯，莱斯利 • 鲁. 人力资源管理[M]. 李业昆，等，译. 北京：人民邮电出版社，2016.
[29] 李燕萍，李锡元. 人力资源管理[M]. 2 版. 武汉：武汉大学出版社，2012.
[30] 卢海萍，王俊峰，李贺. 企业人力资源管理：理论 • 实务 • 案例 • 实训[M]. 上海：上海财经大学出版社，2015.
[31] 邵芳. 招聘与人员测评[M]. 西安：西安电子科技大学出版社，2016.
[32] 雷志柱，裴春秀. 人力资源管理概论[M]. 北京：北京理工大学出版社，2012.
[33] 方雯. 工作分析与职位评价[M]. 西安：西安电子科技大学出版社，2017.
[34] 埃里克 • 普里恩，伦纳德 • 古德斯坦，珍妮特 • 古德斯坦，等. 工作分析：实用指南[M]. 朱舟，朱营，译. 北京：中国人民大学出版社，2015.
[35] 董克用. 人力资源管理概论[M]. 4 版. 北京：中国人民大学出版社，2015.
[36] 黛安娜 • 阿瑟. 员工招聘与录用：招募、面试、甄选和岗前引导实务[M]. 5 版. 卢瑾，张梅，李怡萱，译. 北京：中国人民大学出版社，2015.
[37] 庄志. 中国人力资源服务业外包业态观察 2016—2017 版[M]. 苏州：苏州大学出版社，2016.
[38] 齐义山，谢丽丽. 人资资源管理[M]. 西安：西安电子科技大学出版社，2017.
[39] 黄江泉. 企业内部人际关系资本化研究[D]. 武汉：华中农业大学，2009.
[40] 王挺. 人力资源规划[M]. 北京：中国电力出版社，2014.
[41] 冯光明，徐宁. 人力资源管理[M]. 北京：北京理工大学出版社，2010.
[42] 董福荣. 薪酬管理[M]. 北京：机械工业出版社，2009.
[43] 陈葆华，任广新，张建国. 现代人力资源管理[M]. 北京：北京理工大学出版社，2017.
[44] 秦杨勇. 平衡计分卡与绩效管理[M]. 2 版. 北京：中国经济出版社，2009.
[45] 高桥洸，小松隆二，等. 日本劳务管理史：劳使关系[M]. 唐燕霞，译. 北京：经济科学出版社，2005.
[46] 钱叶芳. 企业劳动关系稳定的法律问题研究[M]. 北京：中国法制出版社，2011.
[47] 理查德 • 亨德森. 薪酬管理[M]. 10 版. 刘洪，韦慧民，译. 北京：北京师范大学出版社，2013.
[48] 全怀周. 走出薪酬管理误区：中国企业薪酬激励系统化解决之道[M]. 北京：企业管理出版社，2013.
[49] 黄钰茗，邵帅. 薪酬管理的 55 个关键细节[M]. 北京：中国电力出版社，2012.